Die Causa „Blinkfüer" und die Grundrechtsdogmatik zur Pressefreiheit in Weimar und Bonn

Rechtshistorische Reihe

Band 466

Zur Qualitätssicherung und Peer Review der vorliegenden Publikation

Die Qualität der in dieser Reihe erscheinenden Arbeiten wird vor der Publikation durch den einen Herausgeber der Reihe geprüft.

Notes on the quality assurance and peer review of this publication

Prior to publication, the quality of the work published in this series is reviewed by one of the editors of the series.

Lena Darabeygi

Die Causa „Blinkfüer“ und die Grundrechtsdogmatik zur Pressefreiheit in Weimar und Bonn

PL ACADEMIC RESEARCH

Bibliografische Information der Deutschen Nationalbibliothek
Die Deutsche Nationalbibliothek verzeichnet diese Publikation in der Deutschen Nationalbibliografie; detaillierte bibliografische Daten sind im Internet über http://dnb.d-nb.de abrufbar.

Zugl.: Frankfurt (Main), Univ., Diss., 2014

Die vorliegende Arbeit wurde von Prof. Dr. Albrecht Cordes zur Aufnahme in die Reihe empfohlen.

Umschlagabbildung:
Justitia. Allegorie der Gerechtigkeit. Druck aus dem 17. Jahrhundert.

Die Arbeit wurde durch ein Stipendium des International Max Planck Research School for Comparative Legal History gefördert.

D 30
ISSN 0344-290X
ISBN 978-3-631-71452-2 (Print)
E-ISBN 978-3-631-71449-2 (E-PDF)
E-ISBN 978-3-631-71450-8 (EPUB)
E-ISBN 978-3-631-71451-5 (MOBI)
DOI 10.3726/b10577

PL Academic Research ist ein Imprint der Peter Lang GmbH.

Peter Lang – Frankfurt am Main · Bern · Bruxelles · New York · Oxford · Warszawa · Wien

Diese Publikation wurde begutachtet.

www.peterlang.com

Meiner geliebten Familie, die den Mut hatte,
Iran zu verlassen

Inhaltsverzeichnis

Einleitung

I. Die bundesverfassungsgerichtliche Deutung der Pressefreiheit

Die bundesverfassungsgerichtliche Deutung der Pressefreiheit in der jungen Bundesrepublik der 1960er Jahre prägt wie selbstverständlich unser heutiges Verfassungsverständnis von Art. 5 Abs. 1 Satz 2 GG. Sie bildet zugleich das wesentliche Fundament für eines der zentralen Kommunikationsgrundrechte der parlamentarischen Demokratie. Innerhalb eines kurzen Zeitraums von etwa acht Jahren ergingen drei aufsehenerregende Leitentscheidungen des Ersten Senats des Bundesverfassungsgerichts: das Pressefehde-Urteil[1] von 1961, das „Spiegel"-Urteil[2] von 1966 und schließlich der „Blinkfüer"-Beschluss[3] von 1969. Gemeinsam war all diesen Entscheidungen, dass sich das Bundesverfassungsgericht in ihnen aus aktuellem Anlass immer wieder prinzipiell zu Fragen über die Reichweite und Grenzen der Pressefreiheit äußerte und damit gleichzeitig seine seit dem „Lüth"-Urteil von 1958 dargelegte Konzeption zur Grundrechtsdogmatik von Art. 5 Abs. 1 GG weiterentwickelte.

Mit dem „Blinkfüer"-Beschluss entschied das Bundesverfassungsgericht zugunsten der Verfassungsbeschwerde des kommunistischen „Blinkfüer"-Zeitungsherausgebers Ernst Aust, der sich gegen einen von den Verlagshäusern Axel Springers 1961 initiierten Boykott gegen ostdeutsche Programmvorschauen zur Wehr setzte. Die historische wie dogmatische Bedeutung des Beschlusses ist darin zu sehen, dass das Bundesverfassungsgericht damit die Meinungs- und Pressefreiheit als Teil der objektiven Wertordnung des Grundgesetzes anerkannte, wie noch ausführlich darzulegen sein wird.

Eine weitere Besonderheit zeichnet die Entscheidung aus: Der „Blinkfüer"-Beschluss war aufs Engste mit politischen, wirtschaftlichen und sozialen Veränderungsprozessen während des Ost-West-Konflikts verknüpft und führte mit diesen zusammen die gesellschaftliche Liberalisierung der Bundesrepublik herbei. Denn es waren Konfliktsituationen wie die „Spiegel"-Affäre von 1962, die in der bundesrepublikanischen Geschichte eine neue politische Atmosphäre schufen und damit das Bewusstsein der breiten Bevölkerung für die Bedeutung

---

1 BVerfGE 12, 113 ff.
2 BVerfGE 20, 162 ff.
3 BVerfGE 25, 256 ff.

der Pressefreiheit im demokratischen Prozess weckten.[4] Seit Mitte der 1960er Jahre kam die Debatte über die Wiederzulassung der Kommunistischen Partei Deutschlands (KPD) hinzu[5], nachdem das Bundesverfassungsgericht 1956 diese Partei wegen ihrer prinzipiellen Kampfhaltung gegenüber der freiheitlich-demokratischen Grundordnung[6] für verfassungswidrig befunden hatte. Diese lang andauernde Debatte, an der sich weite Teile der Bevölkerung beteiligten, war Ausdruck des Aufbrechens veralteter repressiver Muster im Umgang mit dem westdeutschen Kommunismus.

Für weitere Dynamik sorgten die 1968 kulminierenden Studentenunruhen, die nicht nur auf gravierende Missstände in der Bundesrepublik hinwiesen.[7] Hintergrund für die Entstehung dieser Bewegung war der Umstand, dass seit der Großen Koalition von 1966 de facto keine parlamentarische Opposition mehr im Bundestag vertreten war und sich vor allem Studenten zu einer linken Protestbewegung formten.[8] Außenpolitisch warf die Protestbewegung die im Rahmen des Vietnam-Krieges offen zutage tretende Frage nach dem nationalen Selbstbestimmungsrecht ehemaliger Kolonien auf. So kämpfte etwa im Falle Vietnams eine breite Bevölkerungsmehrheit unter kommunistischer Führung

---

4 Fiedler, BVerfGE 20, 162 – Spiegel. „Nie mehr wie vorher" (FAZ v. 10.11.1962), in: Menzel/Müller-Terpitz (Hg.), Verfassungsrechtsprechung. Ausgewählte Entscheidungen des Bundesverfassungsgerichts in Retrospektive, Tübingen 2011, S. 167–172, 167; Frei, Die Presse, in: Benz (Hg.), Die Geschichte der Bundesrepublik Deutschland, Bd. 4, Frankfurt am Main 1989, S. 370–416, 398; Bösch, Später Protest. Die Intellektuellen und die Pressefreiheit in der frühen Bundesrepublik, in: Geppert/Hacke, Streit um den Staat. Intellektuelle Debatten in der Bundesrepublik 1960–1980, Göttingen 2008, S. 91–112, 97 ff.

5 Vgl. den zeitgenössischen von Abendroth/Ridder/Schönfeldt herausgegebenen Sammelband: Abendroth/ Ridder/Schönfeldt (Hg.), KPD-Verbot oder Mit Kommunisten leben?

6 BVerfGE 5, 85 (304 ff., 310 ff., 329 ff.).

7 Krohn, Die westdeutsche Studentenbewegung und das „andere Deutschland", in: Schildt/Siegfried/Lammers (Hg.), Dynamische Zeiten. Die 60er Jahre in den beiden deutschen Gesellschaften, Hamburg 2000, S. 695–718; Willoweit, Deutsche Verfassungsgeschichte. Vom Frankenreich bis zur Wiedervereinigung Deutschlands, München 2013, § 44 Rdnr. 34 ff.; Görtemaker, Geschichte der Bundesrepublik Deutschland. Von der Gründung bis zur Gegenwart, München 1999, S. 475 ff.

8 Schildt, Materieller Wohlstand – pragmatische Politik – kulturelle Umbrüche. Die 60er Jahre in der Bundesrepublik, in: Schildt/Siegfried/Lammers (Hg.), Dynamische Zeiten, Hamburg 2000, S. 21–53, 49 f.; Görtemaker, Geschichte der Bundesrepublik, S. 479 ff.; Winkler, Der lange Weg nach Westen. Deutsche Geschichte vom „Dritten Reich" bis zur Wiedervereinigung, Bd. 2, München 2010, S. 267.

Ho Chi Minhs gegen den Führungsanspruch der USA, um politische Selbstständigkeit zu erringen.[9] Auch forderten die Studenten einen anderen Umgang der Bundesregierung mit den Machthabern repressiv regierter Länder, wie etwa dem persischen Schah[10], und warfen damit die stets aktuelle Frage nach dem Verhältnis einer demokratischen Regierung zu autoritären Regimen auf. Innenpolitisch kam noch hinzu, dass die Studenten eine Hochschulreform forderten sowie die Elterngeneration angriffen, die nach wie vor über ihre nationalsozialistische Vergangenheit schwieg.[11] Die schon vor dem „Blinkfüer"-Beschluss in gesellschaftlichen und rechtswissenschaftlichen Kreisen einsetzende Debatte über die Presse- und Machkonzentration Axel Springers wurde von den Studenten aufgegriffen und erreichte ihren Höhepunkt in den Osterunruhen 1968, bei welchen der Versuch unternommen wurde, die Auslieferung der Springer-Presse gewaltsam zu verhindern.[12]

Die aufreibenden politischen Auseinandersetzungen, der Kampf um Meinungs- und Pressefreiheit und die studentischen Proteste waren nicht auf Westeuropa begrenzt, vielmehr gab es um diese Themen weltweit politische Diskussionen und Konfrontationen – etwa auch in den USA und Japan[13].

II. Fragestellung

In dieser Arbeit wird daher der Frage nachgegangen, welche Bedeutung dem „Blinkfüer"-Beschluss des Bundesverfassungsgerichts vom 26. Februar 1969 und der damit eingeleiteten Dogmatikentwicklung zur Pressefreiheit für die bundesrepublikanische Demokratie zukommen.

Zunächst gilt es, die Gesellschaftsgeschichte des Falles „Blinkfüer" darzulegen. Es geht um die Frage, welche politischen Debatten der 1960er Jahre für die Beurteilung dieses Boykottfalles eine Rolle spielten. Dabei wird deutlich werden, dass der „Blinkfüer"-Beschluss eine lang erwartete Entscheidung zu einem zivilrechtlichen Boykottrechtsfall war. Im Mittelpunkt der Untersuchung stehen alle Gerichtsentscheidungen des Falles „Blinkfüer" aus dem Zeitraum 1961–1969.

---

9 Winkler, Der lange Weg nach Westen, Bd. 2, S. 250; Görtemaker, Geschichte der Bundesrepublik, S. 486 ff.

10 Frei, 1968. Jugendrevolte und globaler Protest, München 2008, S. 113; Görtemaker, Geschichte der Bundesrepublik, S. 485 f.

11 Görtemaker, Geschichte der Bundesrepublik, S. 484; Frei, 1968, S. 79 ff.; Krohn, Die westdeutsche Studentenbewegung und das „andere Deutschland", S. 696 ff.

12 Siehe S. 47ff. dieser Arbeit.

13 Görtemaker, Geschichte der Bundesrepublik, S. 476 ff.; Frei, 1968, S. 31 ff., 154 ff.

Es wird gezeigt, welche Positionen die Zivil- und Strafgerichte in den jeweiligen Stadien des „Blinkfüer"-Falles zur Pressefreiheit bezogen. Dabei soll der Kampf um die juristische Argumentation im Spannungsfeld zwischen Grundrechten, Politik, Wirtschaft und Ost-West-Konflikt dargelegt werden. All dies erfordert eine Kontextualisierung des „Blinkfüer"-Falles in eben diesem Spannungsfeld, um zu verdeutlichen, dass und wie sich der „Blinkfüer"-Beschluss in diese Phase gesellschaftlicher Umbrüche und Debatten wie jener über die Wiederzulassung der KPD oder über Pressemonopole einfügt.

Um nachzuvollziehen, inwieweit der „Blinkfüer"-Beschluss in Kontinuität zu älteren Grundrechtslehren steht, ist es erforderlich, diesen in die Grundrechtslehren seit der Weimarer Republik einzubetten. Mit diesem Rückblick auf die Wissenschaftsgeschichte der Grundrechte, insbesondere die Lehren des Staatsrechtslehrers Rudolf Smend aus den 1920er Jahren, soll geprüft werden, inwiefern diese die Dogmatikentwicklung in den 1950er und 1960er Jahren beeinflussten und welche Transformationsprozesse vonstattengingen, um die Weimarer Grundrechtsdogmatik in eine bundesrepublikanische Dogmatik umzuformen. Ziel der Arbeit ist es nachzuvollziehen, welche Auffassungen vom Grundrecht auf Pressefreiheit im zweiten Jahrzehnt des Grundgesetzes von führenden bundesrepublikanischen Rechtswissenschaftlern vertreten wurden und inwiefern diese die Rechtsprechung beeinflussten. Daran anknüpfend stellt sich die Frage, welcher juristischen Methodik sich die jeweiligen Akteure aus Rechtswissenschaft und Rechtsprechung bei der Auslegung der Pressefreiheit bedienten und welche Annahmen für die jeweilige Position entscheidend waren.

Hierbei geht es nicht nur um die Auseinandersetzungen zwischen den an der Diskussion beteiligten Juristen, sondern auch darum nachzuweisen, dass sowohl gesellschaftlicher als auch methodischer Wandel die Auslegung des Art. 5 GG in den 1960er Jahren beeinflussten. Betrachtet wird vor allem die Auseinandersetzung zwischen den dominierenden Staatsrechtsschulen der Nachkriegszeit – der Smend-Schule und der Schmitt-Schule –, da diese die Debatte zur Pressefreiheitsdogmatik maßgeblich beeinflussten und dem Bundesverfassungsgericht mögliche Lösungswege für den „Blinkfüer"-Beschluss boten. Es gilt also herauszuarbeiten, wie sich die Repräsentanten der Rechtswissenschaft zur Pressefreiheit im Vorfeld der Entscheidung äußerten und wie sie ihre jeweiligen Interpretationen des Art. 5 Abs. 1 Satz 2 GG herleiteten.

Anschließend wird der „Blinkfüer"-Beschluss als die zentrale Entscheidung zur Pressefreiheit untersucht. Hierbei wird die Frage aufgeworfen, inwiefern der „Blinkfüer"-Beschluss in einer Linie mit dem „Lüth"-Urteil von 1958 steht und inwiefern das Bundesverfassungsgericht seine Argumentation in beiden

Entscheidungen an die Lehren der Smend-Schule anlehnt. Abschließend wird die Wirkungsgeschichte des „Blinkfüer"-Beschlusses in den Blick genommen.

III. Die Historisierung der Bundesverfassungsrechtsprechung

Die Historisierung der Rechtsprechung des Bundesverfassungsgerichts steckt noch in ihren Anfängen. Jedoch sind bereits seit Ende der 1960er Jahre Schriften erschienen, die sich mit den Entstehungsbedingungen des Bundesverfassungsgerichts, seiner Institutionsgeschichte sowie seiner Rechtsstellung im bundesrepublikanischen Verfassungsgefüge beschäftigen.[14] Andere Abhandlungen rücken dagegen die Interaktion zwischen Bundesverfassungsgericht und Politik in den Vordergrund[15], um etwa Erkenntnisse darüber zu gewinnen, in welchem Ausmaß das Gericht die Gesetzgebungs- und Verfassungspolitik beeinflusste[16]. Auch sind rechtshistorische Abhandlungen und Aufsätze erschienen, die sich den frühen Machtkämpfen des Bundesverfassungsgerichts[17], insbesondere seinem Konkurrenzkampf mit anderen obersten Fachgerichtsbarkeiten wie dem Bundesgerichtshof oder dem Bundesarbeitsgerichtshof, widmen oder die Auseinandersetzungen des Gerichts mit der Adenauer-Regierung[18] in den 1950er Jahren verfolgen.

---

14 Laufer, Verfassungsgerichtsbarkeit und politischer Prozess. Studien zum Bundesverfassungsgericht der Bundesrepublik Deutschland, Tübingen 1968; Wesel, Die Hüter der Verfassung. Das Bundesverfassungsgericht: Seine Geschichte, seine Leistungen und seine Krisen, Frankfurt am Main 1996; ders., Der Gang nach Karlsruhe. Das Bundesverfassungsgericht in der Geschichte der Bundesrepublik, München 2004; Schönberger, Anmerkungen zu Karlsruhe, in: Jestaedt/Lepsius/Möllers/Schönberger (Hg.), Das entgrenzte Gericht. Eine kritische Bilanz nach sechzig Jahren, Berlin 2011, S. 9–76.

15 Kommers, Judicial Politics in West Germany. A Study of the Federal Constitutional Court, Beverly Hills/London 1976.

16 Grigoleit, Bundesverfassungsgericht und deutsche Frage. Eine dogmatische und historische Untersuchung zum judikativen Anteil an der Staatsleitung, Tübingen 2004.

17 Baldus, Frühe Machtkämpfe. Ein Versuch über die historischen Gründe der Autorität des Bundesverfassungsgerichts, in: Henne/Riedlinger (Hg.), Das Lüth-Urteil aus (rechts-) historischer Sicht. Die Konflikte um Veit Harlan und die Grundrechtsjudikatur des Bundesverfassungsgerichts, Berlin 2005, S. 237–248; Henne, „Von 0 auf Lüth in 6 ½ Jahren". Zu den prägenden Faktoren der Grundsatzentscheidung, in: Henne/Riedlinger (Hg.), Das Lüth-Urteil aus (rechts-) historischer Sicht, Berlin 2005, S.197–222; Hollstein, Um der Freiheit willen – die Konzeption der Grundrechte bei Hans Carl Nipperdey, in: Henne/Riedlinger (Hg.), Das Lüth-Urteil aus (rechts-) historischer Sicht, Berlin 2005, S. 249–269.

18 Häußler, Der Konflikt zwischen Bundesverfassungsgericht und politischer Führung. Ein Beitrag zu Geschichte und Rechtsstellung des Bundesverfassungsgerichts, Berlin 1994.

Sehr lange Zeit hielten sich Historiker mit Untersuchungen zu einzelnen Entscheidungen des Bundesverfassungsgerichts eher zurück[19], während Rechtshistoriker schon erste Untersuchungen publiziert haben.[20] Uwe Wesel hat in seinem Buch „Die Hüter der Verfassung“[21] Mitte der 1990er Jahre eine Auswahl der fünfzig großen Fälle des Bundesverfassungsgerichts aus dem Zeitraum 1956–1995 getroffen und diese vorgestellt. Wesel unternimmt den Versuch, historische Zeitabschnitte für die Rechtsprechungsentwicklung des Bundesverfassungsgerichts zu benennen.[22] Sein einige Jahre später erschienener und deutlich umfassenderer Band „Der Gang nach Karlsruhe“[23] setzt dieses Unterfangen fort und verfolgt das Anliegen, die Bedeutung des Bundesverfassungsgerichts bei der Auslegung und Weiterentwicklung der Grundrechte und seine Rolle als politischer Akteur der bundesrepublikanischen Geschichte herauszustellen.[24] Jörg Menzel schließt im Jahre 2000 hieran an mit dem Sammelband „Verfassungsrechtsprechung – Hundert Entscheidungen des Bundesverfassungsgerichts in Retrospektive“[25].

---

19 Vor allem im letzten Jahrzehnt sind Aufsätze von Historikern erschienen. Zu den frühesten Publikationen zählt: Repgen, Bundesverfassungsgerichts-Prozesse als Problem der Zeitgeschichtsforschung, in: Bracher/Mikat/ Repgen/Schumacher/Schwarz, Staat und Parteien. Festschrift für Rudolf Morsey zum 65. Geburtstag, Berlin 1992, S. 863–881. Neuere Aufsätze verfassten unter anderem: van Rahden, Demokratie und väterliche Autorität. Das Karlsruher „Stichentscheid“-Urteil von 1959 in der politischen Kultur der frühen Bundesrepublik, in: Zeithistorische Forschungen 2005, S. 160–179; Bernhard, Kriegsdienstverweigerung per Postkarte. Ein gescheitertes Reformprojekt der sozialliberalen Koalition 1969–1978, in: Vierteljahreshefte für Zeitgeschichte 2005, S. 109–139; Frei, Transformationsprozesse. Das Bundesverfassungsgericht als vergangenheitspolitischer Akteur in den Anfangsjahren der Bundesrepublik, in: Stolleis (Hg.), Herzkammern der Republik. Die Deutschen und das Bundesverfassungsgericht, München 2011, S. 64–81.

20 Henne/Riedlinger, Zur Historisierung der Rechtsprechung des Bundesverfassungsgerichts – ein Programm und seine Folgen, in: Henne/Riedlinger (Hg.), Das Lüth-Urteil aus (rechts-) historischer Sicht, Berlin 2005, S. 1–18, 3; Menzel, Hundert Bände Verfassungsrechtsprechung. Einführende Überlegungen zur Verfassungsgerichtsbarkeit, zum Bundesverfassungsgericht und zur Bedeutung seiner Judikate, in: Menzel (Hg.), Verfassungsrechtsprechung. Hundert Entscheidungen des Bundesverfassungsgerichts in Retrospektive, Tübingen 2000, S. 1–42, 10.

21 Wesel, Die Hüter der Verfassung.

22 Menzel, Hundert Bände Verfassungsrechtsprechung, S. 14.

23 Wesel, Der Gang nach Karlsruhe.

24 Wesel, Der Gang nach Karlsruhe, S. 351, 360, 366 f.

25 Menzel (Hg.), Verfassungsrechtsprechung. Hundert Entscheidungen des Bundesverfassungsgerichts in der Retrospektive, Tübingen 2000.

Er bemängelt, dass das Bundesverfassungsgericht „eine zeithistorisch vernachlässigte Säule der deutschen Nachkriegsordnung" sei[26] und arbeitet gemeinsam mit anderen Autoren zentrale Entscheidungen wie etwa das „Elfes"-Urteil, das „Lüth"-Urteil, das „Apotheken"-Urteil oder das „Soraya"-Urteil in kurzen Aufsätzen unter Darlegung der Geschichte des Falles, der Prozessgeschichte und der Entwicklung der Grundrechtsdogmatik auf.[27] Allerdings basieren diese rechtshistorischen Untersuchungen nur auf öffentlich zugänglichem Material. Archivakten wurden nicht ermittelt und konnten demzufolge nicht berücksichtigt werden.

Im Anschluss an diese Veröffentlichungen folgten erste rechtshistorische Schriften zu Entscheidungen des Bundesverfassungsgerichts. 2001 erschien Thomas Hennes Aufsatz „Die Mephisto-Entscheidungen der deutschen Gerichte. Eine exemplarische, justitiell geführte Auseinandersetzung über den Umgang mit der deutschen NS-Vergangenheit in den späten sechziger und frühen siebziger Jahren".[28] Der Schwerpunkt dieser Untersuchung liegt auf der Betrachtung und Bewertung der Prozessgeschichte des Falles. Archivmaterial wurde auch hier nicht herangezogen.

Jüngere, umfassendere Untersuchungen zu Einzelentscheidungen erschienen in dem interdisziplinär angelegten Forschungsband von Thomas Henne und Arne Riedlinger unter dem Titel „Das Lüth-Urteil aus (rechts-) historischer Sicht"[29] im Jahre 2005 und mit Gunther Rojahns kürzlich online publizierter Dissertation „Elfes – Mehr als ein Urteil. Aufladung und Entladung eines Politikums" (2010).[30] Beide Untersuchungen behandeln Leitentscheidungen aus den

---

26 Menzel, Hundert Bände Verfassungsrechtsprechung, S. 10.

27 Mittlerweile ist der Sammelband in der zweiten Auflage erschienen und umfasst 127 Entscheidungen: Menzel/Müller-Terpitz (Hg.), Verfassungsrechtsprechung. Ausgewählte Entscheidungen des Bundesverfassungsgerichts in Retrospektive, Tübingen 2011.

28 Henne, Die Mephisto-Entscheidungen der deutschen Gerichte. Eine exemplarische, justitiell geführte Auseinandersetzung über den Umgang mit der deutschen NS-Vergangenheit in den späten sechziger und frühen siebziger Jahren, in: Feldner/Halbwachs/Olechowski/Pauser/Schima/Sereinig (Hg.), Ad fontes. Europäisches Forum Junger Rechtshistorikerinnen und Rechtshistoriker Wien 2001, Frankfurt am Main/Berlin/Wien 2002, S. 193–222.

29 Henne/Riedlinger (Hg.), Das Lüth-Urteil aus (rechts-) historischer Sicht. Die Konflikte um Veit Harlan und die Grundrechtsjudikatur des Bundesverfassungsgerichts.

30 Rojahn, Gunther, Elfes – Mehr als ein Urteil. Aufladung und Entladung eines Politikums, 2009 (Online veröffentlichte Dissertation: [www.diss.fu-berlin.de/diss/servlets/MCRFileNodeServlet/FUDISS_derivate_000000008674/Dissertation_-_ohne_Lebenslauf.pdf], letzter Zugriff: 18.11.2013).

1950er Jahren. Sie zeichnen sich vor allem durch die Zusammentragung und rechtshistorische Auswertung von beachtlichem Archivmaterial aus. Beide Untersuchungen enthalten einen Anhang mit teilweise bislang unveröffentlichtem Quellenmaterial.[31] Beide Werke haben damit die Historisierung der Bundesverfassungsgerichtsrechtsprechung maßgeblich vorangebracht. Sie wenden den von Wesel und Menzel benutzten historischen Ansatz zur Analyse der Rechtsprechung des Bundesverfassungsgerichts an und setzen auf eine konsequente Kontextualisierung des Falles unter Heranziehung von Archivmaterialien. Der Zugriff ist interdisziplinär: Aus der Perspektive der Rechtsgeschichte und Rechtswissenschaft, Geschichts- und Politikwissenschaft sowie der Medienwissenschaft werden unterschiedliche Fälle beleuchtet und die historisch-gesellschaftlichen Rahmenbedingungen, die Rolle der Protagonisten des Falles, die lange Prozessgeschichte und die staatsrechtswissenschaftliche und grundrechtsdogmatische Entwicklung jener Jahre analysiert.

In seinem 2012 erschienen vierten Band zur „Geschichte des öffentlichen Rechts in Deutschland"[32] hebt Michael Stolleis unter anderem die für die demokratische Entwicklung der Bundesrepublik wichtigsten Verfassungsbeschwerden hervor und betont die große Grundrechtslinie vom „Elfes"-Urteil bis hin zum „Blinkfüer"-Beschluss[33]: Das „Elfes"-Urteil von 1957 diente über den Einzelfall hinaus der Konzeption eines möglichst umfassenden Grundrechtsschutzes. Mit dem „Lüth"-Urteil von 1958 und der Anerkennung der objektiven Wertordnung konnte ein wichtiger Schritt vollzogen werden, um Grundrechte als objektive Wertentscheidungen zu begründen. Zugleich war mit diesem Urteil der Weg für eine wertbezogene Verfassungstheorie geebnet. Ausgehend vom „Lüth"-Urteil konnten die Bundesverfassungsrichter in ihrem „Blinkfüer"-Beschluss von 1969 eine bis heute anerkannte materiale Verfassungskonzeption aufbauen, wonach im Einzelfall Werte gegeneinander abgewogen werden.

Die genannten Arbeiten haben wesentlich dazu beigetragen, dass rechtshistorische Untersuchungen von Verfassungsgerichtsurteilen mittlerweile als

---

31 In dem über 130 Seiten umfassenden Anhang bei Henne/Riedlinger, Das Lüth-Urteil aus (rechts-) historischer Sicht, befinden sich auszugsweise die Anklageschrift gegen Veit Harlan, der Freispruch von 1949, die Revisionsentscheidung des Obersten Gerichtshofes für die Britische Zone in Strafsachen, der Freispruch von 1950 sowie die Entscheidung des Landgerichts Hamburg im Zivilverfahren gegen Erich Lüth ebenso wie die Schriftsätze im Verfassungsbeschwerdeverfahren.

32 Stolleis, Geschichte des öffentlichen Rechts in Deutschland, Bd. 4: Staats- und Verwaltungsrechtswissenschaft in West und Ost 1945–1990, München 2012.

33 Stolleis, Geschichte des öffentlichen Rechts, Bd. 4, S. 144, 152, 165 ff., 223 ff.

juristisches Forschungsfeld etabliert und mit eigener Methode als Teildisziplin der juristischen Zeitgeschichte anerkannt sind. In diesem Rahmen verortet sich auch diese Untersuchung.

IV. Methode

Die vorliegende Arbeit versteht sich als Fortsetzung der oben beschriebenen Historisierung in der juristischen Forschung und orientiert sich in ihrem methodischen Zugriff an den erwähnten Untersuchungen. Während bei den vorgenannten umfangreicheren Werken von Henne/Riedlinger und Rojahn ausschließlich Entscheidungen des Bundesverfassungsgerichts aus den 1950er Jahren im Vordergrund stehen, geht es bei der vorliegenden Arbeit um das darauffolgende Jahrzehnt.

Der „Blinkfüer"-Beschluss war in seiner Zeit eine gesellschaftspolitisch wichtige Entscheidung für die Pressefreiheitsdogmatik und ein Motor für die demokratische Staatstheorie zur Auslegung des Art. 5 GG. Um die Bedeutung, die dem „Blinkfüer"-Beschluss zukommt, voll erfassen zu können, ist es nötig, den Beschluss sowohl in seinem gesellschaftspolitischen Kontext zu betrachten als auch in die rechtswissenschaftliche Auseinandersetzung um die Pressefreiheit einzubetten.

Vor allem als historische Quelle kann der „Blinkfüer"-Beschluss in zweierlei Hinsicht genutzt werden: Zum einen gibt er Aufschluss über die gesellschaftspolitische Entwicklung der Bundesrepublik in den 1960er Jahren, zum anderen ist er von besonderer Bedeutung für die historische Betrachtung des rechtswissenschaftlichen Diskurses zur Pressefreiheit, d. h. der Geschichte des Art. 5 Abs. 1 GG. In die Betrachtung der Gesellschaftsgeschichte werden die Geschichte des Falles, die Prozessgeschichte, die Rolle der einzelnen Akteure (Parteien, Gerichte) ebenso wie der zeitgenössische Diskurs um Pressemonopole und die Debatten über den politischen Umgang mit westdeutschen Kommunisten einbezogen. Die Geschichte von Art. 5 Abs. 1 GG wird anhand der Darstellung der Dogmatik der Meinungs- und Pressefreiheit seit den 1920er Jahren aufgearbeitet. Ziel der Arbeit ist es, die These zu belegen, dass es eine Kontinuität in den Grundrechtslehren zur Presse- und Meinungsfreiheit von den 1920er Jahren über die 1950er Jahre bis zu den 1960er Jahren gibt.[34] Der Schwerpunkt der Untersuchung liegt

---

34 Stolleis weist bereits auf eine solche Kontinuität der Grundrechtsdogmatik zur Meinungsäußerungsfreiheit hin: Stolleis, Geschichte des öffentlichen Rechts in Deutschland, Bd. 3: Staats- und Verwaltungsrechtswissenschaft in Republik und Diktatur 1914–1945, S. 110 ff., 192; ders., Geschichte des öffentlichen Rechts, Bd. 4, S. 165 f.

auf den 1950er und 1960er Jahren, denn seit Ende der 1950er Jahre konkurrierten widerstreitende Grundrechtskonzeptionen, die unterschiedliche Standpunkte zur Auslegung der Meinungs- und Pressefreiheit des Art. 5 Abs. 1 GG gestatteten.

V. Quellenlage

Die Hauptquellen für die rechtshistorische Untersuchung des „Blinkfüer"-Beschlusses sind Archivquellen. Zur wichtigsten Archivquelle zählt die Verfassungsbeschwerdeakte „Blinkfüer". Diese ließ sich auf Anfrage beim Bundesverfassungsgericht in Karlsruhe einsehen, sie ist im Bundesarchiv Koblenz archiviert.[35] Während die Akte zur Verfassungsbeschwerde alle zur Rekonstruktion des Zivilrechts- und Verfassungsbeschwerdefalls nötigen Entscheidungen aus den zivilgerichtlichen Vorinstanzen sowie dem Revisionsurteil des Bundesgerichtshofs enthält, fehlen jedoch sämtliche Schriftsätze der Parteien aus den Vorinstanzen. Bedauerlicherweise ergab eine Anfrage bei den Hamburger Zivilgerichten, dass die Zivilverfahrensakten zum „Blinkfüer"-Fall, welche die Originalschriftsätze enthielten, nach Beendigung der 30-jährigen Sperrfrist vernichtet wurden, da sie als nicht archivwürdig eingeschätzt worden waren.

Leider sind die Voten, die Entscheidungsentwürfe und Formulierungsvorschläge sowie die Notizen des Berichterstatters im Verfassungsbeschwerdeverfahren, die mit großer Sicherheit nützliche Quellen zur Rekonstruktion der bundesverfassungsgerichtlichen Argumentation im „Blinkfüer"-Beschluss wären, gem. § 34 GO BVerfG von der Akteneinsicht ausgeschlossen. Es ist zu befürchten, dass sich an dieser Regelung auch künftig nichts ändern wird, da das Interesse des Bundesverfassungsgerichts an der Geheimhaltung interner Beratungsvorgänge höher eingestuft wird als das Forschungsinteresse. Die vom Bundesverfassungsgericht zu den einzelnen Verfahren angelegten Senatshefte, die gesondert in einem Umschlag zur Verfahrensakte geführt werden, geben die Ergebnisse interner Beratungen und damit auch die genauen Entstehungsbedingungen des Urteilstextes sowie die Intentionen und Positionierungen der

---

Ebenso: Gosewinkel, Adolf Arndt. Die Wiederbegründung des Rechtsstaats aus dem Geist der Sozialdemokratie (1945–1961), Bonn 1991, S. 493 ff.; Henne, „Smend oder Hennis" – Bedeutung, Rezeption und Problematik der ‚Lüth-Entscheidung' des Bundesverfassungsgerichts von 1958, in: van Ooyen/Möllers (Hg.), Das Bundesverfassungsgericht im politischen System, Wiesbaden 2006, S. 141–150.

35 Die Verfassungsbeschwerdeakte „Blinkfüer" enthält das Aktenzeichen 1 BvR 619, 63 und ist archiviert unter: BArch B 237/106277; B 237/106278.

beteiligten Richter wieder.[36] Sie gewähren damit tiefe Einblicke in den Entscheidungsprozess des Gerichts als Spruchkörper, spiegeln die Schwerpunkte juristischer Diskussionen innerhalb des Senats wider und offenbaren Dialoge zwischen den Bundesverfassungsrichtern.

Die fehlende Möglichkeit der Einsichtnahme in diese Materialien, in sogenannte Gerichtsinterna, zu wissenschaftlichen Zwecken sowie ihre zeitlich unbegrenzte Sperre wird von verschiedenen Autoren kritisiert[37], weil dies nicht nur im Widerspruch zur sonst eher großzügigen Praxis der Akteneinsicht des Bundesverfassungsgerichts selbst, sondern vor allem im Gegensatz zur Praxis anderer oberster Gerichte steht.[38]

Die für die zeithistorische Forschung sehr wertvollen Sondervoten, die gem. § 30 Abs. 2 BVerfGG einen Bundesverfassungsrichter dazu berechtigen, seine von der Mehrheit in der Beratung abweichende Meinung in einer schriftlichen Begründung niederzulegen, wurden 1970 eingeführt und geben Auskunft über das Wirken einzelner Richter.[39] Im Verkündungszeitpunkt des „Blinkfüer"-Beschlusses im Jahre 1969 gab es also noch keine Sondervoten, sodass keine Quellen über abweichende Meinungen der Bundesverfassungsrichter zum „Blinkfüer"-Beschluss existieren.

Im Bundesarchiv in Koblenz ließ sich erfreulicherweise als weitere Archivquelle die Akte zum Revisionsverfahren[40] vor dem Bundesgerichtshof für Zivilsachen ermitteln. Diese Revisionsakte ist, wie gewöhnlich, sehr dünn, da es in ihr lediglich um die Erörterung konkreter Rechtsfragen geht. Aus dieser Akte lässt sich ersehen, dass seitens des Rechtsanwalts und Mitherausgebers der Neuen Juristischen Wochenschrift (NJW), Philipp Möhring, nur eine schriftliche Revisionsbegründung für die Verlagshäuser Axel Springers eingereicht wurde. Der Rechtsanwalt des „Blinkfüer"-Herausgebers Aust, Bernhard Wieczorek, äußerte

36 Repgen, Bundesverfassungsgerichts-Prozesse als Problem der Zeitgeschichtsforschung, S. 869 f.

37 Henne/Riedlinger, Zur Historisierung der Rechtsprechung des Bundesverfassungsgerichts, S. 7 f.; Henne, Die historische Forschung und die Einsichtnahme in Voten beim Bundesverfassungsgericht. Thesen zur Rechtslage, in: Henne/Riedlinger (Hg.), Das Lüth-Urteil aus (rechts-) historischer Sicht, Berlin 2005, S. 19–22; Menzel, Hundert Bände Verfassungsrechtsprechung, S. 10 f.; Repgen, Bundesverfassungsgerichts-Prozesse als Problem der Zeitgeschichtsforschung, S. 868 ff.

38 Henne, Die historische Forschung, S. 22.

39 Menzel, Hundert Bände Verfassungsrechtsprechung, S. 19; Schlaich/Korioth, Das Bundesverfassungsgericht. Stellung, Verfahren, Entscheidungen, München 2012, 2. Teil Rdnr. 51.

40 BArch B 283/37794.

sich nicht schriftlich zur Revisionsklage der Verlagshäuser, sondern war lediglich während der mündlichen Verhandlung am 10. Juli 1963 sowie bei der Urteilsverkündung am selben Tag zugegen.

Außerdem konnte im Wiesbadener Staatsarchiv der Nachlass[41] von Erwin Stein, dem früheren hessischen Kultusminister (1947–1951) gesichtet werden. Diese Akten waren insofern für die Untersuchung des „Blinkfüer"-Beschlusses bereichernd, als aus ihnen hervorgeht, mit wem der Bundesverfassungsrichter und Berichterstatter Stein während der Zeit des „Blinkfüer"-Verfassungsbeschwerdeverfahrens korrespondierte und mit welchen Grundrechtspositionen er sich auseinandersetzte.

Stein stand in wissenschaftlichem Austausch mit Adolf Arndt, dem Rechtsanwalt Erich Lüths im Verfassungsbeschwerdeverfahren. Er hatte insbesondere auch mit dem Verfassungsrechtswissenschaftler und Bürgerrechtler Helmut Ridder, der für eine liberale Auslegung der Pressefreiheit eintrat, korrespondiert.[42] In Wiesbaden war auch die dienstliche Korrespondenz Steins mit dem angesehenen christlichen Politikwissenschaftler Eugen Kogon vorhanden, der sich für die Neue Ostpolitik aussprach.[43]

Der Strafrechtsverteidiger Heinrich Hannover gestattete die Einsichtnahme in seine umfangreiche Handakte im Strafprozess gegen den „Blinkfüer"-Herausgeber Aust, die sich im Bremer Staatsarchiv befindet.[44] Diese Akte erlaubt eine Rekonstruktion des Hamburger Strafverfahrens aus den Jahren 1962–1964.

Im Bundesarchiv in Koblenz ließ sich auch die Korrespondenz zwischen dem Bundeskanzleramt und der Hamburger Oberstaatsanwaltschaft im Vorfeld des Ermittlungsverfahrens gegen Aust einsehen.[45] Weitere wertvolle Erkenntnisse für die politische Dimension des Rechtsstreits ließen sich in Koblenz durch die Akten des Bundespresseamtes gewinnen, belegen sie doch, dass die Anregung zum Boykott ostdeutscher Programme vom Bundespresseamt und vom Ministerium für gesamtdeutsche Fragen ausging.[46]

Es ist anzumerken, dass es noch weiteres Quellenmaterial zum Strafverfahren gegen Aust im Hamburger Staatsarchiv gibt, das zu erschließen wäre. Insbesondere von der Staatsanwaltschaft und der Ersten Strafkammer des Hamburger Landgerichts existieren Akten. Diese wurden jedoch nicht hinzugezogen, da es

---

41 HHStaW 1178–215; HHStaW 1178–225 b; HHStaW 1178–230 b.

42 HHStaW 1178–230 b.

43 HHStaW 1178–225 b.

44 StAB 7, 215–100; StAB 7, 215–101; StAB 7, 215–102; StAB 7, 215–103.

45 BArch B 136/1844.

46 BArch B 145/3692; BArch B 145/3745; BArch B 145/5411.

bei der vorliegenden Arbeit nicht um die Frage geht, ob und inwiefern der Fall „Blinkfüer" vor dem Strafgericht einen Fall „Politischer Justiz" darstellt. Auf eine Erhebung von Quellenmaterial der SED wurde ebenfalls verzichtet, da mögliche Positionierungen der SED zum „Blinkfüer"-Fall für eine Einordnung des Beschlusses in den bundesrepublikanischen Kontext nicht von Bedeutung sind.

Zur zweiten Quellengattung zählt die Literatur der Zeit, also all diejenigen zeitgenössischen Schriften, die den staatsrechtswissenschaftlichen Diskurs zur Dogmatik der Meinungs- und Pressefreiheit in den 1920er, 1950er und 1960er Jahren wiedergeben.

Als weitere Quellen kamen zwei telefonische Zeitzeugeninterviews hinzu. Im Juli 2007 schilderte Günter Ackermann, ein langjähriger Weggefährte des „Blinkfüer"-Herausgebers Aust, in einem Telefoninterview seine Erinnerungen an den Fall „Blinkfüer". Mechthild Gersdorf-Wessig, die Tochter des Aust-Rechtsanwalts Curt Wessig, berichtete in einem weiteren Telefoninterview im Juni 2012 von ihren Erinnerungen an ihren Vater und gab Auskunft über seine Studienzeit, seine politischen Einstellungen und über seine Prozessbeteiligungen.[47]

VI. Forschungsstand

Der „Blinkfüer"-Beschluss des Bundesverfassungsgerichts wurde bereits in dogmatischen Ansätzen untersucht. Allerdings ist bisher nur ein Aufsatz erschienen, der sich unmittelbar mit der Geschichte des Falles „Blinkfüer" und dem Kontext seiner Prozessgeschichte befasst.[48] Dieser Aufsatz erschien erstmals im Jahre 2000 in dem bereits erwähnten Sammelband „Verfassungsrechtsprechung" von Menzel. Fiedler analysiert den „Blinkfüer"-Fall als exemplarischen Fall des Boykotts, wobei die Einordnung der Argumentation des Bundesgerichtshofs und des Bundesverfassungsgerichts zu Art. 5 GG breiten Raum einnimmt. Jedoch lässt er die zeitgenössische Debatte um die Pressekonzentration bei seinem Ansatz außer Acht. Er verwendet zur Darlegung und Bewertung des „Blinkfüer"-Falles nur Sekundärliteratur, also die in den juristischen Fachzeitschriften publizierten Entscheidungen, sowie Aufsätze und Schriften, die sich mit der im „Blinkfüer"-Fall

47 Sie selbst war zwar zum Zeitpunkt des „Blinkfüer"-Verfahrens als junge Rechtsanwältin temporär in der Hamburger Sozietät ihres Vaters und dessen Kollegen Wolfgang Döring in der Spitalerstraße 16 tätig, war aber persönlich nicht mit dem „Blinkfüer"-Verfahren befasst.

48 Fiedler, BVerfGE 25, 256 – Blinkfüer. Lüth, Blinkfüer und andere Boykottaufrufe, in: Menzel (Hg.), Verfassungsrechtsprechung, Tübingen 2000, S. 158–162.

enthaltenen grundrechtsdogmatischen Thematik der Drittwirkung der Grundrechte beschäftigen.

Eine jüngst verfasste Magisterarbeit untersucht den „Blinkfüer"-Beschluss des Bundesverfassungsgerichts erstmals ausführlicher aus Sicht des Historikers und basiert überwiegend auf den Archivalien des Bundesarchivs Koblenz.[49] Die Arbeit analysiert den politischen Grundkonflikt und die pressepolitische Dimension des Falles sowie die Bedeutung des „Blinkfüer"-Beschlusses im Lichte der Demonstrationsprozesse 1969–1972.[50]

Gut erforscht ist die Pressekonzentration, die für die Kontextualisierung des „Blinkfüer"-Beschlusses eine Rolle spielt, etwa in Gudrun Kruips Buch „Das ‚Welt'-‚Bild' des Axel Springer Verlags".[51] Sie stellt die historische Bedeutung jener pressepolitischen und juristischen Auseinandersetzung dar und zeigt die wechselnden Positionen des Axel Springer Verlags zum Grundrecht auf Pressefreiheit während der 1960er Jahre auf. Hierbei spielt jedoch die Einordnung des „Blinkfüer"-Falles eine unbedeutende Rolle.[52]

Im Übrigen überwiegt die Literatur, die den Beschluss dogmatisch verarbeitet, so Friedrich Kübler/Spiros Simitis[53], Christian-Friedrich Menger/Hans-Uwe Erichsen[54], Hans H. Klein[55], Peter Lerche[56], Hans-Uwe Erichsen[57] und Heinrich Scholler/Dieter Birk[58].

---

49 Die Arbeit wurde mir von dem Zweitgutachter, Herrn Professor Dr. Michael Stolleis, zugänglich gemacht.

50 Dany, [Die „Blinkfüer"-Entscheidung des Bundesverfassungsgerichts von 1969] (unveröffentlichte Magisterarbeit, Freiburg 2012).

51 Kruip, Das „Welt"-„Bild" des Axel Springer Verlags. Journalismus zwischen westlichen Werten und deutschen Denktraditionen, München 1999, S. 33–43, 244–254, 257–268.

52 Kruip, Das „Welt"-„Bild" des Axel Springer Verlags, S. 246 f.

53 Kübler/Simitis, Presse und Wettbewerb, in: JZ 1969, S. 445–454.

54 Menger/Erichsen, Aus der Praxis der Verwaltung und Verwaltungsgerichtsbarkeit. Höchstrichterliche Rechtsprechung zum Verwaltungsrecht, in: Verw.Arch. 1970, S. 82–93.

55 Klein, Öffentliche und private Freiheit. Zur Auslegung des Grundrechts der Meinungsfreiheit, in: Der Staat 1971 (10), S. 145–172.

56 Lerche, Zur verfassungsgerichtlichen Deutung der Meinungsfreiheit (insbesondere im Bereiche des Boykotts), in: Ritterspach/Geiger (Hg.), Festschrift für Gebhard Müller. Zum 70. Geburtstag des Präsidenten des Bundesverfassungsgerichts, Tübingen 1970, S. 197–215.

57 Erichsen, Staatsrecht und Verfassungsgerichtsbarkeit I, München 1982, S. 36–55.

58 Scholler/Birk, Verfassungsrecht und Verfassungsgerichtsbarkeit, Heidelberg 1985, S. 66–76.

Ein anderer wichtiger Diskurs, innerhalb dessen das Strafverfahren gegen Aust und seine „Blinkfüer"-Zeitung schon häufiger erwähnt wurde, findet im Rahmen von Arbeiten zum Thema „Politische Justiz" statt.[59] Das Strafverfahren gegen Aust wird in den Arbeiten von Alexander von Brünneck[60] und Lutz Lehmann[61] sowie den DDR-Autoren Karl Pfannenschwarz/Theodor Schneider[62] thematisiert, wobei die Frage im Vordergrund steht, inwiefern die bundesdeutschen Gerichte die Strafjustiz einsetzten, um politische Ziele wie die soziale Ausgrenzung von Kommunisten aus der Gesellschaft zu erreichen. Austs Strafverteidiger Heinrich Hannover legte Jahrzehnte später eine Auswahl seiner interessantesten Strafrechtsfälle dar und bewertete sie ebenfalls vor dem Hintergrund des Ost-West-Konflikts, so auch das Strafverfahren gegen Aust.[63] Er stellt die These auf, dass im Kontext der damaligen Repressionen vor allem die Kriminalisierung und Unterdrückung kommunistischer Meinungsäußerungen seitens der Justiz schwere Eingriffe in die politische Freiheit darstellten.[64] Das Strafurteil gegen den „Blinkfüer"-Herausgeber Aust von 1963 bewertet er hingegen positiv, da dieses der politischen Verfolgung von Kommunisten Grenzen gesetzt habe.[65]

Die vorliegende Arbeit nimmt den 2010 in einer Fachzeitschrift entwickelten Gedanken auf, wonach der „Blinkfüer"-Beschluss im Zusammenhang mit der Umgestaltung der illegalen KPD zur DKP gesehen werden muss.[66] Der Forschungsfokus hat sich jedoch verändert. Die Arbeit geht über die bereits existierenden Untersuchungen zum Fall „Blinkfüer" hinaus. Zentral ist die sogenannte Transformationsthese, das heißt, auf breiter Quellenbasis wird die Frage untersucht, welche Kontinuitäten und Brüche es in der Grundrechtsdogmatik des

---

59 Zum Begriff der Politischen Justiz: siehe das Standardwerk von Kirchheimer, Politische Justiz. Verwendung juristischer Verfahrensmöglichkeiten zu politischen Zwecken, Neuwied/Berlin 1965.

60 von Brünneck, Politische Justiz gegen Kommunisten in der Bundesrepublik Deutschland 1949–1968, Frankfurt am Main 1978, S. 177 f.

61 Lehmann, Legal & Opportun. Politische Justiz in der Bundesrepublik, Berlin 1966, S. 147, 159–161.

62 Pfannenschwarz/Schneider, Das System der strafrechtlichen Gesinnungsverfolgung in Westdeutschland, Berlin (DDR) 1965, S. 33 f.

63 Hannover, Die Republik vor Gericht 1954–1974. Erinnerungen eines unbequemen Rechtsanwalts, Frankfurt am Main/Wien 1998.

64 Hannover, Die Republik vor Gericht 1954–1974, S. 86 ff.

65 Hannover, Die Republik vor Gericht 1954–1974, S. 94.

66 Darabeygi, Der Fall „Blinkfüer". Das Bundesverfassungsgericht und die „Umgründung" der KPD zur DKP in den Sechzigerjahren, in: Jahrbuch für Historische Kommunismusforschung 2010, S. 67–80.

„Blinkfüer"-Beschlusses gab und welche Auswirkungen dies auf die Auslegung der Meinungs- und Pressefreiheit in der bundesrepublikanischen Demokratie hatte. Gleichzeitig wird untersucht, wie die politischen Debatten dieser Zeit den rechtstheoretischen Diskurs während der einzelnen Stadien des „Blinkfüer"-Falles beeinflussten.

VII. Gang der Untersuchung

Der „Blinkfüer"-Beschluss wird auf drei Ebenen untersucht, der Ebene der Gesellschaftsgeschichte, der Wissenschaftsgeschichte zu Art. 5 GG und der Grundrechtsinterpretation des Bundesverfassungsgerichts. Hierzu wird zunächst die Geschichte des zivilrechtlichen Boykottfalles dargestellt, der seinen Ausgang in einem von den Verlagshäusern Axel Springers initiiertem Boykott von Zeitungen mit ostdeutschen Programmen nahm. Danach wird das zivilrechtliche Verfahren „Blinkfüer" (1961–1963) rekonstruiert. Auch wird das Strafverfahren gegen den „Blinkfüer"-Herausgeber (1962–1964), das unabhängig vom Boykottrechtsstreit stattfand, durchleuchtet. Im Zusammenhang mit dem „Blinkfüer"-Beschluss (1969) wird die Bedeutung der Diskussion über die Wiederzulassung einer kommunistischen Partei betrachtet, um den Einfluss des rechtstheoretischen Diskurses auf diese Entscheidung nachzuvollziehen.

In Kapitel 2 wird der Geschichte des Art. 5 GG nachgegangen. Es folgt ein Rückblick auf den Methodenstreit in der Weimarer Republik und die von dem Staatsrechtslehrer Rudolf Smend in den 1920er Jahren entwickelte Lehre von der Wertordnung. Anhand des Schulenstreits zwischen den beiden dominierenden Staatsrechtsschulen, der Smend-Schule und der Schmitt-Schule, seit Ende der 1950er Jahre, der sich an der Frage des Bestehens einer objektiven Wertordnung entzündete, werden die Entwicklung der Pressefreiheitsdogmatik und die für sie maßgeblichen Debatten untersucht.

Im Mittelpunkt des Kapitels 3 stehen der „Blinkfüer"-Beschluss, seine Grundrechtsinterpretation und seine Wirkungsgeschichte. Da der „Blinkfüer"-Beschluss in seiner Grundrechtsdogmatik an das „Lüth"-Urteil – ebenfalls ein Boykottfall – anknüpft, ist auch auf diese bundesverfassungsgerichtliche Entscheidung näher einzugehen. Danach wird untersucht, inwiefern das Bundesverfassungsgericht im „Lüth"-Urteil und dem „Blinkfüer"-Beschluss seine Grundrechtsinterpretation in Anlehnung an die Smend-Lehren zur Frage der objektiven Wertordnung formulierte. Abschließend werden die zeitgenössischen Rezensionen zum „Blinkfüer"-Beschluss sowie die Wirkungsgeschichte des Beschlusses in der Studienliteratur betrachtet. Diesem Abschnitt folgt die Zusammenfassung der Ergebnisse.

Kapitel 1: Der Fall

I. Ausgangspunkt des Rechtsstreits

1. Axel Springer und der Boykottaufruf

Mit dem Ende des Zweiten Weltkriegs schien ein Neuanfang, der sich gravierend auf den deutschen Pressemarkt auswirken sollte, unvermeidlich. Um nationalsozialistische Grundstrukturen im öffentlichen und kulturellen Bereich zu überwinden, wurden sowohl die Herausgabe als auch die Gründung neuer Zeitungen von einer Lizenzvergabe seitens der Alliierten abhängig gemacht.[67] Auch ergaben sich aufgrund des aufkommenden Ost-West-Konflikts und der historisch bedingten Zweiteilung Deutschlands weitreichende ökonomische Konsequenzen, denn die ehemals führenden Städte des deutschen Zeitungs- und Zeitschriftenwesens, Leipzig und Berlin, entfielen nun als Konkurrenten auf dem sich neu formierenden westdeutschen Pressemarkt.[68] Hiervon profitierten trotz der erschwerenden Bedingungen in der Nachkriegszeit Hamburg als wiederaufstrebende Verlagsstadt ebenso wie Axel Cäsar Springer (1912–1985), der zum führenden bundesdeutschen Verleger aufstieg.[69] Als politisch unbelasteter Verleger erhielt er gemeinsam mit seinem Vater Hinrich Springer schon im August 1945 für den Hammerich & Lesser Verlag in der Britischen Zone eine Lizenz, da Axel Springer den Westalliierten wegen seiner journalistischen Erfahrung und seiner demokratischen Einstellung aufgefallen war.[70]

---

67 Frei, Medienpolitik der Alliierten nach dem Zweiten Weltkrieg. Die Situation in den Besatzungszonen und in Berlin, in: Studienkreis Rundfunk und Geschichte. Mitteilungen 11 (1985), S. 28–41; ders., Die Presse, S. 370, 374 ff.; Görtemaker, Geschichte der Bundesrepublik, S. 224.

68 Führer, Medienmetropole Hamburg. Mediale Öffentlichkeiten 1930–1960, Hamburg 2008, S. 248 f.

69 Führer, Medienmetropole Hamburg, S. 248 f.; Schwarz, Axel Springer. Die Biographie, Berlin 2009, S. 95 ff. Zur Geschichte des Axel Springer Verlags: Kruip, Das „Welt"-„Bild" des Axel Springer Verlags, S. 71–114. Allgemein zu Axel Springers ökonomischen Entscheidungen als Verleger: Stöber, Axel Springer. Ein Medienunternehmer mit Fortune, in: Schulz (Hg.), Geschäft mit Wort und Meinung. Medienunternehmer seit dem 18. Jahrhundert, München 1999, S. 291–310.

70 Kruip, Das „Welt"-„Bild" des Axel Springer Verlags, S. 77 f.; Seegers, Hör Zu! Eduard Rhein und die Rundfunkprogrammzeitschriften (1931–1965), Potsdam 2003, S. 159.

Springer begann seine verlegerische Tätigkeit im Bereich der Programmzeitschriften damit, dass er ab 1946 zunächst die „Hör Zu“ herausgab, ab 1948 kamen Zeitungen wie das „Hamburger Abendblatt“ und ab 1952 die „Bild“-Zeitung hinzu.[71] Seine eigentliche Erfolgsgeschichte begann mit dem Erwerb der britischen Zonenzeitung „Die Welt“ und der „Welt“-Gruppe im Jahre 1953.[72] Zu ihr gehörten eine Reihe konservativer Zeitungen wie die „Welt am Sonntag“ und die 1953 gegründete Familienzeitung „Das Neue Blatt“.[73] Bald wurde Springer wegen seines Verhaltens kritisiert, da er dem von den Westalliierten vorgegebenen Weg der Presseentflechtung entgegenarbeitete und einen mächtigen Pressekonzern aufbaute.[74] Schon damals beschworen seine Kritiker die Gefahren der Pressekonzentration.[75]

Axel Springer profitierte davon, dass sich die Lesegewohnheiten der Bevölkerung in der Nachkriegszeit verändert hatten.[76] Er erkannte früh die neuen Lesebedürfnisse, das Bedürfnis nach unpolitischen Familien- und Programmzeitschriften sowie Boulevard-Zeitungen, sodass seit den 1950er Jahren die Anzahl dieser Zeitschriften rasant anstieg.[77] Seine überregional erscheinende „Bild“-Zeitung, die englische Vorbilder hatte, entsprach mit ihren plakativ-provokanten Überschriften und den Sensationsfotos den neuen Lesegewohnheiten. Obwohl ihr antikommunistisches Gepräge kennzeichnend für die Springer-Zeitungen war[78], unternahm Springer Ende der 1950er Jahre auch ernsthafte Bemühungen, seine Produkte auf den ostdeutschen Pressemarkt zu bringen, vor allem die Zeitschriften „Constanze“ und „Hör Zu“.[79] Dafür war er sogar bereit, in den

71 Schwarz, Axel Springer, S. 129 ff.; Stöber, Axel Springer, S. 301 ff.; Seegers, Hör Zu!, S. 160; Kruip, Das „Welt“-„Bild“ des Axel Springer Verlags, S. 92.

72 Führer, Medienmetropole Hamburg, S. 535 ff.; Schwarz, Axel Springer, S. 177.

73 Görtemaker, Geschichte der Bundesrepublik, S. 227.

74 Kruip, Das „Welt“-„Bild“ des Axel Springer Verlags, S. 94 f.; Görtemaker, Geschichte der Bundesrepublik, S. 227.

75 Führer, Medienmetropole Hamburg, S. 536; Görtemaker, Geschichte der Bundesrepublik, S. 227.

76 Stöber, Axel Springer, S. 307 ff.; Frei, Presse, S. 393.

77 Seegers, Hör Zu!, S. 158 f., 191 f.; Führer, Medienmetropole Hamburg, S. 249; Kruip, Das „Welt“-„Bild“ des Axel Springer Verlags, S. 87 f.; Frei, Presse, S. 393 f.

78 Frei, Die Presse, S. 393.

79 Staadt/Voigt/Wolle, Feind-Bild Springer. Ein Verlag und seine Gegner, Göttingen 2009, S. 32; Seegers, Hör Zu!, S. 81; Rhein, Ein Jahrhundertmann. Hans-Ulrich Horster erzählt die Geschichte seines Lebens und seiner Zeit, Frankfurt am Main/Berlin 1992, S. 441.

für die DDR vorgesehenen Ausgaben seiner Zeitschriften auf politische Berichterstattung zu verzichten.[80]

Wie viele andere Bürger stand Axel Springer damals der Isolierungspolitik Adenauers noch sehr kritisch gegenüber und hoffte auf eine baldige Wiedervereinigung, da zu jenem Zeitpunkt weder die fortdauernde Zweiteilung Deutschlands vorhersehbar war noch der Umstand, dass sich in den folgenden Jahren der Ost-West-Konflikt insgesamt verschärfen würde.[81] Zu einer verlegerischen und politischen Kehrtwende kam es, als er während einer Moskaureise einsah, dass er den sowjetischen Staatsführer Nikita Sergeevič Chruščëv nicht von der Notwendigkeit der deutschen Wiedervereinigung überzeugen konnte.[82] Ab 1958 forderte er seine Redakteure dazu auf, einen antisowjetischen Kurs einzuschlagen.[83]

Während es für konservative Zeitungsverleger seit Ende der 1940er Jahre eher möglich war, eine Zeitungslizenz zu erhalten, wurde das Erscheinen von kommunistischen Zeitungen von Anfang an erheblich erschwert, und dies trotz der seit dem Inkrafttreten des Grundgesetzes von 1949 jedermann verbürgten Pressefreiheit des Art. 5 Abs. 1 GG. Schon vor dem KPD-Verbot von 1956 mussten westdeutsche kommunistische Zeitungen infolge des sich verschärfenden Ost-West-Konflikts immer wieder mit starken Repressionen rechnen. Bereits in den Jahren 1947–1951 gab es drei Wellen repressiver Maßnahmen gegen kommunistische Zeitungen seitens der Westalliierten, um die politische Arbeit der KPD zu konterkarieren[84]: In den Jahren 1947 und 1948 sprach die Besatzungsmacht zunächst gegen fünf kommunistische Zeitungen ein Erscheinungsverbot

80 Staadt/Voigt/Wolle, Feind–Bild Springer, S. 32; Seegers, Hör Zu!, S. 81.

81 Staadt/Voigt/Wolle, Feind–Bild Springer, S. 32.

82 Seegers, Hör Zu!, S. 80 f.; Kruip, Das „Welt“-„Bild“ des Axel Springer Verlags, S. 169; Stöber, Axel Springer, S. 294.

83 Lohmeyer, Springer. Ein deutsches Imperium, Berlin 1992, S. 233 ff.; Sandford, The mass media of the German-speaking countries, London 1976, S. 34; Seegers, Hör Zu!, S. 81; Rhein, Ein Jahrhundertmann, S. 443.

84 von Brünneck, Politische Justiz, S. 53 f.; Alexander von Brünnecks Werk von 1978 zählt bis heute zu den Standardwerken über die politische Justiz der Nachkriegszeit. Dies liegt vor allem an der umfangreichen Auswertung von Gerichtsverfahren. Als Ergebnis der Studie resümiert er, dass es einerseits in den 1950er und 1960er Jahren in der Bundesrepublik tatsächlich Gerichtsverfahren gegen Kommunisten aus politischen Motiven gab, die den Antikommunismus stabilisierten. Andererseits erklärt er aber, dass die bundesrepublikanische Justiz – im Gegensatz zur nationalsozialistischen und stalinistischen Justiz – die Grundsätze der Rechtstaatlichkeit wahrte. (So auch Denningers Vorwort, in: von Brünneck, Politische Justiz, S. 7 ff.). Diese Aussagen gelten auch für die Pressefreiheitsfälle.

aus. Während der zweiten Welle im Jahre 1950 wurden bundesweit zwölf kommunistische Zeitungen verboten, zeitgleich kam es zur Schließung zahlreicher kommunistischer Druckereien. Schließlich wurden 1951 während der dritten Welle weitere zwölf Zeitungen am Erscheinen gehindert.

Eine neue Phase der juristischen Verfolgung begann mit dem Ersten Strafrechtsänderungsgesetz vom 30. August 1951, das die Strafbarkeit vorverlagerte und die bloße Intention zur Herbeiführung einer objektiven Gefahr als strafbar erklärte.[85] Danach konnten kommunistische Aktivitäten als Hochverrat oder Landesverrat eingestuft werden, was die kommunistische Organisationsarbeit erschwerte. Diese strafgesetzlichen Änderungen dienten aber auch dazu, kommunistische Meinungsäußerungen schlechthin, insbesondere jene der kommunistischen Presse, zu kriminalisieren.[86] All diese Entwicklungen behinderten zunehmend die Gründung kommunistischer Zeitungen, denn kommunistische Journalisten konnten nunmehr bereits wegen ihrer politischen Meinungsäußerung aufgrund der neuen Rechtsgrundlage von 1951 verfolgt werden.[87]

Nachdem die Bundesregierung unter Konrad Adenauer am 22. November 1951 beim Bundesverfassungsgericht einen Verbotsantrag gegen die KPD gestellt hatte[88], erging – nach Durchführung der mündlichen Verhandlungen vom 23. November 1954 bis zum 14. Juli 1955 – am 17. August 1956 das KPD-Verbotsurteil des Bundesverfassungsgerichts.[89] Dieses Urteil, das die KPD für verfassungswidrig erklärte und ihre Auflösung bestimmte, verbot außerdem die Schaffung oder Fortführung von Ersatzorganisationen und stellte jede Art der vorsätzlichen Zuwiderhandlung gegen das KPD-Verbotsurteil gem. § 46

85 von Brünneck, Politische Justiz, S. 74 f.; allgemein zur geschichtlichen Entwicklung des Staatsschutzes seit 1951 siehe Schroeder, Der Schutz von Staat und Verfassung im Strafrecht, München 1970, S. 178 ff.

86 von Brünneck, Politische Justiz, S. 167 f.

87 von Brünneck, Politische Justiz, S. 168.

88 Der knapp 20 Seiten umfassende Verbotsverfahrensantrag der Bundesregierung ist abgedruckt in: Pfeiffer/Strickert, KPD-Prozess. Dokumentarwerk zu dem Verfahren über den Antrag der Bundesregierung auf Feststellung der Verfassungswidrigkeit der Kommunistischen Partei Deutschlands vor dem Ersten Senat des Bundesverfassungsgerichts, Bd. 1, Karlsruhe 1955, S. 2–19.

89 BVerfGE 5, 85 ff. Der gesamte Verlauf des KPD-Verbotsverfahren (samt Protokoll der 51 Verhandlungstage) ist dokumentiert in dem mehrbändigen Werk: Pfeiffer/Strickert (Hg.), KPD-Prozess, Bd. 1 (1955), Bd. 2 (1955), Bd. 3 (1956).

BVerfGG sowie §§ 47, 42 BVerfGG in der Fassung von 1951 unter Strafe.[90] Zusammen mit dem Ersten Strafrechtsänderungsgesetz bot das KPD-Verbotsurteil eine neue Legitimationsgrundlage für die Verfolgung kommunistischer Meinungsäußerungen.[91] Zwar wurden nicht alle kommunistischen Aktivitäten verboten, sondern nur jene Unterstützungshandlungen, welche die Ziele und Interessen der illegalen KPD förderten. Das hatte zur Folge, dass gegen kommunistische Zeitungsverleger oder Journalisten seit Ende der 1950er Jahre vermehrt Strafverfahren geführt wurden. Doch trotz der repressiven Strafpolitik gelang es einigen westdeutschen kommunistischen Zeitungen, die offen für kommunistische Ideen warben, bestehen zu bleiben.[92]

Gleichzeitig weisen die Quellen darauf hin, dass es seit den späten 1950er Jahren in höheren politischen Kreisen um das Bundesjustizministerium, dem Ministerium für gesamtdeutsche Fragen sowie dem Bundeskanzleramt, interne Debatten darüber gab, wie künftig die Einfuhr kommunistischer Presserzeugnisse und Flugschriften aus der DDR, die vor allem über den Postweg in die Bundesrepublik gelangten, rechtlich beschränkt werden konnten, um kommunistischer Propaganda aus der DDR entgegenzuwirken.[93]

---

90 Die folgenden gesetzlichen Grundlagen des KPD-Verbotsverfahrens sind auch abgedruckt in: Pfeiffer/ Strickert, KPD-Prozess, Bd. 1, S. 1 f.
§ 46 BVerfGG lautete schon damals:
(1) Erweist sich der Antrag als begründet, so stellt das Bundesverfassungsgericht fest, daß die politische Partei verfassungswidrig ist.
(2) …
(3) Mit der Feststellung ist die Auflösung der Partei oder des selbständigen Teiles der Partei und das Verbot, eine Ersatzorganisation zu schaffen, zu verbinden. Das Bundesverfassungsgericht kann in diesem Fall außerdem die Einziehung des Vermögens der Partei oder des selbständigen Teiles der Partei zugunsten des Bundes oder des Landes zu gemeinnützigen Zwecken aussprechen.
§ 47 BVerfGG in der Fassung von 1951 lautete:
Die Vorschriften der §§ 38, 41, 42 gelten entsprechend.
§ 42 BVerfGG in der Fassung von 1951 lautete:
Vorsätzliche Zuwiderhandlungen gegen eine Entscheidung des Bundesverfassungsgerichts oder gegen die im Vollzug der Entscheidung getroffenen Maßnahmen werden mit Gefängnis nicht unter sechs Monaten bestraft.

91 von Brünneck, Politische Justiz, S. 168.

92 von Brünneck, Politische Justiz, S. 168.

93 BArch B 136/5891; BArch B 136/5871; BArch B 145/3692. Hierzu ausführlich Dany, der diese Quellen erstmals zur Kontextualisierung des „Blinkfüer"-Beschlusses heranzieht, siehe Dany, Die „Blinkfüer"-Entscheidung, S. 20 ff.

Auch die für den späteren Rechtsfall „Blinkfüer" wichtige politische Debatte über die Veröffentlichung ostdeutscher Fernseh- und Rundfunkprogramme hatte einen langen Vorlauf, bei dem das Bundespresseamt als wesentlicher Initiator des Streits über die ostdeutschen Programme in Erscheinung treten sollte.[94] Der Konflikt um die Veröffentlichung ostdeutscher Programme ist dabei vor allem vor dem Hintergrund zu betrachten, dass Anfang der 1960er Jahre das Fernsehen als neues Medium großen gesellschaftlichen Einfluss auf die Bevölkerung zu gewinnen begann.[95] Die gute Erreichbarkeit der Bevölkerung durch das Fernsehen gelangte ins politische Bewusstsein und wurde zum öffentlichen Thema. Aus dem zugespitzten Verhältnis beider deutscher Staaten zueinander speisten sich die Befürchtungen, dass der ostdeutsche Kommunismus durch mediale Propaganda sich in der Bundesrepublik verbreiten könnte. Denn die SED-Führung setzte bewusst die neuen Medien dazu ein, um für kommunistisches Gedankengut im ganzen deutschsprachigen Raum zu werben.[96] In diesem Zusammenhang kam den Hinweisen auf ostdeutsche Programme in Zeitungen und Zeitschriften ebenfalls eine große Bedeutung zu.[97] Um dem befürchteten Einfluss der Propaganda des DDR-Hör- und Fernsehfunks in der Bundesrepublik entgegenzuwirken, entstand eine Diskussion darüber, ob ostdeutsche Programmvorschauen in der

---

94 Detailreich und gut zum Streit um die ostdeutschen Programme auf Grundlage der von ihm ermittelten Quellen des Bundespresseamtes (BArch B 145/3692; BArch B 145/3745; BArch B 145/5411): Dany, Die „Blinkfüer"-Entscheidung, S. 19–25. Einen Überblick über den Streit über ostdeutschen Programme geben außerdem die zeitgenössischen Spiegel-Artikel: Der Spiegel Nr. 25 vom 15.6.1960, Ohne Programm, S. 59, 61; Der Spiegel Nr. 50 vom 7.12.1960, Müllers Unlust, S. 92; Der Spiegel Nr. 21 vom 17.5.1961, Bauer schlägt Springer, S. 86–88; Der Spiegel Nr. 38 vom 13.9.1961, Dolchstoß aus Berlin, S. 57 f.; Der Spiegel Nr. 37 vom 9.9.1964, Leichtere Auswahl, S. 37. Sekundärliteratur: H.D. Müller, Der Springer-Konzern. Eine kritische Studie, München 1968, S. 240–245; Lohmeyer, Springer. Ein deutsches Imperium, S. 263 ff.; Seegers, Hör zu!, S. 81; Darabeygi, Der Fall „Blinkfüer", S. 67 ff.

95 Zur Bedeutung des Fernsehens in den 1960er Jahren und zu seinem Einfluss auf das politische Klima während des Ost-West-Konflikts: Kain, Das Privatfernsehen, der Axel Springer Verlag und die deutsche Presse. Die medienpolitische Debatte in den sechziger Jahren, Münster 2003, S. 26 ff.

96 Zur Rolle des Rundfunks bei der ideologischen Massenarbeit in der DDR: Riedel, Hörfunk und Fernsehen in der DDR. Funktion, Struktur und Programm des Rundfunks in der DDR, Köln 1977, S. 10, 87.

97 Seegers, Hör zu!; allgemein zur Programmgeschichte: Dussel/Lersch, Quellen zur Programmgeschichte des deutschen Hörfunks und Fernsehens, Göttingen 1999; Bleicher, Chronik zur Programmgeschichte des deutschen Fernsehens, Berlin 1993.

westdeutschen Presse erscheinen sollten.[98] Der Konflikt um die Veröffentlichung ostdeutscher Programme zog einen zunehmend repressiven Umgang mit ostdeutschen Rundfunk- und Fernsehprogrammen nach sich.

Es war zunächst das Bundespresseamt, das sich 1957 mittels eines privaten Schreibens des Staatssekretärs Felix von Eckardt an Axel Springer wandte und ihn bat, vom Abdruck ostdeutscher Programmvorschauen in der „Hör Zu" Abstand zu nehmen.[99] Zu diesem Zeitpunkt lehnte Springer jedoch eine solche Maßnahme ab.[100]

In den Jahren 1958–1961 ließ das Gesamtdeutsche Ministerium zwei Untersuchungen über die Erreichbarkeit der Bevölkerung durch das Fernsehen von dem Meinungsforschungsinstitut „infratest" durchführen.[101] Die erste Untersuchung befasste sich mit der Frage, ob der Empfang westdeutscher Fernsehprogramme in der DDR technisch möglich sei und ob dies die DDR-Bürger beeinflusse.[102] Die Untersuchung kam zu dem Ergebnis, dass das westdeutsche Programm in weiten Teilen der DDR zu empfangen war. Von den 18 Millionen DDR-Bürgern waren insgesamt 1,1 Millionen Fernsehteilnehmer, davon empfingen ca. 880.000 das westdeutsche Programm der ARD.

---

98 Federführend an der öffentlichen Diskussion beteiligt war insbesondere die katholische FUNK-Korrespondenz, da sie das Retuschieren und die Verharmlosung ostdeutscher Programmtitel in der westdeutschen Presse beanstandete. Vgl. v.a. FUNK-Korrespondenz Nr. 22 vom 25.5.1960, Der Eiertanz der westdeutschen Programmzeitschriften, S. 1 f.; aber auch: FUNK-Korrespondenz Nr. 44 vom 4.11.1959, Rundfunkzeitschriften weiterhin mit Ostprogrammen?, S. 3; FUNK-Korrespondenz Nr. 29 vom 13.7.1960, Die Meinungsverschiedenheiten in der Fachgruppe Rundfunk-Programmzeitschriften über Ostprogramm-Abdruck, S. 7 f. Die Bedeutung des Presseamtes für die Initiative zum Boykott betont hingegen Dany, Die „Blinkfüer"-Entscheidung, S. 20. Er übersieht jedoch, dass sogar auf einer weitaus höheren und politisch einflussreicheren Ebene als dem Bundespresseamt der Frage nach dem Einfluss des ostdeutschen Rundfunks auf die Bundesbürger nachgegangen wurde, nämlich vom Gesamtdeutschen Ministerium. Dazu im folgenden Absatz.

99 Felix von Eckardts Schreiben vom 13.2.1957 an Axel Springer, in: BArch B 145/3692. Dazu auch Dany, Die „Blinkfüer"-Entscheidung, S. 20, Fn. 69.

100 BArch B 145/3962. Dazu auch Dany, Die „Blinkfüer"-Entscheidung, S. 20, Fn. 71. Laut Dany ist das Antwortschreiben Axel Springers verloren gegangen. Daher sei die Ablehnung lediglich einer Notiz des Bundespresseamtes vom 27.11.1959 zu entnehmen, die von Dr. Six unterschrieben worden sei.

101 FUNK-Korrespondenz Nr. 31 vom 3.8.1961, Die Zuschauer in der Bundesrepublik haben kein politisches Interesse am ostzonalen Fernsehprogramm, S. 1.

102 FUNK-Korrespondenz Nr. 31 vom 3.8.1961, Die Zuschauer in der Bundesrepublik haben kein politisches Interesse am ostzonalen Fernsehprogramm, S. 1.

Die zweite Untersuchung widmete sich der Frage, welche Bewohner der Bundesrepublik die ostdeutschen Fernseh- und Hörfunkprogramme empfangen konnten. Dies war in den „zonennahen Gebiete“ West-Berlin, Schleswig-Holstein, Hamburg, Niedersachsen, Nord- und Osthessen sowie Nordbayern möglich.[103] Von den Westdeutschen, die das ostdeutsche Programm empfangen konnten, schalteten 32 % regelmäßig das DDR-Programm ein, immerhin 43 % gelegentlich.

Ein entscheidender Grund für dieses Konsumverhalten der westdeutschen Bürger war, dass es zu jenem Zeitpunkt weder das ZDF[104] noch ein Vormittagsprogramm bei der ARD gab[105], sodass es vor allem westdeutsche Schichtarbeiter waren, die ostdeutsche Unterhaltungsprogramme schauten.[106] Deshalb wurden anfangs in der DDR zur Ausfüllung von Programmlücken im Fernsehen Spielfilme gesendet, womit eine schleichende Politisierung des Programms beabsichtigt war.[107] Insgesamt wurde festgestellt, dass die Bürger in Ost und West den Hör- und Fernsehfunk des jeweiligen Nachbarstaates konsumierten.

Während in der DDR das westdeutsche Programm nicht abgedruckt wurde, veröffentlichten die meisten Programmzeitschriften im Westen das ostdeutsche Programm, da dies dem Leserbedürfnis entsprach und die Verleger ihre Konkurrenzfähigkeit nicht gefährden wollten.[108] Gerade die großen Verlage, unter anderem der Axel-Springer- und der Heinrich-Bauer-Verlag, druckten in ihren umsatzträchtigsten Programmzeitschriften „Hör Zu“ und „Hören und Sehen“ die ostdeutschen Programme ab.[109] Andere profitable Programmzeitschriften wie „Gong“, „Bild und Funk“, „Radio Revue“, „Funk-Uhr“ und die Jugendzeitschrift „Bravo“, aber auch mittelgroße und kleinere Programmzeitschriften wie

103 FUNK-Korrespondenz Nr. 31 vom 3.8.1961, Die Zuschauer in der Bundesrepublik haben kein politisches Interesse am ostzonalen Fernsehprogramm, S. 2.

104 Der Spiegel Nr. 1 vom 17.5.1961, Bauer schlägt Springer, S. 86. In der Hör Zu 1964 Nr. 33, Vormittags auch ZDF!, S. 2, wurde darauf hingewiesen, dass das erst im Jahr 1963 neu gegründete ZDF sich auch an die Nachtarbeiter richtete.

105 Der Spiegel Nr. 25 vom 15.6.1960, Ohne Programm, S. 61; Hör Zu Nr. 37 vom 10.–16.9. 1961, Schwerhörig, S. 2; Hör Zu Nr. 10 vom 8.–14.3.1964, Betrogene Zuschauer, S. 2.

106 Die Tatsache, dass das DDR-Programm auch zu den Vormittagsstunden attraktive Filme anbot, beweist ein Vergleich des westdeutschen Fernsehprogramms mit dem ostdeutschen Fernsehprogramm etwa in der Ausgabe des Blinkfüer vom 26.5.1961, S. 7.

107 Riedel, Hörfunk und Fernsehen in der DDR, S. 87.

108 FUNK-Korrespondenz Nr. 44 vom 04.11.1959, Rundfunkzeitschriften weiterhin mit Ostprogramm?, S. 3.

109 FUNK-Korrespondenz Nr. 22 vom 25.5.1960, Der Eiertanz der westdeutschen Programmzeitschriften, S. 1.

„TV-Fernsehwoche“, „Funk und Familie“, „Tele“, „Telegraf“, „Fernseh-Post“ oder „Bildschirm“ taten es ihnen gleich.[110]

Doch allmählich regte sich unter den Verlegern Widerwillen gegen den Abdruck der ostdeutschen Programme. Rufe nach einem Verzicht auf Veröffentlichung der Programme wurden laut.[111] Die Frage war nur, wie dies am besten umzusetzen wäre, ohne Kunden zu verlieren und wirtschaftliche Einbußen zu erleiden. Eduard Rhein, der Chefredakteur der erfolgreichen Springer'schen Programmzeitschrift „Hör Zu“ unternahm erstmals im Herbst 1959 einen Anlauf, um seine Kollegen der anderen Hamburger Verlage davon zu überzeugen, auf den Abdruck ostdeutscher Programme zu verzichten. Ein Aufruf zum Boykott derjenigen Zeitschriften, die sich diesem Verzicht nicht anschlossen, schien ihm die beste Lösung zu sein.

Wie ist vor diesem Hintergrund das Vorgehen der bundesrepublikanischen Zeitschriftenverleger gegen den Abdruck ostdeutscher Programme einzuschätzen? Die Mahnungen Eduard Rheins blieben nicht ohne Wirkung. Mitte Juni 1960 einigten sich in West-Berlin aufgrund des Engagements der Fachgruppe Rundfunkprogrammzeitschriften die meisten westdeutschen Verleger durch Beschluss darauf, künftig auf den Abdruck ostdeutscher Programme zu verzichten.[112] Diese einflussreiche Gruppe war Teil der Fachgruppe Allgemeine Zeitschriftenverleger im Verband Deutscher Zeitschriftenverleger e.V.[113] Der Sprecher der Fachuntergruppe sendete nach der Sitzung ein Rundschreiben an alle Mitgliedsverlage.

Am 15. Juni 1960 meldete „Der Spiegel“ die Einstellung des Abdrucks der ostdeutschen Programme in den vier größten Programmzeitschriften der Bundesrepublik. Es waren die Zeitschriften „Hör Zu“, „Bild und Funk“, „Gong“ und „Radio Revue“, die gemeinsam 60 % aller westdeutschen Leser von

---

110 FUNK-Korrespondenz Nr. 22 vom 25.5.1960, Der Eiertanz der westdeutschen Programmzeitschriften, S. 1; FUNK-Korrespondenz Nr. 29 vom 13.7.1960, Die Meinungsverschiedenheiten in der Fachgruppe Rundfunk-Programmzeitschriften über Ostprogramm-Abdruck, S. 7 f.; FUNK-Korrespondenz Nr. 43 vom 19.10.1960, Auch die Zeitschrift „Bravo“, S. 6.

111 Ende 1959 forderte Klaus Müller Gräfshagen von der Zeitschrift „Gong“ einen gemeinsamen Verzicht auf ostdeutsche Programmvorschauen, vgl. FUNK-Korrespondenz Nr. 44 vom 24.11.1959, Rundfunkzeitschriften weiterhin mit Ostprogramm?, S. 3.

112 FUNK-Korrespondenz Nr. 27 vom 29.6.1960, Um den Abdruck der Ostprogramme, S. 5; FUNK-Korrespondenz Nr. 29 vom 13.7.1960, Die Meinungsverschiedenheiten in der Fachgruppe Rundfunk-Programmzeitschriften über Ostprogramm-Abdruck, S. 7.

113 Seegers, Hör zu!, S. 81.

Programmzeitschriften erreichten.[114] Diese erste Aktion in Form des unterlassenen Abdrucks ostdeutscher Programme war von Axel Springer persönlich initiiert und von „Hör Zu"-Chefredakteur Eduard Rhein akzeptiert.[115] Wenig später kam eine Branchenabsprache zustande, nach der auch viele mittelgroße Verlage auf den Abdruck verzichteten.[116]

Für die Leser begründeten die Verlage diese Maßnahme einerseits mit dem Gegenseitigkeitsargument und andererseits mit politischen Motiven, wie ein von Eduard Rhein unterzeichneter Leitartikel der „Hör Zu" nahelegt: Die DDR achte nicht die Rundfunkfreiheit und drucke daher in ihren ostdeutschen Zeitungen keine westdeutschen Programmhinweise ab.[117] Obwohl Rhein die Einstellung der Veröffentlichung ostdeutscher Programme mit politischen Motiven rechtfertigte, wurden schon damals Stimmen laut, die ein rein wirtschaftliches Interesse der Verlagshäuser Axel Springers am Boykott vermuteten[118]: Tatsächlich erfolgte – wie „Der Spiegel"[119] konstatierte – die Anlieferung der Programme aus Ost-Berlin regelmäßig so spät, dass die „Hör Zu" um den rechtzeitigen Druck ihrer Millionenauflage fürchten müsse.[120]

Als kleine und mittelständische Zeitschriftenverlage mit niedriger Auflagenzahl bei dem Boykott zunächst nicht mitzogen, bediente sich Axel Springer wirtschaftlichen Druckes, indem er sich über seinen Einfluss auf die Grossisten, von denen die anderen Zeitungs- und Zeitschriftenverlage abhängig waren, durchzusetzen versuchte. Die Rolle der Grossisten für das bundesdeutsche Pressevertriebs- und Absatzsystem war damals wie heute sehr groß, denn durch

114 Der Spiegel Nr. 25 vom 15.6.1960, Ohne Programm, S. 59.

115 Dobritz, Kalter Krieg in Funk-Zeitschriften. Zeitungszar Axel Springer boykottiert das DDR-Programm, in: Die andere Zeitung 1960, S. 12; Seegers, Hör zu!, S. 81.

116 Der Spiegel Nr. 50 vom 7.12.1960, Müllers Unlust, S. 92; Der Spiegel Nr. 37 vom 9.9.1964, Leichtere Auswahl, S. 37.

117 Hör Zu Nr. 24 vom 12.–18.6. 1960, „Für diesen Dreck...", S. 2. Eine ähnliche Stellungnahme findet sich in einem späteren Leitartikel der Hör Zu: Hör Zu Nr. 9 vom 26.2.–4.3.1961, Bitte Gegenseitigkeit!, S. 2.

118 Der Spiegel Nr. 50 vom 7.12.1960, Müllers Unlust, S. 92; Der Spiegel Nr. 25 vom 15.6.1960, Ohne Programm, S. 61. Dazu auch: Seegers, Hör zu!, S. 81.

119 Der Spiegel Nr. 25 vom 15.6.1960, Ohne Programm, S. 59, 61.

120 Auch ein Blick in die Hör Zu vom 15. Mai 1960 verrät, dass – unmittelbar vor der ersten Geschäftsmaßnahme gegen ostdeutsche Programme – die Angaben zum Programm des „Sowjetzonen-Fernsehens" aufgrund der verspäteten Anlieferungen aus der DDR gänzlich fehlten. Stattdessen folgte die explizite Erklärung der Hör Zu: „Das Programm lag bei Redaktionsschluß leider nicht vor". (Vgl. Hör Zu Nr. 20 vom 15.–21.5.1960, Programmvorschau des Sowjetzonen-Fernsehens, S. 55.)

das Grosso-System erhielten auch kleinere und neue Presseobjekte Zugang zum Markt, indem die auflagenstarken Zeitungen und das Konzept der Remission die Wirtschaftlichkeit des Pressevertriebs garantierten.[121]

Wie dieser Druck der großen Verlagshäuser auf kleinere Verlage aussah, lässt sich am Beispiel des rheinischen Verlegers Kurt Müller zeigen.[122] Er entschloss sich, ab Dezember 1960 die Vereinbarung nicht mehr mitzutragen und die ostdeutschen Programme wieder aufzunehmen. Daraufhin erreichte ihn ein Schreiben, das auf Initiative des Springer'schen Verlagsdirektors Hans Funk und des Springer-Rechtsanwalts Hermann Ferdinand Arning entstanden und von 18 Hamburger Zeitungsgrossisten unterzeichnet worden war.[123] Es enthielt eine deutlich zu erkennende Drohung gegen ihn, sein Blatt nicht weiter zu vertreiben.[124] Letztlich musste er sich dem wirtschaftlichen Druck der Presse-Grossisten beugen und auf den Wiederabdruck verzichten, um sich als mittelständisches, vom Pressevertriebssystem abhängiges Unternehmen den Zugang zum Markt nicht zu erschweren.[125]

Das Schreiben der Grossisten gibt nicht nur einen Eindruck davon, welcher Druck ausgeübt wurde, sondern auch davon, welche Argumente herangezogen wurden, um Abweichler auf Kurs zu bringen. Sehr direkt wurde Müller vorgeworfen, durch den Abdruck ostdeutscher Programme kommunistische Propaganda zu verbreiten und damit eine Straftat zu begehen. Das Schreiben beweist, dass schon 1960 die Grossisten ebenso wie die Verlagshäuser Axel Springers ihr Marktpotential nutzten, um ihre Interessen durchzusetzen, und dass sich Axel Springer zur Durchsetzung seiner Interessen auf die Grossisten und ihre einzigartige Vernetzung stützen konnte.[126]

Dennoch war diese erste Maßnahme der Einstellung ostdeutscher Programme für Axel Springer und Eduard Rhein nicht von Erfolg gekrönt, denn die ostdeutschen Programme verschwanden nicht gänzlich vom westdeutschen Zeitungsmarkt. Es gab einige kleinere Zeitschriften, zu denen auch „Blinkfüer" gehörte, die

---

121 Brummund, Der deutsche Zeitungs- und Zeitschriftengrosshandel, München 1985.

122 Der Spiegel Nr. 50 vom 7.12.1960, Müllers Unlust, S. 92.

123 Der Spiegel Nr. 50 vom 7.12.1960, Müllers Unlust, S. 92; Der Spiegel Nr. 21 vom 17.5.1961, Bauer schlägt Springer, S. 86; Der Spiegel Nr. 37 vom 9.9.1964, Leichtere Auswahl, S. 37.

124 Der Spiegel Nr. 50 vom 7.12.1960, Müllers Unlust, S. 92.

125 Ein Jahr später gab der gesundheitlich schwer angeschlagene Müller das Verlagsgeschäft auf, indem er seine Zeitschrift an den Bauer-Verlag veräußerte: Der Spiegel Nr. 21 vom 17.5.1961, Bauer schlägt Springer, S. 86.

126 Brummund, Zeitungs- und Zeitschriftengrosshandel, (speziell zu Blinkfüer und der Rolle des Presse-Grosso, S. 252–254).

sogar erstmals die ostdeutschen Programme abdruckten, um den Engpass für die Leser zu überbrücken.[127] Die Verleger dieser kleineren Zeitungen und Illustrierten, wie „Fernsehtag“, „Funk Express“, „Lotto-Toto-Express“ und „Blinkfüer“, die immerhin eine Gesamtauflage von 600.000 Exemplaren erreichten, konnten wirtschaftlich von dieser Aktion profitieren.[128] Tatsächlich gab es, wie der „Blinkfüer“-Herausgeber Ernst-August Aust zugab, einen kausalen Zusammenhang zwischen der ersten von Axel Springer initiierten Maßnahme gegen ostdeutsche Programme von 1960 und der Erhöhung der Auflagenzahlen von „Blinkfüer“.[129]

Als sich die politische Situation zwischen der Bundesrepublik Deutschland und der DDR mit dem Mauerbau am 13. August 1961 zuspitzte, reagierte der Verleger Axel Springer schnell darauf, indem er über die konzerneigenen Verlagshäuser Axel Springer & Sohn KG, Hammerich & Lesser KG sowie „Die Welt“ Verlags-GmbH ein Rundschreiben an die westdeutschen Zeitungs- und Zeitschriftenhändler verschickte[130], in dem er zum Ausdruck brachte, dass die zum Springer-Konzern gehörenden Unternehmen sich nach ihrem liberal-demokratischen Selbstverständnis durch den Mauerbau in höchstem Maße verpflichtet sähen, die bundesrepublikanischen Errungenschaften der Demokratie, des Rechtsstaats und der Grundrechte gegenüber dem in der DDR herrschenden Sozialismus zu verteidigen.[131]

Zusätzlich griffen die Verlagshäuser Axel Springers, die sich sonst eher journalistischer Mittel bedienten, um die Öffentlichkeit gegen die DDR zu mobilisieren[132], zum Boykott als politische Maßnahme. Hierbei umgingen sie jedoch die öffentliche Auseinandersetzung, indem sie das Rundschreiben an die

127 Der Spiegel Nr. 37 vom 9.9.1964, Leichtere Auswahl, S. 37; Der Spiegel Nr. 38 vom 13.9.1961, Dolchstoß aus Berlin, S. 58.

128 Der Spiegel Nr. 37 vom 9.9.1964, Leichtere Auswahl, S. 37.

129 Der Spiegel Nr. 37 vom 9.9.1964, Leichtere Auswahl, S. 37.

130 Sowohl in der Gerichtsentscheidung des Bundesgerichtshofs als auch des Bundesverfassungsgerichts wird die Versendung des Rundschreibens auf Ende August datiert und dies scheint auch treffend zu sein, da Aust bereits am 1.9.1961 einen einstweiligen Rechtsschutz vor dem Landgericht Hamburg erwirkt hatte. So auch Dany, Die „Blinkfüer“-Entscheidung, S. 23, Fn. 83 und Sandford, mass media, S. 34. Letzterer geht davon aus, dass das Rundschreiben noch in den ersten 3 Wochen nach dem Mauerbau versandt wurde.

131 Zum Demokratieverständnis des Axel-Springer Verlages und zu Axel Springers politischen Leitbildern, siehe statt vieler Kruip, Das „Welt“-„Bild“ des Axel Springer Verlags, S. 148 ff., 174 f.

132 Für Axel Springers politisches Engagement waren vor allem zwei Punkte ausschlaggebend, die auch seine Presseprodukte beeinflussten: die Aussöhnung mit Israel und

Zeitungs- und Zeitschriftenhändler richteten und nicht an die Leser. Im Mittelpunkt des Rundschreibens standen die als bedrohlich empfundene Entwicklung in der DDR, der Mauerbau und „die rücksichtlosen Gewaltakte" gegenüber den Ostdeutschen.[133] Mit großem Pathos und in eindringlichem Ton verlangten die Verlagshäuser Springer von den westdeutschen Händlern, ein Zeichen gegen die Unrechtsmaßnahmen in der DDR zu setzen:

> „Die Kette der Rechtsbrüche und Zwangsmaßnahmen gegen unsere Brüder und Schwestern reißt nicht ab. Wir im freien Teil Deutschlands dürfen es nicht bewenden lassen, in stummer Erbitterung täglich davon zu lesen und im übrigen tatenlos zu bleiben. Jeder Einzelne hat die Pflicht, in seinem Bereich die Freiheit zu schützen. Auch vom deutschen Zeitungs- und Zeitschriftenhandel verlangen besondere Ereignisse der letzten Zeit klare Entscheidungen."[134]

Das Rundschreiben sollte bezwecken, dass die westdeutschen Zeitungen und Zeitschriften auf den Abdruck ostdeutscher Programme verzichteten. Die Verlagshäuser kritisierten die wenigen westdeutschen Zeitungs- und Zeitschriftenverleger, „die sich zu dem Abdruck der Ostzonenprogramme für die Verbreitung der Lügen aus Pankow hergeben"[135], als profitgierige „Spekulanten". Um den Druck zu erhöhen, wurden drei Zeitschriften auch namentlich genannt: „Bildfunk", „Fernsehprogramme" und „Lotto-Toto-Expreß[136]".

Das Rundschreiben appellierte einerseits an das Verantwortungsbewusstsein der Händler, die Zeitungen und Zeitschriften zu boykottieren, die ostdeutsche Programme abdruckten, und andererseits enthielt es eine unmissverständliche Drohung: Händlern, die sich nicht am Boykott beteiligen sollten, wurde mit einem Abbruch der Geschäftsbeziehungen gedroht. Durch diese Androhung gelang es den Verlagshäusern des marktführenden Axel Springer, auf die wirtschaftlich abhängigen Händler Druck auszuüben und diesen Druck wirtschaftlich auszunutzen.[137] Zeitgenössische Quellen betrachteten es als reine Machtdemonstration,

---

die Auseinandersetzung mit der DDR: Kruip, Das „Welt"-„Bild" des Axel Springer Verlags, S. 111.

133 Das Rundschreiben ist unter anderem abgedruckt, in: BArch B 237/106278, Bl. 217 f. sowie in der Entscheidungssammlung BVerfGE 25, 256 (257 f.).
Die hier zitierte Stelle findet sich, in: BArch B 237/106278, Bl. 217; BVerfGE 25, 256 (257).

134 BArch B 237/106278, Bl. 217 f; BVerfGE 25, 256 (257).

135 BArch B 237/106278, Bl. 218; BVerfGE 25, 256 (257).

136 BArch B 237/106278, Bl. 217; BVerfGE 25, 256 (257 f.).

137 Biedenkopf, Zum politischen Boykott, in: JZ 1965, S. 553–558, 555; Weick, Der Boykott zur Verfolgung nichtwirtschaftlicher Interessen, Frankfurt am Main 1971, S. 189, Fn. 881; Sandford, mass media, S. 34.

dass das Rundschreiben an die Händler im Briefkopf sämtliche Konzernobjekte Axel Springers aufführte.[138]

Dem Rundschreiben lag das Muster eines Handzettels für die Einzelhändler bei. Damit bedienten sich die Verlagshäuser Axel Springers der Grossisten, um die Einzelhändler mit diesen Handzetteln zu beliefern, die letztlich den Lesern zukommen sollten. Auch die Handzettel waren in einem eindringlichen Stil verfasst, enthielten aber keinen Hinweis auf die Verlagshäuser Axel Springers als Urheber des Boykotts:

> „*Keine Ostprogramme mehr!*
> Die politisch bewegte Zeit verlangt von uns allen eine klare Entscheidung. Der deutsche Zeitschriftenhandel hat diese Entscheidung jetzt getroffen. Er ist der Meinung, daß es zu seiner nationalen Pflicht gehört, vorläufig keine Zeitschriften mehr anzubieten, die das ostzonale Rundfunk- und Fernsehprogramm abdrucken."[139]

Als Begründung wurde auch hier angeführt, dass „Rundfunk und Fernsehen aus dem Osten [...] zu einem reinen Propaganda-Instrument geworden" seien.[140] Insgesamt ähnelten die Aussagen auf dem Handzettel jenen des für die Händler bestimmten Rundschreibens. Die Handzettel waren jedoch – anders als das Rundschreiben – mit „Ihr Zeitungs- und Zeitschriftenhändler" unterzeichnet, so dass beim Leser der Eindruck entstehen musste, die Initiative zum Boykott sei von den Händlern ausgegangen.

Während der erste Fall der Einstellung von ostdeutschen Programmen schnell in Vergessenheit geriet, sollte das Rundschreiben im Folgenden Gegenstand der juristischen Auseinandersetzung werden. Dabei sollte die Frage, ob es sich hierbei um einen Boykott im rechtlichen Sinne handelte, eine der Kernfragen des späteren Prozesses werden.

Daher ist darzulegen, welche Art Boykott dem „Blinkfüer"-Fall zugrunde liegt. Im Laufe der Zeit haben sich insbesondere zwei Definitionen des Boykottbegriffs herauskristallisiert.[141] Die erste noch während der Kaiserzeit entwickelte Position geht von einem Zweipersonenverhältnis aus, das bedeutet, dass bereits

---

138 H.D. Müller, Der Springer-Konzern, S. 241; Groenewold, Das Urteil des Bundesgerichtshofes in der Blinkfüer-Affäre. Ein Kommentar, in: Brokmeier (Hg.), Kapitalismus und Pressefreiheit. Am Beispiel Springer, Frankfurt am Main 1969, S. 142–156, 143.

139 Der Handzettel ist abgedruckt, in: B 237/106278, Bl. 218 sowie in BVerfGE 25, 256 (258 f.).

140 B 237/106278, Bl. 218; BVerfGE 25, 256 (258).

141 Weick, Boykott zur Verfolgung nichtwirtschaftlicher Interessen, S. 8 ff.

die einseitige Sperre von Beziehungen als Boykott angesehen wird.[142] Die zweite Definition besagt, dass es sich beim Boykott um ein Dreipersonenverhältnis handelt: Der Boykottaufrufer (Veranlasser) fordert Dritte, die Adressaten, zum Boykott eines Anderen (Boykottierten) auf.[143]

Die Entscheidung für oder gegen die eine Position ist maßgeblich für die rechtliche Beurteilung des Boykotts[144], wobei sich der zivilrechtliche Schutz gegen Boykott nach Inkrafttreten des BGB allmählich aus dem Recht am eingerichteten und ausgeübten Gewerbebetrieb ableiten ließ.[145] Bereits diese ursprüngliche rechtliche Kategorisierung des Boykotts unter dem Schutz des § 823 Abs. 1 BGB belegt, dass der Boykott unabhängig von seiner Zielrichtung in erster Linie als Kampfmittel anzusehen ist, welches in die wirtschaftlichen oder sozialen Beziehungen eines Anderen eindringt.[146] Hier schließt sich die Frage an, ob schon der Aufruf allein einen Boykott darstellt oder erst die Ausführung oder

---

142 Lobe, Welche zivilrechtlichen Folgen knüpfen sich an die im modernen Lohnkampf üblichen Verrufserklärungen, insbesondere an das Verbot des Einkaufs und Verkaufs, des Arbeitgebens und Arbeitnehmens? Referat vor dem 29. Deutschen Juristentag zu Karlsruhe am 10. September 1908, in: Verhandlungen des 29. Deutschen Juristentages, Bd. V, Berlin 1909, hrsg. v. d. Ständigen Deputation des Deutschen Juristentages, S. 173–195, speziell S. 181; Rosin, Welche zivilrechtlichen Folgen knüpfen sich an die im modernen Lohnkampf üblichen Verrufserklärungen, insbesondere an das Verbot des Einkaufs und Verkaufs, des Arbeitgebens und Arbeitnehmens? Koreferat vor dem 29. Deutschen Juristentag zu Karlsruhe am 10. September 1908, in: Verhandlungen des 29. Deutschen Juristentages, Bd. V, Berlin 1909, hrsg. v. d. Ständigen Deputation des Deutschen Juristentages, S. 195–209, speziell S. 196.

143 Maschke, Boykott, Sperre und Aussperrung, Jena 1911, S. 2 f.; Reuss, Besprechung von Alexander Hafner, Boykott und Autonomie des Individuums nach schweizerischem Privatrecht (Zürcher Beiträge zur Rechtswissenschaft, herausgegeben von Mitgliedern der Rechts- und Staatswissenschaftlichen Fakultät der Universität Zürich, Neue Folge, Heft 220), in: AcP 159 (1960/1961), S. 175–180. Die Befürworter des Zweipersonenverhältnisses bezeichnen hingegen die Konstellation des Dreipersonenverhältnisses in der Regel als einen Fall des Verrufs (vgl. Weick, Boykott zur Verfolgung nichtwirtschaftlicher Interessen, S. 28, Fn. 89).

144 Weick, Boykott zur Verfolgung nichtwirtschaftlicher Interessen, S. 28.

145 Helle, Schutz der Persönlichkeit, der Ehre und des wirtschaftlichen Rufes im Privatrecht, Tübingen 1962, S. 77; Weick, Boykott zur Verfolgung nichtwirtschaftlicher Interessen, S. 23 ff.

146 Ähnlich Helle, Boykott und Meinungskampf, in: NJW 1964, S. 1497–1502, 1497; Weick, Boykott zur Verfolgung nichtwirtschaftlicher Interessen, S. 13, 30 f.

ob beide Merkmale verwirklicht sein müssen, damit man von einem Boykott sprechen kann.[147]

All diese Fragen wurden in der Nachkriegszeit mit dem „Lüth"-Urteil zumindest insofern geklärt, dass das Bundesverfassungsgericht prinzipiell von einem Dreipersonenverhältnis ausging und den bloßen Aufruf als Erfüllung der Merkmale des Boykotts als ausreichend ansah.[148] Damit verhindert die fehlende Durchführung nicht die Qualifizierung eines Aufrufs als Boykott, jedoch können sowohl die Durchführung des Boykotts als auch seine Auswirkungen für die Beurteilung der Rechtmäßigkeit des Boykotts ausschlaggebend sein.[149] In den 1960er und 1970er Jahren setzte sich in der Rechtswissenschaft letztlich der Standpunkt durch, dass der Boykott ein Dreipersonenverhältnis darstellt.[150] Einigkeit bestand auch darüber, dass der Boykott sowohl wirtschaftlichen als auch politisch-ideellen Zielen dienen kann.[151]

Auch im Rahmen dieser Arbeit wird der Boykott als eine Interaktion im Dreipersonenverhältnis gesehen. Als wesentlich erweist sich vor allem der Kampfcharakter des Boykotts: Aufgrund von ideellen, politischen oder wirtschaftlichen Zielen wird vom Boykottierer ein Boykottaufruf an einen bestimmten Personenkreis gerichtet. Durch Einflussnahme auf diese dritte Gruppe will er diese veranlassen, ein bestimmtes Verhalten (Tun oder Unterlassen) an den Tag zu legen, um dadurch den Boykottierten wirtschaftlich zu sanktionieren. Die wirtschaftliche Sanktionierung kann so aussehen, dass etwa bestimmte Waren, Produkte oder Dienstleistung des Boykottierten nicht mehr im Wirtschaftsverkehr angenommen werden.

---

147 Weick, Boykott zur Verfolgung nichtwirtschaftlicher Interessen, S. 28.

148 Weick, Boykott zur Verfolgung nichtwirtschaftlicher Interessen, S. 29.

149 Helle, Boykott und Meinungskampf, S. 1500 f.

150 Reuss, Besprechung von Alexander Hafner, Boykott und Autonomie des Individuums nach schweizerischem Privatrecht, S. 175–180; Arndt, Der Fall „Blinkfüer", S. 23 f.; Biedenkopf, Zum politischen Boykott, S. 553–558; Lerche, Zur Verfassungsgerichtlichen Deutung der Meinungsfreiheit, S. 197 ff.; Kübler, Boykott gegen Presse, in: AfP 1973, S. 405–411; Lerche, Diskussionsbeitrag zum Referat Kübler – „Boykott gegen Presse", in: AfP 1973, S. 411–413.

151 BVerfGE 7, 198 ff; Arndt, Der Fall „Blinkfüer"; Helle, Schutz der Persönlichkeit, der Ehre und des wirtschaftlichen Rufes im Privatrecht, S. 77; ders., Boykott und Meinungskampf, S. 497; Weick, Boykott zur Verfolgung nichtwirtschaftlicher Interessen; Scherer, Der Boykott im Meinungskampf, Würzburg 1971, S. 20.

2. Ernst Aust und die „Blinkfüer"-Zeitung

Der Herausgeber und Chefredakteur der „Blinkfüer"-Zeitung Ernst Aust (1923–1985) war ein überzeugter Anhänger der Politik Nikita Sergeevič Chruščëvs. Seine Vorstellungen vom Kommunismus hatten dabei sowohl individualistisch-liberalistische als auch anarchische Züge, die sich vor allem darin widerspiegelten, dass es ihm widerstrebte, die jeweils aktuelle politische Linie der DDR oder UdSSR kritiklos anzunehmen. Als aktives KPD-Mitglied hatte Aust 1953 die ein Jahr zuvor von der „Gemeinschaft zum Schutze der deutschen Küste" in Hamburg gegründete und von Günter Friedrichsen[152] herausgegebene Zeitung, „Dat Blinkfüer – Norichten för de Küst" übernommen.[153]

Die aufschlussreichsten und detailliertesten Auskünfte über sein Leben ließen sich den Akten des gegen ihn geführten Strafverfahrens vor der Ersten Großen Strafkammer des Hamburger Landgerichts entnehmen.[154] Der am 12. April 1923 in Hamburg-Eimsbüttel geborene Aust wuchs in einer Beamtenfamilie auf und schloss eine Banklehre ab. Sein Vater war Polizist und NSDAP-Mitglied. Ernst Aust selbst war als Soldat sowohl in Afrika als auch in Italien, Frankreich und 1943 in Russland eingesetzt worden. 1944 geriet er in britische Kriegsgefangenschaft[155], wo er nach eigenen Angaben „eine Art Abitur" ablegte und als Herausgeber einer Lagerzeitung arbeitete. Dort habe er sich Vorträge über den Sozialismus angehört und mit den Lehren von Karl Marx und Friedrich Engels auseinandergesetzt. Nach seiner Rückkehr aus der Gefangenschaft trat Aust 1948 in die KPD ein und war zunächst als Redakteur der kommunistischen

152 Siehe hierzu das Impressum: Blinkfüer Nr. 9 vom Dezember 1952, Impressum, S. 3.

153 Im Mai 1953 trat erstmals Ernst Aust als Herausgeber in Erscheinung: Blinkfüer Nr. 18 vom Mai 1953, Impressum, S. 4.

154 Ein Nachlass war trotz intensiver Recherche nicht auffindbar. Aufschluss über die wichtigsten Lebensstationen Austs bietet aber das Strafurteil vom 6.1.1964. Das Urteil des Landgerichts Hamburg mit Aktenzeichen (31) 9/63 ist archiviert unter: StAB 7, 215–101. Angaben zur Person Ernst Austs befinden sich auf Bl. 3–7 des Urteils. Kurzbiografien zu Aust finden sich auch bei: Mellenthin, Zum Tod von Ernst Aust, in: Arbeiterkampf Nr. 262 vom 23. 9.1985, S. 39; Kühn, Stalins Enkel, Maos Söhne. Die Lebenswelt der K-Gruppen in der Bundesrepublik der 70er Jahre, Frankfurt am Main/New York 2005, S. 21 ff.; Schlomann/ Friedlingstein, Die Maoisten. Pekings Filialen in Westeuropa, Frankfurt am Main 1970, S. 249 f.; Backes/Jesse, Politischer Extremismus, Bd. 3, S. 275.

155 Mellenthin, Zum Tod von Ernst Aust, S. 39; Backes/Jesse, Politischer Extremismus, Bd. 3, S. 275.

„Hamburger Volkszeitung" tätig.[156] In den Jahren 1953–1966 gab er die Zeitschrift „Blinkfüer" heraus.[157] Die anfänglich finanziell schwierige Situation Ernst Austs verbesserte sich in den Jahren nach 1956 mit dem wachsenden Erfolg der „Blinkfüer"-Zeitung.[158]

Von ihrer Gründungszeit an hatte „Blinkfüer" eine politische Funktion. In den ersten Jahrgängen nahm die Zeitung in ein- bis zweiseitigen Artikeln kritisch zu zeitgenössischen Problemen der einheimischen Küstenbevölkerung Stellung und schnitt damit Themenbereiche an, über die andere Zeitungen seltener engagiert berichteten. In den ersten Jahren bildeten sich zwei Schwerpunkte heraus: Erstens mobilisierte die Leserschaft „Blinkfüer" gegen die militärische Nutzung der Küstengebiete Schleswig-Holsteins und des niedersächsischen Wattenmeers, insbesondere des Großen Knechtsands, als Bombenabwurfplatz der Alliierten zu Beginn der 1950er Jahre. Dabei informierte die Zeitung über die nachhaltigen Umweltfolgen für die Küstengebiete sowie die damit verbundenen Konsequenzen für die ansässigen Fischer, deren Existenz und Lebensgrundlage bedroht schienen.[159] Auch äußerte sich „Blinkfüer" zur Problematik der Sturmflut an der

156 Kühn, Stalins Enkel, Maos Söhne, S. 21; Backes/Jesse, Politischer Extremismus, Bd. 3, S. 275.

157 Heimann, Die Deutsche Kommunistische Partei, S. 974; Fülberth, KPD und DKP, S. 115.

158 Seit November 1956 vermehrten sich in der noch monatlich erscheinenden „Blinkfüer"-Zeitung die Werbeanzeigen des Seefischgroßhandels: vgl. etwa Blinkfüer Nr. 14 vom November 1956, S. 11 f.

159 Blinkfüer Nr. 6 vom November 1952, Keine Bomben auf Knechtsand, S. 1; Blinkfüer Nr. 19 vom Juni 1953, Briten kündigen Zerstörung des Knechtsands an – Fischer wollen mit geflaggten Booten vor dem Zielgebiet vor Anker gehen, S. 4; Blinkfüer Nr. 15 vom Dezember 1954, Zur Knechtsanddebatte im Bundestag, S. 8; Blinkfüer Nr. 8 vom Juni 1955, Eine Insel beginnt sich zu wehren , S. 6 f.; Blinkfüer Nr. 7 vom April 1956, 4 Jahre Kampf um den Knechtsand, S. 2 ff.; Blinkfüer Nr. 14 vom November 1956, Naturschutzgebiet statt Bombenziel – „Schutz- und Forschungsgemeinschaft Knechtsand" gegründet, S. 7.
In der Literatur wird die Entstehung der Zeitung im Zusammenhang mit der Befreiung Helgolands, das sich ebenfalls dezidiert gegen die militärische Nutzung norddeutscher Küsten einsetzte, soweit ersichtlich nur von Backes/Jesse, Politischer Extremismus, Bd. 3, S. 275 erwähnt.
Auch in der Anklageschrift gegen den „Blinkfüer"-Herausgeber Aust vom 18. Dezember 1962 heißt es, dass die Zeitung im Zusammenhang mit der Helgoland-Bewegung stehe und ursprünglich von der „Gemeinschaft zum Schutze der deutschen Küste" herausgegeben worden sei. Diese wiederum sei Nachfolgerin der kommunistischen Tarnorganisation „Deutsche Bewegung Helgoland". Die Anklageschrift

Nordsee und der nicht ausreichenden Bereitstellung finanzieller Mittel für den Küstenschutz.[160]

Zweitens thematisierte sie die infolge der Zweiteilung Deutschlands hervorgerufenen ökonomischen Auswirkungen auf den norddeutschen Fischhandel. Immer wieder wies „Blinkfüer" darauf hin, dass bedingt durch den restriktiven Warenaustausch zwischen Ost und West der Fischabsatz in dem einst umsatzträchtigen ostdeutschen Markt kaum noch möglich sei und zu erheblichen Umsatzeinbußen führe.[161] Insgesamt lässt sich feststellen, dass in den Anfangsjahren – und damit zu einem Zeitpunkt, als das Verbotsverfahren gegen die KPD eingeleitet war, deren Ausgang aber noch offenstand – sich die von Aust herausgegebene Zeitung erst allmählich mit dezidiert politischen Stellungnahmen gegen dieses Verfahren hervorhob[162] und überwiegend auf regionale Berichterstattung setzte.

Zunächst erschien „Blinkfüer" im Zeitraum 1953–1957 als kostenlose Monatszeitung in einer Auflagenhöhe von 3.000–4.000 Exemplaren[163] und wurde hauptsächlich aus Spenden der Leserschaft finanziert.[164] Aust gelang es mit der Zeit, sein Themenspektrum auf die Interessenkreise der Hamburger Arbeiterschaft auszuweiten[165], insbesondere die der Hafen- und Werftarbeiter, wodurch

vom 18. Dezember 1962 mit dem Aktenzeichen 141 Js 347/60 ist archiviert unter StAB 7, 215–101. Die hier erwähnten Feststellungen zur Entstehungsgeschichte der „Blinkfüer"-Zeitung befinden sich auf Bl. 8 f. der Anklageschrift.

160 Siehe etwa: Blinkfüer Nr. 15 vom Dezember 1954, 100 000 Millionen für die Aufrüstung – 1 Million für den Küstenschutz, S. 4 f.

161 Blinkfüer Nr. 6 vom November 1952, Ost-Westhandel – Absatzsteigerung, S. 3; Blinkfüer Nr. 8 vom Dezember 1952, Cuxhavener Gespräche, S. 4; Blinkfüer Nr. 9 vom Dezember 1952, Fischgesetz für Berlin unzureichend, S. 2 und 5; Blinkfüer Nr. 9 vom Dezember 1952, Alle gegen alle, S. 4; Blinkfüer Nr. 7 vom Mai 1955, Zur Generalversammlung der Fischer, S. 2; Blinkfüer Nr. 15 vom Dezember 1955, Wer politisiert den innerdeutschen Handel?, S. 7.

162 Siehe etwa: Blinkfüer Nr. 15 vom Dezember 1954, Ein Prozeß gegen das deutsche Volk, S. 3.

163 Diese Schätzung, die auf dem Strafurteil gegen Ernst Aust basiert, scheint realistisch zu sein: StAB 7, 215–101 (Strafurteil vom 6.1.1964, Bl. 6).

164 Siehe die regelmäßig erscheinenden Spendenaufrufe zur Finanzierung der Zeitung etwa im Blinkfüer Nr. 19 vom Juni 1953, Eine Zeitschrift, S. 7; Blinkfüer Nr. 7 vom Mai 1955, Herzlichen Dank, S. 8.

165 Vor allem in den 1960er Jahren setzte sich „Blinkfüer" immer häufiger für die Belange der Hafenarbeiter ein: Blinkfüer Nr. 5 vom 31. Januar 1964, Höherer Schichtlohn ist fällig, S. 5; Blinkfüer Nr. 6 vom 7. Februar 1964, Gesamthafenarbeiter zogen Bilanz, S. 5.

ab August 1958 der Verkauf der „Blinkfüer"-Zeitung rentabel wurde[166]; sie wurde nun in einem zweiwöchigen Turnus verbreitet. Auch eine weitere Veränderung der „Blinkfüer"-Zeitung, die nicht zuletzt dem Umstand des KDP-Verbots geschuldet sein dürfte, vollzog sich Ende der 1950er Jahre: Sie erschien nun mit dem Untertitel „unabhängig – überparteilich".[167]

Eine wesentliche Auflagenerhöhung erreichte Aust, als er damit begann, ab dem 8. Juli 1960 die ostdeutschen Programme und ab dem 29. Juli 1960 die westdeutschen Programme abzudrucken, also just zu der Zeit, als die erste Springer'sche Aktion gegen ostdeutsche Programme stattfand.[168] Von nun an erschien die Zeitung wöchentlich. Von 1960 bis zu ihrem letzten Erscheinungsjahr 1969 behielt sie ihren Charakter als Wochenzeitung bei.

Die allmähliche Wandlung „Blinkfüers" zu einer den Kommunismus in den Fokus setzenden Zeitung manifestierte sich allerdings erst in den 1960er Jahren. Einerseits nahm die „Blinkfüer"-Zeitung immer offener Stellung zu Fragen der bundesdeutschen und internationalen Tagespolitik, andererseits nutzte Aust sie, um in Zeiten des Ost-West-Konflikts für den osteuropäischen Kommunismus zu werben.[169] In einem zeitgenössischen Artikel der Zeitung „DIE ZEIT" ist zu lesen, dass es auf Austs persönliches Engagement zurückzuführen sei, dass „Blinkfüer" „aus einem kommunistischen Flugblatt für Nordseefischer zu einer Wochenzeitung [wurde], die sich bald besser verkaufte als alle kommunistischen Zeitungen in der Bundesrepublik vor dem KPD-Verbot."[170] Ihm gelang es mit seiner selbstbewussten Art, einem politisch-provokanten Sprachstil sowie boulevardesken Artikeln die „Blinkfüer"-Zeitung in Hamburg erfolgreich zu

166 Siehe das Werbeexemplar der Augustausgabe, welches erstmals einen Verkaufspreis von 15 Pfennig aufwies: Blinkfüer (Werbeexemplar) vom 1.8.1958, S. 1.

167 Vgl. ebenfalls Blinkfüer (Werbeexemplar) vom 1.8.1958, S. 1.

168 Hierauf machte vor allem Möhring in seinem Schriftsatz zur Revisionsbegründung aufmerksam: BArch 283/37794, Bl. 44. Vgl. auch: Die Zeit Nr. 16 vom 19.4.1963, Propaganda für Ostberlin auf der Reeperbahn, S. 9.

169 Backes/Jesse, Politischer Extremismus in der Bundesrepublik, Bd. 3, Bonn 1996, S. 275 f.; Koenen, Das rote Jahrzehnt. Unsere kleine deutsche Kulturrevolution 1967–1977, Köln 2001, S. 295; Heimann, Die Deutsche Kommunistische Partei, in: Stöss (Hg.), Parteien-Handbuch. Die Parteien der Bundesrepublik Deutschland 1945–1980, Bd. I, AUD bis EFP, Opladen 1983, S. 901–981, 974; Fülberth, KPD und DKP: 1945–1990. Zwei kommunistische Parteien in der vierten Periode kapitalistischer Entwicklung, Heilbronn 1990, S. 115.

170 Die Zeit Nr. 16 vom 19.4.1963, Propaganda für Ostberlin auf der Reeperbahn, S. 9.

etablieren. Ein Blick in einige Ausgaben der „Blinkfüer"-Zeitung verrät, dass sie die typischen Merkmale eines Boulevardblattes trug.[171]

Doch nicht nur wegen seines Boulevardstils avancierte „Blinkfüer" in den 1960er Jahren zu einer der erfolgreichsten von der KPD gesteuerten[172] Zeitschriften. Es profitierte auch von den gesellschaftlichen und politischen Umbrüchen jener Zeit, vor allem vom zunehmend linken Zeitgeist der 1960er Jahre.[173] Die Artikel befassten sich mit dem politischen Grundkonflikt zwischen dem westlichen und dem östlichen Gesellschaftssystem sowie mit Themenfeldern, die für die westdeutsche Linke von hoher Relevanz waren: Wiedervereinigung, Entspannungs- und Liberalisierungspolitik, Antikommunismus in der Bundesrepublik sowie Atompolitik.[174]

„Blinkfüer" erfreute sich in der weltoffenen Metropole Hamburg großer Beliebtheit. 1960 erreichte sie ca. 50.000–60.000 Leser.[175] Zur Zielgruppe der Zeitung gehörten westdeutsche Kommunisten, hauptsächlich Mitglieder der seit 1956 verbotenen KPD. Eine weitere Zielgruppe waren Sozialdemokraten und linksliberal eingestellte Personen, die sich ebenfalls für solche Fragen interessierten.[176]

---

171 Dies gilt vor allem für die Jahrgänge ab Mitte der 1960er Jahre.

172 Günther Ackermann, Weggefährte von Ernst Aust seit der Gründungszeit der KPD/ML, bestätigte in einem Telefoninterview, dass Aust als Parteimitglied mit einem Parteiauftrag die „Blinkfüer"-Zeitung herausgab. Die KPD, die nach dem Parteiverbot keine dezidiert eigene Presse mehr unterhalten durfte, übte erheblichen Einfluss auf die legal erscheinende „Blinkfüer"-Zeitung aus. Sie bestimmte sowohl die politische Grundlinie als auch die Zielgruppenorientierung der „Blinkfüer"-Zeitung mit, ließ aber gleichzeitig Ernst Aust über viele Jahre hinweg Freiheiten hinsichtlich der Konzeption und Gestaltung der Zeitung.

173 Siegfried, Time is on my side. Konsum und Politik in der westdeutschen Jugendkultur der 60er Jahre, Göttingen 2006, S. 318.

174 Blinkfüer vom 21.7.1961, DDR anerkennen!, S. 1; Blinkfüer vom 31.1.1964, Anerkennung, S. 2; Blinkfüer vom 31.1.1964, Schluß mit Hexenjagd, S. 2; Blinkfüer vom 19.6.1964, S. 5 ff.; Blinkfüer vom 14.2.1964, KPD-Verbot aufheben, S. 4; Blinkfüer vom 17.4.1964, Für Aufhebung des KPD-Verbots, S. 4; Blinkfüer vom 17.4.1964, 70 Jahre N.S. Chrutschow. Ein Freund der Menschheit, S. 4; Blinkfüer vom 22.5.1964, Politische Justiz rechtswidrig, S. 2; Blinkfüer vom 19.6.1964, Realität Rechnung tragen. Auszüge aus der Rede Nikita Chrutschows auf der Friedenskundgebung im Kreml, S. 5–7.

175 Diese Angaben zur Leserzahl stammen aus der Anklageschrift (Bl. 17) gegen Aust: StAB 7,215–101. Möglicherweise sind diese Zahlen etwas zu hoch gegriffen, allerdings spiegeln sie den hohen regionalen Bekanntheitsgrad der „Blinkfüer"-Zeitung wider.

176 Selbst die Staatsanwaltschaft, die gegen Aust ermittelte, meinte in ihrer Anklageschrift, dass „Blinkfüer" „nicht nur eine politische Kampfschrift, sondern – jedenfalls

Nach 1960 umfasste die Leserschaft nicht nur diesen Personenkreis, durch den Abdruck der ostdeutschen Programme kamen auch Leser hinzu, die nicht die kommunistische Ideologie der Zeitung teilten, sondern diese hauptsächlich wegen der in der Zeitungslandschaft rar gewordenen Abdrucke der ostdeutschen Hörfunk- und Fernsehprogramme kauften. Als 1961 das Boykott-Rundschreiben Springers herausgegeben wurde, weigerte Aust sich, auf den Abdruck der ostdeutschen Programme zu verzichten. Obwohl das Rundschreiben „Blinkfüer" nicht namentlich erwähnte, wurde sie damit Zielscheibe des Boykottaufrufs.

Aust selbst hatte immer wieder die Auswirkungen des Antikommunismus erfahren. Als das Bundesverfassungsgericht mit seinem KPD-Verbotsurteil von 1956 die Auflösung der KPD anordnete und die Gründung von Ersatz- und Nachfolgeparteien in der Bundesrepublik verbot, verschwand die KPD nicht aus der Gesellschaft. Sie verlor zwar einen erheblichen Teil ihrer Mitglieder, dennoch konnte sie ihre Grundstrukturen mit finanzieller Unterstützung der SED und der KPdSU und vieler in der Bundesrepublik tätiger Funktionäre beibehalten.[177] Auch Aust gehörte zu jenen Funktionären, die ihre KPD-Mitgliedschaft nach dem Verbot aus Überzeugung behielten.[178] Er nutzte, wie viele andere kommunistische Verleger, seine Zeitung, um in jener Zeit für die Ziele der in die Illegalität getriebenen KPD zu kämpfen[179] und widmete viele Artikel in „Blinkfüer" der politischen Strafverfolgung westdeutscher Kommunisten.[180]

---

nach seiner äußeren Erscheinung – eine in erster Linie nach journalistisch-kommerziellen Gesichtspunkten aufgemachte Wochenzeitung ist, die an Kiosken gehandelt ist und nicht nur überzeugte Kommunisten, sondern auch z.B. sozialdemokratische Arbeiter und politisch weniger interessierte Leser ansprechen soll." Vgl. die Anklageschrift der Staatsanwaltschaft, Bl. 13, in: StAB 7, 215–101.

177 Kluth, Die KPD in der Bundesrepublik. Ihre politische Tätigkeit und Organisation 1945–1956, Köln/ Opladen 1959.

178 Kühn, Stalins Enkel, Maos Söhne, S. 21; Karl, Die K-Gruppen: Kommunistischer Bund Westdeutschland, Kommunistische Partei Deutschlands, Kommunistische Partei Deutschlands/Marxisten-Leninisten. Entwicklung – Ideologie – Programme, Bonn/Bad-Godesberg 1976, S. 15.

179 Blinkfüer vom 17.4.1964, Für Aufhebung des KPD-Verbots, S. 4; Blinkfüer vom 22.5.1964, Politische Justiz rechtswidrig, S. 2; Blinkfüer vom 14.1.1965, Aller Freiheit bedroht, S. 4.

180 Blinkfüer vom 31.1.1964, Schluß mit Hexenjagd, S. 2; Blinkfüer vom 14.2.1964, KPD-Verbot aufheben, S. 4.

Seine Tätigkeit für „Blinkfüer" sollte jedoch Ende 1966 mit seinem Ausscheiden aus der KPD aufhören.[181] Zu diesem endgültigen Bruch mit der Partei kam es, weil Aust die Art und Weise der seit Mitte der 1950er Jahre von der KPdSU angeordneten und durchgesetzten Entstalinisierung und damit eine tragende Säule der Parteilinie nicht gutgeheißen hatte. Es widerstrebte ihm, eine neue politische Ausrichtung der KPdSU und KPD hinzunehmen, ohne dass eine tiefere Auseinandersetzung über den richtigen Weg zum Kommunismus auf allen Ebenen stattgefunden hatte.[182] So verurteilte er bereits im Herbst 1967 das Vorgehen der UdSSR und der DDR als revisionistisch und bekannte sich zu China und Albanien.[183] Doch erst am 31. Dezember 1968 – und damit genau 50 Jahre nach der Gründung der historischen KPD – gelang es Aust, seine eigene Partei, die KPD/ML (Kommunistische Partei Deutschland/Marxisten-Leninisten) zu gründen.[184] Auch damit bewies Aust, dass er nicht streng ideologisch und nach Parteilinie handelte, sondern für ein individualistisches Verständnis des Kommunismus plädierte.

3. Die gesellschaftlichen Konsequenzen des Springer'schen Boykottaufrufs

Die Boykottaktion Springers und der Rechtsstreit darüber spielten sich zu Beginn der 1960er Jahre vor einem gesellschaftlichen Hintergrund ab, der von vielen Umbrüchen und Wandlungsprozessen geprägt war. Zeitverzögert stellten

---

181 Seit Januar 1967 erschien Harald Dötze als Herausgeber der Zeitung: Blinkfüer Nr. 26 vom 29.6.1967, Impressum, S. 2.

182 Vgl. etwa die Artikel in der von ihm seit Sommer 1967 zunächst anonym herausgegebenen Zeitschrift Roter Morgen: Roter Morgen Nr. 3/4 vom September/Oktober 1967, Die Größten Spalter der Geschichte, S. 1; Roter Morgen Nr. 3/4 vom September/Oktober 1967, Begrabt den sklavischen Gehorsam in der Partei (zur Auseinandersetzung in der KPD), S. 6 f.
Erst seit November 1967 wies der Rote Morgen ein Impressum auf, aus welchem Aust als Herausgeber hervorging: Roter Morgen vom November 1967, Impressum, S. 2.

183 Roter Morgen Nr. 1 vom Juli 1967, Erklärung der Marxisten-Leninisten der Kommunistischen Partei Deutschlands, S. 1–3; Roter Morgen Nr. 3/4 vom September/Oktober 1967, Der Revisionist Breschnjew und seine Komplizen. Nackte Angst um die Herrschaft der Clique, S. 3 f.; Roter Morgen Nr. 3/4 vom September/Oktober 1967, Begrabt den sklavischen Gehorsam in der Partei (zur Auseinandersetzung in der KPD), S. 6 f. Dazu auch Schlomann/Friedlingstein, Die Maoisten, S. 249 ff.

184 Dieses bewusst ausgewählte Gründungsdatum sollte verdeutlichen, dass sich die KPD/ML vor allem als eine in der Tradition der KPD stehende Partei ansah. So auch: Schlomann/Friedlingstein, Die Maoisten, S. 251.

der Boykottaufruf 1961 und ein weiteres Ereignis, die „Spiegel"-Affäre 1962, die Themen Pressekonzentration[185] und Pressefreiheit ins Zentrum der öffentlichen Diskussion. Die Sensibilisierung der Bevölkerung für diese Themen führte zu einem Wandel in der Wahrnehmung der Presse, ihrer Aufgaben und ihrer Bedeutung für die Demokratie. Ging es in der „Spiegel"-Affäre um die Frage der Zulässigkeit staatlicher Intervention im Pressewesen und deren Vereinbarkeit mit Art. 5 Abs. 1 GG und somit um die Bedeutung der Pressefreiheit für die Demokratie und die Grenzen des Rechts[186], lag der Schwerpunkt der Debatte über den Boykottaufruf auf der Frage, ob die Vielfalt der Meinungen trotz zunehmender Pressekonzentration auf dem Zeitungsmarkt noch gewährleistet sei[187]. Nicht die Frage, ob das von Springer verfolgte Ziel, gegen kommunistische Zeitschriften vorzugehen, legitim sei, sondern die Frage, ob die Mittel gerechtfertigt seien, stand im Vordergrund. Der Umstand, dass Springer seine Vormachtstellung auf dem Markt genutzt hatte, um Einfluss auf die Meinungsvielfalt zu nehmen, wurde zum Politikum.

Zunächst sah es so aus, als ob das Springer'sche Rundschreiben Erfolg hätte, denn nur einige kleinere Verlage wagten es, weiterhin ostdeutsche Programme abzudrucken. Für zwei der westdeutschen Verleger, deren Zeitschriften im Rundschreiben Springers namentlich erwähnt wurden, hatte das Rundschreiben

185 Der Begriff der Pressekonzentration meint das Verhältnis wirtschaftlicher Konzentration zur publizistischen Konzentration und somit die Frage nach dem Einfluss eines Presseunternehmens auf Preisbildung und Bildung einer öffentlichen Meinung: Ehmke, Verfassungsrechtliche Fragen einer Reform des Pressewesens, in: Ehmke/Schmid/Scharoun (Hg.), Festschrift für Adolf Arndt zum 65. Geburtstag, Frankfurt am Main 1969, S. 77–118, 92.

186 Kruip, Das „Welt"-„Bild" des Axel Springer Verlags, S. 251 ff.; Fiedler, BverfGE 20, 162 – Spiegel, S. 167–172; Liehr, Von der Aktion gegen den Spiegel zur Spiegel-Affäre. Zur gesellschaftspolitischen Rolle der Intellektuellen, Frankfurt am Main 2002; Lilge, Die Entwicklung in der Bundesrepublik, in: Lilge (Hg.), Deutschland 1945–1963, Hannover 1979, S. 303–329, 314 ff.; Frei, Die Presse, S. 397 ff.
Zur Dokumentation der Spiegel-Affäre: Grosser/Seifert, Die Spiegel-Affäre, Bd. 1, Die Staatsmacht und ihre Kontrolle, Olten/Freiburg1966; Ellwein/Liebel/Negt, Die Spiegel-Affäre, Bd. 2, Die Reaktion der Öffentlichkeit, Olten/Freiburg 1966.

187 Arndt, Der Fall „Blinkfüer", S. 23 f.; Biedenkopf, Zum politischen Boykott, S. 553 ff.; Kübler/Simitis, Presse und Wettbewerb, S. 449 ff.; Kübler, Wirtschaftsordnung und Meinungsfreiheit, Tübingen 1966; H.D. Müller, Der Springer-Konzern, S. 242 f.; Vorgänge Nr. 4 von 1964, Ein Prozeß für die Pressefreiheit/Der Fall „Blinkfüer" vor dem Hamburger Landgericht, S. 128–134, 132 f. Siehe hierzu auch die Ausführungen zum Revisionsurteil in der zeitgenössischen Kritik, Kap. 1 II.3.

auch ganz konkrete negative Folgen. Der Hannoveraner Reinhold Ruske („Bildfunk") und der West-Berliner Hans Seif („Lotto-Toto-Expreß") versuchten, einstweilige Verfügungen gegen den Boykott zu erreichen. Doch Seif scheiterte damit vor dem Berliner Kammergericht ebenso wie Reinhold Ruske, der schließlich die Zeitschrift „Bildfunk" an Seif verkaufte und sich in die DDR absetzte.[188] Gerade diesen Umstand sollte später Axel Springers Rechtsanwalt in seinem Schriftsatz vor dem Bundesgerichtshof betonen, um die Seriosität der im Rundschreiben angegriffenen Zeitungen in Frage zu stellen und den Boykottaufruf zu rechtfertigen.[189] Diese Tatsache verdeutlicht rückblickend noch die Brisanz des „Blinkfüer"-Falles. Die beiden Fälle zeigen, dass Axel Springer aufgrund des Pressevertriebssystems „eine Art Zensur auf dem Pressemarkt ausüben" konnte, um den eigenen Standpunkt durchzusetzen.[190]

Nach drei Jahren zeigte sich, dass größere Presseverlage, die durch den Nichtabdruck der ostdeutschen Programme Umsatzverluste erlitten, den aufgezwungenen Boykott nicht länger duldeten. Die konservative Zeitschrift „Revue" aus dem renommierten Kindler und Schiermeyer Verlag in München – ein wichtiger Konkurrent Axel Springers – wagte es als erste größere Zeitschrift, die ostdeutschen Programme wieder aufzunehmen.[191] Ihr folgten weitere Zeitschriften, wie etwa „TV-Hören und Sehen", „Gong" und „Funkuhr", die bei der ersten Einstellung im Jahre 1960 mitgewirkt hatten; auch sie druckten wieder die ostdeutschen Programme ab.[192] Schließlich nahm auch die Axel Springer gehörende Zeitschrift „Hör Zu" unter Chefredakteur Rhein im September der Jahres 1964 die ostdeutschen Programme wieder auf.[193] Rhein ließ sich die Verlegenheit über die Wiederaufnahme der Programme nicht anmerken; als Argument für den Sinneswandel führte er an, man wolle dem Wunsch der „Hör Zu"-Leser entgegenkommen, die „die Programme zur Hand haben [wollen], […] um leichter eine

188 Der Spiegel Nr. 38 vom 13.9.1961, Dolchstoß aus Berlin, S. 58; H.D. Müller, Der Springer-Konzern, S. 241.

189 Möhrings Schriftsatz zur Revisionsbegründung vom 27. Februar 1963, in: BArch B 283/37794, Bl. 41.

190 Ossorio-Capella, Der Zeitungsmarkt in der Bundesrepublik Deutschland, Frankfurt am Main 1972, S. 143.

191 Der Spiegel Nr. 37 vom 9.9.1964, Leichtere Auswahl, S. 37; Der Spiegel Nr. 20 vom 19.5.19, Der Freiheit zuwider, S 99. Dazu auch Seegers, Hör zu!, S. 81.

192 Der Spiegel Nr. 37 vom 9.9.1964, Leichtere Auswahl, S. 37; Seegers, Hör zu!, S. 81; H.D. Müller, Der Springer-Konzern, S. 245.

193 Der Wiederabdruck der ostdeutschen Programme wurde angekündigt, in: „Hör Zu" Nr. 37 vom 13.19.9.1964, Kurz und bündig, S. 2.

Auswahl treffen zu können zwischen Unterhaltungs- und Sportsendungen und reinen Propagandasendungen".[194] Mitentscheidend für die Wiederaufnahme der ostdeutschen Programme in der „Hör Zu" war vor allem die Einsicht, dass „angesichts sinkender Auflagenzahlen" und der Tatsache, „daß ein erheblicher Teil der Leser die durchaus beliebten Programme der DDR vermißten", der Abdruck also erforderlich war, um Leser zu halten.[195] Nachdem die „Hör Zu" die ostdeutschen Programme wieder aufgenommen hatte, trennte sich Axel Springer von Eduard Rhein.[196] Aber das Ziel Axel Springers, die ostdeutschen Programme aus den westdeutschen Zeitschriften zu verbannen, war endgültig gescheitert. Erfreut kommentierte „Blinkfüer" 1964 mit der Überschrift „Springerpleite" den erfolglosen Boykott.[197]

Die Springer'sche Boykottaktion führte durchaus zu Kritik. Die Haltung des Berliner Zeitschriften-Händlerverbands war gegenüber dem Rundschreiben eindeutig. Diese Gruppe mit eher überpolitischen Interessen griff das Verhalten der Verlagshäuser in einem Protesttelegramm an Axel Springer an. Sie verurteilte das Rundschreiben als „eine Nötigung und Erpressung, die jeder gesetzlichen Grundlage widerspricht" und gab Springers Aufforderung an die Presse an diesen selbst zurück: „Diktatorische Maßnahmen werden in Ihren Zeitungen abgelehnt. Ganz unsere Meinung. Handeln Sie selbst danach."[198]

II. Aust, Springer und die Zivilgerichtsbarkeit

Vor allem der Boykott zog rechtliche Folgen nach sich. Es folgte eine fast zehn Jahre dauernde juristische Aufarbeitung des Falles vor Gericht. Denn unmittelbar nachdem das Rundschreiben an die Händler verschickt worden war, zog der „Blinkfüer"-Herausgeber Aust noch im September 1961 vor das Hamburger Landgericht – der Streitwert lag über 5.000 DM. Sein Rechtsanwalt in den ersten Zivilinstanzen und vor dem Bundesverfassungsgericht war der Hamburger Jurist Curt Wessig. Dieser war selbst KPD-Mitglied und bei mehreren medienwirksamen Verfahren als Anwalt tätig. Ende der 1940er Jahre hatte Wessig in dem Neuengamme-Prozess als Pflichtverteidiger den KZ-Kommandanten Max

194 Der Spiegel Nr. 37 vom 9.9.1964, Leichtere Auswahl, S. 37.
195 Seegers, Hör zu!, S. 81.
196 Seegers, Hör zu!, S. 82 f. Zu den Umständen dieser Trennung: Lohmeyer, Springer. Ein deutsches Imperium, S. 282 ff.
197 Blinkfüer vom 28.8.1964, Springerpleite, S. 2.
198 Der Spiegel Nr. 38 vom 13.9.1961, Dolchstoß aus Berlin, S. 58.

Pauly vertreten[199], einige Jahre später verteidigte er die Interessen der KPD im Parteiverbotsverfahren[200] vor dem Bundesverfassungsgericht. Darüber hinaus vertrat er in zahlreichen weiteren Fällen Kommunisten. Die Verlage Axel Springers wurden in den ersten Zivilinstanzen des Rechtsstreits von dem Hausjustiziar Hermann Ferdinand Arning vertreten.

Die ersten zivilgerichtlichen Verhandlungen in den Jahren 1961–1962 fanden statt, ohne öffentliches Aufsehen zu erregen. So berichtete die Zeitschrift „Vorgänge. Eine kulturpolitische Korrespondenz" erst 1964 über die Zivilverfahren in Sachen „Blinkfüer", nachdem sie längst abgeschlossen waren und bereits die Verfassungsbeschwerde am Bundesverfassungsgericht anhängig war.[201]

In der ersten Zivilrechtsinstanz vor dem Landgericht standen hauptsächlich zivilrechtlich und wettbewerbsrechtlich geschützte Güter zur Debatte, wie das Recht des „Blinkfüer"-Herausgebers Aust am eingerichteten und ausgeübten Gewerbebetrieb gem. § 823 Abs. 1 BGB. Dennoch war die Frage, ob den beklagten Verlagen die verfassungsrechtlich garantierte Meinungsfreiheit gemäß Art. 5 Abs. 1 Satz 1 1. Alt. GG zukomme, omnipräsent. Qualitativ kommt die „Lüth"-Entscheidung, die in beiden Entscheidungen des Landgerichtes lediglich jeweils einmal explizit erwähnt wurde[202], erst mit den beiden Oberlandesgerichtsentscheidungen zum Tragen. Die deutlichste dogmatische Schwerpunktverschiebung erfolgte bereits im ersten Urteil der zweiten Instanz, als das Oberlandesgericht Hamburg in seinem Urteil vom 15. Februar 1962 das „Lüth"-Urteil ausführlich rezipierte: Ohne große verfassungsrechtliche Argumentation

199 Diese Prozessbeteiligung teilte mir Mechthild Gersdorf-Wessig im Juni 2012 mündlich mit. Zum Neuengamme-Prozess: Bessmann/Buggeln, Befehlsgeber und Direkttäter vor dem Militärgericht. Die britische Strafverfolgung der Verbrechen im KZ Neuengamme und seinen Außenlagern, in: Zeitschrift für Geschichtswissenschaft 2005, Heft 6, S. 522–542; Kaienburg, Die britischen Militärgerichtsprozesse zu den Verbrechen im Konzentrationslager Neuengamme, in: KZ-Gedenkstätte Neuengamme (Hg.), Die frühen Nachkriegsprozesse. Beiträge zur Geschichte der nationalsozialistischen Verfolgung in Norddeutschland 1997, Heft 3, S. 56–64.

200 Wessigs Anträge und Stellungnahmen für die KPD im KPD-Verbotsverfahren sind vor allem dokumentiert in: Pfeiffer/Strickert, KPD-Prozess, Bd. 1, Bd. 2, Bd. 3.

201 Vorgänge Nr. 4 von 1964, Ein Prozeß für die Pressefreiheit/Der Fall „Blinkfüer" vor dem Hamburger Landgericht, S. 132–134. Auch die Zeitschrift „Vorgänge" interessierte sich Anfang der 1960er Jahre mehr für den Strafrechtsfall „Blinkfüer" als für den Zivilrechtsfall. Zu diesem siehe unten, S. 88 ff.

202 Vgl. das Urteil des Landgerichts vom 11. Oktober 1961 mit Aktenzeichen 15 Q 398/61, in: B 237/106277, Bl. 37 sowie das Urteil des Landgerichts vom 14. Februar 1962 mit Aktenzeichen 15 0 198/61, in: B 237/106277, Bl. 63.

bejahte es die Drittwirkung der Grundrechte innerhalb von Privatrechtsfällen und somit auch die objektive Wertordnung, um eine grundrechtsgestützte Entscheidung zugunsten von Aust zu treffen und die Parallelen und Unterschiede zwischen den Fällen „Lüth“ und „Blinkfüer“ darzulegen[203].

1. Die ersten Zivilprozesse in Hamburg (1961–1962)

a. Das Urteil des Landgerichts vom 11. Oktober 1961

Der Rechtsstreit zwischen dem „Blinkfüer“-Herausgeber und den Verlagshäusern Axel Springer & Sohn KG, Hammerich und Lesser KG und Die Welt Verlags-GmbH begann, als Aust gegen diese am 1. September 1961 vor der Ferienzivilkammer F des Landgerichts Hamburg einstweiligen Rechtsschutz beantragte.[204] Aust hatte hiermit sogleich auch Erfolg, denn mit der Verfügung des Hamburger Landgerichts wurde den beklagten Verlagen im Verfahren des einstweiligen Rechtsschutzes verboten, in „Rundschreiben an Zeitungshändler und Verkaufskioske die Einstellung des Verkaufs von Erzeugnissen der Antragsgegner anzudrohen, falls die Zeitungshändler und Kioske weiterhin Zeitschriften und Zeitungen verkaufen, die ostzonale Rundfunk- und Fernseh-Programme erscheinen lassen“.[205] Dies war der erste Sieg, den Aust verbuchen konnte.

Zum ersten zivilrechtlichen Urteil kam es am 11. Oktober 1961, weil die Verlagshäuser mit dem Ausgang des einstweiligen Rechtsschutzes zugunsten des „Blinkfüer“-Herausgebers nicht einverstanden waren und mit Widerspruch vom 14. September 1961 die Aufhebung der einstweiligen Verfügung beantragten.[206] Aufgrund des form- und fristgerecht eingelegten Widerspruchs hatte nun die 15. Zivilkammer des Landgerichts Hamburg, bestehend aus dem Landgerichtsdirektor Bielenberg als Vorsitzender, Landgerichtsrat Fey und Landgerichtsrat

---

203 Zum Sachverhalt und zur Entscheidung im „Lüth“-Fall: S. 59,153 ff.

204 Die Akte zum Verfahren des einstweiligen Rechtsschutzes ist nicht mehr vorhanden. Jedoch lässt sich aus dem späteren ersten Urteil in der Hauptsache vor dem Hamburger Landgericht vom 11. Oktober 1961 ersehen, dass die Verlagshäuser Widerspruch gegen die einstweilige Verfügung vom 1.9.1963 eingelegt hatten, um damit eine mündliche Verhandlung und ein Urteil in der Hauptsache zu erstreiten, vgl. BArch B 237/106277, Bl. 30. Denn das Urteil des Landgerichts Hamburg vom 11. Oktober 1961 mit dem Aktenzeichen 15 Q 398/61 ist enthalten in: BArch B 237/106277, Bl. 24–42.

205 Der zitierte Auszug aus dem Verfahren des einstweiligen Rechtsschutzes findet sich auch im Hauptsache-Urteil des Hamburger Landgerichts vom 11. Oktober 1961: BArch B 237/106277, Bl. 30.

206 BArch B 237/106277, Bl. 30.

Deutsch, auch in der Hauptsache im Wege des Urteils über die einstweilige Verfügung zu entscheiden.

Die Verlagshäuser begründeten ihren Widerspruch mit Schriftsatz vom 3. Oktober 1961 vor allem damit, dass der Inhalt ihres Rundschreibens aus mehreren Gründen rechtlich unbedenklich sei.[207] Erstens sei zwischen ihren Zeitungen und der „Blinkfüer"-Zeitung „nach Art, Umfang und Abnehmerkreis" kein Konkurrenzverhältnis zu erkennen.[208] Dies zeige sich auch darin, dass die „Hör Zu" die Auflage während des Boykotts erhöhen konnte. Zweitens sei der Inhalt ihres Rundschreibens umfassend von der Meinungsfreiheit gem. Art. 5 Abs. 1 Satz 1 GG gedeckt. Als drittes Argument führten sie an, dass sie die Wiederkehrschuldverhältnisse mit ihren Geschäftspartnern, den Händlern, jederzeit ohne Angabe von Gründen beenden dürften. Jedoch hätten sie aus dem „Gebot der geschäftlichen Fairness" die Versendung des Rundschreibens als mildestes Mittel gewählt – im Vergleich zu gravierenden Geschäftsmaßnahmen wie der Beendigung der Vertragsverhältnisse durch Kündigung.[209] Somit sei den Händlern ihre freie Entscheidungsmöglichkeit nicht genommen.

Die Verlagshäuser führten aus, dass sie in Wahrnehmung berechtigter Interessen gem. § 193 StGB gehandelt hätten und politische Motive für sie ausschlaggebend seien[210]:

> „Sie, die Antragsgegnerinnen, hätten allein aus ihrer politischen Überzeugung heraus gehandelt und mit ihrem Rundschreiben ihrer Auffassung Ausdruck geben wollen, daß es angesichts der massiven Berlin-Drohungen Chruschtschows, vor allem aber im Hinblick auf die Ereignisse seit dem 13. August 1961, nicht mehr zu verantworten sei, wenn Verleger und Händler der ostzonalen Hetzpropaganda gegen die Bundesrepublik dadurch Vorschub leisteten, daß sie Hinweise auf das ostzonale Fernsehprogramm veröffentlichen oder vertreiben. Sie wollten bei dem Zeitungsleser klargestellt wissen, daß sie mit Objekten, die heute noch das ostzonale Programm veröffentlichen, nichts zu tun hätten. Sie [….] hätten es dementsprechend auch für unvertretbar gehalten, wenn ein Zeitungshändler neben ihren Zeitungen und Zeitschriften zugleich Zeitungen nach Art und Inhalt des ‚Blinkfüer' anbietet, in denen nicht nur das Ostzonenfernsehen propagiert, sondern auch die ostzonalen Unrechts- und Gewaltmaßnahmen gebilligt und gerechtfertigt werden."[211]

207 BArch B 237/106277, Bl. 30.
208 BArch B 237/106277, Bl. 30.
209 BArch B 237/106277, Bl. 32.
210 BArch B 237/106277, Bl. 32.
211 BArch B 237/106277, Bl. 31.

Zugleich griffen sie Aust an, weil es in der politischen Lage angesichts des Mauerbaus gegen die Standessitte der Presse verstoße, ostdeutsche Programme zu veröffentlichen.[212] Das Verhalten Austs werteten sie als Verstoß gegen § 1 UWG und fügten hinzu, dass nach ihrer Auffassung der gesamte Inhalt von „Blinkfüer" gegen gesetzliche Bestimmungen verstoße. „Blinkfüer" begehe Straftaten wie Landesverrat und gefährde die äußere Sicherheit der Bundesrepublik. Damit stehe Aust nicht das Recht auf Meinungsäußerungsfreiheit gem. Art. 5 GG zu.[213]

Aust hingegen beantragte, die einstweilige Verfügung zu bestätigen, weil das Verhalten der Verlage eine unzulässige Handlungsweise sei. Der Abdruck der ostdeutschen Programme sei rechtlich gestattet, weshalb auch für ihn und seine „Blinkfüer"-Zeitung der Art. 5 Abs. 1 Satz 2 1. Alt. GG und damit die Pressefreiheit gelte.[214] Indem die Verlagshäuser das Rundschreiben, von dem auch „Blinkfüer" betroffen sei, verbreiteten, verstießen sie gegen das Wettbewerbsrecht und die Vorschriften des Zivilrechts. Bemerkenswerterweise stützte er seine Begründung zusätzlich auf den Umstand, dass „ein Strafverfahren gegen ihn auch noch nicht anhängig gemacht worden" sei.[215] Diese Aussage zeigt, dass Aust im Rahmen des zivilrechtlichen Verfahrens sich immer wieder gezwungen sah, vor Gericht seine kommunistische Grundüberzeugung zu verteidigen.

Die Zivilkammer des Hamburger Landgerichts wies den Widerspruch der Verlagshäuser gegen die einstweilige Verfügung als unbegründet zurück. Das Landgericht schickte seinen Entscheidungsgründen die Erklärung vorweg, dass die Zivilkammer keine politische Entscheidung im Falle „Blinkfüer" treffen werde. Denn das Gericht sei,

> „seinem Wesen nach nicht dazu berufen [...], eine politische Entscheidung zu treffen. [...] Es stellt eines der wesentlichen Kriterien des Rechtsstaates dar, daß die Gerichte nicht Einzelpersonen aus politischen Gründen, [...] einem Sonderrecht unterwerfen können, ohne sich damit dem Vorwurfs der Rechtsbeugung auszusetzen. Die Antragsgegnerinnen [die Verlagshäuser Axel Springers] müssen daher, wenn sie politische Entscheidungen wünschen, darauf verwiesen werden, sich an die dazu berufenen verfassungsmäßigen Instanzen zu wenden."[216]

Mit diesen Zeilen zeigte das Landgericht, dass es sich dessen bewusst war, dass der zu klärende Rechtsstreit ein politisches Grundthema beinhaltete, auf das die Verlagshäuser Axel Springers in ihren Schriftsätzen hingewiesen hatten.

---

212 BArch B 237/106277, Bl. 32.
213 BArch B 237/106277, Bl 31.
214 BArch B 237/106277, Bl. 33.
215 BArch B 237/106277, Bl. 33.
216 BArch B 237/106277, Bl. 34 f.

Der behutsame Umgang des Landgerichts mit dieser Einsicht zeigt sich darin, dass es das Wettbewerbsrecht heranzog, um den Fall zu lösen, und keine politische Bewertung des Falles im Sinne einer Grundrechtsabwägung vornahm. Für eine politische Entscheidung im Sinne einer Grundrechtsverwirkung und eines Grundrechtsmissbrauchs hätten die Verlagshäuser Axel Springers das Bundesverfassungsgericht anrufen müssen. Aus der Sicht des Hamburger Landgerichts enthielt der Sachverhalt „die typischen Merkmale einer unzulässigen Boykotthandlung“, weil die Verlage Axel Springers die wirtschaftlichen Kräfteverhältnisse ausgenutzt hätten.[217] Damit hob bereits dieses Gericht als erster Akteur im Zivilrechtsstreit „Blinkfüer“ die Wirtschaftsmacht Axel Springers als entscheidendes Differenzierungsmerkmal zwischen zulässiger Meinungsäußerung und unzulässigem Boykott hervor. Es beurteilte die Aufforderung der Verlagshäuser nicht bloß als eine planmäßige Absperrung des „Blinkfüer“-Herausgebers von seinem üblichen Absatzweg, die Aufforderung zum Boykott sei vielmehr „wegen der mit ihr verbundenen Androhung und mit Rücksicht auf die hervorragende Bedeutung der Antragsgegnerinnen auch im hohen Maße geeignet, die freie Willensbildung der Adressaten [...] zu beeinflussen“.[218]

Hiermit hatte das Gericht eine Argumentation entwickelt, die für den Fortgang des Verfahrens von Bedeutung war. In den Augen der Richter der 15. Zivilkammer des Landgerichts hatte die überwiegende Anzahl der Händler den Bezug und den Vertrieb von „Blinkfüer“ aufgrund des wirtschaftlichen Drucks eingestellt und nicht aus freier Überzeugung. Das Verhalten der beklagten Verlage sei daher sittenwidrig gem. § 1 UWG und stelle eine Verletzung des § 823 Abs. 1 BGB dar. Noch deutlicher positionierte sich das Landgericht gegen die Verlagshäuser, indem es in äußerst knappen Worten mit Verweisung auf das „Lüth“-Urteil betonte, dass Aust das Grundrecht auf Pressefreiheit aus Art. 5 Abs. 1 Satz 2 Alt. 1 GG ebenso zustehe wie seinen Kunden die Informationsfreiheit aus Art. 5 Abs. 1 Satz 1 Alt. 2 GG.[219]

Den Vorwurf, Aust habe gegen die Standesauffassung gehandelt, ließ das Landgericht nicht gelten, weil das Boykottieren von ostdeutschen Programmen keine allgemeine Handelsübung darstelle. In diesem Fall sei das Boykottieren vielmehr „eine durch allgemeine politische Erwägungen und Rücksichten bestimmte Handlungsweise, deren sich der Antragsteller wegen der auch ihm verfassungsgemäß garantierten Meinungsfreiheit nicht anzuschließen“ brauche.[220]

217 BArch B 237/106277, Bl. 36.
218 BArch B 237/106277, Bl. 36.
219 BArch B 237/106277, Bl. 37.
220 BArch B 237/106277, Bl. 37 f.

Nach Ansicht des Gerichts waren für diesen Fall wettbewerbsrechtliche Vorschriften einschlägig, weil die beklagten Verlagshäuser durch das Rundschreiben die Erwerbstätigkeit des „Blinkfüer"-Herausgebers gestört hätten.[221] Ein Handeln mit Wettbewerbsabsicht sei zu bejahen, denn es reiche schon aus, wenn die Absicht zur Förderung des eigenen Wettbewerbs oder des fremden Wettbewerbs nicht die einzige Zielsetzung sei, sondern eine politische Absicht im Vordergrund stehe.[222] Damit richtete das Landgericht den Blick auf den Umgang der Verlagshäuser mit der Meinungsfreiheit. Obwohl die Verlage ein Grundrecht auf Meinungsfreiheit hätten, sei die Ausübung von wirtschaftlichem „Druck auf die freie Meinungsbildung der Adressaten" nicht zu billigen.[223] Die Verlage hätten den Rahmen des Art. 5 Abs. 1 Satz 1 GG überschritten und gerade dadurch das Wettbewerbsrecht verletzt. Der auf die Händler ausgeübte Druck sei auch nicht unter dem Aspekt der Wahrnehmung berechtigter Interessen zu rechtfertigen.

Interessant ist, dass das „Lüth"-Urteil im Rahmen der gerichtlichen Ausführungen zwar immer wieder erwähnt wurde[224], aber weder das Konstrukt der Drittwirkung der Grundrechte noch die objektive Wertordnung zur Fall-Lösung herangezogen wurden. Hätte das Hamburger Landgericht das „Lüth"-Urteil für die Fall-Lösung in einem stärkeren Maße herangezogen, so hätte es möglicherweise eine umfassende Güterabwägung vornehmen und dabei näher auf die möglichen Rechtsgüter und Grundrechtspositionen des „Blinkfüer"-Herausgebers eingehen müssen. Mit der dogmatischen Schwerpunktsetzung bei den Entscheidungsgründen auf die Verletzung von Wettbewerbsvorschriften konnte das Landgericht Hamburg dieses Problem umgehen, ohne politische Wertungen vornehmen zu müssen.[225]

Aus Sicht des Landgerichts war im Falle „Blinkfüer" die für einen Unterlassungsanspruch erforderliche Wiederholungsgefahr bereits mit der Einlassung der Verlagshäuser gegeben, sodass die einstweilige Verfügung vom 1. September 1961 gegen diese rechtlichen Bestand haben musste.[226]

---

221 BArch B 237/106277, Bl. 38 f.

222 BArch B 237/106277, Bl. 39.

223 BArch B 237/106277, Bl. 40.

224 BArch B 237/106277, Bl. 37, 41.

225 Eine politische Wertung des Falles hätte das Landgericht beispielsweise dann vornehmen müssen, wenn es eine Grundrechtsabwägung zwischen der Meinungsfreiheit der Verlagshäuser und der Pressefreiheit des „Blinkfüer"-Herausgebers vorgenommen hätte.

226 BArch B 237/106277, Bl. 42.

b. Das Urteil des Landgerichts vom 14. Februar 1962

Vor derselben Zivilkammer des Hamburger Landgerichts folgte ein weiterer Prozess, der zum Urteil vom 14. Februar 1962 führte.[227] Dieses Mal wurde das Verfahren auf Initiative von Aust in Gang gebracht, indem er am 8. September 1961 eine Feststellungsklage einreichte. Zuständig war erneut die 15. Zivilkammer des Hamburger Landgerichts, wobei der Spruchkörper dieses Mal mit folgenden Richtern besetzt war: Landgerichtsdirektor Bielenberg als Vorsitzender, Landgerichtsrat Fey und Landgerichtsrat Uetzmann.

Ziel der von Aust angestrebten Klage war es, feststellen zu lassen, dass er durch das Rundschreiben einen Schaden im Sinne des § 823 Abs. 1 BGB erlitten habe.[228] Diese Feststellungklage hatte strategisch einen großen Wert für den Kläger Aust, denn bei einem positiven Ausgang des Verfahrens hätte Aust in einem späteren Schadensersatzprozess die Möglichkeit, seinen Vermögensschaden zu beziffern und geltend zu machen. Im Rahmen der Feststellungsklage machte Aust daher sowohl die Verletzung des Wettbewerbsrechts als auch des Deliktrechts, insbesondere §§ 823 ff. BGB, geltend. Es ging ihm in diesem Feststellungsverfahren darum zu beweisen, dass sich die wirtschaftlich exponierten Verlagshäuser Axel Springer rechtswidriger Mittel bedienten, um ihre politischen Ziele und Interessen durchzusetzen.

Die beklagten Verlage widersprachen dem Klagebegehren, da sie § 823 BGB als Haftungsgrundlage bestritten.[229] Vor allem sprachen sie aber dem Kommunisten Aust das Feststellungsinteresse ab, indem sie betonten, dass „Blinkfüer" fremdfinanziert sei und die Klage nur einem Prestigeerfolg diene.[230] Auch hier machten sie das politische Grundthema des Falles „Blinkfüer" zum Gegenstand ihres Schriftsatzes, indem sie explizit auf die kommunistische Haltung des Herausgebers Aust hinwiesen. Aus ihrer Sicht sei ein Schaden nicht entstanden: Die Auflage von „Blinkfüer" liege ihren Schätzungen nach bei ca. 30.000 Exemplaren und eine Berücksichtigung der Herstellungs- und Vertriebskosten zeige, dass die reinen Druck- und Papierkosten erst bei einer Auflage von 40.000 und die Gesamtherstellungskosten sogar erst bei einer Auflage von 60.000 Exemplaren gedeckt seien.[231] „Blinkfüer" sei ein Verlustgeschäft und könne wirtschaftlich

227 Das Urteil des Oberlandesgerichts Hamburg mit dem Aktenzeichen 15 0 198/61 ist enthalten in: BArch B 237/106277, Bl. 43–75.

228 BArch B 237/106277, Bl. 50 f.

229 BArch B 237/106277, Bl. 51.

230 BArch B 237/106277, Bl. 55.

231 BArch B 237/106277, Bl. 55.

nur existieren, weil unbekannte Geldgeber Zuwendungen erbrächten. Die Verlagshäuser vermuteten damals zu Recht, dass die kommunistische „Blinkfüer"-Zeitung seitens der DDR oder von der illegalen KPD finanziert wurde.[232] Ein Schadenseintritt sei nach Auffassung der Verlagshäuser nicht zu beklagen, solange Aust nicht bewiesen habe, dass seine Geldgeber ihre Unterstützung versagt hätten.[233] Ihre Argumentation war aus heutiger Sicht taktisch durchdacht, ließ sich aber faktisch nicht belegen.

Mit Beschluss des Landgerichts Hamburg vom 29. November 1961 wurden die „Blinkfüer"-Mitarbeiter Borowiak und Nielsen am 4. Januar 1962 als Zeugen vernommen, um über die Behauptung des Klägers Aust Beweis zu erheben, dass dieser einen Vermögensschaden erlitten habe.[234] Diese Zeugenvernehmung im anfänglichen Stadium des Gerichtsverfahrens leistete einen großen Beitrag dazu, dass die künftigen Gerichte keine wesentlichen Zweifel am Vorliegen des Vermögensschadens hegten.

Das Landgericht gab der Klage statt. In seinem Urteil machte das Gericht in der Zulässigkeit längere Ausführungen dazu, dass Aust ein prinzipielles Interesse an der Feststellung eines Schadensersatz begründenden Verhältnisses habe, weil die beklagten Verlagshäuser sich weigerten, Schadensersatzansprüche des „Blinkfüer"-Herausgebers anzuerkennen.[235] In seinen weiteren Entscheidungsgründen verwarf das Landgericht sodann den Einwand der Verlagshäuser, dass Aust einen Prestigeerfolg verfolge und die Klage deshalb missbräuchlich sei. Es prüfte als materiell-rechtliche Anspruchsgrundlage für die Feststellungsklage die §§ 1 UWG und 823 ff. BGB, auf die sich Aust stützte, und interessierte sich insbesondere für die Frage, ob die Liefersperre zulässig war. Sehr ungewöhnlich für den Aufbau der Entscheidungsgründe ist der Umstand, dass die 15. Zivilkammer als erkennendes Gericht nicht bloß darauf verwies, dass sie bereits in der Hauptsache der einstweiligen Verfügung (mit Urteil vom 11. Oktober 1961) über die Unzulässigkeit des Springer'schen Boykott entschieden habe und dass sie an ihrem dort formulierten Standpunkt festhalte. Vielmehr zitierte sie wörtlich acht Seiten lang – und damit fast die vollständigen Entscheidungsgründe

---

232 Günter Ackermann, Freund und Weggefährte von Ernst Aust seit der Gründungszeit der KPD/ML, bestätigte mir gegenüber in einem Telefongespräch die Finanzierung von „Blinkfüer" durch die KPD.

233 BArch B 237/106277, Bl. 56.

234 BArch B 237/106277, Bl. 56. Leider ist die Sitzungsniederschrift über die Vernehmung der beiden Zeugen in der hier vorliegenden Verfahrensakte des „Blinkfüer"-Verfassungsbeschwerdeverfahrens nicht vorhanden.

235 BArch B 237/106277, Bl. 56 ff.

aus dem Urteil vom 11. Oktober 1961 – [236], um daran anknüpfend zu erklären, dass die Normen des Wettbewerbsrechts anzuwenden seien. Insbesondere der Tatbestand der Förderung fremden Wettbewerbs sei gegeben, weil das im Vordergrund stehende politische Motiv „auch von der Vorstellung diktiert gewesen ist, die ihrer […] Aufforderung entsprechenden Händler vor ihnen aus dieser Haltung entstehenden Nachteilen zu bewahren."[237]

Das Gericht kritisierte, dass die von den Verlagen Axel Springers vertretene Auffassung zum Wettbewerbsrecht dazu führe, „dass nur im Verhältnis wirtschaftlich gleichbedeutender Mitbewerber die Anwendung wettbewerbsrechtlicher Vorschriften möglich wäre."[238] Das Landgericht unterstrich, dass für die Beurteilung des Rechtsstreits und somit für die Frage der Zulässigkeit der Liefersperre die herausragende wirtschaftliche Bedeutung der beklagten Verlage beachtet werden müsse. Schließlich könne es sich aufgrund der wirtschaftlichen Überlegenheit der beklagten Verlage auf dem Pressemarkt kein Händler leisten, auf die Bezugsmöglichkeit der Springer'schen Produkte zu verzichten.[239]

Damit hatte das Landgericht als erstes mit dem „Blinkfüer"-Fall befasstes Gericht die Wirtschaftsmacht der Verlagshäuser mit ihren nachhaltigen Auswirkungen auf die Entscheidungsfreiheit der Händler in den Vordergrund seiner rechtlichen Würdigung gerückt und für den Fall einer massiven wirtschaftlichen Übermacht die Möglichkeit beschränkt, sich zur Durchsetzung politischer Ziele auf das Grundrecht auf Meinungsfreiheit zu berufen. Das Gericht schlussfolgerte, dass die Liefersperre nicht mit dem Grundrecht auf Meinungsfreiheit des Art. 5 Abs. 1 Satz 1 GG zu vereinbaren sei. Die Liefersperre zwinge die Händler gegen ihren Willen dazu, die „gewerbliche[n] Leistungen politisch Andersdenkender nicht mehr entgegenzunehmen", so dass eine Liefersperre nicht in Einklang mit der bisherigen Boykottrechtsprechung stehe.[240]

---

236 Die besagten Ausführungen aus BArch B 237/106277, Bl. 60–68 entsprechen den Entscheidungsgründen aus dem Urteil vom 11. Oktober 1961: nämlich BArch B 237/106277, Bl. 34–42.

237 BArch B 237/106277, Bl. 69.

238 BArch B 237/106277, Bl. 69.

239 BArch B 237/106277, Bl. 70.

240 BArch B 237/106277, Bl. 71. Schon das Reichsgericht und ihm folgend der Bundesgerichtshof sahen im Boykott eine spezifische Form des Eingriffs des eingerichteten und ausgeübten Gewerbebetriebs, dessen Rechtmäßigkeit anhand einer Güterabwägung im Einzelfall zu beurteilen sei. Hierzu wurden Fallgruppen zum Boykott entwickelt. Grundlegend: „Constanze"-Entscheidung (BGHZ 3, 270 ff.). Allgemein zur Boykottrechtsprechung des Bundesgerichtshofs: Beisenwenger, Der nichtwettbewerbliche

Das Grundrecht der Meinungsfreiheit diene nicht dazu, den beklagten Verlagen die Möglichkeit einzuräumen, ihren politischen Ansichten durch Zwangsmittel Geltung zu verschaffen. Hierbei wurde das „Lüth"-Urteil zwar nicht explizit erwähnt oder zitiert, jedoch ist die inhaltliche Bezugnahme unverkennbar, wenn das Landgericht das Verhalten der Verlage mit klaren Worten verurteilt und die Grenzen der Meinungsfreiheit feststellt:

> „Das Grundrecht der freien Meinungsäußerung gibt den Beklagten [...] wohl die Befugnis, die Verhaltensweise des Klägers zu beanstanden. Es gibt den Beklagten jedoch nicht das Recht, ihrer politischen Auffassung durch Anwendung von Zwangsmitteln allgemeine Geltung zu verschaffen. Eine derartige Maßnahme hat mit einem sich im Rahmen des Art. 5 GG haltenden Beitrag zur Bildung und Entwicklung einer von den Beklagten angestrebten allgemeinen politischen Überzeugung nichts mehr zu tun."[241]

Gerade dieses Quellenzitat erinnert an jene Passage des „Lüth"-Urteils, in der es heißt, dass Art. 5 Abs. 1 GG lediglich den „geistigen" Meinungskampf – also die geistige Auseinandersetzung mit Meinungen und Auffassungen – schützt.

Bemerkenswert sind auch die Ausführungen zur Verschuldensfrage. Sie offenbaren, dass die Verlagshäuser Axel Springers nicht bereit waren zuzugeben, wer die Versendung des Rundschreibens angeordnet hatte. Da das Gericht es im Rahmen der Verhandlungen nicht schaffte, genau festzustellen, wer verantwortlich für die Versendung des Rundschreibens war, zog es das Konstrukt der juristischen Person heran. Das Gericht ging davon aus, dass zumindest Fahrlässigkeit im Sinne von § 1 UWG und § 823 Abs. 1 BGB gegeben sei, weil Sorgfalts- und Prüfungspflichten missachtet worden seien.[242] Die gesamtschuldnerische Haftung der Verlage Axel Springers als juristische Person richte sich nach §§ 30, 31, 89 Abs. 1 BGB, ohne dass ein Entlastungsbeweis möglich sei. Selbst wenn § 831 Abs. 1 Satz 1 BGB zum Zuge käme, sei Organisationsverschulden anzunehmen, denn auch wenn die Verlage es den Angestellten überlassen hätten, das Rundschreiben zu verfassen, seien sie selbst verpflichtet, sich von der rechtlichen Zulässigkeit des Inhalts zu überzeugen. Da auch die Zeugenaussagen der „Blinkfüer"-Mitarbeiter Borowiak und Nielsen zum entstandenen Schaden vom Gericht nicht angezweifelt wurden, lagen aus Sicht des Landgerichts alle Merkmale eines Schadensersatzanspruchs im Sinne von § 823 Abs. 1 BGB vor.

Boykott. Rechtliche Aspekte des gesellschaftlichen Einflusses auf den Marktverkehr, Berlin 1998, S. 95 ff.

241 BArch B 237/106277, Bl. 71.

242 BArch B 237/106277, Bl. 72.

Damit hatte die Feststellungklage des „Blinkfüer"-Herausgebers Erfolg, die Verlagshäuser Axel Springer unterlagen auch in diesem Zivilrechtsverfahren.

c. Exkurs: Die Debatte um die Pressekonzentration

Parallel zur ersten Instanz lief die Debatte um die Pressekonzentration an, in deren Mittelpunkt Axel Springer stand.[243] Sie thematisierte die Konzentrationsvorgänge auf dem Zeitungsmarkt und die Frage, ob ein Gesetz gegen Pressemonopole zur Wahrung der Pressefreiheit notwendig sei.[244] Argwohn erregte dabei auch Springers Ziel, ein Verlegerfernsehen zu gründen.[245] Mit seinem Interesse am Fernsehen, einem Medium, das damals noch aus finanziell-technischen Gründen ausschließlich in öffentlich-rechtlicher Hand lag[246], befeuerte Axel Springer noch die Debatte.

Die Problematik der Pressekonzentration[247] war allerdings nicht auf die Bundesrepublik Deutschland beschränkt, sondern ein internationales Problem.[248]

---

243 Die gesellschaftliche Debatte um die Pressekonzentration begann Anfang der 1960er Jahre, erreichte aber ihren Höhepunkt Mitte des Jahrzehnts. Koszyk hingegen geht davon aus, dass die Debatte schon in den 1950er Jahren ihren Vorlauf hatte: Koszyk, Presse und Pressekonzentration in den 50er Jahren, in: Schildt/Sywottek (Hg.), Modernisierung im Wiederaufbau. Die westdeutsche Gesellschaft der 50er Jahre, Bonn 1993, S. 439–457.

244 H. Arndt, Konzentration in der Presse und die Problematik des Verleger-Fernsehens. Eine Untersuchung, Frankfurt am Main/Berlin 1967; Schütz, Die redaktionelle und verlegerische Struktur der deutschen Tagespresse. Ergebnisse pressestatistischer Untersuchungen (1), in: Publizistik 1966, S. 13–44; Scheuner, Privatwirtschaftliche Struktur und öffentliche Aufgabe der Presse, in: ZV + ZV 1968, S. 31–36; Neue Zürcher Zeitung vom 21.04.1968, Der Springer-Konzern – Großmacht im deutschen Pressewesen, S. 6; Heck, Grundgesetz und Pressekonzentration, in: AfP 1968, S. 701–706; Ehmke, Reform des Pressewesens, S. 77 ff.; Simitis/Kübler, Presse und Wettbewerb, S. 445 ff.; H. Arndt, Referat vor dem Bergedorfer Gesprächskreis zu Fragen der freien industriellen Gesellschaft, in: Bergedorfer Protokolle, Bd. 19: Bedroht die Pressekonzentration die freie Meinungsbildung?, Hamburg/Berlin 1967, S. 10–31; Wilfert (Hg.), Es geht nicht nur um Springer. Material und Meinungen zur inneren Pressefreiheit, Mainz 1968.

245 Kruip, Das „Welt"-„Bild" des Axel Springer Verlags, S. 246; Kain, Das Privatfernsehen, der Axel Springer Verlag und die deutsche Presse, S. 39 f.

246 Ehmke, Reform des Pressewesens, S. 87.

247 Die Pressekonzentration wurde vor allem durch die Rezession 1966/67 noch verschärft: Frei, Die Presse, S. 399.

248 Siehe etwa den Bericht der US-amerikanischen Kommission für Pressefreiheit zum Stand der Pressekonzentration in den Vereinigten Staaten: Kommission für Pressefreiheit, Chicago (Hg.), Eine freie und verantwortliche Presse. Ein Generalbericht

Einer der Auslöser der Debatte war eine viel beachtete pressestatistische Studie[249] aus der Zeit von 1954–1964. Sie offenbarte die publizistische Machtkonzentration und den Umfang wirtschaftlicher Zusammenarbeit innerhalb des westdeutschen Pressewesens. Diese Studie ergab, dass im Stichjahr 1964 insgesamt 570 bundesdeutsche Verlage Zeitungen herausgaben. Problematisch waren die Abhängigkeitsverhältnisse: Die Untersuchung konstatierte, dass die Verlage auf 1.495 lokale und regionale Zeitungen Einfluss ausübten, indem sie deren politischen Teil herausgaben. Arbeitstechnisch bedeutete dies, dass 183 Redaktionen in sogenannten publizistischen Einheiten den Mantel der Zeitung – bestehend aus den Sparten Politik, Wirtschaft und Kommentare – erstellten, wobei diese Redaktionen wiederum von 420 Verlagsgruppen als wirtschaftliche Einheiten betrieben wurden. Zehn Jahre zuvor hatte es noch 225 publizistische Einheiten gegeben. Der Umstand, dass sich die Zahl publizistischer Einheiten innerhalb eines Jahrzehnts verringert hatte, wurde als ein Zeichen zunehmender Pressekonzentration und des Zeitungssterbens angesehen[250] und warf damit auch die Frage nach der inneren Pressefreiheit auf. Diese betraf das Verhältnis zwischen den Journalisten und Redakteuren zu den Zeitungsverlegern.

Bei den Besitzstrukturen der Pressekonzerne in den anderen westlich-demokratischen Ländern handelte es sich in der Regel um Aktiengesellschaften, während Axel Springer Alleinbesitzer seines Konzerns war.[251] Dieser Umstand wirkte sich im Hinblick auf die Pressekonzentration besonders negativ aus: Axel Springer wurde nicht durch die Strukturen einer Aktiengesellschaft – etwa durch Aktionäre oder Aufsichtsrat – kontrolliert.[252] Seine übermächtige Stellung auf dem

---

der „Commission on freedom of the Press“, Chicago, über das Massen-Nachrichtenwesen: Zeitungen, Rundfunk, Filme, Zeitschriften und Bücher, Nürnberg 1948. Außerdem: Ehmke, Reform des Pressewesens, S. 77; Kübler/Simitis, Presse und Wettbewerb, S. 445 ff.; H. Arndt, Konzentration in der Presse und die Problematik des Verleger-Fernsehens, S. 5 ff., 20 ff., 66 ff.

249 Schütz, Die redaktionelle und verlegerische Struktur der deutschen Tagespresse, S. 13–44.

250 Anders als noch in der Lizenzzeit von 1947–1949 oder in Zeiten des wirtschaftlichen Aufschwungs der 1950er Jahre war in den 1960er Jahren die Gründung neuer Zeitungen kaum noch möglich: Schütz, Statistik zum Marktzutritt von Tageszeitungen in der Bundesrepublik Deutschland seit 1954, in: Kopper (Hg.), Marktzutritt bei Tageszeitungen – zur Sicherung von Meinungsvielfalt durch Wettbewerb, München/New York/London 1984, S. 64–74, 67 ff.; Frei, Presse, S. 399 ff.

251 Kruip, Das „Welt“-„Bild“ des Axel Springer Verlags, S. 245.

252 Selbst nachdem die Verlagshäuser Axel Springers 1970 in eine Aktiengesellschaft umgewandelt wurden, änderte sich nichts an der Grundproblematik. Axel Springer

Markt erregte Besorgnis.[253] Neben Axel Springers Unternehmen gab es aber auch andere große westdeutsche Verlagshäuser, wie den Bauer-, den Spiegel- oder den Burda-Verlag, die ebenfalls eine Pressemacht darstellten.[254] Diese blieben aber von den Kritikern weitgehend verschont. Unter Berücksichtigung der „Bild"-Auflage gehörte Axel Springer ein Marktanteil von 30 % aller Tageszeitungen sowie 80 % aller Sonntagszeitungen.[255] Auf dem Hamburger und West-Berliner Pressemarkt besaß er sogar über 50 % der Marktanteile bei den Tageszeitungen.[256]

Doch nicht mehr das Tageszeitungsgeschäft allein stand im Vordergrund der Diskussion, sondern die Massen- und Boulevardpresse, die weniger der Informationsverbreitung diente als vielmehr der Unterhaltung des Publikums. Seit den 1950er Jahren hatten wirtschaftlich starke Verlage diese profitablen Sparten ausgebaut, indem sie andere Zeitungen und Zeitschriften aufkauften.[257] Im Bereich der Jugendzeitschriften nahm Axel Springer seit Mitte der 1960er Jahre eine unangefochtene Vormachtstellung ein, ebenso bei den Boulevard-Zeitungen.[258]

Die „Bild"-Zeitung machte einen großen Teil des Umsatzes des Springer-Konzerns aus. Sie war das erfolgreichste Boulevardblatt der Bundesrepublik. Diese Anfang der 1960er Jahre beginnende Pressekonzentrationsdebatte spitzte sich zu, als die rebellierenden Studenten der „Bild"-Zeitung starke Meinungsmanipulationen vorwarfen.[259] Hintergrund war die Erschießung des Studenten

blieb alleiniger Aktionäre seines Unternehmens: Kruip, Das „Welt"-„Bild" des Axel Springer Verlags, S. 245.

253 Ehmke, Reform des Pressewesens, S. 81; Kübler/Simitis, Presse und Wettbewerb, S. 447; Scheuner, Privatwirtschaftliche Struktur und öffentliche Aufgabe der Presse, S. 36; H. Arndt, Konzentration in der Presse und die Problematik des Verleger-Fernsehens, S. 31 f.

254 Frei, Die Presse, S. 403.

255 Schütz, Wettbewerbsbedingungen und Konzentrationstendenzen der deutschen Tageszeitungen. Ergebnisse pressestatistischer Strukturuntersuchungen, in: Publizistik 1963, S. 363–379. Zur Entwicklung der Marktanteile des Springer Konzerns seit Ende der 1950er Jahre siehe den zeitgenössischen Artikel von Burkhardt. Burkhardt, Konzentrationsvorgänge in der Presse der BRD und die Position Springers, in: Jansen/Klönne (Hg.), Imperium Springer, Köln 1968, S. 27–51.

256 Schütz, Wettbewerbsbedingungen und Konzentrationstendenzen der deutschen Tageszeitungen, S. 363–379; Burkhardt, Konzentrationsvorgänge in der Presse der BRD und die Position Springers, S. 27 ff.

257 Kruip, Das „Welt"-„Bild" des Axel Springer Verlags, S. 246.

258 Siegfried, Time is on my side, S. 314–318; Frei, Die Presse, S. 403.

259 Frei, Die Presse, S. 401 f., Görtemaker, Geschichte der Bundesrepublik, S. 484 ff.; Kruip, Das „Welt"-„Bild" des Axel Springer Verlags, S. 244 f.

Benno Ohnesorgs am 2. Juni 1967 während einer Berliner Demonstration gegen Mohammad Reza Schah Pahlevi und dessen autoritäre Regierungsführung.[260] Die überregional erscheinende „Bild"-Zeitung, die einerseits stets positiv über den persischen Schah zu berichten wusste, diskreditierte andererseits durch ihre aggressiv-polemisierende Berichterstattung die 68er-Bewegung, ohne auf die studentischen Forderungen einzugehen.[261] Hierauf reagierten die empörten Studenten unter anderem mit Buttons wie „Enteignet Springer", um dessen Pressemacht anzugreifen.[262] Fast ein Jahr später – nach dem versuchten Mordanschlag auf den Anführer der deutschen Studentenbewegung, Rudi Dutschke, am 11. April 1968 und der Zuspitzung des Verhältnisses zur „Bild"-Zeitung – radikalisierten sich die Proteste, sodass Mitglieder des Sozialistischen Deutschen Studentenbunds (SDS) am Gründonnerstag die Auslieferung der Springer-Presse in 27 Städten gewaltsam zu verhindern versuchten.[263]

Axel Springer und seine Verlagshäuser ergriffen oft die Gelegenheit, den eigenen Standpunkt zur Pressekonzentration öffentlich darzulegen und sich gegen die Kritik an der Konzerngröße und der politischen Einstellung der Blätter zu wehren.[264] Da Axel Springer das Argument seiner Marktdominanz nicht widerlegen konnte, entwickelte er eine eigene Abwehrstrategie, indem er die Berechnungsgrundlage seiner Kritiker angriff.[265]

---

260 Frei, 1968, S. 112 ff.; ders., Die Presse, S. 401; Winkler, Der lange Weg nach Westen, Bd. 2, S. 251.

261 Frei, 1968, S. 115 ff.; ders., Die Presse, S. 401 f.; Winkler, Der lange Weg nach Westen, Bd. 2, S. 251.

262 Frei, Die Presse, S. 401, ders., 1968, S. 116.

263 Winkler, Der lange Weg nach Westen, Bd. 2, S. 251; Görtemaker, Geschichte der Bundesrepublik, S. 486.

264 Axel Springer, Deutsche Presse zwischen Konzentration und Subvention, Kiel 1967; Verlagshaus Axel Springer/Abteilung Information (Hg.), Marktanteilbegrenzung? Stellungnahme des Verlegers Axel Springer zum Schlußbericht der „Pressekommission". Kommission zur Untersuchung der Gefährdung der wirtschaftlichen Existenz von Presseunternehmen und den Folgen der Konzentration für die Meinungsfreiheit in der Bundesrepublik, Berlin 1967; dass. (Hg.), Studenten und Presse in Berlin. Eine Untersuchung der Berichterstattung in Zeitungen und Zeitschriften über die Unruhen in Berlin am 2. Juni 1967, Berlin 1967; dass., Das „Springer-Monopol". Eine Klarstellung, Berlin 1967/68. Dazu auch Kruip, Das „Welt"-„Bild" des Axel Springer Verlags, S. 36.

265 Verlagshaus Axel Springer/Abteilung Information (Hg.), Das „Springer-Monopol". Eine Klarstellung, S. 4 ff. Dazu auch: Kruip, Das „Welt"-„Bild" des Axel Springer Verlags, S. 245.

Springer selbst betrachtete die Pressefreiheit als ein strikt staatsbezogenes Grundrecht, das dem Individuum einen verfassungsrechtlichen Schutz vor staatlichen Eingriffen, insbesondere vor jeglicher Art von Zensur garantiert. Er war der Ansicht, dass eine privatwirtschaftlich strukturierte Presse besser sei als eine staatlich subventionierte.[266] Nach Ansicht von Axel Springer konnte nur eine von Wirtschaft und Politik unabhängige Presse die Meinungsfreiheit im Pressewesen sichern, deshalb sah er in der Pressekonzentration keine Bedrohung für die Pressefreiheit.[267] Nach dieser Lesart konnten sich Privatpersonen nicht auf das Grundrecht auf Pressefreiheit berufen, wenn sie sich durch andere Privatpersonen in der Ausübung des Grundrechts behindert fühlten.

Besonders interessant ist diese Deutung der Pressefreiheit durch Axel Springer, wenn man sie mit jener aus der Zeit der „Spiegel"-Affäre vergleicht.[268] Denn im Jahre 1962 ergriffen die Zeitungen Axel Springers Partei für Konrad Adenauer und Franz Josef Strauß, indem auch sie die Staatssicherheit höher bewerteten als das die Zensur und staatliche Interventionen abwehrende Grundrecht auf Pressefreiheit. Staatsloyalität war Axel Springer damals offensichtlich wichtiger als der Schutz der Pressefreiheit vor staatlichen Eingriffen. Damals betrafen die Eingriffe in die Pressefreiheit nicht sein Unternehmen, sondern das von Rudolf Augstein. Seit Mitte der 1960er Jahre, als sich die Stimmung während der Pressekonzentrationsvorgänge gegen die Verlagshäuser Axel Springers richtete, änderte sich deren Position in der Interpretation der Pressefreiheit grundlegend. Sie wehrten sich nun gegen jegliche staatlichen Eingriffe in die Pressefreiheit[269] und sahen sich durch mögliche Auflagen- und Fusionskontrollen sowie sonstige Regulierungsmaßnahmen bedroht.

Die wirtschaftliche Machtstellung weniger Presseunternehmen wurde in der Öffentlichkeit als großes Problem wahrgenommen und mit Sorge beobachtet, da sie mit Meinungsmanipulation gleichgesetzt wurde.[270] Viele Stimmen aus Politik und Wissenschaft meinten, wer über die Massenmedien herrsche, habe großen

266 Springer, Deutsche Presse zwischen Konzentration und Subvention, S. 5 ff.

267 Springer, Eine freie Presse in einem geteilten Land, in: Wallenberg (Hg.), Axel Springer. Von Berlin aus gesehen, Stuttgart 1971, S. 206–214.

268 Kruip, Das „Welt"-„Bild" des Axel Springer Verlags, S. 251–253.

269 Springer, Eine freie Presse in einem geteilten Land, S. 212; ders., Deutsche Presse zwischen Konzentration und Subvention.

270 Beispielhaft hierfür ist der zeitgenössische Sammelband Jansen/Klönne (Hg.), Imperium Springer. Macht & Manipulation, der die Pressekonzentration der Verlagshäuser Axel Springers in den Vordergrund stellt.

Einfluss auf die Bevölkerung. Der freie Meinungsaustausch und somit die Bildung einer differenzierten öffentlichen Meinung werde so unterbunden.

Als Reaktion auf die Konzentrationsvorgänge gab es eine Flut an Literatur, mit der gegen die Pressekonzentration der Verlagshäuser Axel Springers mobilisiert wurde.[271]

Um den beklagten Missständen im Medienbereich nachzugehen, berief der Bundestag durch Beschluss vom 29. April 1964 die „Kommission zur Untersuchung der Wettbewerbsgleichheit von Presse, Funk/Fernsehen und Film", die sogenannte Michel-Kommission, ein, benannt nach ihrem Vorsitzenden Elmar Michel. Diese präsentierte ihren Hauptbericht am 25. September 1967.[272] Die zweite, im Mai 1967 einberufene „Kommission zur Untersuchung der Gefährdung der wirtschaftlichen Existenz von Presseunternehmen und der Folgen der Konzentration für die Meinungsfreiheit in der Bundesrepublik", die sogenannte Pressekommission, legte am 14. September 1967 ihren vorläufigen Bericht[273] und am 3. Juli 1968 ihren Schlussbericht[274] vor.

Die Michel-Kommission kam zu dem Ergebnis, dass die bereits existierende Trennung zwischen Presse und Hör-/Fernsehfunk sinnvoll sei, da sonst „eine Marktstruktur geschaffen würde, die mit den Erfordernissen wirksamen Wettbewerbs unvereinbar wäre."[275] Entscheidender für die aufkommende Debatte waren jedoch die Resultate der Pressekommission. Ausgehend von der bundesverfassungsrechtlich geprägten Vielfalt- und Konkurrenzthese[276] im Pressewesen

---

271 Jansen/Klönne (Hg.), Imperium Springer, Köln 1968; Augstein, Lex Springer, in: Der Spiegel Nr. 32 vom 1.9.1966, S. 10–12; Flach, Macht und Elend der Presse, Mainz 1967; Der Spiegel Nr. 40 vom 25.9.1967, Stimmen verstummt, S. 36–52; H.D. Müller, Der Springer-Konzern; Brokmeier (Hg.), Kapitalismus und Pressefreiheit. Am Beispiel Springer, Frankfurt am Main 1969.

272 Bericht der Kommission zur Untersuchung der Wettbewerbsgleichheit von Presse/Funk und Film, in: BT-Drucksache V/2120, S. 1–401.

273 Vorläufiger Bericht der Kommission zur Untersuchung der Gefährdung der wirtschaftlichen Existenz von Presseunternehmen und der Folgen der Konzentration für die Meinungsfreiheit in der Bundesrepublik (Pressekommission), in: BT-Drucksache V/2403, S. 3–148.

274 Schlussbericht der Pressekommission zur Untersuchung der Gefährdung der wirtschaftlichen Existenz von Presseunternehmen und der Folgen der Konzentration für die Meinungsfreiheit in der Bundesrepublik (Pressekommission), in: BT-Drucksache V/3122, S. 3–253.

275 BT-Drucksache V/2120, S. 238.

276 BVerfGE 12, 205 (259 ff.); vgl. auch die Ausführungen bei Ehmke, Reform des Pressewesens, S. 89.

seit dem Fernsehurteil von 1961, appellierte die Pressekommission an die bundesdeutschen Verleger, ihren Lesern die Freiheit der Wahl zwischen mehreren Zeitungen zu belassen:

> „Aus der Sicht des Art. 5 GG ist die Herstellung einer Zeitung oder Zeitschrift mehr als ein industrieller Vorgang, denn im demokratischen Staatswesen leistet die Presse einen unentbehrlichen Beitrag zur Bildung der öffentlichen Meinung. Dieser Beitrag erfordert staatliche Förderung aber auch eine selbstdisziplinäre Haltung der Presse dieser ihrer Aufgabe gegenüber. Wettbewerbshandlungen der Verleger dürfen deshalb nicht das Fundament der Meinungsfreiheit gefährden. Ein wesentlicher Teil dieses Fundaments ist die Freiheit des Bürgers, zwischen einer Vielfalt von Meinungsträgern auf dem Gebiete der Presse wählen zu können."[277]

Problematisch an der Pressekommission war jedoch ihre Zusammensetzung, da ihr auch Vertreter aller wichtigen Wirtschaftsunternehmen – also auch Presseunternehmer wie Axel Springer – angehörten. Diese konnten mit den Gegnern der Pressekonzentration nur wenige ernsthafte Maßnahmen oder konkret umzusetzende Vorschläge erarbeiten. Aus Protest verließ Axel Springer den Ausschuss[278], dem er angehörte, um auf die von ihm kritisierte Vorgehensweise und Methodik der Pressekommission aufmerksam zu machen.[279]

Um der vermuteten Gefährdung der Pressefreiheit durch Pressekonzentration entgegenzuwirken, schlug die Pressekommission zunächst eine Reihe von bestandssichernden Maßnahmen[280] vor wie die Errichtung eines Kreditfonds für kleinere und mittlere Zeitungen, Steuervergünstigungen, Absenkung der Postgebühren, Senkung des Mehrwertsteuersatzes für Anzeigenumsätze, Umsatzsteuervergünstigungen oder Sonderabschreibungen.[281] Um das Gleichgewicht auf dem Pressesektor wieder herzustellen, empfahl sie die Schaffung von Marktgegengewichten.[282] Das bedeutet, dass kleinere und mittlere Zeitungsverlage durch finanzielle Förderungen zur Kooperation und Konzentration aufgefordert

---

277 BT-Drucksache V/2403, S. 6; vgl. auch die weiteren Ausführungen im vorläufigen Bericht der Pressekommission: in: BT-Drucksache V/3122, S. 38 f.

278 Frankfurter Allgemeine Zeitung vom 11.9.1967, Die Pressekommission beschließt ein Sofortprogramm, S. 3.

279 Springer begründete sein Ausscheiden vor allem mit dem Umstand, dass der Vorsitzende der Pressekommission, Günther, gegenüber seinem Verlagshaus befangen gewesen sei: Verlagshaus Axel Springer/ Abteilung Information (Hg.), Marktanteilbegrenzung? Stellungnahme des Verlegers Axel Springer zum Schlußbericht der „Pressekommission", S. 26.

280 Kübler/Simitis, Presse und Wettbewerb, S. 447.

281 BT-Drucksache V/2403, S. 7–10.

282 BT-Drucksache V/3122, S. 48.

werden sollten, um leistungsstark und konkurrenzfähig gegenüber den Großunternehmen zu werden.[283] Als konzentrationshemmende Maßnahme schlug sie außerdem gesetzliche Marktanteilsbegrenzungen für Presseunternehmen vor, da Konzentrationstendenzen vor allem im Bereich der Tageszeitungen, insbesondere bei den überregionalen Straßenverkaufs- und Sonntagszeitungen, in bundesdeutschen Großstädten zu verzeichnen seien.[284] Ihres Erachtens lag eine Gefährdung der Pressefreiheit bereits vor, wenn ein Unternehmen 20 % der Marktanteile im Sektor der Tages- und Sonntagszeitungen besitze, eine Beeinträchtigung der Pressefreiheit sei gegeben, wenn es 40 % der Marktkanteile an diesem Sektor halte.[285] Im Bereich der Publikumszeitschriften sei von einer Gefährdung der Pressefreiheit auszugehen, wenn der Marktanteil eines Unternehmen 20 % umfasse.[286]

Gerade die Frage der Marktanteilsbegrenzung blieb aufgrund der verfassungsrechtlichen Verbürgung der Pressefreiheit in Art. 5 Abs. 1 GG umstritten.[287] Zum Zwecke der besseren Transparenz empfahl die Pressekommission die Offenlegung von Eigentumsverhältnissen an Presseunternehmen, um die Abhängigkeiten zwischen Verlegern und Redakteuren transparenter zu machen.[288] Außerdem empfahl sie den Berufsverbänden der Verleger und Journalisten, Vereinbarungen zu treffen, um die Eigenverantwortung der Redakteure und damit deren subjektives Recht auf Pressefreiheit in Zeiten zunehmender Pressekonzentration durch Mitbestimmungsrechte zu stärken.[289]

Die Diskussion um die Marktanteilsbegrenzung verfehlte ihre Wirkung nicht. Noch vor der Veröffentlichung der Kommissionsberichte im Sommer 1968 beugte sich Axel Springer der Kritik und verkaufte die Zeitschriften „Jasmin", „Bravo", „Neue Welt" und „Eltern", um seinen Zeitschriftenanteil von 17 % auf 11 % zu reduzieren.[290]

---

283 BT-Drucksache V/3122, S. 48.
284 BT-Drucksache V/3122, S. 44.
285 BT-Drucksache V/3122, S. 45.
286 BT-Drucksache V/3122, S. 45.
287 Ehmke, Reform des Pressewesens, S. 101 f.; Kübler, Presse und Wettbewerb, S. 446; siehe auch Axel Springers Position: Verlagshaus Axel Springer/Abteilung Information (Hg.), Marktanteilbegrenzung? Stellungnahme des Verlegers Axel Springer zum Schlußbericht der „Pressekommission", S. 20 ff.
288 BT-Drucksache V/3122, S 19. Einige Landesgesetze, wie etwa die der Länder Hessen und Bayern, kannten zum damaligen Zeitpunkt bereits solche Regelungen.
289 BT-Drucksache V/3122, S. 41.
290 Über den Verkauf, der ein Viertel der Auflagen des Springer-Konzerns betraf, berichtete unter anderem Der Spiegel: Der Spiegel Nr. 27 vom 1.7.1968, Springer-Verkauf: Um Gottes Willen, S. 52–59. Dazu auch: Frei, Die Presse, S. 402 f.

Mit den Ergebnissen der Kommissionen waren jedoch viele nicht einverstanden. Unter Juristen bildeten sich Arbeitskreise und heftige Kontroversen wurden geführt. Im Laufe der Zeit entstand so eine Vielzahl von Schriften, die sich in Rechtsgutachten für oder gegen gesetzliche Reformen des Pressewesens aussprachen.[291]

Um solchen Fragen nachzugehen, schlossen sich die Zivilrechtswissenschaftler Friedrich Kübler und Spiros Simitis einem am 23. Juni 1968 in Mainz konstituierten Arbeitskreis an, der sich das Ziel gesetzt hatte, Vorschläge zum gesetzlichen Schutz der Pressefreiheit auszuarbeiten.[292] Diesem interdisziplinär zusammengesetzten Arbeitskreis, der 1970 seine Ergebnisse präsentierte, gehörten neben Kübler und Simitis weitere namhafte Persönlichkeiten an[293]: der Wirtschaftswissenschaftler Helmut Arndt, der Staats- und Verwaltungsrechtswissenschaftler Otto Bachof, der Zivilrechtswissenschaftler Ernst-Joachim Mestmäcker und die Kommunikationswissenschaftlerin und Gründerin des Instituts für, Demoskopie Allensbach, Elisabeth Noelle-Neumann. Ihre Motivation für die Arbeit in diesem Arbeitskreis war die Enttäuschung über die jahrelange Arbeit der vom Bundestag eingesetzten Pressekommission, die sich nicht durchringen konnte, konkrete Gesetzesentwürfe zum Schutze der Pressefreiheit zu beschließen.[294]

---

291 Reformbefürworter: Armbruster/Arndt/Bachof u. a., Pressefreiheit. Entwurf eines Gesetzes zum Schutze freier Meinungsbildung und Dokumentation des Arbeitskreises Pressefreiheit, Berlin/Neuwied 1970; Kübler, Empfiehlt es sich, zum Schutze der Pressefreiheit gesetzliche Vorschriften über die innere Ordnung von Presseunternehmen zu erlassen? Gutachten für den 49. Deutschen Juristentag, in: Verhandlungen des 49. Deutschen Juristentages zu Düsseldorf am 19. September 1972, Bd. I, D 13–105, Bad Feilnbach Nachdruck 1989, hrsg. v. d. Ständigen Deputation des Deutschen Juristentages; Kübler/Simitis, Presse und Wettbewerb; Glotz/Langenbucher, Entwurf eines Gesetzes gegen den Mißbrauch der Pressefreiheit (Pressefreiheitsgesetz), in: Glotz/ Langenbucher (Hg.), Der missachtete Leser. Zur Kritik der deutschen Presse, Köln/Berlin 1969, S. 185–197; Lerche, Verfassungsrechtliche Fragen zur Pressekonzentration. Rechtsgutachten auf Anregung des Bundesverbandes Deutscher Zeitungsverleger e.V., Berlin 1971.
Reformgegner: Forsthoff, Der Verfassungsschutz der Zeitungspresse, Frankfurt am Main 1969; Kaiser, Presseplanung, Frankfurt am Main 1972; Weber, Innere Pressefreiheit als Verfassungsproblem, Berlin 1973; H.P. Ipsen, Mitbestimmung im Rundfunk. Verfassungsfragen zur Mitbestimmung durch Belegschaftsvertreter in den Aufsichtsgremien, Frankfurt am Main 1972; Schneider, Verfassungsrechtliche Grenzen einer gesetzlichen Regelung des Pressewesens. Rechtsgutachten auf Anregung des Bundesverbandes Deutscher Zeitungsverleger e.V., Berlin 1971.

292 Vgl. Kübler/Simitis, Presse und Wettbewerb, S. 445, Bemerkung vor Fn. 1.

293 Armbruster/Arndt/Bachof u.a., Pressefreiheit.

294 Armbruster/Arndt/Bachof u.a., Pressefreiheit, Vorwort, S. 7.

Ausgangspunkt der juristischen Debatte war die Frage, inwiefern Konzentrationsvorgänge die Pressefreiheit in ihrer objektivrechtlichen Dimension und damit auch die Informationsfreiheit des Lesers aus Art. 5 Abs. 1 GG gefährden[295], und hieran anknüpfend die weitere Frage, inwiefern eine verfassungsrechtliche „Garantie" der Pressefreiheit eine staatliche Pflicht auferlegt, gegen Pressekonzentration vorzugehen[296]. Vehementer Verfechter der „institutionellen Garantie" der Pressefreiheit und somit staatlicher Schutzpflichten war Martin Löffler. Dieser definiert die Garantie als einen institutionellen Schutz, den

> „das einzelne Presseunternehmen mit all seinen sachlichen, personellen und funktionellen Gegebenheiten, mit seinem Maschinenpark, seinen technischen und wirtschaftlichen Anlagen und seiner Organisation [genießt]. [...] Aber auch die freie Presse als Ganzes, als ‚Einrichtung', hat [...] ‚institutionellen' Charakter, d. h. sie ist – ähnlich wie die politischen Parteien – zur unmittelbaren Mitarbeit am Staatsleben berufen und übt hier eine grundrechtlich geschützte öffentliche Funktion aus."[297]

Es ging also um die Frage der Zulässigkeit staatlicher Intervention im Pressewesen und deren Vereinbarkeit mit Art. 5 GG, da das geltende Wettbewerbsrecht als unzureichend empfunden wurde.[298] Es zeichneten sich zwei Gruppen ab. Die Gruppe, die in Art. 5 Abs. 1 GG ein reines Abwehrrecht sah, lehnte staatliche Intervention gegen die Pressekonzentration als verfassungswidrigen Eingriff in die Pressestruktur ab, so etwa Ernst Forsthoff, Joseph H. Kaiser, Werner Weber und Hans Peter Ipsen.[299] Die Mehrheit sprach sich jedoch im Sinne der „institutionellen Garantie"

---

295 Arndt, Begriff und Wesen der öffentlichen Meinung; Scheuner, Die institutionellen Garantien des Grundgesetzes, in: Wandersleb (Hg.), Recht – Staat – Wirtschaft, Bd. 4, Düsseldorf 1953, S. 88–119, 106 f.; ders., Pressefreiheit, S. 1–100, 15 f., 32 f., 76 f.; ders., Privatwirtschaftliche Struktur und öffentliche Aufgabe der Presse, S. 31–36; Löffler, Der Verfassungsauftrag der Presse. Modellfall SPIEGEL, Karlsruhe1963.

296 Schon im „Spiegel"-Urteil von 1966 hatte der Erste Senat des Bundesverfassungsgerichts eine staatliche Schutzpflicht gegenüber der Presse nicht ausgeschlossen, um die Presse vor sogenannten Meinungsmonopolen zu schützen: BVerfGE 20, 162 (176). Auch in Teilen der staatsrechtswissenschaftlichen Literatur wurde die Frage nach dem staatlichen Schutz der Grundrechtsträger vor privaten, mächtigen Gruppen positiv beantwortet: Ehmke, Wirtschaft und Verfassung. Die Verfassungsrechtsprechung des Supreme Court zur Wirtschaftsregulierung, Karlsruhe 1961, S. 78 ff., 605 ff.; ders., Prinzipien der Verfassungsinterpretation, in: VVdStRL 20 (1963), S. 53–102, S. 70 f.

297 Löffler, Der Verfassungsauftrag der Presse, S. 2.

298 Kübler/Simitis, Presse und Wettbewerb, S. 452 ff.; Wilke, Einleitung, in: Wilke (Hg.), Pressefreiheit, Darmstadt 1984, S. 1–55, 46.

299 Forsthoff, Verfassungsschutz der Zeitungspresse; Kaiser, Presseplanung; Weber, Innere Pressefreiheit.

der Pressefreiheit aus und befürwortete staatliche Maßnahmen zur Bekämpfung der Pressekonzentration wie Marktanteilsbegrenzungen, Presseentflechtung als ultima ratio oder andere wettbewerbsrechtliche Regulierungen.[300]

Doch trotz der zahlreichen Gesetzesvorschläge und Rechtsgutachten, die aus dieser Debatte hervorgingen, konnte sich der Gesetzgeber nicht zu entscheidenden Reformen der gesetzlichen Grundlagen des Pressewesens und des Wettbewerbsrechts durchringen, um die Pressekonzentration einzudämmen.[301] Stattdessen trat 1976 lediglich ein Pressefusionskontrollgesetz in Kraft.

d. Das Berufungsurteil des Oberlandgerichts vom 15. Februar 1962

Diese Debatte lief noch nicht in den juristischen Kreisen, als das Oberlandesgericht Hamburg über den „Blinkfüer"-Fall entschied. Es nahm aber den gesellschaftlichen Diskurs auf. Damit griff das Gericht der juristischen Debatte vor, indem es das Thema in seine Argumentation integrierte.

Die Verlagshäuser Axel Springers wandten sich gegen das Landgerichtsurteil vom 11. Oktober 1961, das den Unterlassungsanspruch des „Blinkfüer"-Herausgebers bestätigt hatte. Am 15. Februar 1962 erging das erste Berufungsurteil des Hamburger Oberlandesgerichts. Interessant ist der Umstand, dass dieses wohl für den Fortgang der Gerichtsverfahren „Blinkfüer" wichtigste zivilgerichtliche Urteil[302] nicht im Original[303] erhalten ist – selbst die Verfahrensakte zur

300 Löffler, Die Pressekonzentration bedroht die Pressefreiheit, in: ZRP 1 (1968), S. 12–17; Kunert, Pressekonzentration und Verfassungsrecht, Berlin 1971; Lerche, Verfassungsrechtliche Fragen zur Pressekonzentration; Kübler/Simitis, Presse und Wettbewerb, S. 450; Ehmke, Reform des Pressewesens, S. 95 ff.; H.P. Ipsen, Mitbestimmung im Rundfunk.

301 Wilke, Einleitung, S. 46.

302 Dieses Berufungsurteil des Oberlandesgerichts enthält zahlreiche Neuerungen, die für den weiteren Verlauf des Gerichtsfalles „Blinkfüer" essentiell sind: Es erklärt wettbewerbsrechtliche Normen für unanwendbar. Gleichzeitig bestätigt es die schadensersatzrechtlichen Ansprüche aus § 823 BGB i.V.m. § 1004 BGB, indem es unter Heranziehung des „Lüth"-Urteils die Lesart der Meinungs- und Pressefreiheit durch Axel Springer, die Art. 5 GG mit wirtschaftlicher Freiheit und wirtschaftlicher Machtausübung verbindet, verwirft. Dieses Urteil macht also nicht nur die Gemeinsamkeiten zwischen „Lüth" und „Blinkfüer", sondern vor allem ihre Unterschiede deutlich. Es bildet außerdem das Fundament für den späteren „Blinkfüer"-Beschluss des Bundesverfassungsgerichts, weil es die Problematik der Pressekonzentration indirekt in die gerichtliche Bewertung mit einbezieht.

303 Trotz intensiver Recherchen beim Bundesarchiv Koblenz und beim Bundesverfassungsgericht konnte das Dokument mit dem Aktenzeichen 3 U 213/61 nicht ermittelt

Verfassungsbeschwerde Ernst Austs enthält dieses Urteil nicht. In gekürzter Form wiedergegeben ist die Entscheidung jedoch in der NJW von 1962[304], diese wurde der Redaktion durch den an dem Urteil beteiligten Oberlandesgerichtsrat Cornils mitgeteilt. Bei der Darlegung des Sachverhalts fällt besonders auf, dass indirekt auf die Pressemacht und die Pressekonzentration der Verlagshäuser Axel Springers hingewiesen wird. Es findet sich auch der explizite Hinweis darauf, dass die meisten Zeitschriften der marktdominierenden Verlage Axel Springers keine oder nur sehr kurze Hinweise zum Fernseh- und Hörfunkprogramm enthielten, mit Ausnahme der reinen Programmzeitschrift „Hör Zu".[305] Die Auflagenzahlen der Springer'schen Zeitschrift „Hör Zu" aus den beiden Monaten des Boykottbeginns, Juni 1960 und September 1961, werden gegenübergestellt und es wird konstatiert, dass im September 1961 die Auflagenzahl von 3.612.001 auf 4.040.788 Exemplare angestiegen war.[306]

Möglicherweise sollte diese Statistik im Sachverhalt belegen, dass die Auflagensteigerung der „Hör Zu" zu Lasten der boykottierten „Blinkfüer"-Zeitung erreicht wurde. Die Wiedergabe dieser Statistik lässt annehmen, dass das Oberlandesgericht schlussfolgerte, ein Teil der „Blinkfüer"-Leser sei tatsächlich während des Boykotts zu der in den Geschäften herausragend platzierten Programmzeitschrift „Hör Zu" gewechselt. Zugleich belegt die Statistik, dass das Gericht sich mit der Marktmacht der Verlagshäuser auseinandersetzte.

Hervorzuheben ist, dass es das Oberlandesgericht war, das sich im „Blinkfüer"-Fall als erstes Gericht mit der Thematik der Pressekonzentration beschäftigte, auch wenn dies nur zwischen den Zeilen zu lesen ist. Gerade diese Sensibilität für die Macht- und Pressedominanz der Verlagshäuser in den Entscheidungsgründen[307] ermöglichte es dem Gericht, die Unterschiede zum Vergleichsfall „Lüth" offenzulegen und eine überraschende Fortentwicklung der Dogmatik des Art. 5 Abs. 1 GG zu betreiben, und dies fast drei Jahre bevor in rechtswissenschaftlichen, gesellschaftlichen und politischen Kreisen das Thema der Pressekonzentration entdeckt wurde.

Im Rahmen dieses Berufungsverfahrens vor dem Oberlandesgericht rügten die Verlagshäuser Axel Springers vor allem den Umstand, dass das Landgericht

---

werden. Die Zitierung des Urteils muss deshalb aus der in der NJW 1962, 917 ff. abgedruckten mündlichen Mitteilung der Entscheidung erfolgen.

304 OLG Hamburg NJW 1962, S. 917 ff.

305 OLG Hamburg NJW 1962, S. 917.

306 OLG Hamburg NJW 1962, S. 917.

307 Deutlich wird die Sensibilität für das Thema der Pressekonzentration speziell auf S. 918 der besagten Entscheidung: OLG Hamburg NJW 1962, 918.

ihr Verhalten als rechtswidrig beurteilt und bei seiner Entscheidungsfindung die kommunistische Grundhaltung des „Blinkfüer"-Herausgebers Aust unberücksichtigt gelassen hatte. Diese Tatsache sei aber für die Bewertung des Rechtsfalles relevant, weil Aust nicht im gleichen Maße grundrechtsgeschützt sei, vielmehr in seiner „Blinkfüer"-Zeitung das Recht auf Pressefreiheit missbrauche, um gegen die freiheitlich-demokratische Grundordnung vorzugehen. Damit verdeutlichten die Verlagshäuser Axel Springers auch in diesem Gerichtsverfahren, dass für sie der Fall weit über einen zivilrechtlichen Streit hinausging und im Kontext des Ost-West-Konflikts einer politischen Grundentscheidung bedurfte. Immer wieder hatten sie in Schriftsätzen die restriktive Auffassung vertreten, dass Aust keine schützenswerten Rechtspositionen oder Grundrechte für sich beanspruchen dürfe, da er als Verfechter des politischen Systems in der DDR und vor allem im Hinblick auf den Mauerbau mit seiner kommunistischen Zeitung westliche Werte wie Demokratie und Rechtsstaat bedrohe. Damit rückten sie eine Frage von gesellschaftspolitischer Brisanz in den Vordergrund: Wie sollte ein bekennender kommunistischer Journalist in der Bundesrepublik zu Beginn der 1960er Jahre behandelt werden, wenn dieser auch nach dem Mauerbau sein Publikationsorgan nutzte, um für kommunistisches Gedankengut zu werben? Für die Verlage Axel Springers fiel die Antwort auf die Frage nach der Pressefreiheit für Kommunisten in Zeiten des vorherrschenden Antikommunismus negativ aus, sie plädierten für eine Grundrechtsverwirkung im Falle des Ernst Aust.[308]

In seinen Entscheidungsgründen ging der Senat des Oberlandesgerichts nicht darauf ein, ob Aust sein Grundrecht auf Pressefreiheit missbrauche, sondern verwies auf die Zuständigkeit des Bundesverfassungsgerichts für die Beurteilung solcher Fragen gem. Art. 18 Satz 2 GG.[309] Indirekt erklärte es damit, dass die Grundrechtsverwirkung nur durch ein geordnetes Verfahren vor dem Bundesverfassungsgericht auszusprechen sei, für das es klare verfassungsrechtliche Vorgaben gebe. Trotz der Kenntnis der linksradikalen Ausrichtung des „Blinkfüer" problematisierte das Oberlandesgericht hauptsächlich die Meinungsfreiheit der Beklagten und deren Grenze. Auch dieser Fokus des Gerichts ist so zu interpretieren, dass eine Aberkennung von Grundrechten aufgrund linksliberaler Haltung nicht mehr in Frage kam und damit als Zeichen anzusehen war, wie sehr sich das Klima seit dem KPD-Verbotsurteil verändert hatte.

---

308 Das Bundesverfassungsgericht, das für die Frage der Grundrechtsverwirkung gem. Art. 18 Satz 2 GG ausschließlich zuständig ist, befasste sich in den 1960er Jahren äußerst selten mit der Frage der Grundrechtsverwirkung von Kommunisten; von Brünneck, Politische Justiz, S. 227 f.

309 OLG Hamburg NJW 1962, S. 919.

Zwar unterschieden sich die Entscheidungsgründe des Oberlandesgerichts im Urteil vom 15. Februar 1962 in ihren Ergebnissen nicht wesentlich von denen des ersten Rechtszuges, wohl aber in der dogmatisch-methodischen Herangehensweise. Während die beiden Entscheidungen der 15. Zivilkammer des Landgerichts vor allem auf Grundlage des Wettbewerbs- oder Deliktrechts erfolgten und damit eine primär zivilrechtlich orientierte Lösung bevorzugten, bei der das „Lüth"-Urteil nicht im Vordergrund der juristischen Argumentation stand, entwickelte das Oberlandesgericht eine neue Argumentationsfigur unter Heranziehung des „Lüth"-Urteils und der objektiven Wertordnung. Nach Auffassung des Oberlandesgerichts war der Unterlassungsanspruch des „Blinkfüer"-Herausgebers Aust nicht auf wettbewerbsrechtliche Vorschriften zu stützen. Die Verlage Axel Springers hätten das Rundschreiben „[n]ach Veranlassung, Inhalt sowie dem Zweck des Rundschreibens" dazu eingesetzt, ein politisches Ziel zu erreichen, es sei ihnen darum gegangen, der „Verbreitung der Programme der sowjetzonalen Sender" durch westdeutsche Zeitungen entgegenzuwirken.[310] Das Oberlandesgericht sah daher – anders als das Landgericht in seinem Urteil vom 11. Oktober 1961 – das Rundschreiben nicht als wettbewerbsrechtliche, sondern als politisch motivierte Handlung an.[311] Der Unterlassungsanspruch des „Blinkfüer"-Herausgebers Aust sei am Maßstab des § 823 Abs. 1 BGB in Verbindung mit § 1004 BGB analog zu messen, da das Recht am eingerichteten und ausgeübten Gewerbebetrieb über das sonstige Recht geschützt sei. Das Oberlandesgericht riss kurz an, dass dieses Recht des Klägers Aust auch grundgesetzlich über Art. 2 und 12 GG geschützt sei, denn dieser habe ein „Recht auf freie gewerbliche Entfaltung und Tätigkeit".[312] Obendrein stehe ihm als Journalist und Herausgeber der „Blinkfüer"-Zeitung das Recht aus Art. 5 Abs. 1 Satz 2 Alt. 1 GG zu.[313]

Das Oberlandesgericht war der Auffassung, dass die Verlagshäuser ohne Rechtfertigungsgrund in den Gewerbebetrieb des „Blinkfüer"-Herausgebers eingegriffen hätten. Zwar erklärte der Senat, dass das Recht auf Ausübung eines Gewerbes nicht vor jeglicher durch Boykott verursachter Schädigung schütze. Grundrechtlich sei es durch Art. 5 Abs. 1 Satz 1 GG jedermann, auch den Verlagen Axel Springers, erlaubt, sachliche Kritik zu üben, selbst wenn der Gegner wirtschaftlich zu Schaden komme.[314] Die Kritik gegenüber Zeitungen, die

---

310 OLG Hamburg NJW 1962, S. 917.

311 OLG Hamburg NJW 1962, S. 918; Groenewold, Das Urteil des Bundesgerichtshofes in der Blinkfüer-Affäre, S. 145.

312 OLG Hamburg NJW 1962, S. 917.

313 OLG Hamburg NJW 1962, S. 917.

314 OLG Hamburg NJW 1962, S. 918.

ostdeutsche Programme abdruckten, sei sachlich, weil der Abdruck indirekt zur Ausbreitung der sowjetischen Hetzreden beitrage. Gegen das Rundschreiben an sich und die Handzettel sprächen insofern keine rechtlichen Bedenken. Allerdings müsse den zum Boykott Aufgerufenen die freie Entscheidung belassen werden, ob sie dem folgten.

Charakteristisch für die Entscheidungsgründe des Oberlandesgerichts waren vor allem die folgenden Ausführungen zum „Lüth"-Urteil und der Vergleich mit dem „Blinkfüer"-Fall. Der Senat sah eine deutliche Parallele zum „Lüth"-Urteil, und zwar darin, dass sowohl Erich Lüth als auch die Verlagshäuser Axel Springers mit ihrer politischen Intention einen billigens-werten Boykott verfolgten.[315] In beiden Fällen ging es um die Verteidigung westlicher Werte. Jedoch sei, wie das Oberlandesgericht plausibel darlegte, der wesentliche Unterschied zur „Lüth"-Entscheidung darin zu sehen, dass sich der Senatsdirektor Lüth des freien Meinungskampfes bedient habe. Ihm hätten keinerlei wirtschaftliche Machtmittel zur Verfügung gestanden, als er durch den Boykottaufruf gegen die Filme des NS-Regisseurs Veit Harlan seine politische und moralische Überzeugung durchzusetzen versuchte.[316] Genau hierin unterscheide sich der Fall „Blinkfüer", weil die Verlage Axel Springers „ihre wirtschaftliche Überlegenheit und Machtstellung gegenüber den von ihnen abhängigen Zeitungshändlern durch Drohung mit einer Liefersperre ausnutzen".[317] Den Händlern, die andere Ansichten als die Verlagshäuser Axel Springers vertraten, zwang das Rundschreiben ein bestimmtes Verhalten auf. Dies aber widerspreche dem Grundgedanken der Meinungs- und Pressefreiheit aus Art. 5 Abs. 1 GG, weil wirtschaftlicher Druck die Grenze des zulässigen Mittels des Meinungskampfes überschreite.

Das Oberlandesgericht äußerte sich nicht nur explizit zu der aktuell diskutierten Frage der Drittwirkung der Grundrechte und zu den Folgen des „Lüth"-Urteils für andere Privatrechtsfälle wie den „Blinkfüer"-Fall. Vielmehr nahm es bereits zu diesem frühen Zeitpunkt des Gerichtsverfahrens (1962) den Aspekt der Pressekonzentration in seine Bewertung auf und demonstrierte damit, dass es ein genauer Beobachter gesellschaftlicher Entwicklungen des westdeutschen Pressemarktes war:

> „Die Austragung des Meinungskampfes mit wirtschaftlichen Machtmitteln unter Ausnutzung der monopolartigen Stellung [...] in der Presse würde letzten Endes dazu führen, daß sie kleine Zeitungs- und Zeitschriftenverlage mundtot machen könnten; denn

315 OLG Hamburg NJW 1962, S. 918.
316 OLG Hamburg NJW 1962, S. 918.
317 OLG Hamburg NJW 1962, S. 918.

die Grenze, mit welchem Mittel und zu welchem Zweck die Antragsgegnerinnen ihre Machtposition zur Durchsetzung ihrer Meinung auch auf nichtpolitischem Gebiet in die Waagschale werfen dürfen, wäre dann nicht mehr zu ziehen."[318]

Doch auch grundrechtsdogmatisch hatten diese Ausführungen Folgen. Mit ihnen zeigte das Oberlandesgericht, dass es die Lesart der Verlagshäuser bezüglich der Meinungs- und Pressefreiheit nicht teilte. Aus gerichtlicher Sicht war es nicht gerechtfertigt, die Meinungsfreiheit mittels wirtschaftlicher Freiheit und Machtausübung zu nutzen, um in Rechtspositionen anderer einzugreifen, nicht einmal dann, wenn es um den Schutz westlicher Werte wie Demokratie geht. Damit verwarf es die Position der Verlagshäuser, nach der die Meinungs- und Pressefreiheit in Art. 5 Abs. 1 Satz 1 GG sie berechtige, in Vertragsverhältnissen ihre politische Meinung mit wirtschaftlichen Machtmitteln gegenüber den eigenen Geschäftspartnern durchzusetzen.[319]

Die Konsequenz der Springer'schen Machtausnutzung wurde seitens des Gerichts deutlich angesprochen und verurteilt. Durch die angedrohte Liefersperre erreichten die beklagten Verlage, „was der Staat nur durch Gesetz bestimmen könnte, nämlich die Einschränkung der Rechte des Art. 5 GG durch Verbot der Abhörung sowjetzonaler Sender und des Vertriebs sowjetzonaler Programme".[320] Doch genau dies sei nicht gesetzlich verboten, so dass das Recht des „Blinkfüer"-Herausgebers Aust auf Verbreitung von Nachrichten über das ostdeutsche Fernsehen nicht durch Boykott unterdrückt werden dürfe.

Auch dieses Urteil erging zu Lasten der Verlage Axel Springers. Während das Oberlandesgericht insgesamt eine tolerante Haltung gegenüber dem Kommunisten Aust vertrat, befand es das Verhalten der Verlagshäuser für rechtswidrig. Ausgerechnet in Axel Springers Heimatstadt, der Verlagsstadt Hamburg, verlor dieser den Rechtsstreit. Dies deutet darauf hin, dass die Hamburger Richter inmitten der Zeiten des Antikommunismus insgesamt eine liberale Grundhaltung einnahmen.

Zusammenfassend lässt sich die Entwicklung der Argumentation vom Landgericht zum Oberlandesgericht dahingehend deuten, dass das Landgericht in seinen Urteilen vom 11. Oktober 1961 sowie vom 14. Februar 1962 noch nicht anerkennt, dass Wirtschaftsmächte Grundrechte gefährden können, und daher überwiegend wettbewerbs- und zivilrechtlich urteilt. Das Oberlandesgericht geht in seinem Urteil vom 15. Februar 1962 einen Schritt weiter. Es erklärt das

318 OLG Hamburg NJW 1962, S. 918.
319 OLG Hamburg NJW 1962, S. 918.
320 OLG Hamburg NJW 1962, S. 917.

Verfahren für ein politisches, erläutert aber, dass nur das Bundesverfassungsgericht für die Frage der Grundrechtsverwirkung zuständig sei. Stattdessen geht es methodisch vor allem auf das „Lüth"-Urteil und die Frage der Grundrechte ein und argumentiert verfassungsrechtlich. Sowohl das Landgericht als auch das Oberlandesgericht kommen im Hinblick auf die Wirtschaftsmacht der Verlage Axel Springers zu der Schlussfolgerung, dass diese das ausschlaggebende Differenzierungsmerkmal zwischen zulässiger Meinungsäußerung und unzulässigem Boykott sei.

e. Das Berufungsurteil des Oberlandesgerichts vom 20. September 1962

Am 20. September 1962 erfolgte ein zweites Berufungsurteil des Hamburger Oberlandesgerichts.[321] Dieses Mal legten die Verlagshäuser Axel Springers eine Berufungsklage gegen das Feststellungsurteil des Landgerichts vom 14. Februar 1962 ein. Das Oberlandesgericht wies ihre Klage jedoch ab.

Die Verlagshäuser Axel Springers argumentierten, dass es Aust vor allem an dem für die Feststellungklage erforderlichen Rechtsschutzinteresse fehle, da er gar keinen Vermögensschaden erlitten habe.[322] Dieser Umstand werde insbesondere an seiner Weigerung deutlich, die Auflagenhöhe seiner Zeitung sowie Zahlen über den Auflagenrückgang für das streitige Jahr 1961 offenzulegen. Dies sei auch im Hinblick auf eine spätere Leistungsklage problematisch, da Aust seinen Schaden nicht hinreichend substantiieren könne.[323]

Aust, der durch das Vorbringen der Gegenseite nun erstmals gezwungen war, sich ganz konkret zur Höhe seines Vermögensrückgangs zu äußern, erklärte, dass 53 Kioske aufgrund des Springer'schen Boykottrundschreibens die „Blinkfüer"-Zeitung abbestellt hätten und sein wöchentlicher Umsatzrückgang 300 DM betrage.[324] Der Absatzrückgang belaufe sich auf 2.279 Exemplare wöchentlich. Diese Behauptungen stützte er vor allem auf jene dem Oberlandesgericht vorgelegten Karteikarten von Kioskinhabern, welche die „Blinkfüer"-Zeitung abbestellt hatten.

Aust selbst schränkte außerdem in der letzten mündlichen Verhandlung seinen Klageantrag ein, indem er seinen Schadensersatzanspruch nicht mehr wie zuvor gegen die allgemeine Warnung vor dem Abdruck ostdeutscher Programme

321 Das Berufungsurteil des Hamburger Oberlandesgerichts vom 20. September 1962 mit dem Aktenzeichen 3 U 79/1962 ist enthalten in: BArch B 237/106277, Bl. 76–97.

322 BArch B 237/106277, Bl. 88.

323 BArch B 237/106277, Bl. 89.

324 BArch B 237/106277, Bl. 91.

richtete, sondern nur noch gegen die angedrohte Liefersperre und den damit verbundenen Umsatzrückgang.[325] Dies entsprach einer teilweisen Klagerücknahme.

Der aus Oberlandesgerichtsrat Cornils als Vorsitzendem, Oberlandesgerichtsrat Gundlach und Oberlandesgerichtsrat Engelschall zusammengesetzte 3. Zivilsenat bestätigte das Feststellungsinteresse des „Blinkfüer"-Herausgebers.

Der Senat gab zunächst zu bedenken, dass das Rundschreiben nur ein einziges Mal im August des Jahres 1961 versandt wurde. Daher habe Aust weder zum Zeitpunkt der Einreichung der Feststellungsklage am 8. September 1961 noch zum Zeitpunkt der Verkündung des vorangegangen Berufungsurteils am 15. Februar 1962 die genaue Höhe seines Schadens beziffern können.[326] Auch zum Zeitpunkt des landgerichtlichen Feststellungsurteils (14. Februar 1962) sei dies nicht möglich gewesen. Daher sei ein Feststellungsinteresse gegeben. In den Augen des Oberlandesgerichts stellte selbst ein Prestigeverlust einen wirtschaftlichen Schaden dar, außerdem spreche die Lebenserfahrung dafür, dass Aust ein materieller Schaden entstanden sei.[327] Weiterhin sei Aust nicht verpflichtet gewesen, im zweiten Rechtszug zur Leistungsklage überzugehen, weil er dadurch eine Tatsacheninstanz verloren hätte. Überspränge er eine Tatsacheninstanz, könnten Tatsachen, die für eine spätere Rechtsfrage in der Revisionsinstanz eventuell relevant wären, nicht mehr festgestellt und somit nicht beachtet werden.[328]

Explizit lehnte sich der Senat mit seinen Entscheidungsgründen an jene des zuvor ergangenen Berufungsurteils vom 15. Februar 1962 an[329], wonach die Bedrohung der Händler mit einer Liefersperre einen unzulässigen wirtschaftlichen Boykott darstellt[330], denn im Laufe des Gerichtsverfahrens seien keine anderen Gesichtspunkte des Sachverhaltes hinzugetreten, die eine andere rechtliche Bewertung des Falles nahelegten. Vielmehr bestärkte das Oberlandesgericht die Ansicht, dass die Verlagshäuser Axel Springers schuldhaft eine rechtswidrige Handlung begangen hätten:

> „Es konnte diesen nicht entgangen sein, daß das Rundschreiben an die Zeitungshändler herausgegeben wurde. Es ist auch mangels Bestreiten der Beklagten anzunehmen, daß die Geschäftsführer es selbst veranlaßt haben, da es für den Betrieb der Beklagten und

325 BArch B 237/106277, Bl. 96.

326 BArch B 237/106277, Bl. 93.

327 BArch B 237/106277, Bl. 92.

328 BArch B 237/106277, Bl. 94.

329 Hierbei zitiert das Oberlandesgericht die Entscheidungsgründe des Urteils vom 15. Februar 1962 ebenfalls aus der NJW 1962, 917 ff.

330 BArch B 237/106277, Bl. 94.

für die Zeitungshändler eine einschneidende und über die täglichen Geschäfte hinausgehende Maßnahme war."[331]

Letztlich erfuhren die Verlagshäuser eine erneute gerichtliche Niederlage im zweiten Rechtszug, weil der Senat ihren Ansichten nicht folgte, sondern erklärte, dass die gesamtschuldnerische Schadensersatzpflicht der Verlagshäuser aus § 823 BGB unberührt bleibe. Jedoch erklärte das Oberlandesgericht, dass das Feststellungsurteil aufgrund der teilweisen Klagerücknahme des „Blinkfüer"-Herausgebers durch das Landgericht neu formuliert werden müsse. Insbesondere hatte Aust erstmals aufgrund der Klagrücknahme ein Viertel der Prozesskosten zu tragen. Wegen der grundsätzlichen Bedeutung des Falles ließ das Oberlandesgericht die Revision zu.

2. Das Urteil des Revisionsgerichts (1963)

Um gegen das Berufungs- und Feststellungsurteil des Oberlandesgerichts vom 20. September 1962 in Revision zu gehen, engagierten die Verlagshäuser keinen Geringeren als Philipp Möhring, den in konservativen Kreisen hoch angesehenen Rechtsanwalt beim Bundesgerichtshof. Dieser hatte sich schon damals einen Namen gemacht als Autor zahlreicher Kommentare etwa zum Urheberrecht, als Mitherausgeber der renommierten NJW und als Herausgeber des Nachschlagwerkes Lindenmaier/Möhring.[332] Am 30. November 1962 legte dieser für die Verlagshäuser Revision vor dem Bundesgerichtshof für Zivilsachen ein.[333] Es ging den Verlagshäusern hauptsächlich darum, die Einstufung der Boykotthandlung als rechtswidriges Verhalten anzugreifen, die kommunistisch orientierte „Blinkfüer"-Zeitung als gefährlich zu entlarven und den politischen Charakter des Rechtsstreits zu betonen, indem sie die Verteidigung westlicher Werte wie Demokratie und Rechtsstaat in den Vordergrund ihrer Argumentation stellten. Sicherlich war es ein wichtiges Anliegen der Verlagshäuser, in der Öffentlichkeit nicht als ein

331 BArch B 237/106277, Bl. 96.

332 Zu Möhring: insbesondere Nicolini, Philipp Möhring, in: Beck (Hg.), Juristen im Porträt: Verlag und Autoren in 4 Jahrzehnten. Festschrift zum 225jährigen Jubiläum des Verlages C.H. Beck, München 1988, S. 584–591, 584; Morlock, Nobile Officium, in: Der Spiegel Nr. 13 vom 24.3.1965, S. 137.

333 Die gesamte BGH-Verfahrensakte zum Fall „Blinkfüer" mit dem Aktenzeichen Ib ZR 214/62 archiviert unter BArch B 283/37794 enthält keine durchgehende Blattnummerierung. Außerdem ist das BGH-Urteil in der Verfassungsbeschwerdeakte enthalten: BArch B 237/106277, Bl. 98–128.

Presseunternehmen zu gelten, das mit rechtswidrigen Mitteln seine politischen Ziele verfolgt.

Möhrings 22-seitige Revisionsbegründung vom 27. Februar 1963 belegt, dass der größte Teil seiner Ausführungen sich darauf bezog, die Rechtswidrigkeit des Boykotts zu widerlegen und darzulegen, dass es sich bei dem Rundschreiben um eine berechtigte und gegenüber den Verteilern individuell ausgesprochene Warnung vor Zeitungen mit ostdeutschen Programmen handelte.[334] Dabei rügte er die Interpretation der §§ 823, 826, 254 BGB, § 93 StGB und §§ 139, 256, 286 ZPO durch das Berufungsgericht und stellte schon die Zulässigkeit der Feststellungsklage in Frage.[335] Er warf sowohl dem Landgericht als auch dem Berufungsgericht vor, bei der Feststellungsklage nicht sorgfältig die Wahrscheinlichkeit des klägerischen Schadens überprüft zu haben.

Außerdem treffe Aust ein Mitverschulden am Rechtsstreit, unter anderem weil er dem landgerichtlichen Beschluss vom 29. November 1961 nicht nachgekommen sei, sich über die Höhe seiner wöchentlichen Auflagenziffer vor und nach Versendung des Rundschreibens zu erklären.[336] Möhring behauptete, dass Aust zur Leistungsklage hätte übergehen müssen, da bereits während des ersten Rechtszuges die Schadensentwicklung abgeschlossen worden sei.[337]

Eine weitere tragende Säule der Möhring'schen Argumentationslinie bildete die Positivismuskritik. Er knüpfte damit an die starke Positivismuskritik an, die in der Rechtswissenschaft der 1950er Jahre vorherrschte und die im streng formalistischen Positivismus der Weimarer Republik den Grund für das nationalsozialistische Unrecht und das Versagen der Juristenzunft sah.[338] Maßgeblich geprägt war jene Debatte der Nachkriegszeit von dem vom Nationalsozialismus völlig unbelastet gebliebenen Gustav Radbruch mit seinem 1946 erschienen Aufsatz „Gesetzliches Unrecht und übergesetzliches Recht".[339] Darin stellt er die These auf,

---

334 Möhrings Schriftsatz zur Revisionsbegründung, in: BArch B 283/37794, Bl. 38, 40–42, 45–50.

335 Möhrings Schriftsatz zur Revisionsbegründung, in: BArch B 283/37794, Bl. 36.

336 Möhrings Schriftsatz zur Revisionsbegründung, in: BArch B 283/37794, Bl. 38 f.

337 Möhrings Schriftsatz zur Revisionsbegründung, in: BArch B 283/37794, Bl. 36 f.

338 Günther, Denken vom Staat her. Die bundesdeutsche Staatsrechtslehre zwischen Dezision und Integration 1949–1970, München 2004, S. 197; Walther, Hat der juristische Positivismus die Juristen wehrlos gemacht?, in: Redaktion Kritische Justiz (Hg.), Die juristische Aufarbeitung des Unrechts-Staats, Baden-Baden 1998, S. 299–322; Foljanty, Recht oder Gesetz. Juristische Identität und Autorität in den Naturrechtsdebatten der Nachkriegszeit, Tübingen 2013.

339 Radbruch, Gesetzliches Unrecht und übergesetzliches Recht (1946), in: Radbruch, Rechtsphilosophie, Stuttgart 1956, hrsg. v. Wolf, Anhang Nr. 4, S. 347–357.

dass der Nationalsozialismus sich nur deshalb innerhalb der Rechtswissenschaft durchzusetzen vermocht habe, weil die Juristen bereits in der Weimarer Zeit eine positivistische Schulung durchlaufen hätten und dem Gesetzgeber nach der Devise „Gesetz ist Gesetz“ stets blind gefolgt seien.[340] Demzufolge seien sie gegenüber den Nationalsozialisten „wehrlos“ gewesen.[341] Mit Blick auf die Zukunft erklärt Radbruch, dass allein die „Überwindung des [reinen] Positivismus [...] [gegen] die Wiederkehr eines solchen Unrechtsstaats [...] wappnen“ könne[342], wenngleich er auch zu bedenken gibt, dass nur ein ausgewogenes Verhältnis zwischen Positivismus und naturrechtlichen Wert- und Gerechtigkeitsvorstellungen die Gewähr für Rechtssicherheit, Demokratie und Rechtsstaat biete.[343] Damit war die Positivismuskritik der Nachkriegszeit in die Zukunft gerichtet. Gewarnt wurde vor dem Wiedererstarken eines strengen Positivismus. Ein solcher bürde dem Rechtsanwender eine politische Neutralität gegenüber den vom Gesetzgeber erlassenen Normen auf – so die Annahme –, die der Jurisprudenz jegliche Möglichkeit nehme, den Gesetzgeber im Dienste der Gerechtigkeit zu korrigieren.

Möhring bediente sich dieser Gedanken und entkleidete sie ihres Kontextes. Waren sie ursprünglich in Auseinandersetzung mit dem Nationalsozialismus formuliert worden, so begründete er nun mit ihrer Hilfe, dass es eine Orientierung an westlichen, antikommunistischen Werten im Recht der Bundesrepublik geben müsse.

Hierfür widmete er sich zunächst der politischen Dimension des Rechtsfalles, nämlich der Auseinandersetzung der Verlagshäuser mit dem östlichen und westlichen Kommunismus. Er erklärte, dass es eine Pflicht sei, sich gegen das totalitäre kommunistische System zu wehren.[344] Zwischen den Zeilen lässt sich erkennen, dass für ihn die Wirtschaftsmacht Axel Springers mit der Meinungs- und Pressefreiheit eng zusammenhing. Wiederkehrend bemühte Möhring Argumente, welche die Gefährdung der Sicherheit und des Bestandes der Bundesrepublik durch den Kommunismus verdeutlichen sollten. Er rechtfertigte den Einsatz der Wirtschaftsmacht der Verlagshäuser Axel Springers als legitimes Mittel zur Bekämpfung kommunistischer Bedrohungen, Manipulationen und Agitationen. Auf die politische Ebene des Falles verwies Möhring vor allem dadurch, dass er vor einer Unterwanderung der Bundesrepublik mit kommunistischen Ideen durch die „Blinkfüer“-Zeitung und andere kommunistische Organisationen warnte:

---

340 Radbruch, Gesetzliches Unrecht und übergesetzliches Recht, S. 347.
341 Radbruch, Gesetzliches Unrecht und übergesetzliches Recht, S 352.
342 Radbruch, Gesetzliches Unrecht und übergesetzliches Recht, S. 354 f.
343 Radbruch, Gesetzliches Unrecht und übergesetzliches Recht, S. 357.
344 Möhrings Schriftsatz zur Revisionsbegründung, in: BArch B 283/37794, Bl. 34, 46.

„Es handelt sich im vorliegenden Rechtsstreit um eine politische Auseinandersetzung. Das angefochtene Urteil nimmt selbst an, daß die Handlungen der Beklagten nicht durch Wettbewerbserwägungen geleitet sind. Die Beklagten als Repräsentanten maßgeblicher politischer Zeitungen bekämpfen den Versuch der Infiltration kommunistischen Gedankengutes in Deutschland. Zu denen, die sich für diese Infiltration zur Verfügung stellen, gehört der Kläger. Wie das [...] [Exemplar der Funk-und Fernsehbeilage aus der Akte] zeigt, insbesondere die Inserate für die ‚Deutsche Friedensunion', setzt sich die Zeitschrift ‚Blinkfüer' vorbehaltslos für Organisationen ein, die als offensichtlich der ehemaligen KPD bzw. der SED nahestehend angesehen werden. Ein Mittel der kommunistischen Propaganda ist der kommunistische Rundfunk und das kommunistische Fernsehen. Sie sind völlig politisiert und vollkommen in den Dienst des Kommunismus bzw. der SED gestellt. Wie vorgetragen, werden auch Sachsendungen unterbrochen durch politische Hinweise und Schmähungen der Bundesrepublik. Die Zeitschrift des Klägers bringt nun nicht etwa beiläufig die Rundfunkprogramme der sog. DDR, sondern stellt sie gleichwertig neben die Programme der Bundesrepublik, so daß ein besonders eindeutiger Hinweis und damit eine Aufforderung zum Anhören und Ansehen dieser Sendungen gegeben ist."[345]

Unerwähnt lässt Möhring, dass Axel Springers „Hör Zu" selbst bis zum Juni 1960 die ostdeutschen Programme abdruckte. In dem Schriftsatz argumentiert sein Verfasser an zahlreichen Stellen nicht juristisch, sondern offen politisch, indem er etwa bemerkt, dass der Kampf gegen den ost- und westdeutschen Kommunismus notwendiger sei denn je. Als Vertreter eines konservativen Pressehauses arbeitete Möhring mit der Hervorhebung kommunistischer Feindbilder. Dabei waren seine Ausführungen nicht nur in einer sehr markanten und teils unpräzisen Sprache verfasst, sondern vor allem vom antikommunistischen und antitotalitären Duktus der Zeit geprägt. Konkret warf er Aust vor, mit seiner Zeitung die Gesellschafts- und Rechtsordnung der Bundesrepublik zu bedrohen, er schürte die Angst vor kommunistischen Bestrebungen und rechtfertigte damit den Eingriff in den Gewerbebetrieb des „Blinkfüer"-Herausgebers:

„Daß die SED in starkem Maße bestrebt ist, den Bestand der Bundesrepublik Deutschland zu beeinträchtigen, bedarf keines Nachweises. Diese Bestrebungen beschränken sich nicht etwa allein auf Schmähungen und Verunglimpfungen oder werden insgeheim verfolgt. Vielmehr ist die SED der offen erklärte Gegner unseres Systems und unserer Regierungsform. Der Kampf gegen die Institutionen und Rechte unseres Staates, die mit zum Bestand gehören, nehmen konkrete Formen an, wie die Errichtung der ‚Berliner Mauer', die ständige Infiltration mit kommunistischen Spitzeln, nicht zuletzt der Versuch, ständig eine wirkungsvolle Nachfolgepartei für die verbotene KPD zum Zuge zu bringen. Der Kläger, der durch eine so besonders stark herausgestellte Darstellung

345 Möhrings Schriftsatz zur Revisionsbegründung, in: BArch B 283/37794, Bl. 34 f.

des Ostprogramms zur Anhörung desselben ermuntert und auffordert, wirkt an der Verbreitung dieser Bestrebungen mit. Jedenfalls fördert der Inhalt der Zeitschrift des Klägers die kommunistischen Bestrebungen. Hierbei ist es noch nicht einmal erforderlich, daß die Bestrebungen geeignet sind, den Bestand der Bundesrepublik zu beeinträchtigen. Nach der Strafbestimmung des § 93 StGB genügt schon, daß die geförderten Bestrebungen auf die Beeinträchtigung gerichtet sind. Das ist eine offenbare Tatsache, die schließlich im Kommunisten-Urteil ihre judizielle Bestätigung fand. Der Kläger erfüllt somit mit der Verbreitung des ‚Blinkfüer' den Tatbestand des § 93 StGB."[346]

Möhring schlussfolgert, dass es, um den kommunistischen Gefährdungen durch SED und KPD entgegenwirken zu können, Demokraten bedürfe, die sich wie die Verlagshäuser Axel Springers für die freiheitliche Demokratie einsetzten.

---

346 Möhrings Schriftsatz zur Revisionsbegründung, in: BArch B 283/37794, Bl. 43 f. Der von Möhring zitierte § 93 StGB in der Fassung vom 4. August 1953 (BGBl I 1953, S. 735 ff.) lautete:

(1) Wer Schriften, Schallaufnahmen, Abbildungen oder Darstellungen, durch deren Inhalt Bestrebungen herbeigeführt oder gefördert werden sollen, die darauf gerichtet sind, den Bestand der Bundesrepublik Deutschland zu beeinträchtigen oder zur Unterdrückung der demokratischen Freiheit einen der in § 88 bezeichneten Verfassungsgrundsätze zu beseitigen, außer Geltung zu setzen oder zu untergraben,
1. herstellt, vervielfältigt oder verbreitet oder
2. zur Verbreitung oder Vervielfältigung vorrätig hält, bezieht oder in den räumlichen Geltungsbereich dieses Gesetzes einführt, wird mit Gefängnis bestraft.
(2) Der Versuch ist strafbar.

§ 88 Abs. 1 StGB in der Fassung vom 30. August 1951 definiert neben den Verfassungsgrundsätzen auch den Begriff der Staatsgefährdung (BGBl I 1951, S. 739 ff.):

(1) Im Sinne dieses Abschnitts ist eine Handlung auf die Beeinträchtigung des Bestandes der Bundesrepublik Deutschland gerichtet, wenn sie darauf hinzielt, die Bundesrepublik Deutschland ganz oder teilweise unter fremde Botmäßigkeit zu bringen, ihre Selbstständigkeit sonst zu beseitigen oder einen Teil des Bundesgebietes loszulösen. […]
(2) Verfassungsgrundsätze im Sinne dieses Abschnitts sind
1. das Recht des Volkes, die Staatsgewalt in Wahlen und Abstimmungen und durch besondere Organe der Gesetzgebung, der vollziehenden Gewalt und der Rechtsprechung auszuüben und die Volksvertretung in allgemeiner, unmittelbarer, freier, gleicher und geheimer Wahl zu wählen,
2. die Bindung der Gesetzgebung an die verfassungsmäßige Ordnung und die Bindung der vollziehenden Gewalt und der Rechtsprechung an Gesetz und Recht,
3. das Recht auf die verfassungsmäßige Bildung und Ausübung einer parlamentarischen Opposition,
[…]
6. der Ausschluß jeder Gewalt- und Willkürherrschaft.

Der entscheidende Zweck des Schriftsatzes lag darin, an den Grundkonsens der Richter und an deren westliche Werte zu appellieren. Dies belegen vor allem die letzten Seiten seiner Revisionsbegründung, die in einer sehr leidenschaftlichen, kämpferischen Sprache formuliert sind. Möhring forderte von den Richtern eine politische Positionierung im Falle „Blinkfüer", die sich klar gegen den totalitären Kommunismus richten müsse. Dabei appellierte er an das Demokratiebewusstsein der Bundesrichter und erinnerte an den Antikommunismus der Nachkriegszeit. Möhring behauptete, jedes bewusste und mutige Eintreten gegen totalitäre Regierungssysteme, wie das der Verlagshäuser gegen die DDR, sei wünschenswert und legitim:

> „Daß die Hetze gegen die Bundesrepublik und jede Form der Erleichterung einer solchen Hetze wie z.B. die Beihilfe, die Mitwirkung sowie die Ermöglichung durch Verbreitung der Quellen und Zeitpunkte gegen die Grundsätze unserer Gesellschaftsordnung verstößt, bedarf hier keiner Ausführung im einzelnen mehr […].
> Die eigene Gesellschaftsordnung gegen derartige Gefährdungen zu schützen, ist nicht nur als Recht jedermann eingeräumt. Es muß vielmehr als jedermanns Pflicht angesehen werden. Das folgt aus einer richtig verstandenen demokratischen Einstellung jedes einzelnen Staatsbürgers. Das ist das erklärte Ziel des Politischen [sic!] Reifeprozesses nach 1945. Die Gerichte sind verpflichtet, diese Entwicklung zu unterstützen, indem sie erfreuliche Anzeichen des politischen Verantwortungsgefühls des Einzelnen, das sich in absolut billigenswerter und wertvoller Weise äußert, nicht im Keime erstickt. In diesem Zusammenhang ist auch der Zivilrichter vor politische Wertungen gestellt und darf nicht in formalistisches [sic!] Schemendenken verhaftet bleiben und auf diese Weise Ansätze zerstören, die gerade Ziel der politischen Bestrebungen seit Bestehen der Bundesrepublik sind. Der heutige Richter kann diesen Aufgaben auch ohne große Not nachkommen, da unsere Rechtsordnung durchaus übergeordnete Rechtsgrundsätze kennt, die bei der Interpretation der einzelnen Vorschriften heranzuziehen sind. Es sind das die verbindlichen positiven Freiheitsnormen im GG, sowie eine Reihe von Präjudizien, die in vorbildlicher Weise sowohl das politische Engagement des Einzelnen als auch die Erwartung, die an die Rechtsanwendung des Richters zu stellen ist, aufzeigen (Lüth-Urt. BVerfG aaO [sic!]). Damit ist die politische Entscheidung in bestimmten Grenzfällen freiheitliches Postulat geworden, das justiziabel ist. Der Richter verletzt die ihm obliegende Pflicht, auch jene justiziablen Freiheitsrechte mit ihren Verpflichtungen zu beachten, wenn er ein politisch motiviertes Verhalten allein aus § 823 BGB mit der Anwendung der von der Rechtsprechung entwickelten Grundsätze zum eingerichteten und ausgeübten Gewerbebetrieb zu bewältigen versuchte."[347]

Diese sehr prinzipiellen Ausführungen zur juristischen Methode beweisen, dass es für Möhring im Verfahren gegen „Blinkfüer" um mehr als einen Privatrechtsfall

347 Möhrings Schriftsatz zur Revisionsbegründung, in: BArch B 283/37794, Bl. 54 f.

ging. Er rief die Richter dazu auf, § 823 BGB nicht allein im Wege einer rein zivilrechtlichen – und damit die politischen Entwicklungen außer Acht lassenden – Auslegung heranzuziehen, sondern bei der Interpretation dieser Vorschrift das „Lüth"-Urteil und die sonstigen übergeordneten Rechtsgrundsätze als Instrumentarium zu nutzen, um eine politisch wünschenswerte Lösung herbeizuführen. Dahinter stand die Sorge, dass durch eine Gesetzesauslegung ohne Heranziehung übergeordneter Werte und Rechtsgrundsätze eine politisch pluralistische Gesellschaft entstehen könnte, die unberechenbar wäre. Möhring argumentierte daher mit dem in der neueren Rechtsprechung des Bundesverfassungsgerichts durch das „Lüth"-Urteil gestärkten objektiven Wertordnung. Zugleich stellte er dem Positivismus politische Werte wie die westliche Demokratie gegenüber, die es in Zeiten des Ost-West-Konfliktes besonders zu schützen gelte.

Aus Sicht des Anwalts ging es um die grundsätzliche politische Entwicklung der Bundesrepublik, deren „Politischer [sic!] Reifeprozess" auch von der höheren Rechtsprechung zu fördern sei. Er forderte, auch die Justiz müsse gegen den Kommunismus kämpfen, um nicht die Fehler aus der Zeit des Nationalsozialismus zu wiederholen, als die Justiz passiv geblieben war und nicht gekämpft hatte. Diesen Appell richtete er bewusst an die Richter, da sich während der Zeit des Nationalsozialismus viele von ihnen nicht nur passiv verhalten, sondern sogar das System gestützt hatten.

Gleichzeitig war es Möhring ein zentrales Anliegen, die Richter dazu zu bewegen, sich vom „formalistischen Schemendenken", dem Positivismus, zu entfernen. Hierzu bemühte er die Formalismus-Kritik, die vor ihm schon andere Juristen formuliert hatten. Dahinter stand die Tradition antipositivistischer Topoi des 19. Jahrhunderts[348], die in den Naturrechtsdebatten der 1950er Jahre noch sehr aktuell war.[349] Anknüpfend an die Naturrechtsdebatten warnte Möhring die Zivilrichter vor einer zu starken formalistisch-positivistischen Grundhaltung, weil diese für den Kampf gegen den Kommunismus ungeeignet sei. Mit dem Topos „Formalismus" verwies er auf eine Rechtsanwendungspraxis, die es dem Gesetzgeber überließ, die politische Linie vorzugeben, während die Gesetzesnormen rechtlich streng positivistisch auszulegen seien.[350]

348 Dies entspricht dem Formalismusbegriff der 1950er Jahre: Dazu Rückert, Formalismus und vergleichbare Konzepte im 19. Jahrhundert, in: Schulze (Hg.), Deutsche Rechtswissenschaft und Staatslehre im Spiegel der italienischen Rechtskultur während der zweiten Hälfte des 19. Jahrhunderts, Berlin 1990, S. 69–174, 172 ff.

349 Foljanty, Recht oder Gesetz, S. 19 ff.

350 Rückert, Formalismus und vergleichbare Konzepte im 19. Jahrhundert, S. 170 ff.

Möhring stand mit dieser Wendung der Positivismuskritik im Zeichen des Kalten Krieges nicht allein. Auch Hermann Weinkauff, der von 1950–1960 Präsident des Bundesgerichtshofs war, warnte die bundesdeutschen Juristen bereits 1962 in einer Rede davor, sich dem Positivismus zuzuwenden, weil sie dann vor dem „östlichen Rechtspositivismus", der sich in den Dienst des Kommunismus stelle, nicht geschützt seien.[351] Nach Weinkauffs Ansicht zeigten sowohl die historische Erfahrung mit dem nationalsozialistischen Gesetzgeber als auch die gegenwärtige mit dem kommunistischen Gesetzgeber, die beide krasses Unrecht als staatliches Recht setzten, die Grenzen des Positivismus auf.[352] In der Bundesrepublik sei ein Zurückweichen des Naturrechts mit seinen übergeordneten Grundlagen vor der politischen Neutralität des Positivismus als Gegenpol zu beobachten, und dies sei angesichts des Kommunismus gefährlich.

Mit seiner Kritik am Formalismus zielte Möhring auf die politische Neutralität, in seiner juristischen Argumentation spielte das richtige politische Denken eine ausschlaggebende Rolle. Möglicherweise deutete er damit an, aus seiner Sicht sei die positivistische Rechtsauffassung formalistisch und man dürfe das Recht politischen Gegebenheiten und Bedürfnissen anpassen, wenn dies dem Erhalt der Demokratie diene. Mit den erwähnten übergeordneten Rechtsgrundsätzen waren sowohl die „verbindlichen positiven Freiheitsnormen im GG" als auch das „Lüth"-Urteil gemeint[353], wobei Möhring zu erkennen gab, dass die Grundrechte der Meinungs- und Pressefreiheit wohl für die Verlagshäuser Axel Springers Geltung hätten, nicht aber für die Unterstützer kommunistischer Regime wie den „Blinkfüer"-Herausgeber Aust.

Für die Revisionskläger waren am 10. Juli 1963, dem Tag der mündlichen Verhandlung und Urteilsverkündung, zwei Rechtsanwälte erschienen. Möhring selbst, auf dessen Anwesenheit die Verlagshäuser Springers zunächst großen Wert gelegt hatten[354], war verhindert, sodass er im Einvernehmen mit den

---

351 Weinkauff, Naturrecht und Justiz. Positivistisches Gesetzesdenken gefährdet die Freiheit, in: Die politische Meinung 1962, S. 21–34, 21; Herbe, Hermann Weinkauff (1894–1981). Der erste Präsident des Bundesgerichtshofs, Tübingen 2008, S. 145 f.; zu Weinkauffs Positivismusbildern in den 1950er Jahren: Foljanty, Recht oder Gesetz, S. 25 ff., 86.

352 Weinkauff, Naturrecht und Justiz, S. 22.

353 Möhrings Schriftsatz zur Revisionsbegründung, in: BArch B 283/37794, Bl. 54.

354 Dies geht aus einem Schreiben Möhrings an den BGH vom 10. Mai 1963 hervor: BArch B 283/37794, Bl. 63.

Verlagshäusern den Rechtsanwalt Rudolf Nirk als seinen Vertreter bestellt hatte[355], außerdem kam der Springer-Chefjustitiar Ferdinand Hermann Arning hinzu.[356] Schon diese Anwaltspräsenz veranschaulicht, welche Bedeutung die Verlagshäuser diesem Verfahren zuschrieben.

Dem engagierten Auftreten auf Seiten der Verlagshäuser stand die absolute Passivität Ernst Austs und seines Anwalts gegenüber. Aus der Revisionsakte geht hervor, dass Rechtsanwalt Bernhard Wieczorek, der Begründer des Handkommentars „Zivilprozeßordnung und Nebengesetze“[357], sich trotz gerichtlicher Aufforderung nicht zur Revisionsklage äußerte, sondern lediglich am 22. März 1963 beantragte, die Revision abzuweisen[358], und nur zur mündlichen Verhandlung erschien. Es blieb jedoch unklar, warum er sich sowenig engagierte.[359] Aust hingegen nahm den Termin zur mündlichen Verhandlung nicht persönlich wahr, weil ihn das Strafverfahren[360] beanspruchte.

Der Ib-Zivilsenat des Bundesgerichtshofs setzte den Streitwert im Revisionsverfahren auf 15.000 DM fest.[361] Der aus den Bundesrichtern Jungbluth – als Vorsitzendem –, Sprenkmann, Pehle, Schneider und Mösl bestehende Senat hob am 10. Juli 1963 das Berufungsurteil auf und ordnete an, dass das Landgerichts-

---

355 Möhrings Schreiben an den BGH vom 17. Mai 1963 zur Bestellung eines Vertreters: BArch B 283/37794, Bl. 65.

356 Arnings Anwesenheit während der Verhandlung geht aus der Sitzungsniederschrift des Bundesgerichtshofs vom 10. Juli 1963 hervor, in: BArch B 283/37794, Bl. 70.

357 Wieczorek, Zivilprozeßordnung und Gerichtsverfassungsgesetz. Handausgabe auf Grund der Rechtsprechung, erläutert von Bernhard Wieczorek, Rechtsanwalt beim Bundesgerichtshof, Berlin/New York 1960.

358 Wieczoreks Schriftsatz vom 22. März 1963, in: BArch B 283/37794, Bl. 61.

359 Aus den Akten geht hervor, dass Aust den Rechtsanwalt Wieczorek später nie wieder in Zusammenhang mit „Blinkfüer“ zur Wahrung seiner Interessen beauftragte. Seine beiden anderen Vertreter hingegen, Rechtsanwalt Curt Wessig und der Strafverteidiger Heinrich Hannover, vertraten ihn jahrelang erfolgreich zivil- und verfassungsrechtlich bzw. strafrechtlich.

360 Zum Strafverfahren gegen den „Blinkfüer“-Herausgeber Aust siehe den folgenden Abschnitt.

361 Dies geht hervor aus dem Streitwertfestsetzungsbeschluss des Senats vom 10. Juli 1963: BArch B 283/37794, Bl. 70 f.

urteil vom 14. Februar 1962 abzuändern sei.[362] Berichterstatter im Revisionsverfahren war der Bundesrichter Sprenkmann.[363]

Der Senat erklärte zunächst, dass die Annahme des Oberlandesgerichts, Aust habe ein Feststellungsinteresse an der Schadensersatzpflicht, zutreffend sei.[364] Es bestätigte außerdem die Auffassung des Oberlandesgerichts, wonach aufgrund des mangelnden subjektiven Charakters keine Wettbewerbshandlung seitens der Verlagshäuser vorliege und daher Wettbewerbsrecht nicht anzuwenden sei. Denn der Versendung des Rundschreibens lag aus Sicht des Bundesgerichtshofs vorwiegend ein politisches Motiv zugrunde, „hinter dem auch etwaige den Wettbewerb betreffende Nebenerwägungen des Handelnden völlig zurücktreten".[365] Anschließend folgte der Bundesgerichtshof in weiten Passagen Möhrings Rechtsauffassung, um den Fall zu entscheiden. Zwar erklärte der Bundesgerichtshof, die Gesamthaltung der „Blinkfüer"-Zeitung sei nicht Gegenstand des Rechtsstreits, zwischen den Zeilen der Entscheidungsgründe lässt sich jedoch lesen, dass die Bundesrichter ähnlich wie Möhring die Vorstellung einer homogenen, antipluralistischen Gesellschaft vertraten, in der sich Kommunisten nicht an der gesellschaftlichen Meinungsbildung beteiligen sollten. In der Urteilsargumentation des Bundesgerichtshofs spielte daher die Verteidigung westlicher Werte eine zentrale Rolle. Denn unter Heranziehung des „Lüth"-Urteils interpretierte der Bundesgerichtshof zunächst § 823 BGB als Generalklausel und als Einfallstor für die Grundrechte, so dass er zu einer Güter- und Interessenabwägung kam:

> „Wie das Bundesverfassungsgericht in der Entscheidung BVerfGE 7, 198 ff (Lüth) dargelegt hat, sind auch bürgerlich-rechtliche Vorschriften im Geiste der Grundrechtsnormen auszulegen. Zu diesen Vorschriften gehören u.a. diejenigen, die von der Rechtsprechung zum Schutze des eingerichteten und ausgeübten Gewerbebetriebs herangezogen werden. Zwar findet das Grundrecht der freien Meinungsäußerung, das nicht nur die bloße Äußerung, sondern auch die mit ihr bezweckte Wirkung auf andere umfaßt (BverfG aaO S. 210), nach Art. 5 Abs. 2 GG seine Schranken in den Vorschriften der allgemeinen Gesetze. Diese Gesetze müssen aber wegen der grundlegenden Bedeutung jenes Grundrechts für den freiheitlich-demokratischen Staat in ihrer das Grundrecht begrenzenden Wirkung ihrerseits wiederum an dem Wesensgehalt des Grundrechts gemessen und insoweit gegebenenfalls selbst wieder eingeschränkt werden [...]. Wird durch

362 In der BGH-Verfahrensakte sind sowohl die Urschrift des BGH-Revisionsurteils (BArch B 283/37794, Bl. 72–103) als auch die Reinschrift des Urteils (BArch B 283/37794, Bl. 106–122) enthalten. Das BGH-Urteil vom 10. Juli 1963 weist das Aktenzeichen Ib R 214/62 auf.

363 Verfügung vom 8. März 1963, in: BArch B 283/37794.

364 BArch B 283/37794, Bl. 111 f.; BArch B 237/106277, Bl. 106 f.

365 BArch B 283/37794, Bl. 113; BArch B 237/106277, Bl. 109.

> eine Meinungsäußerung und die von ihr ausgehende Wirkung die gewerbliche Betätigung eines anderen beeinträchtigt, so ist hiernach aus einer Gesamtanschauung des Einzelfalles unter Beachtung aller wesentlichen Umstände die Bedeutung des Grundrechts gegenüber dem Wert, den das beeinträchtigte Recht am Gewerbebetriebe für den Betriebsinhaber darstellt, abzuwägen, und es ist zu prüfen, ob den schutzwürdigen Interessen des Beeinträchtigten ein solcher Rang zukommt, daß das Recht zur freien Meinungsäußerung hinter ihnen zurücktreten muß."[366]

Der Senat stellte damit das Grundrecht der Verlagshäuser auf Meinungsfreiheit dem Recht des „Blinkfüer"-Herausgebers am eingerichteten und ausgeübten Gewerbebetrieb gegenüber, ohne die Grundrechte des „Blinkfüer"-Herausgebers aus Art. 5 Abs. 1 GG, Art. 12 oder Art. 14 GG anzusprechen. Besonders bemerkenswert ist dabei die weite Interpretation der Meinungsfreiheit zugunsten der Verlagshäuser, wonach sowohl der Boykottaufruf als auch die Liefersperre als Durchsetzungsmittel von Art. 5 Abs. 1 Satz 1 GG gedeckte Handlungsweisen seien.[367] Insofern teilte der Bundesgerichtshof nicht nur Möhrings Auffassung zur Meinungs- und Pressefreiheit, sondern bestätigte außerdem dessen Einschätzung, die Liefersperre erhöhe lediglich die Wirksamkeit der Warnung vor ostdeutschen Programmen. Innerhalb der Güter- und Interessenabwägung befand der Bundesgerichtshof schließlich, die Interessen der Verlagshäuser seien schutzwürdiger als die des „Blinkfüer"-Herausgebers. Danach dürfe es den einflussreichen Verlagen nicht verwehrt werden, ihre wirtschaftliche Machtstellung auf dem Zeitungsmarkt zu nutzen, um andere von ihrer politischen Meinung zu überzeugen. Damit kehrte das Gericht die Grundsätze des Oberlandesgerichts um. Es begründete seine Ansicht damit, dass sich nicht nur der Springer-Konzern, sondern die westdeutsche Bevölkerung insgesamt Ende August 1961, als das Rundschreiben verschickt wurde, mit den politischen Geschehnissen in der DDR intensiv befasst habe. Das Rundschreiben sei nach Ansicht des Bundesgerichtshofs als eine spontane Gegenwehr zu verstehen, die von der Meinungsäußerungsfreiheit umfasst sei.

Zahlreiche Ausführungen des Bundesgerichtshofs verdeutlichen, dass dieser sich die politischen Wertungen Möhrings und der Verlagshäuser zu eigen machte und damit auf eine eigene juristische Begründung verzichtete. Verharmlosend sprach das Revisionsgericht an mehreren Stellen seiner Entscheidungsgründe von der Liefersperre als „Hinweis"[368], wobei es davon ausging, dass dieser ein zulässiges Mittel der Meinungsdurchsetzung darstelle. Um dieses Mittel als recht-

366 BArch B 283/37794, Bl. 117 f.; BArch B 237/106277, Bl. 117 f.

367 BArch B 283/37794, Bl. 117; BArch B 237/106277, Bl. 117.

368 BArch B 283/37794, Bl. 117–120; Barch B 237/106277, Bl. 122–124.

lich zulässig bewerten zu können, entwickelte der Bundesgerichtshof mehrere Absätze lang seine Argumentation:

> „[…]. Dieser Hinweis rechtfertigt sich außerdem noch aus einer weiteren Erwägung. Die Beklagten wären vor der Öffentlichkeit unglaubwürdig erscheinen, wenn sie nicht ihr eigenes geschäftliches Verhalten mit ihrer in dem Rundschreiben vertretenen Meinung in Einklang gebracht hätten. Es hätte Zweifel an der Ernstlichkeit dieser Meinung erweckt, wenn die Beklagten ungeachtet der entschiedenen Worte, mit denen sie die Verbreitung der sowjetischen Sendeprogramme durch Zeitungen und Zeitschriften in der Bundesrepublik bekämpften, ihre Verlagszeugnisse weiterhin in denselben Verkaufsstätten unmittelbar neben den Zeitungen und Zeitschriften hätten vertreiben lassen, in denen jene Programme gleichwohl nach wie vor veröffentlicht wurden. Die Beklagten hätten sich in diesem Falle dem Vorwurf ausgesetzt, ihr Gewinninteresse stehe ihnen höher als das Bekenntnis zur freiheitlichen staatlichen Ordnung, denn sie seien offenbar nicht bereit, auf die Umsätze mit dem Teil der Händlerschaft zu verzichten, der nach ihrer in dem Rundschreiben vertretenen Auffassung der gegen diese Ordnung gerichteten sowjetzonalen Propaganda Vorschub leiste. Es käme einer Entwertung des Grundrechts der freien Meinungsäußerung gleich, wenn die Beklagten einem solchen Vorwurf nicht hätten zuvorkommen dürfen; denn ihr Anliegen hätte andernfalls so sehr an Überzeugungskraft verloren, daß die von ihnen erstrebte Wirkung dadurch von vornherein in Frage gestellt worden wäre.“[369]

Letztlich schlussfolgerte der Bundesgerichtshof sogar, dass die Verlagshäuser ohne die Liefersperre mittelbar das DDR-Regime gefördert hätten, da sie den Händlern einen Anreiz gesetzt hätten, nicht dem Boykott zu folgen.[370]

Insgesamt blieb der Möhring'sche Appell an den politischen Grundkonsens also nicht ohne Wirkung. Der Bundesgerichtshof erklärte, die antikommunistische Argumentation Möhrings aufgreifend, dass Aust durch den Abdruck der ostdeutschen Programme in seiner „Blinkfüer“-Zeitung dazu beigetragen habe, die politische Propaganda der DDR aufrechtzuerhalten und zu unterstützen.[371] Dies sei als Fehlverhalten zu werten, das die Schutzwürdigkeit seiner Interessen an der Aufrechterhaltung seines Zeitungsbetriebs in Frage stelle.

Die Verlage Axel Springers konnten damit vor dem Bundesgerichtshof für Zivilsachen ihren ersten und einzigen gerichtlichen Erfolg gegen den „Blinkfüer“-Herausgeber Aust erringen. Ein Vergleich des Möhring'schen Schriftsatzes mit dem Revisionsurteil belegt, dass nicht nur die inhaltliche Darlegung des Bundesgerichtshofs jener des Springer-Rechtsanwalts nahekommt, sondern dass auch die gesamte Diktion des Urteils in der Sprache des Kalten Krieges verfasst ist.

---

369 BArch B 283/37794, Bl. 120 f.; BArch B 237/106277, Bl. 124 f.
370 BArch B 283/37794, Bl. 121; Barch B 237/106277, Bl. 125.
371 BArch B 283/37794, Bl. 119; Barch B 237/106277, Bl. 127.

Die bewusste Verneinung der Grundrechte des Kommunisten und „Blinkfüer"-Herausgebers Aust sticht ebenso ins Auge wie die Hervorhebung der als legitim angesehenen politischen Interessen der Verlagshäuser Axel Springers an der Bekämpfung der DDR-Propaganda in westlichen Presseerzeugnissen. Während das Gericht einerseits die Lesart der Verlagshäuser bestätigte, dass es gegen die Verknüpfung der Meinungsfreiheit mit wirtschaftlicher Macht keine rechtlichen Einwände gebe, solange politisch legitime Ziele zum Erhalt der Demokratie verfolgt würden, schloss es sich andererseits der Position an, dass Aust nicht das Grundrecht auf Pressefreiheit zustehe. Um jedoch in den 1960er Jahren Kommunisten Grundrechte vorzuenthalten, bedurfte es eines Angst schürenden Diskurses, an dem sich die Verlagshäuser Axel Springers insbesondere in ihren Zeitungen beteiligten und an dem sich der Bundesgerichtshof mit seiner „Blinkfüer"-Entscheidung beteiligte, indem er Ernst Aust als Unterstützer der DDR-Propaganda qualifizierte.[372]

3. Das Revisionsurteil in der zeitgenössischen Kritik

Das Revisionsurteil wurde nicht in die amtliche Sammlung des Bundesgerichtshofs für Zivilsachen aufgenommen[373], vermutlich deshalb nicht, weil es keine grundsätzliche Bedeutung für die Dogmatik hatte.[374] Die in der Neuen Juristischen Wochenschrift 1964[375] publizierte Entscheidung des Bundesgerichtshofs wurde vor allem

372 In den vergangenen Jahrzehnten gab es zahlreiche Beispiele für Angst schürende Sicherheitsdiskurse, die unter anderem die Einwanderungswellen in den 1990er Jahren, die Debatten über das Asylrecht, aber auch Videokameras auf öffentlichen Plätzen oder ganz aktuell die Occupy-Bewegung thematisierten. In der Rechtswissenschaft hat vor allem Frankenberg zutreffend dargestellt, dass Sicherheit Freiheit einschränkt: Angst im Rechtsstaat, in: KJ 1977, S. 353–374; ders., Kritik des Bekämpfungsrechts, in: KJ 2005, S. 370–386; ders., Nochmals: Angst im Rechtsstaat, in: WestEnd. Neue Zeitschrift für Sozialforschung 2006, Heft 2, S. 55–63; ferner: Bung, Terror als Gegenstand einer Phänomenologie der Angst, in: WestEnd, Neue Zeitschrift für Sozialforschung 2006, Heft 2, S. 64–74; Singelnstein/Stolle, Die Sicherheitsgesellschaft. Soziale Kontrolle im 21. Jahrhundert, Wiesbaden 2008; Singelnstein, Diskurs und Kriminalität. Außergesetzliche Anwendungsregeln als diskursive Praktiken im Wechselverhältnis zwischen Kriminalisierungsdiskursen und Strafrechtsanwendung, Berlin 2009.

373 Der BGH-Entscheidung vom 10. Juli 1963 ist in der Verfahrensakte der Zusatz vorangestellt, dass die Entscheidung keinen Eingang in die amtliche Sammlung findet: BArch B 283/37794, Bl. 72.

374 Biedenkopf, Zum politischen Boykott, S. 554.

375 BGH NJW 1964, S. 29 ff.

in den juristischen Fachzeitschriften diskutiert und mehrheitlich abgelehnt.[376] Es war dabei nicht der Ausgang des Verfahrens zu Lasten der „Blinkfüer"-Zeitung, der die Kritiker auf den Plan rief, sondern die Art und Weise der dogmatischen Bewertung des Falles durch das Gericht. An der rechtswissenschaftlichen Debatte waren dementsprechend auch Juristen mit ganz unterschiedlicher politischer Verortung beteiligt, so etwa das angesehene linksliberale SPD-Mitglied Adolf Arndt, der das Bad Godesberger Programm maßgeblich geprägt hatte[377], der junge, selbstbewusste linksliberale Zivilrechtswissenschaftler Friedrich Kübler oder der Zivilrechtswissenschaftler Kurt Hans Biedenkopf.

Auf großes Unverständnis stieß in der rechtswissenschaftlichen Diskussion vor allem die Tatsache, dass das wirtschaftliche Durchsetzungsmittel des Boykotts, die Liefersperre, innerhalb der Güterabwägung nicht negativ ins Gewicht gefallen war, sondern als rechtmäßig bewertet wurde. Insbesondere beanstandeten nicht wenige Juristen, dass die entscheidenden Ausführungen des Gerichts die wirtschaftlichen Machtverhältnisse der Verlagshäuser Springers außer Acht ließen. Dies war für die Kritiker umso weniger nachvollziehbar, als seit Mitte der 1960er Jahre die Pressekonzentration und damit Axel Springer zunehmend im Fokus öffentlicher Diskussionen standen.[378]

Herausragender Kritiker des „Blinkfüer"-Urteils war Adolf Arndt, der neben seiner politischen Karriere in vielen Schriften zu den Grundrechten und zum Rechtsstaat Stellung bezog.[379] Er publizierte insbesondere seit den 1950er Jahren mehrfach zur Meinungs- und Pressefreiheit.[380] Doch wichtiger als seine

---

376 Biedenkopf, Zum politischen Boykott, S. 553 ff.; Arndt, Der Fall „Blinkfüer" (Art. 5 GG). – Die Last der Freiheit oder Justiz und Presse, in: NJW 1964, S. 23 f.; Helle, Boykott und Meinungskampf, S. 1497 f.; Kübler, Wirtschaftsordnung und Meinungsfreiheit; Groenewold, Das Urteil des Bundesgerichtshofs in der Blinkfüer-Affäre, S. 142 ff.

377 Zu Arndt umfassend: Gosewinkel, Adolf Arndt.

378 H.D. Müller, Der Springer-Konzern, S. 242.

379 Arndt, Das nicht erfüllte Grundgesetz (1960), in: Arndt, Gesammelte juristische Schriften. Ausgewählte Aufsätze und Vorträge 1946–1972, München 1976, hrsg. v. Böckenförde/Lewald, S. 141 ff.; Arndt, Der Rechtsstaat und sein polizeilicher Verfassungsschutz (1961), in: Arndt, Gesammelte juristische Schriften. Ausgewählte Aufsätze und Vorträge 1946–1972, München 1976, hrsg. Böckenförde/Lewald, S. 157 ff.; Arndt, Demokratie – Wertsystem des Rechts, in: Arndt/Freund, Notstandsgesetz – aber wie?, Köln 1962, S. 9 ff. Dazu auch Gosewinkel, Adolf Arndt, S. 586 ff.

380 Arndt, Brauchen wir ein Pressegesetz? (1956), in: Arndt, Gesammelte juristische Schriften. Ausgewählte Aufsätze und Vorträge 1946–1972, München 1976, hrsg. v. Böckenförde/Lewald, S. 417 ff.; ders., Begriff und Wesen der öffentlichen Meinung,

schriftstellerischen Beiträge war seine Tätigkeit als praktizierender Jurist: Arndt hatte den Hamburger Senator Erich Lüth in dem berühmten Verfassungsbeschwerdeverfahren vertreten.[381] Seine Rezensionskritik zur „Blinkfüer"-Entscheidung des Bundesgerichtshofs war wie geschaffen, die Sachverhalte von „Lüth" und „Blinkfüer" gegenüberzustellen und ihre rechtlichen Konsequenzen zu würdigen. Arndt vertrat die Auffassung, dass der Bundesgerichtshof im Fall „Blinkfüer" den Schutzbereich des Art. 5 Abs. 1 Satz 1 GG überdehnt habe.[382] Das Verhalten der Verlagshäuser Axel Springers liege nicht mehr innerhalb der Grenzen der verfassungsrechtlich gewährten Meinungsfreiheit. Der Bundesgerichtshof habe in Verkennung der im „Lüth"-Urteil hervorgehobenen Rechtsgrundsätze entschieden. Als Verfechter der Demokratie und des Rechtsstaats ging es Arndt darum, die Notwendigkeit der Begrenzung wirtschaftlicher Freiheit und Wirtschaftsmacht aufzuzeigen, als er darauf hinwies, dass der wesentliche, vom Bundesgerichtshof übersehene Unterschied zwischen „Lüth" und „Blinkfüer" darin lag, dass Lüth seinerzeit keine Machtmittel hatte, um den Boykottadressaten Schaden zuzufügen.[383] Arndt äußerte sich so wie vor ihm das Oberlandesgericht. Lüth habe lediglich an das moralische Ehrgefühl der Boykottadressaten appelliert. Im „Blinkfüer"-Fall hätten die Verlagshäuser hingegen ihre dominierende Machtposition auf dem Zeitungsmarkt eingesetzt und ausgenutzt, um die von ihnen abhängigen Händler zum Boykott zu zwingen. Wer nicht dem Boykottaufruf der Verlagshäuser nachgekommen sei, habe sich schwerwiegenden wirtschaftlichen Nachteilen ausgesetzt gesehen. Damit sei den Adressaten die Möglichkeit genommen worden, frei zu entscheiden, ob sie dem Boykott folgten. Positiv äußerte sich Arndt hingegen dazu, dass der Bundesgerichtshof keine Ausführungen zur Frage des Grundrechtsmissbrauchs seitens Aust gemacht habe. Er vertrat den Standpunkt, dass im demokratischen Rechtsstaat auch Kommunisten das Grundrecht auf Meinungs- und Pressefreiheit zustehe.

---

in: Löffler, Die öffentliche Meinung, München/Berlin 1962, S. 1 ff.; ders., Zur Güterabwägung bei Grundrechten (Art 5 GG) (1966), in: Arndt, Gesammelte juristische Schriften. Ausgewählte Aufsätze und Vorträge 1946–1972, München 1976, hrsg. v. Böckenförde/Lewald, S. 185 ff.

381 Gosewinkel, Adolf Arndt, S. 495 f.; Hennis, Lüth – und anderes, in: Henne/Riedlinger (Hg.), Das Lüth-Urteil aus (rechts-) historischer Sicht, Berlin 2005, S. 187–222, 187 f., 192 f.

382 Arndt, Der Fall „Blinkfüer", S. 23.

383 Arndt, Der Fall „Blinkfüer", S. 23.

Auch Kurt Biedenkopf beanstandete die Entscheidung. Zur Veranschaulichung der gesellschaftspolitischen Brisanz des „Blinkfüer"-Falles bildete er einen fiktiven Fall, den er im Industrieverband ansiedelt und in dem den Verbandsmitgliedern (Unternehmen) mittels wirtschaftlichen Drucks nahegelegt wird, keine Geschäftsbeziehung mit der DDR zu unterhalten und künftig DDR-Ausstellungen zu boykottieren.[384] Anhand des fiktiven Sachverhalts wollte Biedenkopf aufzeigen, wie leicht Grundrechtsträger (hier die Verbandsmitglieder) in ihrer Berufsfreiheit durch andere Privatpersonen eingeschränkt werden, wenn wirtschaftliche Macht zur Durchsetzung einer politischen Position eingesetzt wird.

Zwar zeigte Biedenkopf in seiner Rezension Verständnis für die unangenehme Lage des Bundesgerichtshofs, da dieser die „Blinkfüer"-Entscheidung „unter dem Eindruck schwerwiegender Ereignisse" des Kalten Krieges[385] – gemeint war der Mauerbau – gefällt habe. Dennoch habe das Gericht einen Fehler begangen, weil es einen wesentlichen Grundsatz durchbrochen habe, nämlich den Grundsatz, dass die Ausübung wirtschaftlicher Macht auf wirtschaftliche Zwecke begrenzt sei.[386] Hingegen habe das Revisionsgericht den Verlagshäusern Axel Springers „das Recht zum politischen Boykott mit wirtschaftlichen Mitteln zugesprochen".[387] Die Interpretation des Gerichts zur Meinungsäußerungsfreiheit bedeute, dass den Verlagshäusern Springers das Recht zuerkannt werde, mittels ihrer wirtschaftlichen Machtstellung politische Zensur auszuüben. Auch bezog sich Biedenkopf in seiner Argumentation auf das Thema der Pressekonzentration, indem er die Auflagenhöhe der wichtigsten Springer-Zeitungen auflistete[388] und damit die Kritik verband, dass die Verlagshäuser Springers wirtschaftliche Macht zur Durchsetzung ihrer Meinung einsetzten und damit die Grundrechte anderer Gruppen auf Meinungs-, Presse- und Informationsfreiheit aushöhlten.

Ernst Helle, ein Braunschweiger Landgerichtspräsident, sprach in seiner Kritik am Revisionsurteil einen Punkt an, der den Verlagshäusern Axel Springers stets als Rechtfertigung für den Boykott gedient hatte.[389] Nach Helles Sicht hatte das Gericht in seiner Interessenabwägung versäumt, die Frage aufzuwerfen, ob

384 Biedenkopf, Zum politischen Boykott, S. 554.
385 Biedenkopf, Zum politischen Boykott, S. 554.
386 Biedenkopf, Zum politischen Boykott, S. 554.
387 Biedenkopf, Zum politischen Boykott, S. 555.
388 Biedenkopf, Zum politischen Boykott, S. 555.
389 Siehe vor allem Möhrings Schriftsatz zur Revisionsbegründung, in: BArch B 283/37794, S. 34 ff.

ostdeutsche Programme „wirklich eine ernste und gegenwärtige Gefahr für die freiheitlich-demokratische Grundordnung“ zum damaligen Zeitpunkt darstellten.[390] Eine solche Analyse und Beurteilung der gesellschaftlichen Wirkungsmacht der ostdeutschen Programme und der damit verbundenen Propaganda konnte oder wollte der Bundesgerichtshof aber nicht vornehmen.

Friedrich Kübler äußerte sich ebenfalls zur „Blinkfüer“-Entscheidung des Bundesgerichtshofs. Er selbst war ein Schüler Ludwig Raisers[391] und gehörte zur Tübinger Schule, der auch der Zivilrechtswissenschaftler Josef Esser[392] und der Verwaltungsrechtswissenschaftler Otto Bachof angehörten. Kübler, der stets liberale und rechtsstaatliche Positionen vertrat und SPD-Mitglied war, durchleuchtete in seinem Tübinger Habilitationsvortrag „Wirtschaftsordnung und Meinungsfreiheit“ von 1966 die Schnittstelle zwischen Wirtschaftsrecht und Verfassungsrecht. Da Generalklauseln, wie etwa die zivil- und wettbewerbsrechtlichen Vorschriften der §§ 823 Abs. 1 BGB, 1 UWG, seit Günter Dürigs Lehre von der Drittwirkung der Grundrechte und seit dem „Lüth“-Urteil als „Einbruchsstellen“ gesehen würden, sei es bei der Beurteilung von deliktischen Sachverhalten wichtig, Art. 5 GG zu berücksichtigen und eine Abwägung vorzunehmen.[393] Die Schwierigkeiten, vor die die Rechtspraxis gestellt sei, lägen darin, dass es kaum nachvollziehbare Kriterien und Maßstäbe gebe, anhand derer die Abwägungsregel gebildet werden könne. Dies habe historische Hintergründe, da die Meinungsfreiheit zunächst individualrechtlich geprägt sei, um den Grundrechtsträger etwa vor Zensur zu schützen. Jedoch weise Art. 5 GG einen „sozialen Sinn- und Funktionszusammenhang“ auf, und trage zur Bildung der „öffentlichen Meinung“ bei.[394] Die Lehre von der „öffentlichen Meinung“ gehe jedoch von einer klaren Trennung zwischen Staat und Gesellschaft aus und ordne die Meinung dem Bereich des Öffentlichen-Staatlichen zu. Kübler führt weiter aus, dass in der modernen Industriegesellschaft diese Trennung von Staat und Gesellschaft jedoch durchbrochen

---

390 Helle, Boykott und Meinungskampf, S. 1501.

391 Zu Raiser: Kübler, Ludwig Raiser, in: Grundmann/Riesenhuber (Hg.), Deutschsprachige Zivilrechtslehrer des 20. Jahrhunderts in Berichten ihrer Schüler. Eine Ideengeschichte in Einzeldarstellungen, Bd. 1, Berlin 2007, S. 287–303.

392 Zu Esser: siehe Köndgen, Josef Esser – Grenzgänger zwischen Dogmatik und Methodologie, in: Grundmann/Riesenhuber (Hg.), Deutschsprachige Zivilrechtslehrer des 20. Jahrhunderts in Berichten ihrer Schüler, Bd. 1, Berlin 2007, S. 103–127.

393 Kübler, Wirtschaftsordnung und Meinungsfreiheit, S. 3 f.

394 Kübler, Wirtschaftsordnung und Meinungsfreiheit, S. 5.

worden sei. Problematisch sei vor allem, dass die private Wirtschaft durch ihr Machtpotenzial mit der „öffentlichen Meinung“ verschränkt sei.[395] Gerade die Verbindung zwischen wirtschaftlicher Freiheit und Meinungsfreiheit könne der Demokratie gefährlich werden. Mit diesen Gedanken ordnete Kübler ebenfalls den „Blinkfüer“-Fall zugleich in die aktuellen Debatten über die Pressekonzentration der Verlagshäuser Axel Springers ein und verdeutlichte die Konsequenzen für die „öffentliche Meinung“:

> „Der Fall „Blinkfüer“ illustriert so die andere Gefahr, die der öffentlichen Meinung aus der Kommerzialisierung ihrer Medien erwächst: die Gefahr, daß die fremde Meinung nicht mit Gründen vor dem Forum der Öffentlichkeit bekämpft, sondern mit ökonomischen Mitteln [...] ausgeschaltet wird, bevor sie auf die öffentliche Auseinandersetzung einzuwirken vermag.“[396]

In Küblers Betrachtungsweise kommt eine demokratische Haltung zum Ausdruck[397], die besonders in seiner Interpretation der Meinungs- und Pressefreiheit deutlich zutage tritt. In seinen Augen reicht die abwehrrechtliche Dimension der Grundrechte aus Art. 5 Abs. 1 GG in Zeiten der Pressekonzentration nicht mehr aus, vielmehr müsse die erweiterte Funktion der Meinungsfreiheit, nämlich ihre Funktion zur Bildung einer öffentlichen Meinung, berücksichtigt werden. Er machte auf die gesellschaftliche Brisanz des Falles aufmerksam: Wirtschaftsmacht und uneingeschränkte wirtschaftliche Freiheit verhinderten den demokratischen Diskurs. Kübler warnte davor, „das demokratische Verfahren, politische und moralische Konflikte vor der Öffentlichkeit in Rede und Gegenrede auszutragen“[398], zu umgehen.

Zusammenfassend kann festgestellt werden, dass sich die harte Kritik gegenüber dem Revisionsurteil des Bundesgerichtshofs gerade daran entzündete, dass einerseits die wirtschaftliche Machtposition der Verlagshäuser unbeachtet blieb und andererseits die Pressefreiheit des „Blinkfüer“-Herausgebers im Rahmen der Güterabwägung nicht diskutiert wurde. Beide vom Gericht ignorierten Themenkreise spielten jedoch im öffentlichen Diskurs der beginnenden 1960er Jahre eine große Rolle. Die kritische Diskussion des Revisionsurteils war damit ein Vorbote: In den folgenden Jahren sollte sich in der Bundesrepublik sowohl

---

395 Kübler, Wirtschaftsordnung und Meinungsfreiheit, S. 8.

396 Kübler, Wirtschaftsordnung und Meinungsfreiheit, S. 11.

397 Insbesondere Kübler, Der deutsche Richter und das demokratische Gesetz. Versuch einer Deutung aus richterlichen Selbstzeugnissen, in: AcP 162 (1963), S. 104–128.

398 Kübler, Wirtschaftsordnung und Meinungsfreiheit, S. 10.

ein neuer Umgang mit dem westdeutschen Kommunismus als auch eine neue rechtliche Behandlung der Pressekonzentration entwickeln.

III. Das Strafverfahren gegen den „Blinkfüer"-Chefredakteur Aust (1962–1964)

Die zivilrechtlichen Verfahren um den Boykottaufruf waren begleitet von einem anderen Verfahren in Sachen Blinkfüer: Bereits seit 1957 lief gegen den Chefredakteur und Herausgeber Aust ein Ermittlungsverfahren.[399] Das im Folgenden dargestellte Strafverfahren zeigt, dass in eben der Zeit, in welcher der Bundesgerichtshof so restriktiv argumentierte, bereits liberale Positionen gegenüber dem Kommunismus in der Justiz zu finden waren.

Aust wurde vorgeworfen, mit der Zeitung die Ziele der verbotenen KPD zu unterstützen. Zahlreiche „Blinkfüer"-Ausgaben wurden beschlagnahmt, bis schließlich am 18. Dezember 1962 die Hamburger Oberstaatsanwaltschaft – unabhängig von den oben beschriebenen Zivilverfahren – Anklage[400] gegen Aust erhob wegen Normverstößen nach §§ 90a a.F., 93 a.F., 94 a.F., 95 a.F., 96 a.F., 128 a.F., 129 a.F., 185, 187a a.F., 194, 196 a.F., 200 a.F., 98 a.F., 86 a.F., 73 a.F. StGB sowie §§ 42 BVerfGG a.F., 47 BVerfGG a.F.[401] Die gegen Aust gerichtete Anklageschrift war mit 235 Seiten äußerst umfangreich.[402]

Neben Tatbeständen wie „Beschimpfung der Bundesrepublik usw." (§ 96 StGB a.F.), „Verunglimpfung von Organen" (§ 97 StGB a.F.) oder Beleidigungstatbeständen (§§ 185 f. StGB) ging es vor allem um Verstöße wegen Staatsgefährdung

399 Schon im Vorfeld des Ermittlungsverfahrens gab es eine Zusammenarbeit zwischen der Hamburger Oberstaatsanwaltschaft und dem Kanzleramt, um gegen Aust wegen Beleidigung des Bundeskanzlers Konrad Adenauer zu ermitteln; vgl. BArch B 136/1844.

400 Die vollständige Anklageschrift vom 16.12.1962 aus der staatsanwaltschaftlichen Ermittlungsakte mit dem Aktenzeichen 141 Js 347/60 ist archiviert unter StAB 7, 215–100. Da der Bestand StAB 7, 215 keine durchgehende Blattnummerierung enthält, werden die Quellen – soweit möglich – nach Datum und Blattnummerierung des jeweiligen Schriftdokuments bezeichnet.

401 Die hier Anfang der 1960er Jahre im Rahmen des „Blinkfüer"-Strafprozesses angewandten maßgeblichen Normen der Staatsgefährdung (§§ 88–98 a.F. StGB) ebenso wie der Tatbestand der Gründung einer kriminellen Vereinigung i.S.d. § 129 StGB a.F. erfuhren vor allem durch das Erste Strafrechtsänderungsgesetz vom 30. August 1951 ihre Ausprägung. Siehe hierzu: BGBl I 1951, S. 739–744.

402 Az.: 141 Js 347/60 in: StAB 7–215, 100.

durch Bildung „Verfassungsverräterischer Vereinigungen" (§ 90 a StGB a.F.)[403], „Herstellung verfassungsverräterischer Publikationen" (§ 93 StGB a.F.)[404] sowie Zuwiderhandlungen gegen das KPD-Verbot (gem. § 42 a.F. BVerfGG, § 47 BVerfGG a.F.). Den Vorwurf, dass Aust dem KPD-Verbot zuwiderhandele, stützte die Staatsanwaltschaft insbesondere auf die Verletzung des § 90a StGB in der Fassung vom 30. August 1951 und des § 93 StGB in der Fassung vom 4. August 1953.

Das entscheidende Ziel der Staatsanwaltschaft war es, neben einer Gefängnisstrafe für Aust auch ein Zeitungs- und Berufsverbot zu erreichen. Die Beweisführung erwies sich jedoch als problematisch. Die von der Staatsanwaltschaft als Beweismittel bezeichneten ca. 600 „Blinkfüer"-Zeitungsartikel wurden lediglich nach ihrem Wortlaut oder ideologischen Inhalt mit zeitgenössischen kommunistischen Schriften und Flugblättern der KPD oder mit der SED-Zeitung „Neues Deutschland" verglichen.[405] Dabei beanstandete der Staatsanwalt die gesamte politische Ausrichtung der „Blinkfüer"-Zeitung insbesondere deshalb, weil sie die politischen Verhältnisse in der Bundesrepublik auf eine verzerrende Art darstelle und unverkennbar mit der DDR und der UdSSR sympathisiere. Aus Sicht der Staatsanwaltschaft diente die „Blinkfüer"-Zeitung als Publikation dazu, die Errichtung eines kommunistischen Herrschaftssystems in der Bundesrepublik zu fördern. Um diesem Ziel näherzukommen, seien zahlreiche Artikel „nach ihrer Aufmachung, dem Inhalt, der Zusammenstellung und Bearbeitung […] erkennbar darauf abgestellt, die Verhältnisse in der UdSSR, in den sogenannten Volksdemokratien und insbesondere in der sogenannten DDR uneingeschränkt und kritiklos zu bejahen und zu loben, die Verhältnisse in der Bundesrepublik hingegen einseitig herabzuwürdigen […]."[406]

---

403 § 90 a StGB in der Fassung vom 30. August 1951 lautete:
(1) Wer eine Vereinigung gründet, deren Zwecke oder deren Tätigkeit sich gegen die verfassungsmäßige Ordnung oder gegen den Gedanken der Völkerverständigung richten, oder wer die Bestrebungen einer solchen Vereinigung als Rädelsführer oder Hintermann fördert, wird mit Gefängnis bestraft.
(2) In besonders schweren Fällen kann auf Zuchthaus bis zu fünf Jahren erkannt werden. Daneben kann Polizeiaufsicht zugelassen werden.
(3) Ist die Vereinigung eine politische Partei im räumlichen Geltungsbereich dieses Gesetzes, so darf die Tat erst verfolgt werden, nachdem das Bundesverfassungsgericht festgestellt hat, daß die Partei verfassungswidrig ist.

404 Zum Gesetzeswortlaut des § 93 StGB in der Fassung vom 4. August 1953 siehe den Abschnitt zu Möhrings Schriftsatz zur Revisionsbegründung.

405 Vgl. insbesondere die Ausführungen in der Anklageschrift: Anklageschrift vom 16. Dezember 1962, in: StAB 7-215, 100, Bl. 25 ff., 51-135.

406 Anklageschrift vom 16. Dezember 1962, in: StAB 7-215, 100, Bl. 3.

Ohne konkrete Beweise für die KPD-Finanzierung zu liefern, beharrte die Staatsanwaltschaft auf ihrer Auffassung, dass Aust mit seinem „Blinkfüer" die illegale Partei unterstütze. Aus der für jedermann offensichtlichen Tatsache, dass „Blinkfüer" eine kommunistische Zeitung war, schloss die Staatsanwaltschaft, dass die „Blinkfüer"-Zeitung die Ideologie der KPD vertrete und sich in ihre Dienste stelle. Gerade für diese Schlussfolgerung wurde die Staatsanwaltschaft von der zeitgenössischen Presse kritisiert:

> „Materielle Beweise für diese Feststellung – etwa den Nachweis einer direkten Verbindung Austs zur illegalen KPD oder einer Finanzierung der Zeitung aus kommunistischen Quellen – hielt die Anklage nicht für erforderlich, nachdem sie im Blatt eine eindeutige kommunistische Gesamttendenz festgestellt hatte."[407]

In seiner Forschung zur „Politischen Justiz" hat von Brünneck darauf hingewiesen, dass sich die Strafjustiz hinsichtlich der Verfolgung von Kommunisten nach dem KPD-Verbot veränderte. Die Hürden der Strafverfolgung sanken, so dass es bereits genügte, wenn jemand sich im weitesten Sinne für die Ziele der illegalen KPD einsetzte.[408] Es bildeten sich zwei Schwerpunkte der Strafverfolgung aus; der erste betraf die kommunistische Organisationsarbeit und der zweite kommunistische Meinungsäußerungen.[409] Ein besonderes Augenmerk schenkte die Strafjustiz der kommunistischen Presse, denn seit der politischen Isolierung der KPD durch das Verbotsurteil bildeten kommunistische Publikationen, insbesondere die überwiegend von der DDR finanzierten Zeitschriften, Zeitungen oder sonstigen Flugblätter, das wichtigste Mittel, um für kommunistische Ideen zu werben.[410] Das Verfahren gegen Aust weist einige Merkmale eines solchen Strafverfahrens gegen Kommunisten auf, teilweise sind jedoch auch Abweichungen zu erkennen, die den „Blinkfüer"-Strafprozess von anderen Verfahren gegen Kommunisten in jener Zeit abheben und verdeutlichen, dass der einst repressive Umgang mit kommunistischen Meinungsäußerungen sich allmählich entschärfte.

Zahlreiche Quellen aus der Strafverfahrensakte belegen, dass Aust, dessen persönliche und berufliche Existenz durch dieses Verfahren auf dem Spiel stand, engagiert seine Verteidigung vorbereitete: Der renommierte Presserechtskommentator Martin Löffler erstellte für ihn im März 1962 ein Rechtsgutachten über die polizeilichen und staatsanwaltschaftlichen Beschlagnahmungen mehrerer

---

407 Hermann, „Eine Kuh ist eben eine Kuh." Gerichtsentscheid im Hamburger „Blinkfüer"-Prozeß, in: Die Zeit Nr. 2 vom 10.1.1964, S. 2.

408 von Brünneck, Politische Justiz, S. 84.

409 von Brünneck, Politische Justiz, S. 167.

410 von Brünneck, Politische Justiz, S. 167.

„Blinkfüer"-Ausgaben und resümierte, dass die meisten Beschlagnahmungen aus verfahrensrechtlicher oder materiell-rechtlicher Sicht verfassungswidrig seien.[411]

Aust betraute außerdem Heinrich Hannover, den Staranwalt der westdeutschen Linken[412], mit seiner Strafverteidigung. Nicht nur dessen Präsenz und verfassungsrechtliche Deutung des Art. 5 Abs. 1 GG sollte zentral für die Bewertung der Pressefreiheit im Strafverfahren gegen Aust werden, sondern auch sein gesellschaftlicher und politischer Einsatz für eine liberalere Haltung im Umgang mit westdeutschen Kommunisten. 1962 war Hannovers Schrift „Politische Diffamierung der Opposition im freiheitlich-demokratischen Rechtsstaat" erschienen, in der er die mangelnde Redefreiheit für Kommunisten und ihre strafrechtliche Verfolgung durch die bundesdeutsche Justiz kritisierte.[413] Hannover, der als links galt, systematisierte und analysierte in dieser Schrift Fallgruppen aus der Strafjustiz: Vorwürfe wie „Kontaktschuld" (Vorwurf personeller Berührung mit Kommunisten) oder „Konsensschuld" (der Vorwurf sachlicher Übereinstimmung mit Kommunisten) bezweckten insgesamt eine Ausweitung des strafbaren Verhaltens, um Meinungsäußerungen von Kommunisten und ihrer Sympathisanten besser verfolgen zu können.[414] Zu Hannovers bürgerrechtlichem Engagement gehörte es auch, als Autor zu gesellschaftlich relevanten Themen Stellung zu beziehen.[415]

---

411 Löffler, Rechtsgutachten in Sachen „Blinkfüer" vom 19.3.1962, in: StAB 7, 215–102, Bl. 19–20.

412 Zu Hannovers politischer Haltung als Strafverteidiger siehe statt vieler: Serke, Heinrich Hannover oder Linker Mann, was nun?, in: Serke (Hg.), Strafverteidiger in Deutschland. Acht Porträts, Darmstadt/Neuwied 1976, S. 61–71.

413 Hannover, Politische Diffamierung der Opposition im freiheitlich-demokratischen Rechtsstaat, Dortmund 1962.

414 Hannover, Politische Diffamierung der Opposition, S. 15 ff., 24 ff.
Zu den Fallgruppen siehe auch: Rojahn, Elfes – Mehr als ein Urteil, S. 15.

415 Hannover/Hannover-Drück, Politische Justiz 1918–1933, Frankfurt am Main/ Hamburg 1966; Hannover/ Hannover-Drück (Hg.), Der Mord an Rosa Luxemburg und Karl Liebknecht. Dokumentation eines politischen Verbrechens, Frankfurt am Main 1967; Hannover, Zur politischen Justiz, in: Abendroth/ Ridder/Schönfeldt (Hg.), KPD-Verbot oder Mit Kommunisten leben?, Hamburg 1968, S. 36–38; Antes/ Ehrhardt/Hannover (Hg.), Lebenslänglich – Protokolle aus der Haft, München 1972; Hannover, Klassenherrschaft und politische Justiz, Hamburg 1978; Gremliza/Hannover (Hg.), Die Linke – Bilanz und Perspektiven für die 80er, Hamburg 1980; Hannover/Wallraff, Die unheimliche Republik. Politische Verfolgung in der Bundesrepublik, Hamburg 1982; Hannover, Staat und Recht in der Bundesrepublik Deutschland. Kritische Studien und Arbeitstexte, Köln 1987; ders., Terroristenprozesse. Erfahrungen und Erkenntnisse eines Strafverteidigers, Hamburg 1982; ders.,

Im Rahmen des „Blinkfüer"-Strafverfahrens berichtete die Zeitschrift „Vorgänge. Eine kulturpolitische Korrespondenz" über das Verfahren und den Ausgang des „Blinkfüer"-Strafprozesses und druckte Hannovers Plädoyer in Auszügen ab.[416] Hannover schrieb oft für diese 1961 entstandene Zeitschrift, die von der Humanistischen Union herausgegeben wurde und als Sammelbecken und Forum der Linksliberalen und Konfessionslosen in der Bundesrepublik galt. Hannover hatte außerdem seine Position zum „Blinkfüer"-Strafprozess zuvor in einem Radiobericht verdeutlicht, in dem er für eine liberale Auseinandersetzung im Umgang mit Kommunisten warb und die Strafgerichte aufforderte, der Gesellschaft selbst die Möglichkeit einzuräumen, sich argumentativ mit der Frage der Meinungs- und Pressefreiheit von Kommunisten zu beschäftigen.[417]

In seinem über 70-seitigen Schlussplädoyer attackierte Hannover am 23. Dezember 1963 die staatsanwaltschaftliche Vorgehensweise.[418] Ein Wortvergleich zwischen „Blinkfüer"-Artikeln und anderen kommunistischen Schriften reiche nicht aus, um den schweren Vorwurf der KPD-Unterstützung zu beweisen. Allein die wörtliche Wiedergabe von Reden Chruščëvs oder Ulbrichts sei nicht mit der Verfolgung von Zielen der KPD gleichzusetzen. Auch die konservative bundesdeutsche Presse drucke diese Reden wörtlich ab oder kommentiere sie. Aust stehe aus Art. 5 Abs. 1 GG das Recht zu, für kommunistische Ideen zu werben, dies sei nicht zwangsläufig als Zuwiderhandlung gegen das KPD-Verbot zu werten.[419] Der seit dem „Lüth"-Urteil geforderte geistige Meinungskampf mache die Auseinandersetzung mit kommunistischen Anschauungen geradezu erforderlich.

Die Republik vor Gericht 1954–1974; ders, Die Republik vor Gericht 1975–1995. Erinnerungen eines unbequemen Rechtsanwalts, Frankfurt am Main/Wien 1999.

416 Vorgänge Nr. 4 von 1964, Ein Prozeß für die Pressefreiheit/Der Fall „Blinkfüer" vor dem Hamburger Landgericht, S. 128–134; Hannover, Plädoyer für die Pressefreiheit, in: Vorgänge Nr. 4 von 1964, S. 124–128.

417 Rolf Gutte/Heinrich Hannover: Presse vor Gericht – Der Blinkfüer-Prozeß (Radiobeitrag, Erstsendung 9. Juni 1965) archiviert unter: RB-Archivnummer AW 04 137.

418 Hannovers Schlussplädoyer vom 23. Dezember 1963 ist archiviert unter StAB 7, 215–101.

419 Hannovers Plädoyer vom 23. Dezember 1963, in: StAB 7, 215–101, Bl. 13 ff., 18, 20 f., 22 f., 27 f. Eine ähnliche Position vertritt auch Arndt in einem 1965 erschienen Aufsatz. Darin betonte er, dass eine Zuwiderhandlung gegen das KPD-Verbot nur vorliege, wenn die KPD oder eine ihrer Ersatzorganisationen durch eine „organisatorische" Unterstützungshandlung gefördert werden. Die bloße Äußerung kommunistischer Meinungen sei auch nach dem KPD-Verbotsurteil nicht tatbestandsmäßig; Arndt, Ideologischer Ungehorsam gegen das KP-Verbot (§§ 90a, 90 b StGB)?, in: NJW 1965, S. 430 ff. speziell: S. 431 f.

Auch kommunistische Meinungen müssten in einem demokratischen Staat zulässig sein, weil sie Ausdruck einer in der Bevölkerung vorzufindenden Meinung seien.[420] Hannover griff zudem das Thema des Schutzes der Presse als Institution auf. Danach sei die Pressefreiheit nicht nur als individuelles Grundrecht des Herausgebers Aust schützenswert, sondern bedürfe eines erweiterten Schutzes über das individuelle Grundrecht hinaus als Grundlage der Demokratie.[421]

Zur Verteidigungsstrategie Hannovers gehörte es auch, auf einzelne beanstandete „Blinkfüer"-Auffassungen einzugehen, um deren Richtigkeit zu belegen. So bemerkte er, dass das Vorhandensein einer Klassengesellschaft nicht nur von Aust, sondern auch von zahlreichen Sozial- und Politikwissenschaftlern konstatiert werde.[422] Auch die im „Blinkfüer" vertretene Ansicht, dass im kapitalistischen System private Machtträger den Prozess der öffentlichen Meinungsbildung verhinderten, stehe in der wissenschaftlichen Diskussion.[423]

Diese Argumentation entsprach einem rechtswissenschaftlichen Diskurs, der in den folgenden Jahren vor allem durch linke Politik- und Rechtswissenschaftler wie Wolfgang Abendroth und Helmut Ridder vorangetrieben werden sollte. Der kritische Marxist Abendroth[424], der nicht nur 1951 verfassungsrechtliche Bedenken gegen eine Vorverlagerung des Staatsschutzes durch die Erste Strafrechtsreform geäußert hatte, war auch ein strikter Gegner des KPD-Verbots.[425] Er vertrat in seinen Schriften die Auffassung, dass Liberalität im Umgang mit kommunistischen Theorien notwendig sei, da andernfalls schon linksradikale und linksdemokratische Theorien, die selbst nicht vom KPD-Verbot umfasst seien, kriminalisiert würden. Seines Erachtens dürften Kommunisten als oppositionelle Gruppe nicht von der Meinungs- und Pressefreiheit ausgeschlossen sein, da sonst der Demokratie der notwendige Diskussionsspielraum genommen würde.[426]

---

420 Vgl. etwa Hannovers Plädoyer vom 23. Dezember 1963, in: StAB 7, 215–101, Bl. 28, 64 ff.

421 Hannovers Plädoyer vom 23. Dezember 1963: StAB 7, 215–101, Bl. 63–72.

422 Vgl. Hannovers Plädoyer vom 23. Dezember 1963, in: StAB 7, 215–101, Bl. 4.

423 Hannovers Plädoyer vom 23. Dezember 1963, in: StAB 7, 215–101, Bl. 49 f.

424 Zu Abendroths Rechts- und Gesellschaftskritik: Fischer-Lescano/Perels/Scholle (Hg.), Der Staat der Klassengesellschaft. Rechts- und Sozialstaatlichkeit bei Wolfgang Abendroth, Baden-Baden 2012.

425 Sterzel, Wolfgang Abendroth (1906–1985). Revolutionär und Verfassungsjurist der Arbeiterbewegung, in: Kritische Justiz (Hg.), Streitbare Juristen, Baden-Baden 1988, S. 476–485, 480, 482.

426 Abendroth, Einige Bemerkungen zur Analyse der politischen Funktion des KPD-Verbotes, in: Abendroth/ Ridder/Schönfeldt (Hg.), KPD-Verbot oder Mit Kommunisten leben?, Hamburg 1968, S. 27–29, 28.

Auch der Staatsrechtswissenschaftler Ridder erachtete die Auseinandersetzung mit kommunistischen Ideen für notwendig. Er befürchtete, die Repressionen gegenüber dem westdeutschen Kommunismus ebne den Weg zu einem Notstandsstaat, in dem Andersdenkende keinen Raum hätten. Er warnte, dass eine solche Entwicklung die Demokratie gefährde. Vor allem das politische Strafrecht sei ein bürgerlich-konservatives Mittel, um unerwünschte gesellschaftspolitische, soziale oder wirtschaftliche Forderungen ohne Aussprache zu verhindern.[427]

Hannover, der diesen Ansichten nahestand, forderte Freispruch für Aust. Als Hauptargument gegen eine Verurteilung des „Blinkfüer"-Herausgebers Aust führte er an, dass dessen KPD-Mitgliedschaft nicht erwiesen sei und er mit seiner kommunistisch ausgerichteten Zeitung den Grundrechtsschutz des Art. 5 Abs. 1 GG genieße. Obwohl der angestrebte Freispruch nicht erreicht wurde, endete das Strafverfahren mit einem milden Urteil. Die Große Strafkammer 1 des Landgerichts Hamburg, zusammengesetzt aus den drei Berufsrichtern Landgerichtsdirektor Rameken als Vorsitzendem, Landgerichtsrat Gees, Landgerichtsrätin Reisse sowie den Schöffenrichtern Kurtz und Krins, verurteilte den „Blinkfüer"-Herausgeber am 6. Januar 1964 lediglich zu einer einjährigen Freiheitsstrafe.[428] Zugleich lehnte sie die Anordnung eines Berufsverbots gegen den „Blinkfüer"-Herausgeber ab.[429] Entscheidend für die milde Verurteilung war, dass sich der Hauptvorwurf, Aust habe mit seiner Zeitung die Ziele der KPD verfolgt, nicht erhärten ließ. Die Strafkammer kam in ihrem über 160 Seiten umfassenden Strafurteil zu dem Ergebnis, dass sich der „Blinkfüer"-Herausgeber der Zuwiderhandlung gegen das KPD-Verbot in zwei Fällen schuldig gemacht habe, zum einen als er Wahlwerbung in seiner Zeitung für sogenannte unabhängige kommunistische Kandidaten machte.[430] Zum anderen habe er sich durch verschiedene „Blinkfüer"-Artikel in drei Fällen der Beleidigung und in zwei Fällen der Staatsverleumdung schuldig gemacht.[431] Schließlich meinte die Kammer, dass dem Zeitungsherausgeber Aust,

---

427 Ridder, Gibt es nach dem geltenden Recht der Bundesrepublik Deutschland Möglichkeiten einer „Legalisierung" der KPD?, in: Wolfgang Abendroth/Helmut Ridder/Otto Schönfeldt (Hg.), KPD-Verbot oder Mit Kommunisten leben?, Hamburg 1968, S. 108–110, 108; ders. Grundgesetz, Notstand und politisches Strafrecht, Frankfurt am Main 1965.

428 Das Strafurteil der Großen Strafkammer 1 des Landgerichts Hamburg vom 6. Januar 1963 mit dem Aktenzeichen (31) 9/63 ist archiviert unter StAB 7, 215–101, Bl. 1–162.

429 Strafurteil vom 6. Januar 1963, in: StAB 7, 215–101, Bl. 161.

430 Strafurteil vom 6. Januar 1963, in: StAB 7, 215–101, Bl. 71 ff.

431 Strafurteil vom 6. Januar 1963, in: StAB 7, 215–101, Bl. 133 ff., 136 ff.

dessen KPD-Mitgliedschaft nicht nachgewiesen werden konnte, die Pressefreiheit im Sinne des Grundgesetzes zukomme.

Das Strafurteil war für die Prozessbeteiligten auch deshalb überraschend, weil es ganz unerwartet in wesentlichen verfassungsrechtlichen Fragen Hannovers Ansichten folgte.[432] Das Urteil fiel auch deshalb so milde aus, weil die Strafrichter die Pressefreiheit liberal und weit auslegten:

> „Eine Behinderung der Auseinandersetzung mit sog. typisch kommunistischen Thesen durch Anwendung von Strafgesetzen ist umso weniger mit den Prinzipien der freiheitlichen Demokratie zu vereinbaren, je deutlicher man den Kommunismus als eine der freiheitlichen Staatsordnung entgegengesetzte Bewegung erkennt. Um so notwendiger nämlich erscheint es danach, dem kommunistischen Ungeist mit den der Demokratie wesensgemäßen geistigen Waffen entgegenzutreten, so daß sich die Überlegenheit der freiheitlichen Prinzipien über die geistige Unfreiheit eines totalitären Systems vor aller Augen erweisen kann.“[433]

Die Richter schätzten die Bedeutung der Pressefreiheit höher ein als Staatsschutzinteressen und befürworteten eine demokratische Auseinandersetzung mit dem Kommunismus im Sinne des im „Lüth“-Urteil geforderten geistigen Meinungskampfes.[434] Sie stellten sich damit der seit Ende der 1950er Jahre üblichen strafrechtlichen Repression gegen Kommunisten entgegen, indem sie eine offene, pluralistische Gesellschaft unterstützten, die Kommunisten an der öffentlichen Meinungsbildung teilhaben lässt. Das Strafurteil entsprach damit nicht mehr dem politischen Zeitgeist des „antikommunistischen Grundkonsenses“ der beginnenden 1960er Jahre.[435] Schließlich distanzierten sich die Hamburger Strafrichter

---

432 Siehe insbesondere Hannovers eigene Positionierung zur Rücknahme der Revision gegen das Strafurteil vom 6. Januar 1963: Hannover, Anmerkungen zu der Frage, warum die Revision gegen das Urteil der Großen Strafkammer I Hamburg vom 6.1.1963 Az. (31) 9/63 zurückgezogen werden musste, in: StAB 7, 215–103, Bl. 1–12; Hermann, „Eine Kuh ist eben eine Kuh.“ Gerichtsentscheid im Hamburger „Blinkfüer“-Prozeß, in: Die Zeit Nr. 2 vom 10.1.1964, S. 2.

433 Strafurteil vom 6. Januar 1963, in: StAB 7, 215–101, Bl. 85. Abgedruckt ist die zitierte Passage auch bei Lehman, Legal & Opportun, S. 147.

434 Strafurteil vom 6. Januar 1963, in: StAB 7, 215–101, Bl. 83–86, 92–98.

435 Ähnlich beurteilte schon Hannover nach Beendigung des Strafverfahrens die Bedeutung des Strafurteils des Landgerichts Hamburg: Hannover, Anmerkungen zu der Frage, warum die Revision gegen das Urteil der Großen Strafkammer I Hamburg vom 6.1.1963 Az. (31) 9/63 zurückgezogen werden musste, in: StAB 7, 215–103, Bl. 12.

zumindest implizit von dem strikten Gedanken der „wehrhaften Demokratie“[436], als sie Aust die Grundrechte auf Meinungs- und Pressefreiheit zusprachen. Die Anerkennung der Grundrechte des „Blinkfüer“-Herausgebers ist als bewusstes Abrücken von der jahrelang praktizierten repressiven Rechtsprechung gegenüber Kommunisten zu werten, insbesondere jener des Dritten Strafsenats des Bundesgerichtshofs, der für Staatsschutzdelikte zuständig war.

Hannover wertete dieses Urteil Jahrzehnte später als ein Kompromissurteil, mit dem sich beide Parteien zufriedengeben konnten, vor allem war aus seiner Sicht ein Hauptziel erreicht worden: „Blinkfüer“ durfte weiterhin erscheinen.[437] Da die Kammer in allen wesentlichen Punkten der Verteidigung gefolgt war[438], nahm Hannover die am 7. Januar 1964 für Ernst Aust vorsorglich eingelegte und am 14. Mai 1964 begründete Revision gegen das landgerichtliche Strafurteil zurück.[439] Aust selbst zeigte sich erfreut über die Milde der Richter und interpretierte den Ausgang des Verfahrens auf der Titelseite seiner Zeitung als „Sieg der Pressefreiheit“.[440]

Die Verurteilung des „Blinkfüer“-Herausgebers wurde von überregionalen Zeitungen zur Kenntnis genommen.[441] Die Bekanntheit des „Blinkfüer“-Strafprozesses führte dazu, dass nach der Urteilsverkündung zahlreiche Gnadengesuche den Hamburger Justizsenator Biermann-Rathjen erreichten.[442] Hannover

---

436 Zur Verwendung der Figur der „wehrhaften Demokratie“ im Antikommunismus: Denninger (Hg.), Freiheitliche demokratische Grundordnung, Bd. 1 und Bd. 2, Frankfurt am Main, 1977; von Brünneck, Politische Justiz.

437 Hannover, Die Republik vor Gericht 1954–1974, S. 94.

438 Hannover, Anmerkungen zu der Frage, warum die Revision gegen das Urteil der Großen Strafkammer I Hamburg vom 6.1.1963 Az. (31) 9/63 zurückgezogen werden musste, in: StAB 7, 215–103, Bl. 6, 12. Außerdem erklärte Hannover explizit seinem Mandanten Aust unmittelbar nach dem Ausgang des Strafverfahrens, dass die Revision vor dem Bundesgerichtshof nicht geeignet sei, um einen Grundsatzprozess über die Auslegung des Art. 18 GG zu führen, da das Landgericht Hamburg auf verfassungsrechtlich nicht zu beanstandende Art das Urteil gefällt habe. Allerdings empfahl er Aust, im Wege des Gnadengesuchs die Strafvollstreckung abzuwenden; Hannovers Schreiben an Aust vom 7. Januar 1964, in: StAB 7, 215–103.

439 Hannovers Revisionsbegründung vom 14. Mai 1964, in: StAB 7, 215–103.

440 Blinkfüer vom 10.1.1964, Sieg der Pressefreiheit, S. 1.

441 Frankfurter Allgemeine Zeitung vom 7.1.1964, Gefängnisstrafe im „Blinkfüer“-Prozeß, S. 4; Hermann, „Eine Kuh ist eben eine Kuh.“ Gerichtsentscheid im Hamburger „Blinkfüer“-Prozeß, in: Die Zeit Nr. 2 vom 10.1.1964, S. 2; Hamburger Abendblatt, Nr. 5 vom 7.1.1964, Ein Jahr Gefängnis für „Blinkfüer“-Herausgeber, S. 4.

442 Dies belegen zahlreiche Schriftstücke in StAB 7, 215–103.

hatte ebenfalls am 6. September 1965 ein Gnadengesuch für Aust gestellt mit dem Ergebnis, dass die Vollstreckung der Strafe bis zur Entscheidung einstweilen eingestellt wurde.[443] Selbst der angesehene Rechts- und Politikwissenschaftler Ossip K. Flechtheim bat den Senator am 7. September 1965 darum, die Strafe gegen Aust auszusetzen, mit der Begründung, „auch zu berücksichtigen, daß sich die kommunistische Weltbewegung in einem erheblichen Wandlungsprozeß befindet [....], und obwohl die deutschen Kommunisten leider stets nachhinken, dürfte eine positive Entwicklung durch Strafvollstreckung sicherlich nicht gefördert, sondern eher behindert werden.“ [444]

Nach einem langen Jahrzehnt der Repressionen wünschte sich Flechtheim, ebenso wie andere Bundesbürger, eine Entschärfung des Ost-West-Konflikts und eine Liberalisierung im Umgang mit Kommunisten. Das Strafurteil gegen Aust wurde am 11. September 1965 rechtskräftig.[445] Jedoch verfehlten die vielen Gnadengesuche ihre Wirkung nicht. Vier Wochen später, am 12. Oktober 1965, wurde die Strafe für den „Blinkfüer“-Herausgeber zur Bewährung auf drei Jahre ausgesetzt.[446]

Die Hamburger Strafrichter, aber auch der für die Gnadengesuche zuständige Senat der Hansestadt Hamburg erwiesen sich damit gegenüber dem Kommunisten Aust und seiner „Blinkfüer“-Zeitung als politisch liberal.

IV. Die Entscheidung des Bundesverfassungsgerichts (1969)

Unabhängig von dem Strafverfahren beauftragte Aust 1963 den Rechtsanwalt Wessig, der ihn schon im „Blinkfüer“-Zivilprozessfall vertreten hatte, mit der Aufgabe, Verfassungsbeschwerde gegen das Revisionsurteil des Bundesgerichtshofs einzulegen. Der Jurist Wessig hatte sein Studium der Rechtswissenschaft Anfang

---

443 Dies geht aus der Verfügung der Landesjustizverwaltung des Senats der freien und Hansestadt Hamburg vom 8. September 1965 hervor, in welcher die Vollstreckung der Strafe bis zur Entscheidung über das Gnadengesuch ausgesetzt wird; Verfügung der Hamburger Landesjustizverwaltung vom 8.9.1965, in: StAB 7, 215–103.

444 Flechtheims Schreiben vom 7.9.1965, in: StAB 7, 215–103.

445 Dies geht aus der Korrespondenz der Oberstaatsanwaltschaft Hamburg mit dem Bundeskanzleramt hervor; Schreiben der Oberstaatsanwaltschaft Hamburg an das Bundeskanzleramt vom 5.7.1965, in: BArch B 136/1844, Bl. 437.

446 Dies geht hervor aus einem Schreiben des Bundesjustizministeriums an das Bundeskanzleramt vom 19.11.1965, in: BArch B 136/1844, Bl. 523. Darüber hinaus ergab eine schriftliche Anfrage beim Staatsarchiv Hamburg vom 6. Oktober 2010, dass die Akten des Strafverfahrens gegen Aust wegen Beleidigung und Staatsgefährdung samt Gnadengesuch dort unter: Az. 141 Js 347/60 // (31) 9/63 archiviert sind.

der 1920er Jahre in Hamburg und Berlin absolviert[447] und vermutlich in den Jahren 1923 und 1924 den Staatsrechtswissenschaftler Smend in seinen Berliner Vorlesungen gehört. Er war schon während des Nationalsozialismus links eingestellt und vertrat in der Bundesrepublik oft Kommunisten vor Gericht.[448] Wessig legte am 5. Dezember 1963 für Aust fristwahrend Verfassungsbeschwerde gegen das Urteil des Bundesgerichtshofs ein.[449] Die einmonatige Frist des § 93 Abs. 1 Satz 1 BVerfGG zur Einlegung der Verfassungsbeschwerde war nämlich in der Zeit vom 11. Juli 1963 bis zum 9. November 1963 unterbrochen, da Wieczorek, der Anwalt Austs, im Ausgangsverfahren einen Tag nach Verkündung des Revisionsurteils am 11. Juli 1963 beim Bundesgerichtshof beantragt hatte, ihm ein vollständig abgefasstes Urteil zuzuleiten, und dies geschah erst am 9. November 1963.[450]

Mit der Erhebung der Verfassungsbeschwerde griff Aust die Entscheidung des Bundesgerichtshofs an, weil er in der Versagung des Schadensersatzanspruchs eine Verletzung seiner Grundrechte aus Art. 5 Abs. 1 GG, Art. 3 Abs. 1 GG, Art. 2 Abs. 1 GG und Art. 12 GG sah. Wessig machte in seinem Schriftsatz zur Begründung der Verfassungsbeschwerde seine Position zur Grundrechtsverletzung deutlich, indem er darauf hinwies, dass der Bundesgerichtshof eine rechtsirrige Anwendung des Wettbewerbs- und Schadensersatzrechtes vorgenommen und dadurch vor allem die Pressefreiheit verletzt habe.[451] Er betonte, dass das Rundschreiben in Wettbewerbsabsicht versandt worden sei und schon die äußere Form die Tatbestände einer Nötigung, einer unerlaubten Handlung sowie eines Verstoßes gegen das Gesetz gegen Unlauteren Wettbewerbs (UWG) erfülle.[452] Der Bundesgerichtshof habe die Grundsätze des Wettbewerbsrechts, insbesondere § 1 GWB (a. F.), missachtet, wonach Beschlüsse von Unternehmen unwirksam seien, wenn sie geeignet seien, durch Wettbewerbsbeschränkungen die Markverhältnisse für den Verkehr mit gewerblichen Leistungen zu

447 Mechthild Gersdorf-Wessig, die Tochter von Curt Wessig, bestätigte mir dies während eines Telefongesprächs im Juni 2012.

448 Auch dies bekräftigte seine Tochter im Interview.

449 Wessigs Schriftsatz zur Verfassungsbeschwerde, in: BArch B 237/106277, Bl. 1–16.

450 Vgl. hierzu Wieczoreks Schreiben an Rechtsanwalt Wessig vom 12. November 1963, in: BArch B 237/106278, Bl. 147.

451 Wessigs Schriftsatz zur Verfassungsbeschwerde vom 5. Dezember 1963, in: BArch B 237/106277, Bl. 9.

452 Wessigs Schriftsatz zur Verfassungsbeschwerde vom 5. Dezember 1963, in: BArch B 237/106277, Bl. 9.

beeinflussen.[453] Die angedrohte Liefersperre beeinflusste aus seiner Sicht die Marktverhältnisse nachhaltig. Er erklärte, die wettbewerbsrechtlichen Regelungen seien in Zusammenhang mit der Rechtsprechung zur Pressefreiheit zu sehen, da beide Streitparteien Zeitungsunternehmen repräsentierten. Aust habe sich mit seiner Klage nicht gegen den Springer'schen Anspruch auf Pressefreiheit an sich zur Wehr gesetzt, sondern ausschließlich die wirtschaftlichen Zwangsmaßnahmen angegriffen.[454] Der vom Bundesgerichtshof gezogene Vergleich zum „Lüth"-Urteil sei fehlerhaft, da Lüth sich damals weder an seine eigenen Geschäftsfreunde gerichtet noch wirtschaftliche Zwangsmaßnahmen angekündigt habe, als er in einer politischen Rede die Zuhörer zum Boykott aufforderte. Wessig vertrat die Auffassung, der Bundesgerichtshof hätte bei der Güterabwägung die Meinungsfreiheit beider Presseunternehmen gegeneinander abwägen und hierbei das Spannungsverhältnis mittels Auslegung wettbewerbsrechtlicher Regelungen lösen müssen.[455] Außerdem sei zu beachten, dass beide Presseunternehmen sich an der Bildung einer öffentlichen Meinung beteiligten, an einem Vorgang, dem seit dem „Lüth"-Urteil verfassungsrechtlicher Schutz zukomme. Jedoch hätten die Verlagshäuser durch ihre wirtschaftlichen Zwangsmaßnahmen den „Blinkfüer"-Herausgeber daran gehindert, mit seiner Zeitung an der öffentlichen Meinungsbildung teilzunehmen, und dadurch seine Freiheit beschnitten.[456]

Das Verfahren zog sich. Immer wieder drängte der Aust-Anwalt Wessig im Zeitraum vom 9. August 1965 bis zum 27. Juni 1966 auf eine Entscheidung in dem presserechtlich immer noch aktuellen „Blinkfüer"-Fall.[457] Doch er erhielt

---

453 Wessigs Schriftsatz zur Verfassungsbeschwerde vom 5. Dezember 1963, in: BArch B 237/106277, Bl. 10.

454 Wessigs Schriftsatz zur Verfassungsbeschwerde vom 5. Dezember 1963, in: BArch B 237/106277, Bl. 10.

455 Wessigs Schriftsatz zur Verfassungsbeschwerde vom 5. Dezember 1963, in: BArch B 237/106277, Bl. 11.

456 Wessigs Schriftsatz zur Verfassungsbeschwerde vom 5. Dezember 1963, in: BArch B 237/106277, Bl. 11.

457 Wessigs Schreiben an das Bundesverfassungsgericht vom 9. August 1965, in: BArch B 237/106278, Bl. 155; Wessigs Schreiben an das Bundesverfassungsgericht vom 7. Februar 1966, in: BArch B 237/106278, Bl. 157; Wessigs Schreiben an das Bundesverfassungsgericht vom 19. April 1966, in: BArch B 237/106278, Bl. 159; Wessigs Schreiben an das Bundesverfassungsgericht vom 13. Mai 1966, in: Barch B 237/106278, Bl. 161; Wessigs Schreiben an das Bundesverfassungsgericht vom 27. Juni 1967, in: BArch B 237/106278, Bl. 162.

keine Antwort.[458] Die Quellen zeigen, dass in den Jahren 1963–1967 lediglich Zulässigkeitsfragen vom Bundesverfassungsgericht erörtert wurden.[459]

Warum das Bundesverfassungsgericht so lange brauchte, um sich zur Annahme der Verfassungsbeschwerde zu entschließen, lässt sich nur vermuten. Ein Grund könnte in der Auslastung des Bundesverfassungsgerichts mit dem „Spiegel"-Fall gelegen haben[460], da erst vier Jahre nach Einlegung der Verfassungsbeschwerde des „Spiegel"-Herausgebers Rudolf Augstein gegen die Rechtmäßigkeit der Durchsuchungs- und Haftbefehle am 25., 26. und 27. Januar 1966 über den Fall verhandelt wurde und am 5. August 1966 ein Teilurteil erging.[461] Ein weiterer Grund könnte darin liegen, dass es den Richtern Schwierigkeiten bereitete, in der aufgeheizten Stimmung der beginnenden 68er-Bewegung und den zunehmenden Debatten über die Presse- und Machtkonzentration im Verlagshaus Axel Springer eine Entscheidung im Falle „Blinkfüer" zu treffen.

Wessig wies – einen Tag vor Abschluss des parallel anhängigen „Spiegel"-Urteils – mit Schreiben vom 4. August 1966 das Bundesverfassungsgericht explizit auf die Bedeutung des „Blinkfüer"-Verfassungsbeschwerdeverfahrens für die aktuelle presserechtliche Debatte hin, indem er hierbei auch auf einen kurz zuvor

---

458 Das Bundesverfassungsgericht antwortet Wessig lediglich dahingehend, dass ein Termin zur Entscheidung noch nicht genannt werden könne, und zwar mit Schreiben des Bundesverfassungsgerichts vom 13. August 1965, in: BArch B 237/106278, Bl. 156; mit Schreiben des Bundesverfassungsgerichts vom 11. Februar 1966, in: BArch B 237/106278, Bl. 158; mit Schreiben des Bundesverfassungsgerichts vom 13. Mai 1963, in: BArch B 237/106278, Bl. 160.

459 Von November 1963 bis Sommer 1964 ging es zunächst um die Klärung der Fristfrage: BArch B 237/106278, Bl. 140 f., 146 f., 151. Vom Sommer 1964 bis Sommer 1967 ging es um die Frage, ob die Verfassungsbeschwerde zur Entscheidung angenommen werden kann: BArch B 237/106278, Bl. 137 f., 164 f.

460 Diese Auslastung des Ersten Senats während des „Blinkfüer"-Verfassungsbeschwerdeverfahrens machen einzelne Dokumente der Verfahrensakte deutlich. So könnte dies eine Erklärung dafür sein, warum die von Wessig geforderte Entscheidung in der Sache „Blinkfüer" auf sich warten ließ. Für einen Zusammenhang mit dem Spiegel-Verfahren spricht auch der Umstand, dass der Berichterstatter Erwin Stein genau 19 Tage nach Abschluss des „Spiegel"-Verfahrens, und zwar am 24. August 1966, mit einer ersten kritischen Stellungnahme hinsichtlich der Begründetheit der „Blinkfüer"-Verfassungsbeschwerde das prozessuale Verfahren in Gang setzte; siehe Steins Verfügung vom 24. August 1966, in welchem er Bedenken hinsichtlich der Begründetheit der Verfassungsbeschwerde des Ernst Aust äußerte, in: BArch B 237/106278, Bl. 164.

461 Zum „Spiegel"-Fall und seiner Prozessgeschichte, vgl. vor allem die Chronik bei Grosser/Seifert, Die Spiegel-Affäre, Bd. I, S. 235–299.

am 1. August 1966 erschienen kritischen „Spiegel"-Artikel mit dem Titel „Lex Springer" hinwies.[462] Drei Wochen später ließ der Berichterstatter Erwin Stein mit einer Verfügung vom 24. August 1966 gegenüber Wessig erhebliche Bedenken gegen die Annahme der Verfassungsbeschwerde zur Entscheidung im Sinne des § 93 Abs. 2 BVerfGG erkennen, weil er deren Begründetheit bezweifelte:

> „Es kann dahin stehen, ob die Pressefreiheit ein Recht darauf einschließt, daß auch von Dritten nicht in den Betrieb eines Presseunternehmens eingegriffen wird. Jedenfalls läßt sich aus Art. 5 Abs. 1 Satz 2 GG kein Anspruch auf Schadensersatz herleiten. Die Versagung eines zivilrechtlichen Schadensersatzanspruches durch die ordentlichen Gerichte kann daher das Recht des Bfs [Beschwerdeführers] auf Pressefreiheit nicht verletzten. Ebensowenig greift die Abweisung seiner Schadensersatzklage in die freie Persönlichkeit ein. Willkür ist ebenfalls nicht ersichtlich."[463]

Am 21. September 1966 reagierte Wessig darauf mit einem Schreiben, indem er auf die „faktische Monopolstellung des Springer-Konzerns"[464] hinwies:

> „Man kann nicht den Standpunkt vertreten, daß Verletzungen des Grundgesetzes, die zu einer Verfassungsbeschwerde führen können, nur durch die Staatsgewalt möglich sind. Sie sind praktisch auch möglich durch ein Einzelunternehmen, das, wie der Springer-Konzern, eine absolute Gewalt auf dem Gebiet des Pressewesens hat. Die Gewaltmaßnahmen des Springer-Konzerns im vorliegenden Fall wurden durch den BGH gedeckt. [...] Die Verfassungsbeschwerde hat im Grunde ausschließlich die vorgetragene Verletzung des Art. 5 GG durch die genannte Entscheidung des BGH zum Gegenstand. Es geht damit nicht um etwaige Schadensersatzansprüche gegen einen Dritten, sondern darum, ob ein staatliches Gericht mit seinem Urteil ein Grundrecht verletzt hat."[465]

Erst am 11. Juli 1967, nachdem Aust seine „Blinkfüer"-Zeitung verkauft hatte, beschloss ein aus den Bundesverfassungsrichtern Stein, Ritterspach und Rupp-von Brünneck gebildeter Ausschuss, die Verfassungsbeschwerde zur Entscheidung anzunehmen.[466]

Die Verlagshäuser Axel Springers erhielten am 2. April 1968 vom Bundesverfassungsgericht als Revisionskläger des Ausgangsverfahrens Gelegenheit, zur

462 Wessigs Schreiben an das Bundesverfassungsgericht vom 4. August 1966, in: BArch B 237/106278, Bl. 163.

463 Steins Verfügung vom 24.8.1966, in: BArch B 237/106278, Bl. 165.

464 Wessigs Schreiben an das Bundesverfassungsgericht vom 21. September 1966, in: BArch B 237/106278, Bl. 167.

465 Wessigs Schreiben an das Bundesverfassungsgericht vom 21. September 1966, in: BArch B 237/106278, Bl. 167 f.

466 Beschluss des Bundesverfassungsgerichts vom 11. Juli 1967 zur Annahme der Verfassungsbeschwerde zur Entscheidung, in: BArch B 237/106278, Bl. 172.

Verfassungsbeschwerde des „Blinkfüer“-Herausgebers Stellung zu beziehen.[467] Insbesondere erhielten sie die gerichtliche Aufforderung, sich dazu zu äußern, wann und in welchen ihrer Zeitungen und Zeitschriften vor der Verteilung des Rundschreibens ostdeutsche Programme erschienen waren und wann sie wieder abgedruckt wurden.[468] Doch sie nahmen weder Stellung zur Verfassungsbeschwerde des Ernst Aust noch gaben sie Auskünfte zu den gestellten Fragen.[469]

In den Entscheidungsgründen äußerte sich der Erste Senat, bestehend aus dem Präsidenten des Bundesverfassungsgerichts Gebhard Müller als Vorsitzendem, Berichterstatter Erwin Stein, Theodor Ritterspach, Karl Haager, Wiltraut Rupp-von Brünneck, Hans Brox und Wolfgang Zeidler, sehr knapp zur Zulässigkeit der Verfassungsbeschwerde.[470] Die Quellen zeigen, dass das Gericht Stellungnahmen zu der Rechtsfrage einholte, ob Aust überhaupt durch einen Akt der öffentlichen Gewalt im Sinne des § 93 Abs. 1 BVerfGG in seinen Grundrechten verletzt worden sei, da es sich bei dem angegriffenen Urteil lediglich um ein Zivilurteil handelte.[471] Das Bundesverfassungsgericht bejahte dies schließlich; es ging von einer mittelbaren Drittwirkung der Grundrechte in Privatrechtsverhältnissen aus. Auch die Frage, ob Aust selbst durch das Zivilurteil beschwert sei, obwohl er seine Zeitung noch während des laufenden Verfassungsbeschwerdeverfahrens

467 Schreiben des Bundesverfassungsgerichts vom 2. April 1968, in: Barch B 237/106278, Bl. 178.

468 Schreiben des Bundesverfassungsgerichts vom 2. April 1968, in: Barch B 237/106278, Bl. 178.

469 Dies geht aus einem handschriftlichen Vermerk des Dr. Rupprecht an Stein hervor, in welchem er den Berichterstatter darauf hinweist, dass die Verlagshäuser Axel Springers als Beklagte im Ausgangsverfahren nicht von ihrem Äußerungsrecht Gebrauch gemacht hätten; Vermerk des Dr. Rupprecht an Stein vom 11. Juli 1968, in: BArch B 237/106278, Bl. 190.

470 Die Akte zum Verfassungsbeschwerdeverfahren enthält keine durchgehende Blattnummerierung. Sie enthält jedoch die Urschrift des „Blinkfüer“-Beschlusses vom 26. Februar 1969 (BArch B 237/106278, Bl. 198–214) sowie eine Reinschrift (BArch B 237/106278, Bl. 216–226). Da der „Blinkfüer“-Beschluss in die amtliche Sammlung der Entscheidungen des Bundesverfassungsgerichts Eingang gefunden hat, werden die Entscheidungsgründe des Beschlusses zur besseren Nachvollziehbarkeit für den Leser auch aus dem 25. Entscheidungsband (BVerfGE 25, 256 ff.) zitiert.

471 Das Bundesjustizministerium, das eine Stellungnahme zu dieser Frage abgab, lehnte die Zulässigkeit der Verfassungsbeschwerde mit der Begründung ab, dass Aust – anders als dem Senator Lüth – durch ein Zivilurteil keine Äußerung einer Meinung versagt worden sei, sondern nur ein Schadensersatzanspruch; Stellungnahme des Bundesjustizministeriums vom 3. April 1964, in: BArch B 237/106278, Bl. 137 f.

Ende 1966 an den Kommunisten Harald Dötze veräußert hatte[472], bejahte das Bundesverfassungsgericht. Insbesondere stellte es fest, Aust habe trotz der Veräußerung seines Betriebs ein Rechtsschutzinteresse an der Prozessfortführung.[473]

Auch die Ausführungen zur Begründetheit des „Blinkfüer"-Beschlusses sind knapp gehalten und umfassen lediglich sieben Seiten. Bei der materiellen Erörterung des Rechtsfalles waren zwei Fragen ausschlaggebend: Fiel der Boykott, den die beklagten Verlage initiiert hatten, in den Schutzbereich der Meinungsfreiheit von Art. 5 Abs. 1 GG? Konnte sich der Beschwerdeführer Aust auf das Grundrecht auf Pressefreiheit stützen? Das Gericht vertrat die Position, grundsätzlich sei auch ein Boykottaufruf durch ein führendes Presseunternehmen wie das Axel Springers vom Recht der Meinungsäußerungsfreiheit umfasst, da dem wirtschaftlich Überlegenen nicht dieses Recht versagt werden dürfe.[474] Jedoch erlaube das Grundrecht auf Meinungsfreiheit des Art. 5 Abs. 1 GG es nicht, eine marktbeherrschende Stellung auszunutzen, um auf Schwächere wirtschaftlichen Druck auszuüben und sie damit vom eigenen politischen Anliegen zu „überzeugen".[475]

Im Einzelnen führte das Bundesverfassungsgericht folgende Punkte auf: Durch die Androhung der Liefersperre werde den Händlern die Freiheit genommen, selbst über ihr Zeitungsangebot zu entscheiden. Die Ausübung wirtschaftlichen Drucks widerspreche dem „Sinn und dem Wesen des Grundrechts der freien Meinungsäußerung"[476], und zwar unabhängig von der zugrundeliegenden Motivation. Der Boykottaufruf sei ohnehin nicht dazu geeignet, eine geistige Auseinandersetzung über ostdeutsche Programme herbeizuführen, weil er die Leser und somit die Öffentlichkeit nicht erreiche.[477] Das Bundesverfassungsgericht kam damit zu dem gleichen Ergebnis wie schon das Oberlandesgericht, dass Aust das Grundrecht der Pressefreiheit zustand und dass die Verlagshäuser Axel Springers durch Ausnutzung ihrer Wirtschaftsmacht eben dieses Grundrecht verletzt hatten.

Insgesamt sollten sechs Jahre vergehen, bis das Bundesverfassungsgericht in seinem am 26. Februar 1969 ergangenen „Blinkfüer"-Beschluss zugunsten des

472 Kauf- und Übernahmevertrag zwischen Ernst Aust und Harald Dötze ohne Datumangabe, in: BArch B 237/106278, Bl. 183 f.

473 BArch B 237/106278, Bl. 211; BVerfGE 25, 256 (263).

474 BArch B 237/106278, Bl. 222; BVerfGE 25, 256 (264).

475 BArch B 237/106278, Bl. 221 f.; BVerfGE 25, 256 (264 f.).

476 BArch B 237/106278, Bl. 222; BVerfGE 25, 256 (265).

477 BArch B 237/106278, Bl. 223; BVerfGE 25, 256 (266).

Herausgebers der Zeitung entschied. Der Beschluss wurde erst im Mai desselben Jahres ausgefertigt.[478] Der Sieg des Beschwerdeführers kam für die „Blinkfüer"-Zeitung zu spät, sie wurde Ende März 1969 eingestellt.[479]

V. Das Bundesverfassungsgericht und die KPD-Wiederzulassungsdebatte

Um den „Blinkfüer"-Beschluss des Bundesverfassungsgerichts auch zeitgeschichtlich in seiner Bedeutung für die bundesrepublikanische Gesellschaft einschätzen zu können, muss er vor dem Hintergrund des sich verändernden Umgangs mit dem westdeutschen Kommunismus betrachtet werden.[480] Während das KPD-Verbotsurteil aus dem Jahre 1956 noch Ausdruck einer reellen Angst vor dem Nachbarstaat der DDR und deren Einflussmöglichkeiten auf die bundesrepublikanischen Nachkriegsgesellschaft gewesen war – andere westeuropäische Demokratien wie Italien oder Frankreich hingegen ließen die Organisation kommunistischer Parteiarbeit zu –, brachen allmählich die veralteten repressiven Muster im Umgang mit dem Kommunismus in der Bundesrepublik auf.[481] In dieser Phase des sich wandelnden Verhältnisses zum westdeutschen Kommunismus wurde seit Mitte der 1960er Jahre auf gesellschaftlicher und politischer Ebene über die Möglichkeiten diskutiert, einer politischen Organisation westdeutscher Kommunisten wieder den Weg in die politische Öffentlichkeit zu ebnen.[482]

Es war zunächst die KPD selbst, die unmittelbar nach Verkündung des stets umstritten gebliebenen Verbotsurteils den Kampf um ihre Wiederzulassung

---

478 Die Urschrift des „Blinkfüer"-Beschlusses belegt, dass die Geschäftsstelle des Ersten Senats erst am 8. Mai 1969 den Beschluss ausgefertigt hat; BArch B 237/106278, Bl. 214.

479 Die Einstellung der „Blinkfüer"-Zeitung erfolgte mit der letzten Märzausgabe, in welcher zugleich darauf hingewiesen wurde, dass die Zeitung „UZ – Unsere Zeit. Sozialistische Volkszeitung" die Nachfolge von „Blinkfüer" antreten werde: Blinkfüer Nr. 13 vom 27. März 1969, Danke schön und auf Wiedersehen, S. 2.

480 Darabeygi, Der Fall „Blinkfüer", S. 67–80, speziell: S. 72 ff.

481 Schildt, Materieller Wohlstand – pragmatische Politik – kulturelle Umbrüche, S. 48; Roik, Die DKP und die demokratischen Parteien 1968–1984, Paderborn 2006, S. 61 ff.; Mensing, Nehmen oder Annehmen. Die verbotene KPD auf der Suche nach politischer Teilhabe, Zürich/Osnabrück 1989, S. 52 ff.

482 Einen guten Überblick über die Wiederzulassungsdiskussion bieten: Mensing, Nehmen oder Annehmen, S. 18–37; Roik, Die DKP und die demokratischen Parteien 1968–1984, S. 58 ff.; Fülberth, KPD und DKP, S. 106–115; von Brünneck, Politische Justiz, S. 326 f.

begann[483], da sie trotz des Verbots und des Mitgliederschwunds ihre Strukturen weitgehend aufrechterhalten und im Untergrund weiterarbeiten konnte.[484] Die Mitglieder der verbotenen KPD argumentierten, ein Festhalten am Verbotsurteil schade der Entspannungspolitik.[485] Angetrieben von dem Bestreben, die ursprüngliche Partei durch die bundesrepublikanischen Organe und die politische Öffentlichkeit wieder anerkennen zulassen, kämpfte die KPD mit Hilfe der DDR und UdSSR um ihre erneute Existenz- und Daseinsberechtigung und somit um ihre Re-Legalisierung. Auch andere politisch heterogene Gruppen beteiligten sich an der Diskussion über die Wiederzulassung der KPD. Es gab eine Flut von Literatur und Stellungnahmen, die sich dieser Thematik widmete.[486] Linke Rechtswissenschaftler wie Helmut Ridder[487] äußerten sich öffentlich dazu ebenso wie Strafverteidiger wie Heinrich Hannover[488] und Diether Posser[489]. Auch

483 So etwa die in der DDR publizierte, aber ohne Autorenangabe herausgegebene Schrift „Die KPD lebt und kämpft", Berlin (DDR) 1963. Dazu auch Mensing, Nehmen oder Annehmen, S. 18 ff.

484 Bärwald schätzt, dass nach dem KPD-Verbot noch ca. 7.500 Mitglieder in der Bundesrepublik aktiv für die illegale KPD tätig waren: Bärwald, Die DKP – Ursprung, Weg, Ziel, in: APuZ B 8/69, S. 3–41, 4 ff.; ferner: Kluth, Die KPD in der Bundesrepublik, S. 118–122; Fülberth, KPD und DKP, S. 91 ff.

485 Heimann, Die Deutsche Kommunistische Partei, S. 904.

486 Die rechtswissenschaftliche Debatte dokumentieren vor allem die juristischen Fachzeitschriften: Heinemann, Wiederzulassung der KPD?, S. 425 f.; Ridder, Anmerkungen zu einer „Orientierungshilfe", in: JZ 1967, S. 741 f.; Gieseking, Wiederzulassung der KPD? Einige Bemerkungen zu dem Artikel von Bundesminister der Justiz Dr. Dr. Gustav W. Heinemann, in: JZ 1967, S. 742–744; Beyer, Prozessuale Chancen einer als verfassungswidrig erklärten Partei, in: JZ 1967, S. 744–747; Schuster, Über die Grenzen der „abwehrbereiten Demokratie". Ein Beitrag zur Diskussion über eine Wiederbeteiligung der KPD, in: JZ 1968, S. 152–159; Arndt, Ideologischer Ungehorsam gegen das KP-Verbot (§§ 90a, 90 b StGB)?, S. 430 ff. Darüber hinaus gibt die von namhaften Wissenschaftlern einberufene und am 6. und 7. Mai 1967 in Düsseldorf abgehaltene Konferenz zur Problematik der KPD-Wiederzulassung einen guten Überblick über die unterschiedlichen Perspektiven dieses Diskurses. Die Vorträge sind enthalten in: Abendroth/Ridder/Schönfeldt (Hg.), KPD-Verbot oder Mit Kommunisten leben?

487 Ridder, Aktuelle Rechtsfragen des KPD-Verbots, Neuwied, 1966.

488 Hannover, Zur politischen Justiz, S. 36 ff.

489 Der Strafverteidiger Dieter Posser kritisierte in einem gemeinsamen Aufsatz mit dem damals noch als Strafverteidiger tätigen Gustav Walter Heinemann vor allem die Ausdehnung der politischen Strafverfolgung auf Kommunisten und damit zugleich das KPD-Verbot von 1956: Heinemann/Posser, Kritische Bemerkungen zum politischen Strafrecht in der Bundesrepublik, in: NJW 1959, S. 121–127.

der Rechtsanwalt und FDP-Bundestagsabgeordnete Hans-Dietrich Genscher[490] nahm dazu Stellung.

Diese Diskussion fand vor dem Hintergrund außenpolitischer Veränderungen statt. Spätestens seit 1966, mit der Großen Koalition unter Bundeskanzler Kurt Georg Kiesinger und dem Außenminister Willy Brandt, setzte sich zwecks langfristiger Friedenswahrung allmählich eine Neue Ostpolitik durch, die vor allem dem Umstand geschuldet war, dass die Sowjetunion zur Atommacht aufgestiegen und damit eine Pattsituation gegenüber den USA entstanden war.[491] Vor allem die SPD suchte im Rahmen der eingeleiteten Entspannungspolitik nach dauerhaften, das Verhältnis zur DDR stabilisierenden Möglichkeiten, um ein friedliches Nebeneinander zu gewähren und damit das gesellschaftliche und kulturelle Leben in beiden deutschen Staaten zu verbessern.[492] Auch zwischen den USA und der UdSSR gab es, zumindest begrenzt auf den westatlantisch-europäischen Kontext, Maßnahmen, um künftig politische Konfrontationen zu vermeiden.[493] All diese Entwicklungen beeinflussten die bundesrepublikanische Innenpolitik und damit auch die Diskussionen um die Wiederzulassung der KPD maßgeblich. Selbst der konservative CSU-Politiker Franz Josef Strauß befürwortete die Zulassung einer kommunistischen Partei, seine Motivation war es, ein Gegengewicht zur rechtsextremistischen NPD zu schaffen.[494]

Das Problem für eine Wiederzulassung der KPD war die geltende Rechtslage. Darauf wies der amtierende Bundjustizminister, Gustav Heinemann[495] (SPD), 1967 hin. Heinemann, der in den 1950er Jahren in einer Sozietät mit Dieter Posser als Rechtsanwalt selbst zahlreiche Kommunisten verteidigt hatte und dem McCarthyismus kritisch gegenüberstand, war in den 1960er Jahren

490 Genscher, Möglichkeiten einer Wiederzulassung der KPD, in: NJW 1967, S. 1647–1648.

491 Roik, Die DKP und die demokratischen Parteien1968–1984, S. 58; Görtemaker, Geschichte der Bundesrepublik, S. 525–544; Winkler, Der lange Weg nach Westen, Bd. 2, S. 258 f., 261; Willoweit, Deutsche Verfassungsgeschichte, § 46 Rdnr. 12.

492 Winkler, Der lange Weg nach Westen, Bd. 2, S. 258 ff.; Mensing, Nehmen oder Annehmen, S. 23 ff.; Fülberth, KPD und DKP, S. 106 f.; Koenen, Das rote Jahrzehnt, S. 262 f.

493 Winkler, Der lange Weg nach Westen, Bd. 2, S. 257 f., 266.

494 Mensing, Nehmen oder Annehmen, S. 27; Roik, Die DKP und die demokratischen Parteien1968–1984, S. 64.

495 Blanke, Gustav W. Heinemann (1899–1976). Republikaner und Bürgerpräsident, in: Kritische Justiz (Hg.), Streitbare Juristen. Eine andere Tradition, Baden-Baden 1988, S. 461–475, 461 ff.

ein Befürworter der Liberalisierungs- und Entspannungspolitik.[496] In einem viel beachteten Aufsatz in der renommierten Juristenzeitung mit dem Titel „Wiederzulassung der KPD?" erklärte er, die Wiederzulassung der KPD sei ohne eine Gesetzesänderung zum gegenwärtigen Zeitpunkt rechtlich unmöglich, die einzige Möglichkeit sei die Gründung einer neuen kommunistischen Partei.[497] Denn eine Wiederzulassung der KPD sei insbesondere aufgrund der Gesetzeskraft des bundesverfassungsrechtlichen Verbotsurteils rechtlich unzulässig.[498] Er rechtfertigte dies mit dem Hinweis, dass die Weimarer Erfahrungen mit links- und rechtsextremistischen Parteien die Bindung an Werte und das Bekenntnis zu verfassungsrechtlichen Grundprinzipien erforderlich gemacht hätten, so dass schon Art. 21 Abs. 2 GG gegen die Wiederzulassung der alten KPD spreche.[499] In Richtung des westdeutschen Kommunismus machte Heinemann explizit die Vorgabe, sich von der marxistisch-leninistischen Doktrin und insbesondere dem Ziel der „Diktatur des Proletariats" zu lösen, um eine neue westdeutsche kommunistische Partei zu gründen.[500] In Richtung Politik gab er zu bedenken, dass eine Reform des politischen Strafrechts vonnöten sei, damit eine neu gegründete kommunistische Partei nicht zwangsläufig als Nachfolge- oder Ersatzpartei der KPD verboten werden müsse.

Auf Heinemanns Artikel reagierte prompt der FDP-Bundestagsabgeordnete Genscher. In seinem in der NJW veröffentlichen Beitrag widersprach er Heinemann in einem entscheidenden Punkt. Er war der Ansicht, dass eine Gesetzesänderung hinsichtlich der Klärung der Wiederzulassungsfrage nicht vonnöten sei, sondern das Verbotsurteil einen gewissen Spielraum hinsichtlich dieser Frage lasse.[501] Er gab zu bedenken, dass der Parteiverbotsantrag, der gem. § 43 BVerfGG lediglich von Bundestag, Bundesrat oder der Bundesregierung gestellt werden dürfe, immer eine Ermessensentscheidung dieser Antragsberechtigten sei und damit stets von politischen oder verfassungspolitischen Gründen abhänge.[502] Insofern eröffne die freiheitliche Grundordnung des Grundgesetzes die Möglichkeit, eine Partei bestehen zu lassen, selbst wenn sie den Verbotstatbestand des Art. 21 Abs. 2 GG erfülle. Im Hinblick auf die Frage der Wiederzulassung

---

496 Blanke, Gustav W. Heinemann, S. 469, 471.
497 Heinemann, Wiederzulassung der KPD?, S. 425–426.
498 Heinemann, Wiederzulassung der KPD?, S. 425.
499 Heinemann, Wiederzulassung der KPD?, S. 425 f.
500 Darabeygi, Der Fall „Blinkfüer", S. 73 f. Ähnlich auch Mensing, Nehmen oder Annehmen, S. 43 f.; Fülberth, KPD und DKP, S. 109.
501 Genscher, Möglichkeiten einer Wiederzulassung der KPD, S. 1647 f.
502 Genscher, Möglichkeiten einer Wiederzulassung der KPD, S. 1647.

der KPD müsse eine Abwägung hinsichtlich der Wertvorstellungen des Grundgesetzes (etwa Art. 21 Abs. 2 GG) und dem Wiedervereinigungsgebot getroffen werden.

Hinsichtlich der Wiederzulassungsfrage sei es aus seiner Sicht maßgeblich, dass das Bundesverfassungsgericht selbst aufgrund des verfassungsrechtlichen Wiedervereinigungsgebots in seinem Verbotsurteil die Wiederzulassung der verbotenen KPD im Hinblick auf gesamtdeutsche Wahlen zugelassen habe.[503] Hieraus schlussfolgerte Genscher, aufgrund der innen- und außenpolitisch veränderten Gegebenheiten – vor allem der Neuen Ostpolitik und der Annährungsversuche gegenüber der DDR – sei die Wiederzulassung der KPD als Vorstufe zur Vorbereitung und Erreichung einer gesamtdeutschen Verfassung zum gegenwärtigen Zeitpunkt denkbar.[504] Daher seien weder Strafrechtsreformen erforderlich noch sei die Gründung einer neuen kommunistischen Partei zwingend notwendig. Seinen Beitrag schloss er mit den mahnenden Worten:

> „Die Bundesregierung sollte ihre durch den Bundesjustizminister geäußerte Rechtsauffassung überprüfen, um zu vermeiden, daß sie sich mit einer von dem BVerfG abweichenden Rechtsauffassung die Hände bindet für Situationen, in denen durch eine Wiederzulassung der KPD ein Beitrag zur Lösung der deutschen Frage geleistet werden kann."[505]

Tatsächlich folgten ein Jahr später durch das am 1. August 1968 in Kraft getretene Achte Strafrechtsänderungsgesetz[506] grundlegende Gesetzesänderungen, die der Verfolgung von Kommunisten Einhalt geboten und die Rehabilitierung westdeutscher Kommunisten allmählich in Gang brachten. Dieses Gesetz diente vor allem der Reform des Staatsschutzstrafrechts[507] und dämmte die Verfolgung von Kommunisten in zwei entscheidenden Bereichen deutlich ein: Einerseits schränkte es den Tatbestand des Unterstützens einer Ersatzorganisation erheblich ein, weil die neu gefassten §§ 84–86a StGB in der Fassung von 1968 als Voraussetzung für die Strafbarkeit die vorherige rechtskräftige Feststellung erforderten, dass es sich bei der Organisation um eine Ersatzorganisation handele.[508]

503 Genscher, Möglichkeiten einer Wiederzulassung der KPD, S. 1648.

504 Genscher, Möglichkeiten einer Wiederzulassung der KPD, S. 1648.

505 Genscher, Möglichkeiten einer Wiederzulassung der KPD, S. 1648.

506 Vgl. die durch das Achte Strafrechtsänderungsgesetz vom 25. Juni 1968 herbeigeführten Änderungen: BGBl I 1968, S. 741–755.

507 Greiser, Umfang und Probleme des Straffreiheitsgesetzes 1968, in: NJW 1968, S. 1869–1871, 1869.

508 von Brünneck, Politische Justiz, S. 324.

Andererseits wurde die Verfolgung kommunistischer Meinungsäußerungen erheblich eingeschränkt.[509]

Mit dem Achten Strafrechtsänderungsgesetz brachte Bundesjustizminister Heinemann die anhaltenden und langwierigen Auseinandersetzungen um die Strafrechtsreform zum Abschluss.[510] Dieses Gesetz war entscheidend für die Durchsetzung der Liberalisierungs- und Entspannungspolitik und eine der großen persönlichen Leistungen Heinemanns.[511] Ergänzt wurde die vollzogene Strafrechtsreform durch das Strafrechtsfreiheitsgesetz vom 28. Juni 1968, das eine Amnestie für politische Straftaten von Kommunisten vorsah, die vor dem 1. Juli 1968 begangen worden waren.[512]

509 von Brünneck, Politische Justiz, S. 325.

510 Vor allem engagierte Strafverteidiger wie Walther Ammann, Heinrich Hannover und Diether Posser waren an den Debatten um die Reform des politischen Strafrechts beteiligt. Einen guten Überblick über diese Debatten dokumentieren vor allem die „Veröffentlichungen des Initiativ-Ausschusses für die Amnestie und der Verteidiger in politischen Strafsachen der 1. bis 14. Arbeitstagung von 1957–1967. Siehe etwa Ammann, Entwicklung und Folgen der Rechtsprechung in politischen Strafsachen, insbesondere zur Staatsgefährdung (§§ 90 ff. StGB), in: Referate und Diskussionsbeiträge der 1. Arbeitstagung und Gesamtaussprache des erweiterten Initiativ-Ausschusses für die Amnestie und der Verteidiger in politischen Strafsachen am 4. und 5. Mai 1957 in Frankfurt am Main, S. 5–16; Posser, Die Rechtsprechung zu den §§ 100 d ff. und strafprozessuale Probleme in politischen Strafsachen, in: Auszüge aus Referaten und Diskussionsbeiträgen des erweiterten Initiativ-Ausschusses für die Amnestie und der Verteidiger in politischen Strafsachen am 17. Januar 1959 in Frankfurt am Main, S. 19–28; Ammann, Die politische Justiz und unsere Amnestiebestrebungen aus heutiger Sicht, in: Veröffentlichung über die 10. Arbeitstagung und Gesamtaussprache des erweiterten Initiativ-Aus-schusses für die Amnestie und der Verteidiger in politischen Strafsachen am 9. und 10. November 1963 in Frankfurt am Main, S. 18–43; ders., Die gegenwärtige politische Strafjustiz, die Strafbestimmungen des jetzt vom Bundestag verabschiedeten Vereinsgesetzes und die nunmehr vorzunehmende Amnestierung aller politischen Verfahren nach 1945, in: Veröffentlichung über die erweiterte 11. Arbeitstagung und Gesamtaussprache des erweiterten Initiativ-Ausschusses für die Amnestie und der Verteidiger in politischen Strafsachen am 13. und 14. Juni 1964 in Frankfurt am Main, S. 27–43; vgl. auch Blanke, Gustav W. Heinemann, S. 471.

511 von Brünneck, Politische Justiz, S. 324; Limbach, Politische Justiz im Kalten Krieg, in: NJ 48 (1994), S. 49–52, 50.

512 Greiser, Umfang und Probleme des Straffreiheitsgesetz 1968, S. 1869; von Brünneck, Politische Justiz, S. 325; Mensing, Wir wollen unsere Kommunisten wieder haben… Demokratische Starhilfen für die Gründung der DKP, Zürich/Osnabrück 1989, S. 13.

Dies war ein weiterer Schritt zur Rehabilitierung westdeutscher Kommunisten. Alexander von Brünneck beschreibt, wie selbstverständlich diese Amnestie plötzlich erschien:

> „Jahrelang war der Gedanke einer Amnestie für Kommunisten auf den erbitterten Widerstand der Bundesregierung und der sie tragenden politischen Kräfte gestoßen. Als die Amnestie schließlich 1968 Wirklichkeit wurde, blieb sie nahezu unbemerkt. Angesichts der veränderten Gesamteinschätzung der Kommunisten wirkte sie fast wie eine Selbstverständlichkeit."[513]

Sowohl die illegale KPD als auch die SED und die KPdSU erkannten die Hartnäckigkeit der Großen Koalition in der Frage der Aufhebung des bestehenden KPD-Verbots und entschieden sich für die realistischere Alternative, die Neugründung einer westdeutschen kommunistischen Partei.[514] Westdeutsche Kommunisten richteten ein Schreiben an alle Bundestagsabgeordneten, in dem sie ihre Bereitschaft zur Verhandlung über eine neue kommunistische Partei signalisierten. Wenige Tage nach den tiefgreifenden gesetzlichen Veränderungen war es erneut Bundesjustizminister Heinemann, der die Initiative ergriff und im Beisein seines Staatssekretärs Horst Ehmke am 4. Juli 1968 zwei Funktionäre der illegalen KPD, Grete Thiele und Max Schäfer, in seinem Bonner Amtssitz empfing, um mit ihnen über die Möglichkeit der Gründung einer neuen kommunistischen Partei zu verhandeln.[515] Heute wird das Treffen als wegweisend angesehen, da es die Gründung einer neuen kommunistischen Partei, der Deutschen Kommunistischen Partei (DKP), erheblich voranbrachte.[516] Bereits am 25. September 1968 verkündete der „Bundesausschuß zur Neukonstituierung einer Kommunistischen Partei", es sei eine neue westkommunistische Partei errichtet worden.[517] Dabei wurde schon zeitgenössisch der Vorwurf laut, der Parteiaufbau stehe in einem erkennbaren Abhängigkeitsverhältnis zur KPD und dem östlichen Kommunismus[518], ohne

---

513 von Brünneck, Politische Justiz, S. 325.

514 Mensing, Wir wollen unsere Kommunisten wieder haben, S. 9; Heimann, Die Deutsche Kommunistische Partei, S. 906; Bärwald, DKP, S. 12 f., 19.

515 Mensing, Wir wollen unsere Kommunisten wieder haben, S. 11, 14 ff.

516 Mensing, Wir wollen unsere Kommunisten wieder haben, S. 14 f.; Roik, Die DKP und die demokratischen Parteien1968–1984, S. 65.

517 Die Erklärung zur Neukonstituierung der DKP als einer neuen Kommunistischen Partei ist u. a. abgedruckt in: Bärwald, DKP, S. 37–41. Dazu auch: Bärwald, DKP, S. 20; Fülberth, KPD und DKP, S. 115; Mensing, Wir wollen unsere Kommunisten wieder haben, S. 39.

518 Frankfurter Allgemeine Zeitung vom 28.10.1968, Keine Spur von Selbstständigkeit gegenüber Moskau, S. 1; Steinmayr/Moses, Erlaubt – verboten – umgetauft. DKP

zu berücksichtigen, dass die fast ein Jahrzehnt währende Sanktionierung kommunistischer Parteiorganisation im Umfeld der KPD nicht nur die eigenständige Herausbildung demokratischer Parteistrukturen erheblich geschwächt, sondern die Bindung westdeutscher Kommunisten an die DDR und die UdSSR erheblich gefördert hatte.[519] Aufgrund der zeithistorisch bedingten Entstehungsgeschichte ist daher von einer „Umgründung" der KPD zur DKP auszugehen, was den Schein von Legalität und Legitimierung wahren sollte.[520]

Aust hielt sich aus dem Prozess der Gründung der DKP vollständig heraus. Während er noch bis Mitte der 1960er Jahre in der „Blinkfüer"-Zeitung für die Wiederzulassung der KPD gekämpft hatte, änderte er nun seine Haltung und war mittlerweile Maoist. Er sah die KPD, die UdSSR und die DDR als „revisionistisch" an und verkaufte Ende 1966 seine Zeitung an den moskautreuen Kommunisten Harald Dötze. Aust behielt seine kritische Haltung gegenüber der DKP bis an sein Lebensende bei.

– die zahmste Kommunistenpartei, die es je gab, in: Stern Magazin Nr. 17 vom 27.4.1969, S. 28–34, 196 f., speziell S. 34; Vater/Schöps, „Im nächsten Bundestag sind Kommunisten", Spiegelgespräch mit dem Mitbegründer der neuen „Deutschen Kommunistischen Partei" DKP Kurt Erlebach, in: Der Spiegel Nr. 43 vom 21.10.1968, S. 38 ff.; Bärwald, DKP, S. 23.

519 Mensing, Nehmen oder Annehmen, S. 14; Bilstein/Binder/Elsner u.a., Organisierter Kommunismus in der Bundesrepublik. DKP – SDAJ – MSB Spartakus. KPD/KPD (ML)/KBW/KB, Opladen 1977, S. 17; Koenen, Das rote Jahrzehnt, S. 262; Roik, Die DKP und die demokratischen Parteien 1968–1984, S. 70.

520 Schon zeitgenössisch nahmen Bernstein/Zweigert in ihrer Schrift Stellung zur problematischen Terminologie und bevorzugten den Begriff der Rehabilitierung (der alten KPD) im Gegensatz zu den häufiger in den Debatten verwendeten Begriffen der Neukonstituierung der DKP: Bernstein/Zweigert, Die Rehabilitierung einer aufgelösten politischen Partei, Tübingen 1972, S.3 f. Siehe auch Maurers Rezension zu Herbert Bernstein/ Konrad Zweigert, Die Rehabilitierung einer aufgelösten Partei. Recht und Staat, Heft 408/409, in: AöR 100 (1975), S. 173–181.
In den 1990er Jahren spricht Wassermann nicht nur von der Umgründung der KPD in die DKP, sondern vergleicht diesen scheinbaren Wandlungsprozess mit jenem, den die SED nach der Einheit durchlaufen hat, als sie sich in PDS umbenannte. Auch dort ging es darum, sich neue Legitimität zu verschaffen und den Vorwurf der Illegalität zu beseitigen; Wassermann, Streitbare Demokratie, in: Die Welt vom 21.8.1996, S. 4. Ferner: Roik, Die DKP und die demokratischen Parteien 1968–1984, S. 70; Henne, „Von 0 auf Lüth in 6 ½ Jahren", S. 198, Fn. 5; Darabeygi, Der Fall „Blinkfüer", S. 76 f.; Koenen, Das rote Jahrzehnt, S. 262; Mensing, Wir wollen unsere Kommunisten wieder haben, S. 39.

Es bestand eine enge Verbindung der DKP zur SED, weil sie einerseits sowohl in ihrer Motivation als auch den Parteiinhalten weitgehend den ideologischen Vorgaben des östlichen Kommunismus entsprach, andererseits bei ihrer Parteifinanzierung auf die DDR angewiesen war.[521] Dies stand im Mittelpunkt der Diskussionen.[522] Bereits sechs Monate nach der Parteigründung verhandelten Bundestagsabgeordnete im Frühjahr 1969 wochenlang über Verbotsanträge gegen die DKP, die NPD und den SDS.[523] Diese Bestrebungen waren auch aus der Sorge entsprungen, dass sich extremistische Parteien in der Bundesrepublik etablieren und über den Einzug in die westdeutschen Landesparlamente oder den Bundestag politische Mitbestimmungsrechte erhalten und letztlich dem Ansehen der Demokratie im In- und Ausland schaden könnten. Vor allem der NPD war es in den Jahren 1967–1968 gelungen, in zahlreiche Landtage einzuziehen.[524]

Nach langen Verhandlungen entschieden sich die Bundestagsabgeordneten am 23. April 1968 dagegen, Verbotsanträge einzureichen, weil sie sich der gravierenden Beweisschwierigkeiten, insbesondere im Hinblick auf die DKP als Nachfolgeorganisation der KPD, bewusst waren.[525]

In diese Zeit der parlamentarischen Diskussionen fällt der „Blinkfüer“-Beschluss des Bundesverfassungsgerichts. Das Bundesverfassungsgericht hatte ihn am 26. Februar 1969 verkündet, die Ausfertigung erfolgte jedoch erst nach acht Wochen, bis der Senat ihn am 29. April 1969 an die Geschäftsstelle weiterleitete[526], so dass die Entscheidung am 2. Mai 1969 ausgefertigt wurde[527]. Es ist nicht geklärt, warum es zu dieser Verzögerung kam.[528] Denkbar erscheint, dass sich das Bundesverfassungsgericht seiner politischen Funktion und der Signalwirkung seiner Entscheidungen bewusst war und sich nicht in den politischen Prozess um

---

521 Roik, Die DKP und die demokratischen Parteien 1968–1984, S. 116, 123.

522 Roik, Die DKP und die demokratischen Parteien 1968–1984, S. 123 f.

523 Mensing, Wir wollen unsere Kommunisten wieder haben, S. 60–68.

524 Winkler, Der lange Weg nach Westen, Bd. 2, S. 254; Schildt, Materieller Wohlstand – pragmatische Politik – kulturelle Umbrüche, S. 43 f. Zum knappen Einzug der NPD in den Bundestag 1969 siehe: Stern, Das Staatsrecht der Bundesrepublik Deutschland, Bd. V, München 2000, § 133 V 7, S. 1465.

525 Roik, Die DKP und die demokratischen Parteien 1968–1984, S. 64 f.; Schildt, Materieller Wohlstand – pragmatische Politik – kulturelle Umbrüche, S. 48.

526 Dies geht aus dem Eingangsstempel der Geschäftsstelle hervor: BArch B 237/106278, Bl. 199.

527 BArch B 237/106278, Bl. 226.

528 Das Bundesverfassungsgerichtsgesetz nennt keine Ausfertigungsfristen. Entscheidend ist lediglich, dass zwischen mündlicher Verhandlung und Verkündung des Urteils nicht mehr als drei Monate vergangen sein dürfen, § 30 Abs. 1 Satz 5 BVerfGG.

die Verbotsanträge einmischen wollte. Die Entscheidung zugunsten des kommunistischen „Blinkfüer"-Herausgebers, die in zeitlicher und inhaltlicher Nähe zur DKP-Gründung und der Diskussion über Verbotsanträge stand, hätte sich sicherlich auf den politischen Prozess der Verbotsdiskussionen ausgewirkt.[529]

Auch wenn sich die Gründe für die Verzögerung der Ausfertigung nur vermuten lassen, so lässt sich doch festhalten: Die Ausfertigung erfolgte, nachdem der Bundestag signalisiert hatte, er werde keinen Verbotsantrag beim Bundesverfassungsgericht gegen die DKP stellen. Zwei für die Liberalisierung des Umgangs mit dem westdeutschen Kommunismus zentrale Entscheidungen folgten damit kurz aufeinander: zunächst auf politischer Ebene im Bundestag, dann auf rechtlicher Ebene im „Blinkfüer"-Fall. Nicht nur der Bundestag hatte sich im Hinblick auf die Frage der Organisation westdeutscher Kommunisten für Pluralismus entschieden, sondern auch das Bundesverfassungsgericht, indem es die Teilnahme von Kommunisten am politischen Meinungsbildungsprozess verfassungsrechtlich gewährte. Das Bundesverfassungsgericht erwies sich damit als sensibler Beobachter der gesellschaftlichen Entwicklungen in der Bundesrepublik, vor allem im Kontext der Neuen Ostpolitik. Es nahm die politischen Veränderungen seit Mitte der 1960er Jahre wahr und berücksichtigte die politische Aushandlung legaler Spielräume für die Organisation westdeutscher Kommunisten in seiner Entscheidungsfindung. Damit fügte es sich mit seiner Entscheidung in den gesellschaftlich ausgehandelten Konsens jener Zeit ein.

529 Anders Dany, der meint, dass jene Entscheidungen des Ersten Senats vom 14. und 15. Januar 1969 sowie vom 12. Februar 1969 als ein Signal für die Frage der Zulassung der DKP zu betrachten seien, in welchen das Gericht die Verfassungsbeschwerde von sechs Kommunisten verworfen habe, die sich gegen die staatliche Verfolgung im Zusammenhang mit dem KPD-Verbot wehrten: Dany, Die „Blinkfüer"-Entscheidung, S. 81 f.

Kapitel 2: Hintergrunddiskussionen

I. Die Wissenschaftsgeschichte zur Meinungs- und Pressefreiheit in der Weimarer Republik

1. Kontinuität älterer Grundrechtslehren

Im „Blinkfüer"-Beschluss des Bundesverfassungsgerichts geht es um mehr als eine klassisch-individuelle Grundrechtskonzeption. Erstmals, in einer Linie mit dem „Lüth"-Urteil, traf das Bundesverfassungsgericht Ende der 1960er Jahre eine Entscheidung zum Grundrecht der Pressefreiheit und begründete damit die objektivrechtliche Dimension dieses Grundrechtes. Mit dieser Entscheidung erkannte das Bundesverfassungsgericht an, dass die Grundrechtsträger vor Gefahren geschützt werden müssen, die von nichtstaatlichen Gruppen ausgehen. Damit wurde der „Blinkfüer"-Beschluss als zentrale Entscheidung für die Pressefreiheit maßgeblich für die weitere bundesrepublikanische Pressefreiheitsdogmatik. Die Rechtsprechung ist nach dieser Entscheidung nie wieder hinter den „Blinkfüer"-Beschluss zurückgegangen.

Der „Blinkfüer"-Beschluss bildet damit einen Meilenstein der Entwicklung der Grundrechtsdogmatik zur Pressefreiheit. Das Bundesverfassungsgericht ging mit ihm – ähnlich wie im Fall „Lüth" – über das subjektiv-abwehrrechtlich geprägte Grundrecht des Individuums hinaus, um eine objektivrechtliche Interpretation der Pressefreiheit zu ermöglichen. Im Fall „Blinkfüer" ging es vor allem um den Schutz vor mächtigen Presseunternehmen, deren wirtschaftliche Machtstellung im bundesdeutschen Zeitungswesen die Vielfalt der Meinungen und somit die Presse als Institution zu gefährden schien. Mit der Ausweitung des institutionellen Schutzes der Pressefreiheit durch den „Blinkfüer"-Beschluss ebnete das Bundesverfassungsgericht den Weg für die Anerkennung einer objektivrechtlichen Dimension der Pressefreiheit.

Der dem Beschluss zugrundeliegende grundrechtsdogmatische Gedanke war 1969 nicht neu. Er war bereits in den Grundrechtslehren der Weimarer Republik zu finden. Allerdings wurde er in den 1960er Jahren nicht schlicht von der Weimarer Dogmatik in die bundesrepublikanische Dogmatik übernommen, sondern unter den Bedingungen der zunehmenden Stärkung der pluralistischen Demokratie in der Bundesrepublik wesentlich transformiert. Diese Transformation trug den veränderten gesellschaftlichen Bedingungen Rechnung und zum Verfassungswandel bei. Im Folgenden soll der Frage nachgegangen werden, welche Rolle der „Blinkfüer"-Beschluss für den Transformationsprozess spielte.

Damit stellt sich die Frage nach Kontinuitäten und Brüchen in der Entwicklung der Grundrechtslehren.

Um diesen Fragen nachzugehen, ist zunächst zu klären, wie der Begriff „Kontinuität" im Hinblick auf die Fortführung älterer Grundrechtslehren zu verstehen ist. Es gilt zu untersuchen, ob und inwiefern die in den 1920er Jahren von Smend geprägte Grundrechtslehre von der Wertordnung in den 1950er und 1960er Jahren in der Staatsrechtslehre der Bundesrepublik weiterentwickelt wurde und welche Resonanz sie in der bundesverfassungsgerichtlichen Rechtsprechung fand, insbesondere in dem „Lüth"-Urteil und dem „Blinkfüer"-Beschluss.

Die in den 1920er Jahren entwickelten Lehren Smends stellten in der Nachkriegszeit ein wichtiges Instrumentarium dar, um auf aktuelle Verfassungsprobleme reagieren zu können. Auf das Fortwirken der Smend'schen Lehren in der bundesrepublikanischen Nachkriegszeit hat vor allem die jüngere rechtshistorische Forschung mehrfach hingewiesen.[530] Auch in dieser Arbeit richtet sich der Blick verstärkt auf die Kontinuitäten in der Entwicklung der Grundrechtslehren. Der Begriff „Kontinuität" hat – gerade auch hinsichtlich der dogmatischen Auslegung der Meinungs- und Pressefreiheit im „Blinkfüer"-Beschluss – gegenüber anderen Begriffen wie „Rückgriff"[531], „Wiederaufgreifen" oder „Restauration" mehrere Vorteile. Zum einen enthält der Begriff Kontinuität eine zeitliche

530 Günther, Denken vom Staat her; Schefold, Geisteswissenschaften und Staatsrechtslehre zwischen Weimar und Bonn, in: Acham/Nörr/Schefold (Hg.), Erkenntnisgewinne, Erkenntnisverluste. Kontinuitäten und Diskontinuitäten in den Wirtschafts-, Rechts- und Sozialwissenschaften zwischen den 20er und 50er Jahren, Stuttgart 1998, S. 567–599; Stolleis, Geschichte des öffentlichen Rechts, Bd. 4, S. 138 f.; ders., Der Methodenstreit der Weimarer Staatsrechtslehre – ein abgeschlossenes Kapitel der Wissenschaftsgeschichte?, Stuttgart 2001; Lepsius, Die Wiederentdeckung Weimars durch die bundesdeutsche Staatsrechtslehre, in: Gusy (Hg.), Weimars lange Schatten – „Weimar" als Argument nach 1945, Baden-Baden 2003, S. 354–394; Unruh, Weimarer Staatsrechtslehre und Grundgesetz. Ein verfassungstheoretischer Vergleich, Berlin 2004; Oppermann, Das Bundesverfassungsgericht und die Staatsrechtslehre, in: Badura/Dreier (Hg.), Festschrift 50 Jahre Bundesverfassungsgericht, Erster Band: Verfassungsgerichtsbarkeit, Verfassungsprozess, Tübingen 2001, S. 421–460, S. 425 ff.; Rückert, Zu Kontinuitäten und Diskontinuitäten in der juristischen Methodendiskussion nach 1945, in: Acham/Nörr/Schefold (Hg.), Erkenntnisgewinne, Erkenntnisverluste. Kontinuitäten und Diskontinuitäten in den Wirtschafts-, Rechts- und Sozialwissenschaften zwischen den 20er und 50er Jahren, Stuttgart 1998, S. 113–165.

531 Teilweise spricht Frieder Günther von einem Rückgriff der Staatsrechtslehre der 1950er Jahre auf die Weimarer Lehren, weil sich dort erstmals ein demokratischer Diskurs entwickeln konnte: Günther, Denken vom Staat her, S. 191.

Dimension, welche die Grundrechtsentwicklung von den 1920er über die 1950er bis hin zu den 1960er Jahren umfasst. Zum anderen verweist der Begriff Kontinuität auch auf eine ideelle Ebene. Die ideelle Kontinuität zeigt sich darin, dass die Staatsrechtslehre der Nachkriegszeit starke Impulse von Smend erhielt, indem dessen Schüler auf Ideen Smends zurückgriffen, die während der nationalsozialistischen Herrschaft nicht publiziert werden durften. Sie wandten in der Staatsrechts-lehre der Nachkriegszeit Smend'sche Grundrechtsideen erneut an, um auf aktuelle verfassungsrechtliche Fragestellungen zu antworten. Schließlich ist mit der ideellen Kontinuität die personelle Kontinuität stark verknüpft, da Smend und seine Schüler als die dominierenden Akteure der Staatsrechtslehre der Nachkriegszeit eine maßgebliche Rolle in der Diskussion der Grundrechtslehren spielten.

Problematisch ist die Verwendung des Kontinuitätsbegriffs hingegen insofern, als damit existierende Brüche in der Entwicklung der Grundrechtslehren ausgeblendet werden. Dass Smend seine Grundrechtslehre über die Wertordnung und das Kultursystem in den Jahren 1933–1945 nicht mehr lehren konnte, stellt einen klaren Bruch in der Entwicklung dar. Dieser wird jedoch dadurch relativiert, dass die Nationalsozialisten selbst dem Antipositivismus sehr nahestanden, da auch sie überpositive Wertvorstellungen heranzogen, um die Gesetze entsprechend ihrer rassistischen Ideologie anzuwenden.[532] Von den Nationalsozialisten dem Recht übergeordnete Werte wie „Gemeinnutz", „Gemeinwohl" oder „gesundes Volksempfinden" waren es, die die Gesetze der nationalsozialistischen Ideologie unterwarfen.[533]

Trotz der – hier nur kurz umrissenen – Problematik wird in dieser Arbeit dem Begriff der Kontinuität der Vorzug gegeben, da nur er in ausreichendem Maße den Prozess des Zusammenspiels der zeitlichen, personellen und ideellen Komponenten in der Entwicklung der Grundrechtsdogmatik zu beschreiben vermag.

---

532 Günther, Denken vom Staat her, S. 197. Justus Wilhelm Hedemann (1878–1963), der noch in seiner 1932 verfassten Schrift „Die Flucht in die Generalklauseln. Eine Gefahr für Recht und Staat" vor der totalen Entgrenzung des Rechts durch Generalklauseln gewarnt hatte, sagte damit den Einfluss der Generalklauseln für die Durchsetzung des nationalsozialistischen Rechts vorher: Hedemann, Die Flucht in die Generalklauseln. Eine Gefahr für Recht und Staat, Tübingen 1933.

533 Rüthers, Die unbegrenzte Auslegung, Tübingen 1968; Stolleis, Gemeinwohlformeln im national-sozialistischen Recht, Berlin 1974; Wegerich, Die Flucht in die Grenzenlosigkeit. Justus Wilhelm Hedemann (1878–1963), Tübingen 2004, S. 114.

2. Die Staatsrechtslehre der 1920er Jahre zwischen positivistischen und antipositivistischen Richtungen

Um der Frage nachzugehen, inwieweit der „Blinkfüer"-Beschluss des Bundesverfassungsgerichts in Kontinuität zu älteren Grundrechtslehren steht, ist ein Blick auf den Grundrechtsdiskurs der Weimarer Zeit und auf die Grundrechtslehren des Weimarer Staatsrechtslehrers Rudolf Smend aus den 1920er Jahren erforderlich.

Der Grundrechtsdiskurs der Weimarer Republik ist eng verzahnt mit dem sogenannten Methodenstreit dieser Zeit.[534] In dieser ab Mitte der 1920er Jahre intensiv geführten „Grundlagendiskussion"[535] ging es um die Stellung der Weimarer Staatsrechtslehre als Disziplin und um Fragen ihrer wissenschaftlichen Methodik. Zugleich beeinflussten die politischen und wirtschaftlichen Krisen der Weimarer Republik die Leidenschaftlichkeit der Debatte – die Staatsrechtslehrer spürten, dass ihre Antworten und Lösungen die Weimarer Demokratie, die Grundrechte und das parlamentarisch-republikanische System, in dem sie lebten, betrafen.[536] Zur Erneuerung und Fortentwicklung der Staatsrechtslehre kristallisierten sich zwei Möglichkeiten heraus: der Neukantianismus oder die Hinwendung zu den Geistes- und Sozialwissenschaften.[537] Es standen sich zwei

534 Zu den wichtigsten Quellen des Methodenstreits zählen vor allem die in den Jahren 1926–1929 gehaltenen Referate sowie die anschließenden Aussprachen auf der Tagung der Vereinigung der Deutschen Staatsrechtslehrer: Kaufmann, Die Gleichheit vor dem Gesetz im Sinne des Art. 109 der Reichsverfassung, in: VVdStRL 3 (1927), S. 2–24; Nawiasky, Die Gleichheit vor dem Gesetz im Sinne des Art. 109 der Reichsverfassung, in: VVdStRL 3 (1927), S. 25–43; Rothenbücher, Das Recht der freien Meinungsäußerung, in: VVdStRL 4 (1928), S. 6–43; Smend, Das Recht der freien Meinungsäußerung, S. 44 ff.; Triepel, Wesen und Entwicklung der Staatsgerichtsbarkeit, in: VVdStRL 5 (1929), S. 2–29; Kelsen, Wesen und Entwicklung der Staatsgerichtsbarkeit, in: VVdStRL 5 (1929), S. 30–88.

535 Stolleis, Geschichte des öffentlichen Rechts, Bd. 3: Staats- und Verwaltungsrechtswissenschaft in Republik und Diktatur 1914–1945, München 1999, S. 154; vgl. auch Friedrich, Geschichte der deutschen Staatsrechtswissenschaft, Berlin 1997, S. 325; ders., Der Methoden- und Richtungsstreit. Zur Grundlagendiskussion der Weimarer Staatsrechtslehre, in: AöR 102 (1977), S. 161–209, 161 f.

536 Stolleis, Geschichte des öffentlichen Rechts, Bd. 3, S. 155; ders., Der Methodenstreit der Weimarer Staatsrechtslehre, S. 5 f.; Groh, Demokratische Staatsrechtslehrer in der Weimarer Republik, Tübingen 2010, S. 52.

537 Stolleis, Geschichte des öffentlichen Rechts, Bd. 3, S. 156; Gusy, Die Weimarer Reichsverfassung, Tübingen 1997, S. 429 ff., 435 ff.; Friedrich, Geschichte der deutschen Staatsrechtswissenschaft, S. 325 ff.; Lepsius, Die gegensatzaufhebende Begriffsbildung. Methodenentwicklungen in der Weimarer Republik und ihr Verhältnis zur

entgegensetzte Lager gegenüber: die Anhänger positivistischer und antipositivistischer Rechtswissenschaft.

Hauptvertreter des Neukantianismus waren Hans Kelsen (1881–1973) und seine Wiener Schule. Kelsen zählte zu den bedeutenden demokratischen Positivisten und ragte durch Schriften wie „Vom Wesen und dem Wert der Demokratie“[538] (1920) und „Verteidigung der Demokratie“[539] (1932) heraus. Er verfolgte mit seiner Schrift „Hauptprobleme der Staatsrechtslehre, entwickelt aus der Lehre vom Rechtssatze“[540] (1911) das Ziel, Normen und Rechtssätze von politischen und moralischen Aspekten zu befreien und dadurch dem Rechtspositivismus eine neue theoretische Grundlage zu schaffen.[541] In Anlehnung an den Neukantianismus setzte er die strikte Trennung von Sein und Sollen voraus[542], um das Recht auf eine rein normative Ebene zu führen und die Staatsrechtlehre als Wissenschaftsdisziplin zu festigen. Mit der von ihm in seiner Allgemeinen Staatslehre[543] (1925) postulierten Reinheit der Rechtslehre und der damit verbundenen Textgebundenheit der Rechtswissenschaft wollte er auch ein Instrument schaffen, mit dem in Zeiten politischer Krisen und Instabilitäten die notwendige Rechtssicherheit und Rechtsklarheit sichergestellt werden könnte.[544]

Eine relativ große Gruppe von Staatsrechtslehrern in der Weimarer Republik einte nicht nur die Zugehörigkeit zu jener älteren Generation angesehener Gelehrter, sondern auch der Umstand, dass sie politisch national und konservativ

---

Ideologisierung der Rechtwissenschaft unter dem Nationalsozialismus, München 1994, S. 156 ff.

538 Kelsen, Vom Wesen und Wert der Demokratie (1920), in: Kelsen, Verteidigung der Demokratie. Abhandlungen zur Demokratietheorie, Tübingen 2006, hrsg. v. Jestaedt/ Lepsius (Hg.), S. 1–33.

539 Kelsen, Verteidigung der Demokratie, Hans Kelsen, Verteidigung der Demokratie. Abhandlungen zur Demokratietheorie, Tübingen 2006, hrsg. v. Matthias Jestaedt/ Oliver Lepsius, S. 229–237.

540 Kelsen, Hauptprobleme der Staatsrechtslehre entwickelt aus der Lehre vom Rechtssatze, Tübingen 1911.

541 Stolleis, Geschichte des öffentlichen Rechts, Bd. 3, S. 164 f., 174; Friedrich, Geschichte der deutschen Staatsrechtswissenschaft, S. 325 f.; Groh, Demokratische Staatsrechtslehrer in der Weimarer Republik, S. 109, 112.

542 Kelsen, Hauptprobleme der Staatsrechtslehre, S. 70.

543 Kelsen, Allgemeine Staatslehre, unveränderter Nachdruck der ersten Auflage von 1925, Bad Homburg v.H./Berlin/Zürich 1966.

544 Stolleis, Geschichte des öffentlichen Rechts, Bd. 3, S. 167; ders. Der Methodenstreit der Weimarer Staatsrechtslehre, S. 7.

dachten.[545] Methodisch bevorzugten diese den auf Carl Friedrich von Gerber (1823–1891) und Paul Laband (1838–1918) zurückzuführenden staatsrechtlichen Positivismus der Kaiserzeit zwischen 1870–1910, wonach Begriffe aus dem Staatsrecht systematisch – ohne Anleihen aus anderen Wissenschaftsdisziplinen – herzuleiten seien.[546] Obwohl sich unter den älteren Positivisten viele Anhänger der Monarchie befanden, unterstützten diese Staatsrechtslehrer, die in ihrer rechtswissenschaftlichen Methodik das geschriebene Recht in den Mittelpunkt setzten, meist vorbehaltlos und nach vollen Kräften die Weimarer Republik.[547] Zu dieser Gruppe zählten unter anderem Otto Mayer (1846–1924), Conrad Bornhak (1861–1944) und Gustav Adolf Arndt (1849–1926).

Einige Weimarer Staatsrechtslehrer wie die liberalen Staatsrechtslehrer Gerhard Anschütz (1867–1948) und Richard Thoma (1874–1957), aber auch Karl Rothenbücher (1880–1932) gehörten der gemäßigten Richtung des Positivismus an[548], deren Ziel in Anbetracht der neuen Verfassungssituation in der Weimarer Republik die methodische Anpassung der positivistischen Theorie war.[549] Sie lehnten den strikten Normativismus im Sinne der Wiener Schule ab, weil diese durch ihre scharfe Trennung von Sein und Sollen die historischen, sozialen und politischen Gegebenheiten, unter denen das Recht entstehe, verkenne.[550] Manche vertraten auch die Ansicht, dass, wenn eine Verfassungsnorm mehrere Deutungen zulasse, der Auslegende seine Wertungsmaßstäbe offenzulegen und zu erklären habe, weshalb er von mehreren Deutungsvarianten einer bestimmten den Vorzug gebe.[551] Den gemäßigten Positivisten kam in der Weimarer Republik eine große Bedeutung für die Auslegung der Grundrechte zu, weil es unter ihnen bedeutende Staatsrechtslehrer wie Anschütz und Thoma gab, die das Verfassungs- und Staatsrecht kommentierten oder systematisch darstellten.[552]

---

545 Stolleis, Der Methodenstreit der Weimarer Staatsrechtslehre, S. 8.

546 Stolleis, Der Methodenstreit der Weimarer Staatsrechtslehre, S. 8; ders., Geschichte des öffentlichen Rechts, Bd. 3, S. 159.

547 Stolleis, Geschichte des öffentlichen Rechts, Bd. 3, S. 159.

548 Friedrich, Geschichte der deutschen Staatsrechtswissenschaft, S. 334, 339; Stolleis, Geschichte des öffentlichen Rechts, Bd. 3, S. 159; Schefold, Geisteswissenschaften und Staatsrechtslehre zwischen Weimar und Bonn, S. 570.

549 Gusy, Weimarer Reichsverfassung, S. 434 f.

550 Thoma, in: Anschütz/Thoma, Handbuch des Deutschen Staatsrechts, Bd. 1 (unveränderter Nachdruck der 1. Auflage von 1930), Tübingen 1998, § 1, S. 1 f. Dazu auch: Groh, Demokratische Staatsrechtslehrer in der Weimarer Republik, S. 77.

551 Thoma, HBdStR I, § 1, S. 4.

552 Stolleis, Geschichte des öffentlichen Rechts, Bd. 3, S. 160; ders. Der Methodenstreit der Weimarer Staatsrechtslehre, S. 9; Friedrich, Geschichte der deutschen

Zum positivistischen Lager im weiteren Sinne gehörten auch jene Staatsrechtslehrer am äußersten rechten Rand wie Hans Helfritz (1877–1958) und Axel Freiherr von Freytagh-Loringhoven (1878–1942).[553]

Diese Lagerbildung in der Weimarer Republik hing unter anderem mit der Zugehörigkeit zu einer bestimmten Generationsgruppe oder zu einer Gruppe mit ähnlicher politischer Grundvorstellung zusammen.[554] Dabei ist festzuhalten, dass die zu Beginn der Republik in der Mehrheit stehenden Weimarer Staatsrechtslehrer als Anhänger positivistischer Richtungen die republikanisch-parlamentarische Demokratie befürworteten und die Bindungswirkung der Gesetze betonten.[555] Schon aufgrund ihrer Loyalität gegenüber der Weimarer Verfassung standen diese Staatsrechtslehrer dem durch die parlamentarische Demokratie herbeigeführten Pluralismus in Form von Parteien und Interessenverbänden grundsätzlich positiv gegenüber.

Die positivistische Position zur Grundrechtsinterpretation war vor allem dadurch geprägt, dass ihre Anhänger bei der Auslegung der Grundrechte am Gesetzestext festhielten und weitgehend auf die Einbeziehung historischer, politischer oder moralischer Bewertungen verzichteten.[556] Diese Art der Grundrechtsauslegung war allerdings problematisch. Da die Weimarer Reichsverfassung von 1919 den ersten für das gesamte Deutsche Reich geltenden Grundrechtskatalog enthielt und Grundrechte damit etwas Neues waren, herrschte große Unsicherheit, wie sie auszulegen seien.[557] Problematisch für die Frage der Einordnung der Grundrechte

---

Staatsrechtswissenschaft, S. 323, 335, 338 f.; Gusy, Weimarer Reichsverfassung, S. 435; Ruppert, Geschlossene Wertordnung? Zur Grundrechtstheorie Rudolf Smends, in: Henne/Riedlinger (Hg.), Das Lüth-Urteil aus (rechts-) historischer Sicht, Berlin 2005, S. 327–348, 332 f.

553 Stolleis, Geschichte des öffentlichen Rechts, Bd. 3, S. 160.

554 Stolleis, Der Methodenstreit der Weimarer Staatsrechtslehre, S. 8.

555 Friedrich, Geschichte der deutschen Staatsrechtswissenschaft, S. 333 f., 336; ders., Der Methoden- und Richtungsstreit. Zur Grundlagendiskussion der Weimarer Staatsrechtslehre, S. 175 f.; Stolleis, Der Methodenstreit der Weimarer Staatsrechtslehre, S. 9; Groh, Demokratische Staatsrechtslehrer in der Weimarer Republik, S. 42 f., 45, 70 f.

556 Anschütz, Die Verfassung des Deutschen Reichs vom 11. August 1919 (Nachdruck der 14. Auflage von 1933), Vorbemerkung zu Grundrechte und Grundpflichten der Deutschen, Anm. 5–6.

557 Ruppert, Geschlossene Wertordnung?, S. 332; Stolleis, Geschichte des öffentlichen Rechts, Bd. 3, S. 109 f.; Scheuner, 50 Jahre Vereinigung der Deutschen Staatsrechtslehrer. Zum 50. Jahrestag der Gründung der Deutschen Staatsrechtslehrer, in: AöR 97 (1972), S. 345–374, 374.

war vor allem, dass es keine normierte Grundrechtsbindung gab[558], wie wir sie heute aus Art. 1 Abs. 3 GG kennen. Der Art. 107 Entwurf V, der eine solche Normierung zur Bindung der Legislative vorsah, war gestrichen worden.[559] Erst als sich zum Zeitpunkt des Übergangs vom Konstitutionalismus zum demokratischen Staat die Rechtsstellung der Legislative maßgeblich veränderte, kam die Frage nach der Grundrechtsbindung des Gesetzesgebers auch für die Staatrechtslehre auf.[560]

Da schon die Nationalversammlung von 1919 die Auffassung vertreten hatte, die Grundrechte seien lediglich Programmsätze ohne Grundrechtsbindung für den Gesetzgeber[561], standen die Anhänger positivistischer Richtungen vor einem Dilemma: Die positivistische Grundrechtsinterpretation erforderte, dass sie zunächst im Rahmen einer wortgetreuen Auslegung feststellten, ob die jeweilige Grundrechtsnorm unmittelbar geltendes Recht oder lediglich eine unverbindliche Richtlinie darstellte.[562] Enthielt das normierte Grundrecht lediglich einen Programmsatz, so musste die positivistische Grundrechtsauslegung zu dem Schluss kommen, dass das Grundrecht nicht durchsetzbar war. Da die Bismarck-Verfassung von 1871 keine Grundrechte hatte und die zu Beginn der Weimarer Republik noch mehrheitlich positivistisch ausgerichtete Staatsrechtslehre keine Erfahrung mit Grundrechten hatte[563], war ihr der heute anerkannte grundsätzliche Unterschied zwischen Verfassung und Gesetz nicht bewusst. Daher ließ sich die Weimarer Reichsverfassung nach Ansicht der Positivisten im einfachen Verfahren ändern.[564] Ein Katalog von unabänderlichen Verfassungsnormen war der Weimarer Reichsverfassung noch fremd. Hinzu kam, dass es keine Verfassungsbeschwerde und Verfassungsgerichtsbarkeit

558 Eine Grundrechtsbindung der Justiz wurde hingegen in Art. 102 WRV angenommen: Gusy, Die Grundrechte in der Weimarer Republik, in: ZNR 1993 (15), S. 163–183, 167, 175.

559 Gusy, Weimarer Reichsverfassung, S. 274, 281.

560 Gusy, Grundrechte in der Weimarer Republik, S. 167.

561 Gusy, Weimarer Reichsverfassung, S 277, 280 f.

562 Anschütz, Verfassung des Deutschen Reichs, Vorbemerkung zu Grundrechte und Grundpflichten der Deutschen, Anm. 6. Generell zur Problematik der mangelnden Durchsetzbarkeit von Grundrechten: vgl. auch Meyer/Anschütz, Lehrbuch des deutschen Staatsrechts, (8. Auflage, unveränderter Nachdruck der 7. Auflage von 1919), Berlin 2005, S. 955 f.

563 Ruppert, Geschlossene Wertordnung?, S. 332; Stolleis, Geschichte des öffentlichen Rechts, Bd. 3, S. 109 f.; ders. Der Methodenstreit der Weimarer Staatsrechtslehre, S. 7.

564 Anschütz, Verfassung des Deutschen Reichs, Art. 76, Anm. 1, 3. Dazu auch: Stolleis, Geschichte des öffentlichen Rechts, Bd. 3, S. 96 f., 114.

gab[565], so dass der Bürger sich nur indirekt durch Inzidenzkontrolle in anderen Verfahren auf seine Grundrechte berufen konnte. Nach der Weimarer Verfassungskonzeption gingen Demokratie und Grundrechte noch nicht zusammen.

Die Anhänger antipositivistischer Richtungen wandten sich strikt gegen den aus ihrer Sicht formalistischen und den Anforderungen des Lebens nicht gerecht werdenden Positivismus. Sie sprachen sich für eine stärkere Hinwendung zu den Sozial- und Geisteswissenschaften aus. Sie bildeten eine äußerst heterogene Gruppe, wobei ihre politische Einstellung das ganze Spektrum von liberaler Mitte bis rechts außen abdeckte. Abgesehen von wenigen bekennenden Demokraten wie Hermann Heller[566], waren die meisten eher antiliberal, antidemokratisch und antiparlamentarisch eingestellt.[567] Der Weimarer Republik und dem pluralistischen Parteienstaat begegneten sie mit Vorbehalten.

Einige ihrer Vertreter kamen aus dem Völkerrecht, andere aus dem protestantisch-theologischen Gelehrtenmilieu. Ihre Standpunkte wiesen insofern Gemeinsamkeiten auf, als sie naturrechtliche oder wertorientierte Konzeptionen des Rechts suchten.[568] Dabei spielte die Einbeziehung der politischen, rechtlichen und sozialen Wirklichkeit der Weimarer Republik eine ausschlaggebende Rolle. Ihr Bedürfnis nach einer stärkeren Verbindung der Staatsrechtswissenschaft mit sozial- oder geisteswissenschaftlichen Fächern hing unter anderem damit zusammen, dass die traditionelle Vorstellung von Staat und Staatsgewalt, wie sie noch im 19. Jahrhundert präsent war, einem neuen Staatsbild gewichen war.[569] Als sich im Rahmen der Demokratisierung die staatlichen und gesellschaftlichen Sphären weitgehend vermischten, kam nicht nur die Frage nach dem Verhältnis zwischen Volkssouverän – verkörpert durch den parlamentarischem Gesetzgeber – und der Exekutive auf, sondern auch die Frage, wer

---

565 Stolleis, Der Methodenstreit der Weimarer Staatsrechtslehre, S. 7.

566 Heller, Staatslehre (posthum), Leiden 1934, hrsg. v. Niemeyer. Zu Heller: Chr. Müller, Hermann Heller (1891–1933). Vom liberalen zum sozialistischen Rechtsstaat, in: Kritische Justiz (Hg.), Streitbare Juristen, S. 268–281; Chr. Müller/Staff (Hg.), Der soziale Rechtsstaat. Gedächtnisschrift für Hermann Heller 1891–1933, Baden-Baden 1984; Henkel, Hermann Hellers Theorie der Politik und des Staates. Die Geburt der Politikwissenschaft aus dem Geiste der Soziologie, Tübingen 2011.

567 Schefold, Geisteswissenschaften und Staatsrechtslehre zwischen Weimar und Bonn, S. 575; Friedrich, Geschichte der deutschen Staatsrechtswissenschaft, S. 334; Gusy, Weimarer Reichsverfassung, S. 436 f.

568 Stolleis, Geschichte des öffentlichen Rechts, Bd. 3, S. 172 ff.

569 Stolleis, Geschichte des öffentlichen Rechts, Bd. 3, S. 168 f.; ders., Der Methodenstreit der Weimarer Staatsrechtslehre, S. 11; Groh, Demokratische Staatsrechtslehrer in der Weimarer Republik, S. 47.

der Entscheidungsträger im Staat tatsächlich ist.[570] Wichtige Repräsentanten antipositivistischer Richtungen in den 1920er Jahren waren vor allem Rudolf Smend, Erich Kaufmann und Carl Schmitt.[571]

Die Anhänger des Antipositivismus waren inspiriert von den Vorstellungen der neuen lebensphilosophischen, phänomenologischen und wertphilosophischen Bewegung in den Geisteswissenschaften, deren Vertreter Wilhelm Dilthey[572], Edmund Husserl[573], Theodor Litt[574], Eduard Spranger[575], aber auch Nicolai Hartmann[576] und Max Scheler[577] waren.

Auch Rudolf Smend (1882–1975), der seit 1922 in Berlin einen Lehrstuhl innehatte[578], nahm gegenüber dem Positivismus einen kritischen Standpunkt ein und avancierte zu einem Hauptvertreter der „geisteswissenschaftlichen

---

570 Stolleis, Geschichte des öffentlichen Rechts, Bd. 3, S. 169; ders., Der Methodenstreit der Weimarer Staatsrechtslehre, S. 11.

571 Auch Hermann Heller (1891–1933) zählte zu den wichtigsten Vertretern antipositivistischer Richtungen. Als ausgewiesener Demokrat versuchte er einen sozialwissenschaftlichen Ansatz der Staatsrechtslehre zu begründen, um durch die Untersuchung der sozialen Strukturen die Wirklichkeit des Staates zu begreifen und Rückschlüsse für die normative Ordnung zu ziehen. (Vgl. u. a. Stolleis, Der Methodenstreit der Weimarer Staatsrechtslehre, S. 11 f.)

572 Dilthey, Einleitung in die Geisteswissenschaften. Versuch einer Grundlegung für das Studium der Gesellschaft und der Geschichte I, Leipzig 1883.

573 Husserl, Ideen zu einer reinen Phänomenologie und phänomenologischen Philosophie. Erstes Buch: Allgemeine Einführung in die reine Phänomenologie, in: Husserl, Gesammelte Werke. Husserliana, 1. Halbband, Den Haag 1976, hrsg. v. Schuhmann.

574 Litt, Erkenntnis und Leben. Untersuchungen über Gliederung, Methoden und Beruf der Wissenschaft, Leipzig/Berlin 1923.

575 Spranger, Lebensformen. Ein Entwurf, Halle 1914.

576 Hartmann, Grundzüge einer Metaphysik der Erkenntnis, Berlin 1921.

577 Scheler, Der Formalismus in der Ethik und die materiale Wertethik, Halle 1913.

578 Scheuner, Rudolf Smend. Leben und Werk, in: Rechts- und Staatswissenschaftliche Fakultät der Universität Göttingen (Hg.), Rechtsprobleme in Staat und Kirche. Festschrift für Rudolf Smend zum 70. Geburtstag 15. Januar 1952, Göttingen 1952, S. 433–443, 437; Richers, Die Verfassung der Verfassung. Rudolf Smend (1882–1975), in: Lege (Hg.), Greifswald – Spiegel der deutschen Rechtswissenschaft 1815 bis 1945, Tübingen 2009, S. 271–283, 273. Smend besetzte von 1922–1935 den Berliner Lehrstuhl. Ausführlich über Smend in der Nachkriegszeit an der Göttinger Fakultät siehe Schumann, Die Göttinger Rechts- und Staatswissenschaftliche Fakultät 1933–1955, in: Schumann (Hg.), Kontinuitäten und Zäsuren. Rechtswissenschaft und Justiz im „Dritten Reich“ und in der Nachkriegszeit, Göttingen 2008, S. 65–121. Eine kurze Biografie zu Smends wissenschaftlichen Lebensstationen findet sich auch bei: Friedrich, Geschichte der Staatsrechtswissenschaft, S. 354.

Richtung".[579] Smend war ein strikter Gegner des Positivismus der Wiener Schule, die auf jegliche außerrechtlichen Wertmaßstäbe bei der Rechtsauslegung verzichtete. Smend hingegen vertrat die Ansicht, dass historische, politische und moralische Aspekte für die Verfassungs- und Grundrechtsinterpretation unentbehrlich seien.[580] Schon vor 1918 hatte er seine Lehre von den ungeschriebenen Rechtsgrundlagen des Verfassungsrechts entwickelt und diese überwiegend auf institutionelle Verfassungsprobleme angewendet, wie beispielsweise die Erörterung der Frage nach dem Wesen des Bundesstaates.[581] Sein antipositivistisches Rechtsdenken war geprägt von der Idee der „Einheit von Wirklichkeit, Wert und Norm"[582].

Seine Auffassung baute er während der Weimarer Republik insbesondere in seinem 1928 verfassten Hauptwerk „Verfassung und Verfassungsrecht"[583] weiter aus. Darin konzipierte er seine Integrationslehre, in der er die Verfassung der Integration unterordnete.[584] Die Verfassungswirklichkeit nahm für Smend einen höheren Stellenwert ein als die Verfassungsnorm, so dass in seiner Vorstellung die Verfassung von Dynamik und Elastizität geprägt und damit zwangsläufig einem Wandel unterworfen war.[585] Gleichzeitig entwarf er mit seinem Hauptwerk eine materiale Verfassungstheorie[586], die zu einer wichtigen Grundlage für die weitere Entwicklung des deutschen Staatsrechts werden sollte.

---

579 Rennert, Die „geisteswissenschaftliche Richtung" in der Staatsrechtslehre der Weimarer Republik. Untersuchung zu Erich Kaufmann, Günter Holstein und Rudolf Smend, Berlin 1987, S. 62 ff.

580 Smend, Verfassung und Verfassungsrecht (1927), in: Smend, Staatsrechtliche Abhandlungen und andere Aufsätze, Berlin 2010, S. 166 f., 215 ff. Dazu auch: Stolleis, Geschichte des öffentlichen Rechts, Bd. 3, S. 174.

581 Smend, Ungeschriebenes Verfassungsrecht im monarchischen Bundesstaat (1916), in: Smend, Staatsrechtliche Abhandlungen und andere Aufsätze, Berlin 2010, S. 39–59, speziell S. 50–52. Dazu auch: Huber, Ernst Rudolf, Nachrufe auf verstorbene Mitglieder: Rudolf Smend. 15. Januar 1882–5. Juli 1975, in: Jahrbuch der Akademie der Wissenschaften in Göttingen für das Jahr 1976, S. 105–121, 105 f.; Scheuner, Rudolf Smend, S. 439.

582 Huber, Nachrufe auf verstorbene Mitglieder: Rudolf Smend, S. 109.

583 Smend, Verfassung und Verfassungsrecht, S. 119–276.

584 Günther, Denken vom Staat her, S. 41.

585 Smend, Verfassung und Verfassungsrecht, S. 188 ff. Dazu auch: Günther, Denken vom Staat her, S. 41.

586 Staff, Das Lüth-Urteil. Zur demokratietheoretischen Problematik materialer Grundrechtstheorie, in: Henne/ Riedlinger (Hg.), Das Lüth-Urteil aus (rechts-) historischer Sicht, Berlin 2005, S. 315–326, 318 ff.

Erich Kaufmann (1880–1972), der sich bereits mit seiner 1921 verfassten Schrift „Kritik der neukantianischen Rechtsphilosophie“ vor allem gegen Kelsens Ansichten wehrte[587], plädierte nur einige Jahr später auf der Staatsrechtslehrertagung von 1926[588] in Münster offen für das Naturrecht. Damit gab er wichtige Impulse für die methodische Auseinandersetzung zwischen den Anhängern positivistischer und antipositivistischer Richtungen. Seine Rückbesinnung auf das Naturrecht diente dazu, einen Schutzmechanismus aufzubauen vor den vielfältigen politischen und sozialen Umwälzungen, die durch die Krisen der Weimarer Republik hervorgerufen wurden.[589]

Carl Schmitt (1888–1985) war in seiner Habilitationsschrift „Der Wert des Staates und die Bedeutung des Einzelnen“[590] aus dem Jahre 1914 zunächst von dem neukantianischen Ansatz nicht allzu weit entfernt.[591] Als bekennender Etatist, der den Staat in den Vordergrund seines Denkens setzte, hob er vor allem in der Spätphase der Weimarer Republik die Macht der Dezision der Exekutive hervor, um dadurch den Interessenverbänden und politischen Parteien entgegenzuwirken, die aus seiner Sicht die Handlungsfähigkeit des Staates lähmten. Mit seinen dezidiert antiliberalen und antipluralistischen Schriften wie „Die geistesgeschichtliche Lage des heutigen Parlamentarismus“[592] (1923) oder „Legalität und Legitimität“[593] (1932) griff er nicht nur den parlamentarischen Gesetzgeber in der Demokratie an, sondern forderte vor allem, von

587 Kaufmann, Kritik der neukantianischen Rechtsphilosophie. Eine Betrachtung über die Beziehungen zwischen Philosophie und Rechtswissenschaft, (Neudruck der Ausgabe Tübingen 1921), Darmstadt 1964, S. 20–35.

588 Kaufmann, Die Gleichheit vor dem Gesetz im Sinne des Art. 109 der Reichsverfassung, S. 2–24.

589 Stolleis, Geschichte des öffentlichen Rechts, Bd. 3, S. 170; Sontheimer, Antidemokratisches Denken in der Weimarer Republik. Die politischen Ideen des deutschen Nationalismus zwischen 1918 und 1933, München 1962, S. 84 ff.

590 Schmitt, Der Wert des Staates und die Bedeutung des Einzelnen, Tübingen 1914.

591 Stolleis, Geschichte des öffentlichen Rechts, Bd. 2: Staatsrechtslehre und Verwaltungsrechtswissenschaft 1800–1914, München 1992, S. 449; Günther, Denken vom Staat her, S. 36.

592 Schmitt, Die geistesgeschichtliche Lage des heutigen Parlamentarismus, in: Juristische Fakultät der Rheinischen Friedrich-Wilhelms-Universität zu Bonn (Hg.), Bonner Festgabe für Ernst Zitelmann zum fünfzigjährigen Doktorjubiläum, München/Leipzig, 1923, S. 413–473.

593 Schmitt, Legalität und Legitimität (1932), in: Schmitt, Verfassungsrechtliche Aufsätze aus den Jahren 1924–1954. Materialien zu einer Verfassungslehre, Berlin 1958, S. 263–350.

der Grenzsituation des Ausnahmezustands her denkend, einen starken, handlungsfähigen Staat.[594]

Schmitt, der bis Mitte der 1920er Jahre Smend nahestand[595], nahm zunehmend antipositivistische Positionen ein[596], um die Schwächen der Weimarer Rechtsordnung und des Liberalismus aufzuzeigen.[597] Die von ihm 1928 verfasste Verfassungslehre traf eine klare antipositivistische Unterscheidung zwischen Verfassung als politischer Grundentscheidung eines Volkes über Art und Form seiner Existenz und dem ihr nachrangigem Verfassungsgesetz[598] und bot damit den Anhängern antipositivistischer Richtungen eine zentrale Argumentation gegen positivistische Theorien.[599] Auch der Auseinandersetzung mit Schmitts Verfassungswerk von 1928 sollte für die spätere Staatsrechtsentwicklung eine besondere Bedeutung zukommen. Fast parallel zu Smend entwickelte in dieser Periode auch Schmitt eine Theorie über die institutionellen Garantien der Grundrechte.[600]

Zu den radikalsten Verfechtern antipositivistischer Richtungen zählte jene Generation junger Staatsrechtswissenschaftler wie Ernst Forsthoff[601] (1902–1974),

---

594 Sontheimer, Antidemokratisches Denken in der Weimarer Republik, S. 96 ff.; Unruh, Weimarer Staatsrechtslehre und Grundgesetz, S. 88, 95; Stolleis, Geschichte des öffentlichen Rechts, Bd. 3, S. 178 f.

595 Vgl. etwa den umfangreichen, über einen Zeitraum von 40 Jahren sich vollziehenden Briefwechsel zwischen Carl Schmitt und Rudolf Smend, der von Reinhard Mehring herausgegeben wurde: Mehring, „Auf der gefahrenvollen Straße des öffentlichen Rechts". Briefwechsel Carl Schmitt – Rudolf Smend 1921–1961, Berlin 2010.

596 Hoffmann, Legitimität gegen Legalität. Der Weg der politischen Philosophie Carl Schmitts, Berlin 1995, S. XXII, 118.

597 Unruh, Weimarer Staatsrechtslehre und Grundgesetz, S. 125.

598 Schmitt, Verfassungslehre, München 1928, S. 13 ff., 20 ff., speziell: S. 23. Dazu auch: Hoffmann, Legitimität gegen Legalität, S. 118 ff.

599 Sontheimer, Antidemokratisches Denken in der Weimarer Republik, S. 94 ff.

600 Schmitt, Freiheitsrechte und institutionelle Garantien der Reichsverfassung (1931), in: Schmitt, Verfassungsrechtliche Aufsätze aus den Jahren 1924–1954. Materialien zu einer Verfassungslehre, Berlin 1958, S. 140–173; ders., in: Anschütz/Thoma, Handbuch des Deutschen Staatsrechts, Bd. 2 (unveränderter Nachdruck der 1. Auflage von 1932), 1998 Tübingen , § 101, 592, 596.

601 Zu Forsthoff: Meinel, Der Jurist in der industriellen Gesellschaft. Ernst Forsthoff und seine Zeit, Berlin 2011.

Ernst Rudolf Huber[602] (1903–1990) und Arnold Köttgen[603] (1902–1967), die in den letzten Krisenjahren der Weimarer Republik in die Wissenschaft drängten und großes Misstrauen gegenüber der parlamentarischen Demokratie hegten.[604] Ihnen ging es nicht nur darum, die von Kelsen geforderte Trennung von Sein und Sollen zu überwinden, als erklärte Gegner des Individualismus, des Liberalismus und der Weimarer Republik traten sie auch für einen starken Staat ein, der vor allem in Krisenzeiten in der Lage sein sollte, den politischen Parteien entgegenzutreten und für eine stabile Ordnung zu sorgen.[605]

Die hier vorgestellten unterschiedlichen Positionierungen im Methodenstreit schlugen sich in der Grundrechtsinterpretation nieder, vor allem im Hinblick auf die Interpretation der Meinungsfreiheit. Die Meinungsfreiheit war zwar das prominenteste Beispiel, aber nicht das einzige Grundrecht, an dem sich die Diskussion entzündete.[606]

3. Die Münchner Staatsrechtslehrertagung von 1927

Auf der Staatsrechtslehrertagung 1927 zu Art. 118 WRV, der die Meinungsfreiheit normierte, war Smend einer der Vortragenden. Er entwickelte hier seine Position zur Meinungsfreiheit, die die Dogmatik zu Art. 5 GG bis heute grundlegend beeinflusst.[607]

---

602 Zu Huber: Grothe, „Strengste Zurückhaltung und unbedingter Takt". Der Verfassungshistoriker Ernst Rudolf Huber und die NS-Vergangenheit, in: Schumann (Hg.), Kontinuitäten und Zäsuren. Rechtswissenschaft und Justiz im „Dritten Reich" und in der Nachkriegszeit, Göttingen 2008, S. 327–348.

603 Zu Köttgen: Wallerath, „... Verwaltungsrecht besteht": Arnold Köttgen (1902–1967), in: Lege (Hg.), Greifswald – Spiegel der deutschen Rechtswissenschaft 1815 bis 1945, Tübingen 2009, S. 355–372.

604 Stolleis, Geschichte des öffentlichen Rechts, Bd. 3, S. 177; ders., Der Methodenstreit der Weimarer Staatsrechtslehre, S. 12 f.

605 Stolleis, Der Methodenstreit der Weimarer Staatsrechtslehre, S. 12 f.

606 Wichtig war auch die Debatte um den allgemeinen Gleichheitssatz, Art. 109 Abs. 1 WRV. Kaufmann, Die Gleichheit vor dem Gesetz im Sinne des Art. 109 der Reichsverfassung, S. 2–24; Nawiasky, Die Gleichheit vor dem Gesetz im Sinne des Art. 109 der Reichsverfassung, S. 25–42; Leibholz, Die Gleichheit vor dem Gesetz, Berlin 1925; ders., Die Gleichheit vor dem Gesetz. Ein Nachwort zur Auslegung des Art. 109 Abs. 1 RV, in: AöR 51 (1927), S. 1–36; ders., Höchstrichterliche Rechtsprechung und Gleichheitssatz, in: AöR 58 (1930), S. 428–442; Anschütz, Verfassung des Deutschen Reichs, Vorbemerkung vor Art. 109. Dazu auch: Gusy, Weimarer Reichsverfassung, S. 291 ff.

607 Scheuner, 50 Jahre Vereinigung der Deutschen Staatsrechtslehrer, S. 374; Bettermann, Die allgemeinen Gesetze als Schranken der Pressefreiheit, in: JZ 1964, S. 601–611, 601.

Auf dieser Staatsrechtslehrertagung war es jedoch zunächst Rothenbücher, der die positivistische Position zur Auslegung der Meinungsfreiheit vertrat.[608] Nachdem er unter Berufung auf die westeuropäische und angloamerikanische Entstehungsgeschichte die Meinungsfreiheit als ein liberales Grundrecht des Individuums charakterisiert hatte[609], äußerte er sich zum inhaltlichen Schutzbereich der Meinungsäußerungsfreiheit: Geschützt sei jede Stellungnahme grundsätzlicher Art.[610] Entscheidend für die Debatte um die Meinungsäußerungsfreiheit war jedoch die Art und Weise seiner Schrankeninterpretation, die auf einem positivistisch-etatistischen Grundrechtsverständnis beruhte.[611] Die Schranken der Meinungsfreiheit – die sogenannten „allgemeinen Gesetze" im Sinne des Art. 118 Abs. 1 WRV – seien all diejenigen Gesetze, die einem Rechtsgut oder einer bestimmten Lebensbetätigung dienen, ohne dabei eine Meinung als solche zu unterdrücken.[612] Problematisch war dieses weite Schrankenverständnis, da es die Möglichkeit der Grundrechtseingriffe durch einfache Gesetze übersah. Rothenbüchers Auslegung zu Art. 118 WRV war repräsentativ für die positivistische Grundrechtslehre der Weimarer Republik. Sie verdeutlicht vor allem, dass es der positivistischen Position der Grundrechtsinterpretation nicht gelang, das Problem der Grundrechtsbindung zu lösen.[613]

Gegen diese Art der Grundrechtsinterpretation wandte sich Rudolf Smend.[614] Er legte in seinem Vortrag dar, dass der Weimarer Grundrechtskatalog Ausdruck eines „bestimmten Kultursystems" sei.[615] Damit warf er in Bezug auf den Weimarer Grundrechtskatalog die Frage nach den ungeschriebenen Rechtsgrundlagen des Verfassungsrechts auf, und dies nicht nur, um Sinn und Grenzen der Meinungsfreiheit des Art. 118 WRV zu erörtern, sondern vor allem auch, um eine Theorie über die Verbindlichkeit der Grundrechte zu entwickeln. Smend wollte eine Stärkung der Grundrechte herbeiführen, indem er den Gesetzgeber an die Grundrechte band. Die ungeschriebenen Rechtsgrundlagen, die der Verfassung übergeordnet seien, sah er dabei weniger im Naturrecht als in einer Gesamtheit

608 Rothenbücher, Das Recht der freien Meinungsäußerung, S. 6–43.

609 Rothenbücher, Das Recht der freien Meinungsäußerung, S. 12 ff.

610 Rothenbücher, Das Recht der freien Meinungsäußerung, S. 16 f.

611 Stolleis, Geschichte des öffentlichen Rechts, Bd. 3, S. 192.

612 Rothenbücher, Das Recht der freien Meinungsäußerung, S. 20; vgl. auch seinen dritten Leitsatz auf S. 42.

613 Stolleis, Geschichte des öffentlichen Rechts, Bd. 3, S. 192, 110 mit weiteren Nachweisen.

614 Smend, Das Recht der freien Meinungsäußerung, S. 44–73.

615 Smend, Das Recht der freien Meinungsäußerung, S. 47.

von Kulturwerten, die geistesgeschichtlich entwickelt wurden.[616] Damit kann er in gewisser Weise als Vordenker der Lehre von der objektiven Wertordnung betrachtet werden, denn aus seiner Idee, dass das Grundrechtssystem Teil eines Kultursystems ist, folgt die Anerkennung einer materialen Wertordnung.[617]

Smend kam in seinem Vortrag nicht nur zu dem Schluss, dass Grundrechte Werte implizieren, sondern führte auch aus, dass die Meinungsfreiheit eine „soziale, gruppenbildende Funktion" habe, die „Motiv und Sinn des Grundrechts" sei.[618] Daher sei die systematische Einordnung der Meinungsäußerungsfreiheit unter dem Abschnitt zur „Einzelperson" zu beanstanden.[619] Dies begründete er mit der strukturellen Nähe der Meinungsäußerungsfreiheit zu den Grundrechten auf Versammlungsfreiheit (Art. 123 WRV) und Vereinsfreiheit (Art. 124 WRV), die „unzweideutig […] Äußerungen des Gruppenlebens" enthielten und im Abschnitt „Gemeinschaftsleben" verortet waren.[620] Die Meinungsfreiheit sei deshalb nicht individuell, sondern überindividuell und „institutionell" zu verstehen.[621] Mit seiner Interpretation des Art. 118 WRV wies Smend in eine neue Richtung in der Grundrechtsdogmatik, die zu zwei wesentlichen Erneuerungen führte: Erstens hatte Smend subjektive, d. h. durchsetzbare Rechte begründet und zweitens ging er über die Begründung subjektiver Rechte hinaus, indem er für eine objektivrechtliche Dimension der Grundrechte plädierte.[622]

Ein weiterer neuartiger Vorschlag Smends betraf die Auslegung der schon damals umstrittenen „allgemeinen Gesetze" als Schranken der Meinungsfreiheit in Art. 118 WRV. Herrschende Meinung zur Auslegung der „allgemeinen Gesetze" war damals die formelle, von Rothenbücher auf der Staatsrechtslehrertagung

---

616 Smend, Das Recht der freien Meinungsäußerung, S. 47. Dazu auch Lhotta, Rudolf Smend und die Weimarer Demokratiediskussion. Integration als Philosophie des „Als-ob", in: Gusy (Hg.), Demokratisches Denken in der Weimarer Republik, Baden-Baden 2000, S. 286–325, 295; Ruppert, Geschlossene Wertordnung?, S. 333 f.; Badura, Staat, Recht und Verfassung in der Integrationslehre. Zum Tode von Rudolf Smend (15. Januar 1882–5. Juli 1975), in: Der Staat 1977 (16), S. 305–325, 314 f.

617 Ähnlich: Gusy, Weimarer Reichsverfassung, S. 279; Lhotta, Rudolf Smend und die Weimarer Demokratiediskussion, S. 297; Günther, Denken vom Staat her, S. 34; Korioth, Integration und Bundesstaat. Ein Beitrag zur Staats- und Verfassungslehre Rudolf Smends, Berlin 1990.

618 Smend, Das Recht der freien Meinungsäußerung, S. 50.

619 Smend, Das Recht der freien Meinungsäußerung, S. 49 f.

620 Smend, Das Recht der freien Meinungsäußerung, S. 50.

621 Smend, Das Recht der freien Meinungsäußerung, S. 50.

622 Stolleis, Geschichte des öffentlichen Rechts, Bd. 3, S. 110, 192.

vorgetragene Sichtweise[623], wonach Gesetze die Meinungsfreiheit einschränken dürfen, solange sie kein Sonderrecht gegen spezifische Meinungen darstellen. Positivisten wie Anschütz, Rothenbücher und Häntzschel hatten große Schwierigkeiten zu begründen, weshalb sie bestimmte Strafgesetze gegen republikfeindliche Äußerungen unter „allgemeine Gesetze" und somit als Schranken des Art. 118 WRV interpretierten.[624] Für Smend hingegen waren „allgemeine Gesetze" vor allem „Werte der Gesellschaft", ebenso wie „die öffentliche Ordnung und Sicherheit, die konkurrierenden Rechte und Freiheiten der Anderen".[625] Die Konsequenz dieser Auslegung war, dass der Richter im Einzelfall durch Abwägung über das Verhältnis der verschiedenen Grundrechte befinden sollte. Mit seinem Vortrag stieß er die Grundrechtsdiskussion der späten Weimarer Zeit an.[626]

II. Die Wissenschaftsgeschichte zur Meinungs- und Pressefreiheit seit dem Grundgesetz

1. Der Schulenstreit als Hintergrund staatsrechtlicher Debatten in den 1950er Jahren

Nach dem Untergang der nationalsozialistischen Herrschaft stellte sich in der Juristenzunft die Schuldfrage, denn es war offensichtlich, dass Jurisprudenz und Rechtspraxis wesentlich dazu beigetragen hatten, dass die rassistische Ideologie der Nationalsozialisten in die Rechtsordnung eindringen konnte.[627] Man suchte nach Erklärungen, um das Verhalten des eigenen Berufsstandes zu verstehen, zu rechtfertigen oder gar zu entschuldigen. Die Antwort auf die Erfahrung des Nationalsozialismus war dabei eine antipositivistische: Im Zuge der Naturrechtsrenaissance der ersten Nachkriegsjahre bildete sich in gemeinsamen Debatten von Theologen, Rechtsphilosophen sowie Juristen aus Wissenschaft und Praxis ein

---

623 Gusy, Weimarer Reichsverfassung, S. 304.

624 Ruppert, Geschlossene Wertordnung?, S. 335.

625 Smend, Das Recht der freien Meinungsäußerung, S. 52.

626 Gusy, Weimarer Reichsverfassung, S. 275–286.

627 Zum Umgang mit Schuld in der Jurisprudenz nach 1945 siehe etwa Stolleis, Geschichte des öffentlichen Rechts, Bd. 4, S. 195 ff.; Foljanty, Recht oder Gesetz, S. 19 ff; Rüthers, Geschönte Geschichten – geschonte Biographien. Sozialisationskohorten in Wendeliteraturen, Tübingen 2001. Allgemein zur Schuldfrage: Frei, Vergangenheitspolitik. Die Anfänge der Bundesrepublik und die NS-Vergangenheit, München 1996.

entsprechender Grundkonsens heraus.[628] Dieser gründete darauf, dass man dem Rechtspositivismus die Schuld am nationalsozialistischen Unrecht zuwies.[629]

Die in weiten Teilen konservativ ausgerichtete und antipluralistische Naturrechtsbesinnung war getragen davon, dass Rechtswissenschaftler auf der Suche nach einer neuen juristischen Identität waren, um die Jurisprudenz nach 1945 zu rehabilitieren, ihr wieder Autorität und Ansehen zu verleihen.[630] Bei der Suche nach einem neuen Begründungsansatz des Rechts spielten Konzeptionen übergesetzlichen Rechts eine maßgebliche Rolle. Sowohl Werten als auch der Religion kam dabei eine große Bedeutung zu[631], da sie das „Gute" verkörperten und Sicherheit zu bieten schienen. Die Naturrechtsrenaissance war der Ort, an dem die Öffnung des Rechts gegenüber der Religion stattfand.[632] Das mehrere Jahrhunderte lang entwickelte christliche Naturrecht schien der Jurisprudenz die Möglichkeit zu bieten, die geistige Krise Deutschlands zu überwinden und ein Schutzinstrument gegen totalitäre Regime zu sein.[633] Im Gefolge dieser Hinwendung vieler Juristen zur Religion konnte Smend viel Anerkennung gewinnen.

Attraktiv war Smends Lehre nach 1945, weil sie politisch unbelastet war. Smend hatte sich während der nationalsozialistischen Herrschaft nicht in den Dienst der rassistischen Ideologie gestellt, sondern vielmehr zum protestantischen Kirchenrecht an der Göttinger Universität gearbeitet.[634] In der Nachkriegszeit war er am Wiederaufbau der Göttinger Universität maßgeblich beteiligt[635],

---

628 Foljanty, Recht oder Gesetz, S. 23 ff., 37 ff., 331 ff.

629 Stolleis, Die Staatsrechtslehre der fünfziger Jahre, S. 297; ders., Geschichte des öffentlichen Rechts, Bd. 3, S. 200; ders., Das Zögern beim Blick in den Spiegel, in: Stolleis. Ausgewählte Aufsätze und Beiträge, Bd. 2, Frankfurt am Main 2012, hrsg. Ruppert/ Vec, S. 616 ff.; Korioth, Integration und Bundesstaat, S. 244 f.; Günther, Denken vom Staat her, S. 197; Henne, „Smend oder Hennis", S. 141 ff., 146; ders., „Von 0 auf Lüth in 6 ½ Jahren", S. 213.

630 Foljanty, Recht oder Gesetz, S. 6–13, 225 ff., 291 ff., 304 ff., 325 ff.

631 Stolleis, Das Zögern beim Blick in den Spiegel, 616 f.

632 Foljanty, Rechtstheologie als Antwort auf den Nationalsozialismus. Zur Bedeutung der Religion in der deutschen Rechtsphilosophie der Nachkriegszeit, in: Hornyák/ Juhász/Delacasse/Peres (Hg.), Turning Points and Breaklines, Jahrbuch Junge Rechtsgeschichte Bd. 4, München 2009, S. 214–227; dies., Recht oder Gesetz, S. 97 ff., 108 ff., 137 ff.

633 Foljanty, Recht oder Gesetz.

634 Schumann, Die Göttinger Rechts- und Staatswissenschaftliche Fakultät 1933–1945, S. 65 ff.

635 Schefold, Geisteswissenschaft und Staatsrechtslehre zwischen Weimar und Bonn, S. 582; Scheuner, Rudolf Smend, S. 437 f.

nahm dort seine wissenschaftliche Tätigkeit im Bereich des Evangelischen Kirchenrechts wieder auf und engagierte sich auch politisch in der Kirche.[636] Sein Protestantismus verlieh ihm in der Nachkriegszeit hohes Ansehen.[637] Zudem fügten sich Smends Lehren in den antipositivistischen Grundkonsens ein, der sich in der Bundesrepublik in den 1950er Jahren weiter ausbilden sollte.[638]

Da mit der Diskreditierung des Weimarer Rechtspositivismus sowie der Emigration demokratischer Juristen wie Hans Kelsen oder Ernst Fraenkel für die bundesrepublikanische Staatsrechtslehre nur wenige Optionen zur staatsrechtswissenschaftlichen Fortentwicklung zur Verfügung standen, spielten in der Nachkriegszeit vor allem die Theorien Smends und Schmitts aus den 1920er Jahren eine große Rolle.[639] Beide Staatsrechtswissenschaftler wurden zu Orientierungspunkten für die nachfolgende Generation, so dass sich um sie die dominierenden Schulen der Staatsrechtslehre der Nachkriegszeit herausbildeten.[640] Unterstützend wirkte hierbei sicherlich, dass beide Staatsrechtslehrer noch während der Weimarer Republik ihre eigenen Werke zum Verfassungsrecht verfasst hatten. Auf diese konnte die Staatsrechtslehre der Nachkriegszeit nun zurückgreifen.[641] Hinzu kam, dass beide schon seit der Weimarer Republik auf einen eigenen Kreis von Doktoranden zurückblicken konnten; diese Kontakte überdauerten die Nachkriegszeit.[642]

636 Stolleis, Die Vereinigung der Deutschen Staatsrechtslehrer. Bemerkungen zu ihrer Geschichte, in: Stolleis, Ausgewählte Aufsätze und Beiträge, Bd. 2, Frankfurt am Main 2011, hrsg. v. Ruppert/Vec, S. 609; ders., Juristen. Ein biographisches Lexikon, München 1995, S. 585.

637 Stolleis, Juristen, S. 585.

638 Lepsius, Die Wiederentdeckung Weimars durch die bundesdeutsche Staatsrechtslehre, S. 366; Stolleis, Die Staatsrechtslehre der fünfziger Jahre, S. 294; ders., Juristen, S. 585; Günther, Denken vom Staat her, S. 197.

639 Lepsius, Die Wiederentdeckung Weimars durch die bundesdeutsche Staatsrechtslehre, S. 360 ff.; Korioth, Integration und Bundesstaat, S. 244 f.; J.-W. Müller, Ein gefährlicher Geist. Carl Schmitts Wirkung in Europa, Darmstadt 2007, S. 75 ff.

640 Zur Bedeutung der beiden Schulen für den allgemeinen staatsrechtswissenschaftlichen Diskurs seit den 1950er Jahren: Günther, Denken vom Staat her; Stolleis, Die Staatsrechtslehre der fünfziger Jahre, S. 294–300; Günther, Ein Jahrzehnt der Rückbesinnung. Die bundesdeutsche Staatsrechtslehre zwischen Dezision und Integration in den fünfziger Jahren, in: Henne/Riedlinger (Hg.), Das Lüth-Urteil aus (rechts-) historischer Sicht, Berlin 2005, S. 301–314; Stolleis, Geschichte des öffentlichen Rechts, Bd. 4, S. 200 f.

641 Stolleis, Geschichte des öffentlichen Rechts, Bd. 4, S. 200; Günther, Denken vom Staat her, S. 34 ff.

642 Siehe hierzu Günther, Denken vom Staat her, S. 114 ff.; zu Schmitts Schülerkreis vor allem: van Laak, Gespräche in der Sicherheit des Schweigens. Carl Schmitt in der politischen Geistesgeschichte der frühen Bundesrepublik, Berlin 2002, S. 240 ff.

Während Smend und Schmitt in den 1920er Jahren ihre Gegnerschaft zum Weimarer Positivismus noch einte[643], entwickelten sich ihre Konzeptionen zur Verfassung in der Nachkriegszeit zunehmend auseinander. Es war vor allem die jüngere Generation des jeweiligen Schülerkreises, welche die Weimarer Theorien methodisch weiterentwickeln sollte.[644] Dabei gelang es vor allem den Smendianern, die antiliberalen Grundrechtslehren Smends aus den 1920er Jahren unter den Bedingungen des Grundgesetzes zu transformieren und damit langfristig zur Stabilisierung der pluralistischen Demokratie beizutragen. Die zunehmende pluralistische Ausrichtung der Smend-Lehren war – wie zu zeigen sein wird – aufs Engste verknüpft mit einer zunehmend demokratischen Grundhaltung, die sich vor allem in der zweiten Generation der Smend-Schüler aufgrund externer Einflüsse durchsetzte und deren Verfassungs- und Grundrechtsinterpretation prägte.[645]

Zu Beginn der 1950er Jahre fehlte jedoch noch der Pluralismusgedanke – und zwar auch bei Smend. Zu jenem Zeitpunkt war nicht nur die Bevölkerung erschüttert von dem Ausmaß der nationalsozialistischen Verbrechen und suchte Sicherheit und politische Beständigkeit in einer hierarchisch klar gegliederten konservativen Gesellschaftsstruktur.[646] Auch in der Staatsrechtslehre jener Jahre dominierte ein etatistisches Staatsbild, wonach der handlungsfähige Staat über den politischen Parteien und Interessenverbänden steht, um – anders als in der Weimarer Zeit – die politische Stabilität und Ordnung erhalten zu können.[647] Eine Öffnung der Staatsrechtslehre in Richtung auf Pluralismus, Parlamentarismus und Demokratie vollzog sich nur langsam, denn noch waren die Erfahrungen mit der NSDAP, die in alle gesellschaftlichen und staatlichen Bereiche eingedrungen war, ebenso präsent wie der sich anbahnende Ost-West-Konflikt. Erst mit der allgemein steigenden Wertschätzung des parlamentarischen

---

643 Korioth, Integration und Bundesstaat, S. 243.

644 Lepsius, Die Wiederentdeckung Weimars durch die bundesdeutsche Staatsrechtslehre, S. 361; Günther, Denken vom Staat her, S. 243–257, 272–281.

645 Günther, Ein Jahrzehnt der Rückbesinnung, S. 308.

646 Herbert, Liberalisierung als Lernprozeß. Die Bundesrepublik in der deutschen Geschichte, in: Herbert (Hg.), Wandlungsprozesse in Westdeutschland. Belastung, Integration, Liberalisierung 1945–1980, Göttingen 2002, S. 7–49, 39; Günther, Denken vom Staat her, S. 76 f., 192; ders., Ein Jahrzehnt der Rückbesinnung, S. 301 f.; Metzler, Stabilisierung, Normalisierung, Modernisierung. Die Bundesrepublik in den 1950er Jahren, in: Henne/Riedlinger (Hg.), Das Lüth-Urteil aus (rechts-) historischer Sicht, Berlin 2005, S. 25 ff.; Sywottek, Wege in die 50er Jahre, in: Schildt/Sywottek (Hg.), Modernisierung im Wiederaufbau. Die westdeutsche Gesellschaft der 50er Jahre, Bonn 1993, S. 13–39, 16 f.

647 Günther, Ein Jahrzehnt der Rückbesinnung.

Verfassungssystems ab Mitte der 1950er Jahre und der damit verbundenen Anerkennung der politischen Parteien als Vertreter eines mehrheitlich bestimmten demokratische Volkswillens konnten pluralistische Ideen allmählich auch Eingang in die Verfassungs- und Grundrechtsdogmatik finden.[648]

Für die Entwicklung der Grundrechtslehren spielte Ende der 1950er Jahre vor allem der Umstand eine große Rolle, dass sich zwischen den beiden Schulen ein Streit über die Frage des Bestehens einer objektiven Wertordnung entfachte.[649] Dogmatisch ging es hierbei um die Frage, ob es eine Drittwirkung der Grundrechte gebe, wonach Grundrechte auch zwischen den Bürgern gelten, oder ob Grundrechte als reine Abwehrrechte gegenüber dem Staat zu verstehen seien. Dieser Streit wirkte bis in die 1960er Jahre fort und spielte für die Lösung des „Blinkfüer"-Falles eine entscheidende Rolle. Die Positionierung für den jeweiligen Standpunkt hing vor allem mit der methodischen Ausrichtung der eigenen Schule, der Offenheit gegenüber neuen Verfassungsinterpretationen sowie dem Ausmaß der Öffnung gegenüber einer pluralistischen Demokratie zusammen. Um die Bedeutung des Schulenstreits und seine Auswirkung auf die bundesrepublikanische Grundrechtsdogmatik zu verstehen, ist zunächst ein Blick auf die konkurrierenden Schulen zu werfen.

a. Die Smend-Schule

Smend, der politische Verantwortung mit protestantischer Moral verband, um dem Erhalt des demokratischen Gemeinwesens zu dienen[650], wirkte in den 1950er

---

648 So etwa Hesse, Die verfassungsrechtliche Stellung der politischen Parteien im modernen Staat, in: VVdStRL 17 (1959), S. 11–52, 16 ff., 21 ff., 27 ff.; Scheuner, Grundfragen des modernen Staates, Wandersleb (Hg.), Recht – Staat – Wirtschaft, Bd. 3, Düsseldorf 1951, S. 126–165, 141 ff.; Leibholz, Der Strukturwandel der modernen Demokratie, in: Leibholz, Strukturprobleme der modernen Demokratie, Karlsruhe 1958, S. 78–131. Zum Ganzen auch Günther, Denken vom Staat her, S. 200 f.

649 Vgl. v. a. Forsthoff, Die Umbildung des Verfassungsgesetzes, in: Barion/Forsthoff/Weber (Hg.), Festschrift für Carl Schmitt zum 70. Geburtstag dargebracht von Freunden und Schülern, Berlin 1959, S. 35–62 und deren Replik: Hollerbach, Auflösung der rechtsstaatlichen Verfassung? Zu Ernst Forsthoffs Abhandlung „Die Umbildung des Verfassungsgesetzes" in der Festschrift für Carl Schmitt, in: AöR 85 (1960), S. 241–270 sowie die zunächst als Privatdruck erschienene Schrift Carl Schmitts Die Tyrannei der Werte von 1960 (in: Schmitt, Die Tyrannei der Werte, 3. korrigierte Auflage, Berlin 2011).

650 Vor allem Smend, Staat und Politik. Ein Vortrag, gehalten als Einführung einer historisch-politischen Vortragsreihe der Universität Göttingen im Wintersemester 1945/1946, in: Smend, Staatsrechtliche Abhandlungen und andere Aufsätze, Berlin 2010, S. 363–379. Dazu auch: Günther, Denken vom Staat her, S. 159.

Jahren schulenbildend. Er legte großen Wert auf die Einbeziehung aktueller politischer Verfassungsprobleme.[651] Charakteristisch für seine Schule waren ihre zunehmend demokratische Grundhaltung und die Verfechtung des Konzeptes der Wertordnung. Seine Göttinger Seminare wurden nicht zuletzt aufgrund ihrer politischen Offenheit bundesweit zum Anziehungspunkt für progressiv denkende demokratische Juristen.[652] Zu den Smend-Schülern zählten unter anderem Ulrich Scheuner (1903–1981), Konrad Hesse (1919–2005), Horst Ehmke (geboren 1927), Wilhelm Hennis (1923–2012), Peter von Oertzen (1924–2008), Henning Zwirner (1927–1985) und Axel Freiherr von Campenhausen (geboren 1934). Einige von ihnen, so etwa Hennis, von Oertzen und Ehmke, waren nicht nur politisch links orientiert und gründeten den SDS in Göttingen, sondern waren auch starke Befürworter gesellschaftlicher Reformen in der Nachkriegszeit.[653] Der 1964 von Ernst Fraenkel (1898–1975) auf dem Juristentag gehaltene Vortrag und sein Plädoyer für die Einführung des pluralistischen Gedankens in die bundesrepublikanische Staatsrechtslehre[654], aber auch die guten Kontakte zu schweizerischen und US-amerikanischen Rechtswissenschaftlern förderten die pluralistische und demokratische Haltung der Smendianer seit den 1960er Jahren.[655]

Insbesondere Ehmke, Jahrgang 1927 und somit Angehöriger jener 45er-Generation, die zur Liberalisierung und Verwestlichung der Bundesrepublik beigetragen hatte[656], brachte den Pluralismusgedanken in die Smend-Schule ein, weil er durch seine Aufenthalte in den USA in den Jahren 1949/1950 in Princeton sowie 1958 in Berkeley mit den politischen Pluralismustheorien ebenso wie mit der Rechtsprechung des amerikanischen Supreme Courts vertraut

---

651 Günther, Denken vom Staat her, S. 160.

652 Günther, Denken vom Staat her, S. 159; ders, Ein Jahrzehnt der Rückbesinnung, S. 307 f.; Stolleis, Geschichte des öffentlichen Rechts, Bd. 4, S. 52; Ehmke, Rudolf Smend zum 90. Geburtstag, in: AöR 97 (1972), S. 146–147.

653 Günther, Ein Jahrzehnt der Rückbesinnung, S. 308; ders., Denken vom Staat her, S. 185. van Laak, Gespräche in der Sicherheit des Schweigens, S. 183.

654 Fraenkel, Der Pluralismus als Strukturelement der freiheitlich-rechtstaatlichen Demokratie (1964), in: Fraenkel, Deutschland und die westlichen Demokratien, Baden-Baden 2011, hrsg. v. von Brünneck, S. 256–280.

655 Günther, Denken vom Staat her, S. 160 ff., 236; Stolleis, Staatsrechtslehre der fünfziger Jahre, S. 294.

656 Metzler, Stabilisierung, Normalisierung, Modernisierung, S. 44; zur 45er-Generation und ihren Verdiensten bei der Liberalisierung und Verwestlichung der bundesrepublikanischen Nachkriegsgesellschaft siehe: Moses, Die 45er. Eine Generation zwischen Faschismus und Demokratie, in: Die Neue Sammlung 40 (2000), S. 233–263.

war.[657] Seine Dissertation mit dem Titel „Grenzen der Verfassungsänderung"[658] (1953), ebenso seine Habilitationsschrift „Wirtschaft und Verfassung"[659] (1961), aber auch sein Vortrag auf der Freiburger Staatsrechtslehrertagung von 1961 zu den „Prinzipien der Verfassungsinterpretation"[660] stellten für die Smend-Schule eine wichtige Diskussions- und Materialbasis für die Konzeption einer materialen Verfassungstheorie dar. Einerseits zeigten sie, wie man politische und demokratische Theorien mit dem Verfassungsrecht verbinden kann, andererseits schärften sie das Bewusstsein für die rechtsschöpferische Rolle der angloamerikanischen Verfassungsgerichtsbarkeit. Dieser rechtsvergleichende Blick[661], den vor allem Ehmke schärfte, sollte dazu beitragen, dem 1951 gegründeten Bundesverfassungsgericht aufzuzeigen, welche Kompetenzen und Möglichkeiten, aber auch welche Grenzen es künftig in seiner rechtsprechenden Funktion wahrnehmen konnte. So war es auch Ehmke, der mit Blick auf den US-amerikanischen Supreme Court die Schlüsselrolle der Verfassungsgerichtsbarkeit als Garantin eines öffentlichen Raumes demokratischer Auseinandersetzung betonte, um den jeweiligen Akteuren die Möglichkeit zu bieten, über gesellschaftliche, politische oder wirtschaftliche Themenstellungen öffentlich zu diskutieren und damit den Meinungsbildungsprozess zu beeinflussen.[662] Hierbei unterstrich er, dass allein die politischen oder gesellschaftlichen Akteure selbst (d. h. die Parteien und Interessenverbände) ohne gerichtliche Einmischung einen demokratischen Konsens aushandeln.[663] Diese Erkenntnisse sollten vor allem für die Auslegung der Meinungs- und Pressefreiheit in Art. 5 GG von Bedeutung sein.

b. Die Schmitt-Schule

Antipode zur Smend-Schule war die Schmitt-Schule. Ihr Lehrer war Carl Schmitt, zu dessen Schülern unter anderem Ernst Forsthoff (1902–1974), Werner Weber (1904–1976), Hans Schneider (1912–2010), Joseph H. Kaiser (1921–1998), Roman Schnur (1927–1966), der spätere Bundesverfassungsrichter Ernst-Wolfgang Böckenförde (geboren 1930) und auch Hermann Lübbe (geboren

---

657 Günther, Denken vom Staat her, S. 183–186, 245–248; Stolleis, Staatsbild und Staatswirklichkeit in Westdeutschland (1945–1960), in: Stolleis. Ausgewählte Aufsätze und Beiträge, Bd. 2, Frankfurt am Main 2011, hrsg. v. Ruppert/Vec, S. 679–700, 699.

658 Ehmke, Grenzen der Verfassungsänderung, Berlin 1953.

659 Ehmke, Wirtschaft und Verfassung.

660 Ehmke, Prinzipien der Verfassungsinterpretation, S. 53–102.

661 Hierzu vor allem Günther, Denken vom Staat her, S. 183 f.

662 Ehmke, Prinzipien der Verfassungsinterpretation, S. 77.

663 Ehmke, Prinzipien der Verfassungsinterpretation, S. 7.

1926) gehörten.[664] Die Schmitt-Schule dachte den Staat vom politischen Ausnahmezustand her.[665] Dezision war das Leitmotiv, um die Entscheidungs- und Handlungsfähigkeit des Staates in einer zunehmend pluralistisch werdenden Gesellschaft zu bewahren.[666] Typisch für die Schmitt-Schule waren die strikte Trennung von Staat und Gesellschaft[667], also die Sorge vor einer zunehmenden Überschneidung dieser beiden Sphären, und eine skeptische Grundhaltung gegenüber Pluralismen.[668] Diese Skepsis lag nicht nur in einer konservativen politischen Grundhaltung und den Weimarer Erfahrungen mit dem gescheiterten Mehrparteiensystem begründet, sondern auch in einem übertriebenem Misstrauen gegenüber dem bundesrepublikanischen Parlament, den wirtschaftlichen Interessenverbänden sowie den Parteien an sich, weil diese gesellschaftlichen und politischen Einrichtungen zunehmend in die staatliche Sphäre eindrangen und letztlich die Verwaltung in ihren Handlungsspielräumen stark beschränkten.[669] Anders als die Smend-Schule, der es seit den 1950er Jahren gelang, die Smend'schen Theorien der 1920er Jahre an die neuen pluralistischen Bedingungen unter dem Grundgesetz anzupassen und zu demokratisieren, blieben die Lehren Schmitts – soweit sie für den hier maßgeblichen Grundrechtsdiskurs zur Presse- und Meinungsfreiheit von der ersten Schülergeneration (Forsthoff, Weber) bestimmt wurden – auch in der Nachkriegszeit antipluralistisch. Besonders

664 Zu den Bildungswegen wichtiger Carl Schmitt-Schüler: van Laak, Gespräche in der Sicherheit des Schweigens, S. 240–293.

665 Schneider, Ausnahmezustand und Norm. Eine Studie zur Rechtslehre von Carl Schmitt, Stuttgart 1957; Weber, Weimarer Verfassung und Bonner Grundgesetz, Göttingen 1949; ders., Spannungen und Kräfte im westdeutschen Verfassungssystem, Stuttgart 1951. Dazu auch: Günther, Denken vom Staat her, S. 123; ders., Ein Jahrzehnt der Rückbesinnung, S. 304; Stolleis, Staatsrechtslehre der fünfziger Jahre, S. 295; van Laak, Gespräche in der Sicherheit des Schweigens, S. 146.

666 Weber, Weimarer Verfassung und Bonner Grundgesetz; ders., Spannungen und Kräfte im westdeutschen Verfassungssystem; Forsthoff, Die Umbildung des Verfassungsgesetzes, S. 35–62. Dazu auch: Stolleis, Die Staatsrechtslehre der fünfziger Jahre, S. 295.

667 Forsthoff, Der lästige Jurist, in: DöV 1955, S. 648–650, 648 f.; Böckenförde, Lorenz von Stein als Theoretiker der Bewegung von Staat und Gesellschaft zum Sozialstaat (1963), in: Böckenförde (Hg.), Staat und Gesellschaft, Darmstadt 1976, S. 131–171.

668 Forsthoff, Zur verfassungsrechtlichen Stellung und inneren Ordnung der Parteien, in: Forsthoff/ Loewenstein, Die politischen Parteien im Verfassungsrecht. Zwei Abhandlungen, Tübingen 1950, S. 5–24, S. 7 ff. Dazu auch: Stolleis, Staatsrechtslehre der fünfziger Jahre, S. 295.

669 Günther, Ein Jahrzehnt der Rückbesinnung, S. 304 f.

wichtig war für die Schmittianer Schmitts Weimarer „Verfassungslehre“ aus dem Jahre 1928, ein Werk, das in ihren Augen unbelastet war.[670]

2. Auswirkung des Schulenstreits auf die Grundrechtstheorie

Der Streit zwischen den Schulen hinsichtlich des Bestehens einer objektiven Wertordnung betraf die Grundrechtstheorie in ihrem Kern. Zugleich wirkte er sich auch praktisch auf die Grundrechtsdogmatik und damit auf die Lösung des „Blinkfüer“-Falles aus, da die jeweiligen Standpunkte zu unterschiedlichen Ergebnissen führten: Die Position der Smend-Schule besagte, dass innerhalb der Rechtsverhältnisse zwischen Bürgern Grundrechte gelten, so dass Aust sich auf die Pressefreiheit berufen könne. Die Schmitt-Schule hingegen, die in den Grundrechten bloße Abwehrrechte erkannte, käme im „Blinkfüer“-Fall zu dem Ergebnis, dass Aust keine Verletzung der Pressefreiheit geltend machen kann, weil die Grundrechte gegenüber dem privaten Presseunternehmen Axel Springers nicht gelten. Die jeweiligen Standpunkte der beiden Schulen lassen sich nur vor dem Hintergrund ihrer juristischen Methodik und Auslegung des Art. 5 Abs. 1 GG verstehen.

Der in Tübingen lehrende Staatsrechtslehrer Günter Dürig [671](1920–1996), der gemeinsam mit Theodor Maunz den führenden Grundgesetz-Kommentar der jungen Bundesrepublik mitverfasste, entwickelte 1956 anhand des Art. 1 Abs. 1 i.V.m. Art. 19 Abs. 2 GG zur Menschenwürde die These von der objektiven Wertordnung weiter.[672] Dürig ging es vor dem Hintergrund der Erfahrung des Nationalsozialismus darum, die Theorie der objektiven Wertordnung positivrechtlich zu verankern, um den Rechtsstaat zu etablieren.

Auch die Smend-Schule entwickelte in den 1950er Jahren auf der Grundlage der Lehren Smends eine materiale Verfassungs- und Grundrechtstheorie, die auf

670 Stolleis, Geschichte des öffentlichen Rechts, Bd. 4, S. 200.

671 Büchting, Günter Dürig, in: Beck (Hg.), Juristen im Porträt: Verlag und Autoren in 4 Jahrzehnten. Festschrift zum 225jährigen Jubiläum des Verlages C.H. Beck, München 1988, S. 280–288.

672 Dürig, Der Grundsatz von der Menschenwürde. Entwurf eines praktikablen Wertsystems der Grundrechte aus Art. 1 Abs. I in Verbindung mit Art. 19 Abs. II des Grundgesetzes, in: AöR 81 (1956), S. 117–157; Dürig, in: Maunz/Dürig, Grundgesetz, Art. 1 GG Rdnr. 8 ff., 13 ff. (Erstkommentierung von 1958); ders., Grundrechte und Zivilrechtsprechung (1956), in: Dürig, Gesammelte Schriften 1952–1983, Berlin 1984, hrsg. v. Glaeser/Häberle, S. 215–246; ders., Die Menschenauffassung des Grundgesetzes, in: JR 1952, S. 259–263. Dazu auch: Stolleis, Geschichte des öffentlichen Rechts, Bd. 4, S. 139, 219; Günther, Denken vom Staat her, S. 193.

das Grundgesetz zurückführte.[673] Diese Neukonzeption der materialen Verfassungstheorie war vor allem der Entstehungsgeschichte des Grundgesetzes geschuldet, das verfassungsrechtliche Schutzmechanismen wie Art. 79 Abs. 3 GG eingebaut hatte, aber auch der Erkenntnis, dass nur eine material auf das Grundgesetz gestützte Verfassungs- und Grundrechtstheorie dauerhaft die freiheitliche Demokratie schützt.[674]

Bis sich dieses Grundrechtsdenken in der Rechtsprechung niederschlug, verging allerdings fast ein Jahrzehnt. Ab Ende der 1950er Jahre, also seit dem „Lüth"-Urteil, sollte die vom Bundesverfassungsgericht explizit als Theorie der objektiven Wertordnung bezeichnete Argumentationsfigur in Anlehnung an Smend dem Bundesverfassungsgericht dazu dienen, sich von dem naturrechtsorientierten Bundesgerichtshof für Zivilsachen unter dem Präsidenten Hermann Weinkauff und dem Bundesarbeitsgericht unter Hans Carl Nipperdey abzugrenzen.[675] Nipperdey, der zwar kein Naturrechtsanhänger war, forderte aber die unmittelbare Drittwirkung der Grundrechte im Privatrecht.[676] Beide Bundesgerichte konkurrierten mit dem Bundesverfassungsgericht, indem sie eine eigene verfassungsrechtliche Methodik entwarfen, wobei der Bundesgerichtshof mit seiner naturrechtlichen Argumentation zur Scheidung das Familienrecht zu beeinflussen suchte[677], während das

---

673 Die Betonung der stärkeren Normativität der Verfassungsinterpretation seit den 1950er Jahren findet sich auch bei Smend selbst, vor allem aber bei Hesse: vgl. Smend, Gutachtliche Äußerung zur Frage einer Änderung des Grundgesetzes für die Bundesrepublik Deutschland als Voraussetzung des deutschen Wehrbeitrages zur Europäischen Verteidigungsgemeinschaft, sowie Smend, Ergänzende gutachtliche Äußerung zur Frage der Erforderlichkeit einer Änderung des Grundgesetzes für die Bundesrepublik Deutschland als Voraussetzung des deutschen Wehrbeitrages zur Europäischen Verteidigungsgemeinschaft, in: Institut für Staatslehre und Politik e.V. (Hg.), Der Kampf um den Wehrbeitrag, 2. Halbband: Das Gutachtenverfahren (30.7.–15.12.1952), München 1953, S. 559 ff.; Hesse, Die normative Kraft der Verfassung, Tübingen 1959; ders., Rezension. Richard Bäumlin: Staat, Recht und Geschichte. Eine Studie zum Wesen des geschichtlichen Rechts, entwickelt an den Grundproblemen von Verfassung und Verwaltung, in: JZ 1963, S. 485–487. Dazu auch: Korioth, Integration und Bundesstaat, S. 229–242.

674 Korioth, Integration und Bundesstaat, S. 234 ff.; Günther, Ein Jahrzehnt der Rückbesinnung, S. 308.

675 Henne, „Von 0 auf Lüth in 6 ½ Jahren", S. 204; Lepsius, Die Wiederentdeckung Weimars durch die bundesdeutsche Staatsrechtslehre, S. 365 f.

676 Hollstein, Die Verfassung als „Allgemeiner Teil". Privatrechtsmethode und Privatrechtskonzeption bei Hans Carl Nipperdey (1895–1968), Tübingen 2007.

677 Herbe, Hermann Weinkauff; Franzius, Bonner Grundgesetz und Familienrecht. Die Diskussion um die Gleichberechtigung von Mann und Frau in der westdeutschen

Bundesarbeitsgericht mit der verfassungsdogmatischen Figur der unmittelbaren Drittwirkung der Grundrechte eine verfassungsrechtliche Durchdringung des Zivilrechts ermöglichen wollte.[678] Das Bundesverfassungsgericht reagierte in seinem „Lüth"-Urteil hierauf, indem es die mittelbare Drittwirkung der Grundreche zwischen den Bürgern bestätigte. Letztlich erreichte das Bundesverfassungsgericht mit dem „Lüth"-Urteil, dass die eigene Prüfungskompetenz erweitert und die Zivilgerichtsbarkeit geschwächt wurde.[679]

Insgesamt gelang es dem Bundesverfassungsgericht durch die Übernahme der Smend-Lehren, obwohl diese einen antiliberalen Ursprung hatten, die liberale und parlamentarische Demokratie zu stärken.[680] Die Anwendung dieser Theorien in Gerichtsurteilen erfüllte seit den 1950er Jahren die Aufgabe, das demokratische Bewusstsein in der bundesrepublikanischen Gesellschaft zu stabilisieren. Denn die mit der Drittwirkungsfrage eng verbundene Wertlehre sollte bis Ende der 1960er Jahre in der Verfassungsrechtsprechung ein wichtiges Instrument werden, um auf die sich wandelnden gesellschaftlichen Verhältnisse in der Demokratie – wie etwa die Stärkung des Pluralismus im Zuge der Neuen Ostpolitik oder das Aushandeln neuer politischer Handlungsspielräume für Parteien und Organisationen – zu reagieren und damit diese Rechtspositionen zu stärken.

3. Gesellschaftlicher und methodischer Wandel: Die Smend-Schule zwischen „Lüth" und „Blinkfüer"

Die Phase zwischen dem „Lüth"-Urteil (1958) und dem „Blinkfüer"-Beschluss (1969) war für die Transformierung der Smend-Lehren in eine pluralistische Verfassungs- und Grundrechtslehre, die sich den Bedingungen der freiheitlichen Demokratie des Grundgesetzes anpasst, sehr entscheidend. Zu jener Zeit hatte sich bereits der Schwerpunkt der Smend-Schule von Göttingen nach Freiburg verlagert, an dessen Universität seit 1956 Hesse und seit 1961 Ehmke lehrten.[681] Fast parallel zum einsetzenden Wandlungs- und Reformprozess, der seit Anfang der 1960er Jahren zu einer gesellschaftlichen und politischen Liberalisierung

Zivilrechtslehre der Nachkriegszeit (1945–1957), Frankfurt am Main 2005; Kroeschell, Rechtsgeschichte Deutschlands im 20. Jahrhundert, Göttingen 1992, S. 223.

678 Hollstein, Die Verfassung als „Allgemeiner Teil".

679 Wahl, Lüth und die Folgen. Ein Urteil als Weichenstellung für die Rechtsentwicklung, in: Henne/ Riedlinger (Hg.), Das Lüth-Urteil aus (rechts-) historischer Sicht, S. 375 f.

680 Henne, „Smend oder Hennis", S. 146.

681 Günther, Ein Jahrzehnt der Rückbesinnung, S. 308. Zum Freiburger Milieu: Hollerbach (Hg.), Jurisprudenz in Freiburg. Beiträge zur Geschichte der Rechtswissenschaftlichen Fakultät der Albert-Ludwigs-Universität, Tübingen 2007.

führte, begannen vor allem Smend-Schüler der zweiten Generation eine neue verfassungsrechtliche Dogmatik zu entwerfen.[682] Der methodische Wandel sollte dem Wandel der gesellschaftlichen Verhältnisse, die ein verfassungsrechtliches Reagieren erforderlich machten, Rechnung tragen.

Methodisch hielten Smend-Schüler wie Scheuner, Ehmke und Hesse an Smends Grundidee fest, dem positiven Verfassungsrecht sei ein Wertsystem übergeordnet, das ihm zugleich innewohne.[683] Aufgabe der Juristen und Richter sei es demnach, die Rangordnung der einzelnen Werte zu erfassen. Die Smend-Schule arbeitete empirisch und sozial-wissenschaftlich, zugleich aber auch wertphilosophisch, wobei sie von der Naturrechtslehre insofern abwich, als sie die Wertordnung und das Wertsystem so interpretierte, dass die Werte aus dem Grundgesetz selbst zu entnehmen und hierarchisch zu strukturieren seien.[684]

Für den methodischen Wandel war vor allem Ehmke verantwortlich. Er engagierte sich seit Anfang der 1960er Jahre dafür, dass der von dem Philosophen Theodor Viehweg in seiner einflussreichen Schrift „Topik und Jurisprudenz“[685] diskutierte Ansatz, der über Josef Esser[686] Eingang ins Zivilrecht fand, auch bei der Verfassungsinterpretation angewendet wurde.[687] Viehweg hatte in seiner

---

682 Lepsius, Die Wiederentdeckung Weimars durch die bundesdeutsche Staatsrechtslehre, S. 384–390; Günther, Denken vom Staat her, S. 163 f., 243 f.

683 Scheuner, Grundfragen des modernen Staates, S. 126–165, S. 135 ff.; Ehmke, Grenzen der Verfassungsänderung, S. 56 ff.; ders., Wirtschaft und Verfassung, S. 51 f.; Hesse, Die normative Kraft der Verfassung; ders., Die verfassungsrechtliche Stellung der politischen Parteien, insbesondere S. 13 f., 17, 20; ders., Grundzüge, 1. Auflage, § 1, S. 4, § 9, S. 118, § 11, S. 140. Ferner Hesses Schüler Hollerbach: Hollerbach, Auflösung der rechtstaatlichen Verfassung?, insbesondere S. 254–256.

684 Hesse, Der Rechtsstaat im Verfassungssystem des Grundgesetzes, in: Hesse/Reicke/Scheuner (Hg.), Staatsverfassung und Kirchenordnung. Festgabe für Rudolf Smend zum 80. Geburtstag am 15. Januar 1962, Tübingen 1962, S. 71–95, insbes. S. 77 ff., 84 ff., 88 ff.; Ehmke, Wirtschaft und Verfassung, S. 49 ff.

685 Viehweg, Topik und Jurisprudenz, München 1953.

686 Esser, Grundsatz und Norm, Tübingen 1956; ders., Zur Methodenlehre des Zivilrechts, Berlin 1959; ders. Vorverständnis und Methodenwahl, Frankfurt am Main 1970.

687 Vgl. vor allem Ehmke, Prinzipien der Verfassungsinterpretation, S. 54 ff., 62 ff., ferner Hesse, Grundzüge, 1. Auflage, § 2, S. 27 ff., 31. Dazu auch: R. Dreier, Zur Problematik und Situation der Verfassungsinterpretation, in: Dreier/Schwegmann (Hg.), Probleme der Verfassungsinterpretation. Dokumentation einer Kontroverse, Baden-Baden 1976, S. 13–47, 27; Günther, Denken vom Staat her, S. 243 f.; Launhardt, Topik und rhetorische Rechtstheorie. Eine Untersuchung zu Rezeption und Relevanz der Rechtstheorie Theodor Viehwegs, Frankfurt am Main 2010.

Schrift dafür plädiert, dem Rechtsproblem mit bestimmten Argumentationsfiguren (Topoi) zu begegnen, statt eine Norm herkömmlich auszulegen.[688]

Die Smend-Schule war gegenüber diesem neuen Ansatz für die Staatsrechtslehre aufgeschlossen, weil die topische Interpretationsmethode mehr Offenheit versprach. Sie bot die Möglichkeit, Pluralismen zuzulassen und traditionelle staatsrechtswissenschaftliche Denktraditionen zu überwinden, indem sie einen vom Einzelfall abhängigen Methodenpluralismus etablierte, der dazu diente, Sachprobleme zu lösen.[689] Die Hinwendung zur Topik markierte einen zentralen Wendepunkt von einer methodenbezogenen zu einer sachbezogenen Auseinandersetzung.[690]

Wichtig für die staatsrechtswissenschaftlichen Entwicklungen und die Etablierung der Smend-Lehren war vor allem Hesses 1967 erstmals erschienenes systematisches Lehrbuch „Grundzüge des Verfassungsrechts der Bundesrepublik Deutschland"[691], das während seiner Freiburger Entstehungszeit kritisch von Ehmke sowie den Hesse-Schülern Alexander Hollerbach (geboren 1931), Peter Häberle (geboren 1934) und Friedrich Müller (geboren 1938) gelesen wurde.[692] In seinem ersten Vorwort erläutert Hesse das Ziel des hauptsächlich für die Lehre verfassten Buches, nämlich die „Grundzüge des geltenden Verfassungsrechts auf der Grundlage eines zeitgemäßen Verständnisses des Ganzen der Verfassung heraus[zu]arbeiten"[693]. Dieses Lehrbuch, das als eine Art Handbuch der Smend-Schule dienen sollte[694], hatte schon unmittelbar nach seinem Erscheinen sehr großen Einfluss[695] und sollte – wie später noch zu zeigen sein wird – wesentliche Argumente für den zwei Jahre später ergangenen „Blinkfüer"-Beschluss liefern, denn die Bundesverfassungsrichter standen insgesamt der Smend-Schule nahe.

---

688 Viehweg, Topik und Jurisprudenz, S. 18 ff.

689 Lepsius, Die Wiederentdeckung Weimars durch die bundesdeutsche Staatsrechtslehre, S. 384 f.

690 Günther, Denken vom Staat her, S. 243 ff.

691 Günther, Denken vom Staat her, S. 165.

692 Häberle, Die „Grundzüge" und ihre Rezeption im Ausland, in: JöR NF 57 (2009), S. 545–548, 545 f.; Rinken, Die „Grundzüge" von Konrad Hesse als Lehrbuch, in: JöR NF 57 (2009), S. 527–530, 527 f.; Stolleis, Geschichte des öffentlichen Rechts, Bd. 4, S. 489.

693 Aus Hesses Vorwort zur ersten Auflage seines Buchs „Grundzüge des Verfassungsrechts der Bundesrepublik Deutschland" von 1966 (Karlsruhe).

694 Günther, Denken vom Staat her, S. 165.

695 Stolleis, Juristen, S. 585. Zum Einfluss des Lehrbuchs auf die Rechtsprechung des Bundesverwaltungsgerichts: Herbert, Die „Grundzüge" und ihre Wirkung in der Rechtsprechung, in: JöR NF 57 (2009), S. 537–543.

Hesses Buch gibt die Lehren der Smend-Schule wieder und trägt den Gedanken fort, dass die Prinzipien des geschriebenen Verfassungsrechts durch die Heranziehung des ungeschriebenen Verfassungsrechts entfaltet und ergänzt werden müssen.[696] Obwohl die geschriebene Verfassung für ihn kein lückenloses System darstellt, geht Hesse grundsätzlich vom Vorrang der geschriebenen Verfassung aus.[697] Nach Hesse liegt der Umstand, dass die Regelungen der normativen Verfassung unvollkommen und unvollständig sind, darin begründet, dass das Leben geschichtlich geprägt ist und geschichtlichen Veränderungen unterliegt.[698] Die Veränderlichkeit der von der Verfassung geregelten Lebensverhältnisse müsse also – so Hesse – bei der Verfassungsinterpretation beachtet werden.[699]

Auch äußert er sich in der ersten Auflage des Buches explizit zu dem vor dem Bundesverfassungsgericht anhängigen „Blinkfüer"-Fall. Er führt aus, dass im nichtstaatlichen Bereich Privatpersonen die Freiheit Anderer durch die „Ausübung wirtschaftlicher oder sozialer Macht" einschränken können.[700] Da das Grundgesetz als objektive Ordnung in seinen „Grundrechten nicht nur einen freiheitlichen staatlichen [sic!] sondern einen freiheitlichen Gesamtzustand" normiere, müsse die Rechtsprechung – solange die Gesetzgebung keinen ausreichenden Schutz gewähre – bei der Auslegung zivilrechtlicher Normen die Drittwirkung der Grundrechte beachten.[701] Außerdem weist er darauf hin, dass in dem von den Verlagen Axel Springers durchgeführten Boykott das Schutzgut des Art. 5 GG als „Norm objektiven Verfassungsrechts" verletzt werde, da die Verlagshäuser die freie Meinungsbildung verhindert hätten.[702]

Hesse verwendete den Begriff der „objektiven Wertordnung" in seinem Lehrbuch vorsichtiger, als dies in den 1950er Jahren in Literatur oder Rechtsprechung geschah, und bevorzugte stattdessen den schlichteren Begriff der „Ordnung".[703] Dennoch argumentierte er klar für eine objektive Dimension der Grundrechte. Dies zeigte sich auch in seiner Theorie der praktischen Konkordanz, die er aus dem Prinzip der „Einheit der Verfassung" ableitete.[704] Der Begriff der Konkordanz wurde von Hesse bewusst verwendet, um die Nähe zu Smends Integrationslehre

---

696 Hesse, Grundzüge, 1. Auflage, § 1, S. 15.
697 Hesse, Grundzüge, 1. Auflage, § 1, S. 15.
698 Hesse, Grundzüge, 1. Auflage, § 1, S. 12, 16.
699 Hesse, Grundzüge, 1. Auflage, § 1, S. 16.
700 Hesse, Grundzüge, 1. Auflage, § 11, S. 142.
701 Hesse, Grundzüge, 1. Auflage, § 11, S. 142.
702 Hesse, Grundzüge, 1. Auflage, § 11, S. 142.
703 Vgl. etwa Hesse, Grundzüge, 1. Auflage, § 1, S. 5 ff., § 4, 49 ff., § 6, 74 ff., § 7, 85 ff.
704 Vgl. Hesse, Grundzüge, 1. Auflage, § 2, S. 28.

und zu seinen Lehren zur ausgleichenden Abwägung zu betonen und sich von Schmitts Theorie des Ausnahmezustands zu distanzieren.[705]

4. Die Dogmatikentwicklung der Smend-Schule zu Art. 5 GG

Die Dogmatikentwicklung der Smend-Schule blieb, wie erwähnt, von äußeren Einflüssen nicht unberührt. Dabei war insbesondere die US-amerikanische Entwicklung der Pressefreiheitsdogmatik durch den in den USA publizierten Titel *Four Theories of the Press*[706] nicht unbedeutend.[707] Nachdem einige Jahre zuvor auf dem US-amerikanischen Markt Pressekonzentration zu verzeichnen war und die soziale Funktion der Massenmedien in der Demokratie in praktischen Arbeiten diskutiert wurde, erschienen zunächst erste Schriften, die Vorschläge zur Beseitigung der Missstände machten.[708] Danach systematisierten im Jahre 1956 die US-amerikanischen Kommunikationswissenschaftler Fred S. Siebert, Theodore Peterson und Wilbur Schramm die Pressetheorien in vier Kategorien, um Aussagen über die historische und zeitgenössische Entwicklung und den Stellenwert der Presse zu treffen sowie um das Ausmaß der Freiheit der Presse und ihre jeweiligen Kontrollmöglichkeiten zu erfassen. Sie vertraten den Standpunkt, dass die jeweils vorherrschende Pressetheorie in einem Staat abhängig sei von den sozialen und politischen Gesellschaftsstrukturen, innerhalb derer die Presse funktioniert.[709] Sie hoben die historisch gewachsene *Authoritarian Theory* und

---

705 Stolleis, Geschichte des öffentlichen Rechts, Bd. 4, S. 217.

706 Siebert/Peterson/Schramm (Hg.), Four Theories of the Press. The Authoritarian, Libertarian, Social Responsibility and Soviet Communist Concepts of What the Press Should Be and Do, Urbana 1956

707 Aus den Quellen selbst ergibt sich kein Nachweis, dass dieser Text verwendet wurde. Allerdings ist der Einfluss des US-amerikanischen Diskurses, der schon einige Jahre zuvor in Gang war, unter anderem bei Ridder ersichtlich: Ridder, Meinungsfreiheit, in: Neumann/Nipperdey/Scheuner (Hg.), Die Grundrechte. Handbuch der Theorie und Praxis der Grundrechte, Zweiter Band, Berlin 1954, S. 243–290, 287 ff.
Bei Hennis wird in einem Beitrag aus dem Jahre 1957 ebenfalls die Kenntnis des US-amerikanischen Diskurses zur öffentlichen Meinungsbildung deutlich. Vgl. Hennis, Meinungsforschung und repräsentative Forschung, Tübingen 1957, S. 12, 15, 31, 33, 48 f.

708 Vgl. unter anderem die Arbeit des US-Philosophen Hocking, Freedom of the Press. A framework of principle (Chicago 1947) sowie die Darlegung der von der Commission on Freedom of the Press 1947 entwickelten Grundsätze, in: Kommission für Pressefreiheit, Chicago (Hg.), Eine freie und verantwortliche Presse, S. 98–120.

709 Siebert, The Authoritarian Theory of the Press, in: Siebert/Peterson/Schramm (Hg.), Four Theories of the Press, Urbana 1956, S. 9 f., 12 f., 16 f., 27 f.; ders., The Libertarian

ihr Pendant, die *Libertarian Theory, hervor sowie* ihre zeitgenössischen Fortentwicklungen durch die autoritären *Soviet Communist Concepts* und die liberal-demokratische *Social Responsibility Theory*. Während sie bei den zeitgenössischen Pressefreiheitskonzepten zwischen der Presse in freien, nichtkommunistischen und in totalitär-kommunistischen Ländern unterschieden, vertraten sie die Auffassung, die *Social Responsibility Theory* sei Ausdruck der US-amerikanischen Weiterentwicklung der liberalen Pressetheorie im 20. Jahrhundert.[710] Diese resultiert ihrer Ansicht nach aus den Erfahrungen der Industriellen Revolution und dem Bedürfnis, den technisch-ökonomischen Herausforderungen der Moderne gerecht zu werden.[711] Obwohl die *Social Responsibility Theory* das liberale Grundmodell der Pressefreiheit an sich nicht bestreitet, bezweifelt sie die von ihm postulierten Selbstregulierungskräfte der Presse. Sie fordert das staatliche Festsetzen moralisch-ethischer Prinzipien für das Pressewesen und deren Einhaltung, um dem öffentlichen Interesse an einer vielfältigen und informativen Presse gerecht zu werden. Im Zentrum der *Social Responsibility Theory* steht nicht mehr das Zweierverhältnis zwischen dem Staat und dem Zeitungsverleger/ Journalisten als Grundrechtsträger, sondern das Dreiecksverhältnis zwischen Staat, Zeitungsverleger/ Journalist und Rezipient als Grundrechtsträger der Informations- und Meinungsfreiheit.[712]

Die Smend-Schule wurde auch von der Grundrechtskonzeption des politisch linken Staatsrechtswissenschaftlers Helmut Ridder (1919–2007) beeinflusst. Dieser lehrte ab 1951 in Frankfurt am Main und leitete später mit Otto Kirchheimer in den USA Seminare.[713] Ridder war der Smend-Schule nicht zugehörig, wies jedoch in einigen Punkten Übereinstimmung mit Smend auf. Er veröffentlichte in dem von Franz L. Neumann, Hans Carl Nipperdey und Ulrich Scheuner 1954 herausgegebenen Klassiker „Die Grundrechte – Handbuch der Theorie

Theory of the Press, in: Siebert/Peterson/ Schramm (Hg.), Four Theories of the Press, Urbana 1956, S. 39, 43 f., 50 ff., 70; Peterson, The Social Responsibility Theory of the Press, Urbana 1956, S. 73 f., 75, 77 f., 81 ff.; Schramm, The Soviet Communist Theory of the Press, in: Siebert/Peterson/Schramm (Hg.), Four Theories of the Press, Urbana 1956, S. 110 f., 116 ff., 119 f., 121–129, 144 ff.

710 Siebert/Peterson/Schramm (Hg.), Four Theories of the Press, Introduction, Urbana 1956, S. 2; Peterson, The Social Responsibility Theory of the Press, in: Siebert/Peterson/Schramm (Hg.), Four Theories of the Press, Urbana 1956, S. 73, 75.

711 Peterson, The Social Responsibility Theory of the Press, S. 7, 81, 97.

712 Wilke, Einleitung, S. 37.

713 Stein/Faber, Zueignung, in: Stein/Faber (Hg.), Auf einem dritten Weg. Festschrift für Helmut Ridder zum siebzigsten Geburtstag, Neuwied/Frankfurt am Main 1989, S. IX.

und Praxis der Grundrechte" einen Aufsatz, in dem er bei der Auslegung der Meinungs- und Pressefreiheit eine umstrittene Analogie zu Art. 21 Abs. 1 Satz 1 GG bildete und folgerte, dass die Presse eine ähnliche Funktion erfülle wie die Parteien.[714] Auch die Presse diene der politischen Willensbildung, so dass eine besondere verfassungsrechtliche Schutzbedürftigkeit der Presse gegeben sei.[715] Außerdem bezwecke die Pressefreiheit in erster Linie den Schutz der öffentlichen Aufgabe der politischen Presse und nur in zweiter Linie den Schutz der Presse vor staatlichen Eingriffen.[716] Weiterhin vertrat Ridder die Ansicht, dass die Chancengleichheit als Teilinhalt des Art. 5 Abs. 1 Satz 2 GG in Verbindung mit Art. 3 GG zu betrachten sei und dadurch der öffentliche Meinungsbildungsprozess geschützt werde.[717] Ridder ging es darum, der besonderen Rolle der Presse innerhalb der parlamentarischen Demokratie gerecht zu werden. Zugleich kam er in seinem Aufsatz den Theorien über die objektivrechtliche Dimension der Grundrechte sehr nahe.

Betrachtet man die Grundrechtslehre der Smend-Schule vor diesem Hintergrund, so wird deutlich, dass diese für eine ‚moderne' Verfassungstheorie sowie eine weite Auslegung des Art. 5 Abs. 1 GG stand. Die Smend-Schule plädierte für einen sehr umfassenden Grundrechtsschutz, der die Anerkennung einer objektiven Wertordnung und eine Drittwirkung der Grundrechte im Privatrecht mit einbezog. Diese Auffassung resultierte aus der Überzeugung, das Grundgesetz unterliege wie jede andere Verfassung einem tatsächlichen Wandel und die Grundrechtsinterpretation solle den Bedürfnissen der Zeit gerecht werden. Ihre Grundannahme, dass die Verfassungsauslegung sich an den Bedürfnissen der modernen Gesellschaft orientieren müsse, machte die Lehren der Smend-Schule für die Staatsrechtswissenschaft und das Bundesverfassungsgericht interessant. Nach Sicht der Smendianer galten also Grundrechte auch im Verhältnis zwischen Bürgern. Erwähnenswert ist, dass seit Ende der 1950er Jahre vermehrt auch durch die Smend-Schüler Wilhelm Hennis und Ulrich Scheuner zur Presse- und Meinungsfreiheit publiziert wurde.[718]

Die seit den 1960er Jahren sich in einem Wandlungsprozess hin zur pluralistischen Demokratie befindliche Gesellschaft stand vor vielen rechtspraktischen

714 Ridder, Meinungsfreiheit, S. 243–290, 257 f.
715 Ridder, Meinungsfreiheit, S. 257.
716 Ridder, Meinungsfreiheit, S. 257 f., 259.
717 Scholler/Birk, Verfassungsrecht und Verfassungsgerichtsbarkeit, S. 73.
718 Hennis, Meinungsforschung; Scheuner, Pressefreiheit, in: VVdStRL 22 (1965), S. 1–100; ders., Die institutionellen Garantien des Grundgesetzes, S. 88–119; ders., Privatwirtschaftliche Struktur und öffentliche Aufgabe der Presse, S. 31 ff.

Problemen, die immer wieder eine Auseinandersetzung um Inhalt und Grenzen der Meinungs- und Pressefreiheit erforderten[719]: Dies begann mit der „Spiegel"-Affäre im Jahre 1962, die dazu führte, dass erstmals in der Nachkriegszeit eine selbstbewusste Bevölkerung gegen massive staatliche Eingriffe in die Pressefreiheit aufbegehrte, den öffentlichen Raum als Austragungsort aktuell-politischer Themenstellungen nutzte und damit die parlamentarische Aufklärung des Vorfalls in Gang setzte. Gleichzeitig entstand durch die Affäre das Bewusstsein, dass die Pressefreiheit nicht ausschließlich als individuelles Grundrecht des Einzelnen gegenüber dem Staat zu verstehen sei, sondern als ein Grundrecht, das einen politischen Freiheitsaspekt beinhaltet und damit das Gemeinwesen betrifft. Die „Spiegel"-Affäre zeigt damit letztlich auch, wie sehr die Sphären zwischen Staat und Gesellschaft ineinander übergingen.[720]

Seit Mitte der 1960er Jahre kam im Zusammenhang mit den öffentlichen Diskussionen über die Pressekonzentration in den Verlagshäusern Axel Springers die Frage auf, inwiefern der Staat Regelungen und Maßnahmen zu treffen habe, um die öffentliche Meinungsbildung und die demokratische Meinungspluralität im Pressewesen zu erhalten.

Auf diese politischen Probleme der 1960er Jahre reagierten die Smendianer mit einer Interpretation des Art. 5 Abs. 1 GG, die sowohl die private unpolitische Meinungs- und Pressefreiheit zuließ als auch die Interpretation im Sinne von Freiheitsgrundrechten, die zu Themen aus dem Bereich des Öffentlichen Stellung beziehen.[721] Gerade letztere Interpretationsweise betonte die Bedeutung der Meinungs- und Pressefreiheit im demokratisch verfassten Rechtsstaat und war wiederum ein starkes Argument, um die Demokratiefunktion der Meinungs- und Pressefreiheit und ihre Wertigkeit hervorzuheben.[722] Gemäß ihrer Vorstellung, dass sich die Verfassungsinterpretation am Verfassungswandel orientieren muss, wollte die Smend-Schule die Meinungs- und Pressefreiheit neben ihrer individuell-abwehrrechtlichen um eine objektive Dimension erweitern.[723] Die Heranziehung der objektivrechtlichen Dimension der Grundrechte war geeignet, um auf aktuelle Verfassungsprobleme und gesellschaftliche Veränderungsprozesse zu reagieren.

---

719 Wilke, Einleitung, S. 39.

720 Günther, Denken vom Staat her, S. 240 f.

721 Scheuner, Pressefreiheit, S. 19 f.

722 Vgl. Scheuner, Pressefreiheit, S. 19 f.; Hesse, Grundzüge, 1. Auflage, § 5, S. 65.

723 Etwa: Hesse, Grundzüge, 1. Auflage, § 9, S. 110 f., § 12, S. 149–151.

5. Die Methode der Schmitt-Schule

In Sachen Pressefreiheit und Grundrechtsdogmatik vertrat die Schmitt-Schule eine ganz andere Position. Sie hielt methodisch an einer „technisch-normativistischen"[724] Auslegung fest und stand insgesamt eher dem Rechtspositivismus nahe. Es gelang der Schmitt-Schule, auf die Schwächen der Konzeption des Naturrechts, der Wertphilosophie und damit auf die Schwächen der Smend-Schule hinzuweisen.[725] In teils polemischen Aufsätzen wiesen die Anhänger der Schmitt-Schule seit Ende der 1950er Jahre auf die strukturellen Ähnlichkeiten zwischen dem Wertsystem, der Figur der objektiven Wertordnung und dem nationalsozialistischen Recht hin.[726]

Ernst Forsthoff kam als Stimmführer der Schmitt-Schule in den staatsrechtswissenschaftlichen Diskursen der Nachkriegszeit eine große Rolle zu.[727] Schließlich war er es, der den Methodendiskurs zur Verfassungsauslegung und die Auseinandersetzung über die objektive Wertordnung in zentralen Schriften entfacht hatte[728], wie etwa in dem Festschriftbeitrag „Die Umbildung des Verfassungsgesetzes"[729] von 1959. Weitere bedeutende Schriften Forsthoffs waren „Zur Problematik der

724 Günther, Denken vom Staat her, S. 133. So spricht Forsthoff von der „Technizität der rechtstaatlichen Verfassung" (vgl. Forsthoff, Zur Problematik der Verfassungsauslegung, Stuttgart 1961, S. 161). Ähnlich auch auf S. 160–163, 173 des Aufsatzes.).

725 Vor allem Forsthoff, Die Umbildung des Verfassungsgesetzes, S. 35–62; Forsthoff, Die Bindung an Gesetz und Recht (Art. 20 Abs. 3 GG). Strukturanalytische Bemerkungen zum Übergang vom Rechtsstaat zum Justizstaat, in: DöV 1959, 41–44; Schmitt, Die Tyrannei der Werte, S. 41–55.

726 Forsthoff, Die Bindung an Gesetz und Recht, S. 42; Schmitt, Die Tyrannei der Werte, S. 41 ff., 48 ff. Die strukturelle Nähe der Wertphilosophie zum Nationalsozialismus betont Carl Schmitt insbesondere in seiner 1967 erstmals erschienen Einleitung (zu Tyrannei der Werte), vgl. S. 17 ff., 21 ff., 29–31, in: Schmitt, Die Tyrannei der Werte. Zu den späteren Auseinandersetzungen mit der Wertphilosophie zählen außerdem: Forsthoff, Moderne Wertverwirklichung, in: DöV 1965, S. 619–620; Böckenförde, Kritik der Wertbegründung des Rechts. Überlegungen zu einem Kapitel „Rechtsphilosophie", in: Löw (Hg.), Oikeiosis, Festschrift für Robert Spaemann, Weinheim 1987, S. 1–21. Vgl. auch: Günther, Denken vom Staat her, S. 116 f.

727 Zu Forsthoff umfassend: Meinel, Der Jurist in der industriellen Gesellschaft.

728 Meinel, Der Jurist in der industriellen Gesellschaft, S. 401; Schönberger, Werte als Gefahr für das Recht? Carl Schmitt und die Karlsruher Republik, in: Schmitt, Die Tyrannei der Werte, S. 62 ff.

729 Forsthoff, Die Umbildung des Verfassungsgesetzes, S. 35–62.

Verfassungsauslegung“[730] von 1961 sowie „Der introvertierte Rechtsstaat und seine Verortung“[731] von 1963.

Es war bezeichnend für Forsthoff, dass er eine ähnliche Herangehensweise wie sein Lehrer Carl Schmitt an den Tag legte. Beide neigten dazu, Sachverhalte übertrieben und polemisch darzustellen, um ihrer Argumentation größeres Gewicht zu verleihen.[732] Forsthoff war Vertreter eines formal-rationalen Verfassungsbegriffs; dies gab ihm die Möglichkeit, das Bundesverfassungsgericht in seine Schranken zu weisen.[733] Die von ihm geforderte Wahrung des normativen Charakters des Verfassungsrechts und seine damit verbundene eindringliche Warnung vor der „Entformalisierung des Verfassungsrechts“[734] sollte gewährleisten, dass die Entscheidungen des Bundesverfassungsgerichts kalkulierbar blieben.[735] So wie einst Smend in den 1920er Jahren als Skeptiker des demokratischen Parlamentarismus die Lehre über das Kultur- und Wertsystem entworfen hatte, um dem Gesetzgeber Grenzen zu setzen, versuchte Forsthoff mit seinem stetigen Beharren auf dem geschriebenen Verfassungsrecht dem Bundesverfassungsgericht die wertschöpfendenden Mittel der Verfassungsinterpretation zu nehmen.[736] Seine Sorge galt der Gefahr einer Politisierung und Machtausübung der Richter, wenn deren Urteile sich nicht anhand verfassungsrechtlich festgelegter Maßstäbe überprüfen ließen, sondern Spielräume eröffneten, um mit ihren Entscheidungen gesellschaftliche oder politische Pluralismen in der parlamentarischen Demokratie zu stärken.[737]

---

730 Forsthoff, Verfassungsauslegung, S. 153–174.

731 Forsthoff, Der introvertierte Rechtsstaat und seine Verortung (1963), in: Forsthoff, Rechtsstaat im Wandel. Verfassungsrechtliche Abhandlung 1954–1973, München 1976, S. 175–187.

732 van Laak, Gespräche in der Sicherheit des Schweigens, S. 240 f.; Günther, Denken vom Staat her, S. 135.

733 Forsthoff, Die Umbildung des Verfassungsgesetzes, S. 47 f., 51 ff., 60 ff; ders. Verfassungsauslegung, S. 168f., 174; ders., Der introvertierte Rechtsstaat, S. 176, 180–183.

734 Forsthoff, Die Umbildung des Verfassungsgesetzes, S. 60.

735 Forsthoff, Die Umbildung des Verfassungsgesetzes, S. 59 ff. Dazu auch: Meinel, Der Jurist in der industriellen Gesellschaft, S. 425.

736 Deutlich wird das unter anderem an Forsthoffs Aufsätzen seit Ende der 1950er Jahre: Forsthoff, Die Bindung an Gesetz und Recht, S. 177, 184; Forsthoff, Die Umbildung des Verfassungsgesetzes, S. 58 ff. Dazu auch: Storost, Staat und Verfassung bei Ernst Forsthoff, Frankfurt am Main 1979, S. 441 f., 457 f.

737 R. Dreier, Zur Problematik und Situation der Verfassungsinterpretation, S. 15f.; van Laak, Gespräche in der Sicherheit des Schweigens, S. 244; Meinel, Der Jurist in der industriellen Gesellschaft, S. 421 f.

6. Die Dogmatik der Schmitt-Schule zu Art. 5 GG

In der Schmitt-Schule dominierte in der Auslegung der Meinungs- und Pressefreiheit des Art. 5 Abs. 1 GG schon seit den 1950er Jahren die normativistisch-positivistische Sicht, wonach das Grundrecht als reines Abwehrrecht gegen den Staat konzipiert wurde. Diese Sicht belegte sie vor allem aus der geschichtlich begründeten Tradition der Meinungs- und Pressefreiheit seit der Verfassung von 1848 und der Weimarer Reichsverfassung als liberales Grundrecht.[738] Nach Forsthoffs Ansicht barg die Fortführung der „geisteswissenschaftlich-werthierarchischen Methode" der Smend-Schule in den 1950er Jahren die Gefahr einer unberechenbaren Auslegung und bewirkte eine Gefährdung der Rechtssicherheit.[739] Diese Methode stand für Forsthoff in einem eklatanten Widerspruch zur juristischen Technik. Schließlich warf er der Smend-Schule vor, durch ihre Suche nach dem „materialen Sinn der Normen" die juristische Hermeneutik zu überwinden.[740] Stattdessen plädierte er für den auf Friedrich Carl von Savigny zurückgehenden Auslegungskanon, weil nur dieser die Möglichkeit biete, juristisch saubere Lösungen zu finden.[741] In seinen Schriften verband er dieses Argument mit einer dezisionistischen Sicht, denn jegliches Abweichen von der herkömmlichen Gesetzes- und Verfassungsauslegung stellte in seinen Augen den „Entscheidungscharakter der Verfassung" [742] und somit den des Gesetzgebers in Frage. Damit werde den „Verfassungsinterpreten", insbesondere den Smendianern und dem Bundesverfassungsgerichts, ein zu hoher Entscheidungsspielraum bei der Auslegung der Verfassungstexte eingeräumt.[743]

Die Schmitt-Schule verwahrte sich vor diesem Hintergrund vor allem in den 1960er Jahren gegen eine funktionelle Interpretation der Meinungs- und

---

738 Vgl. Forsthoff während der Aussprache vor der Staatsrechtslehrertagung 1963, in: VVdStRL 22 (1965), S. 189 f.; außerdem Forsthoff, Tagespresse und Grundgesetz, in: DöV 1963, S. 633–635; ders., Neue Aspekte der Pressefreiheit, in: Der Staat 1966 (5), S. 1–16, 13 f.

739 Forsthoff, Die Umbildung des Verfassungsgesetzes, S. 54 f.

740 Forsthoff, Die Umbildung des Verfassungsgesetzes, S. 44.

741 Forsthoff, Die Umbildung des Verfassungsgesetzes, S. 45; ders., Verfassungsauslegung, S. 173. Dazu auch Schönberger, Werte als Gefahr für das Recht? Carl Schmitt und die Karlsruher Republik, S. 62; R. Dreier, Zur Problematik und Situation der Verfassungsinterpretation, S. 16.

742 Forsthoff, Verfassungsauslegung, S. 173.

743 Forsthoff, Verfassungsauslegung, S. 173.

Pressefreiheit[744], da dieser ihrer Ansicht nach ein pluralistisches Staats- und Gesellschaftsbild zugrunde lag, das die Trennung beider Sphären auflöste. Außerjuristische Bewertungen, wie sie in Smends Lehren gefordert wurden, durften nach Ansicht der Schmitt-Schule keinen Eingang in die Verfassungsinterpretation finden. Sie bedeuteten eine Gefährdung für die Rechtsstaatlichkeit, da sie laut Forsthoff „den Rahmen der Gesetzesauslegung überschreiten“[745]. Er sprach sich 1963 bei der Verfassungsinterpretation des Art. 5 Abs. 1 GG gegen die Verbindung des liberalen Grundrechts auf Meinungs- und Pressefreiheit mit dem „staatspolitisch-demokratischen“ Aspekt aus.[746] Diese Auslegung der Smendianer war eine ‚moderne', von der traditionell positivistischen Grundrechtsauslegung abweichende Form der Interpretation des Art. 5 GG, die dem Bedeutungswandel der Grundrechte innerhalb sich ändernder Verfassungsverhältnisse dadurch Rechnung trug, dass sie die Reichweite des Schutzbereiches erweiterte. Forsthoffs Hauptargument gegen diese an die neuen Verfassungsverhältnisse angepasste Grundrechtsauslegung lautete, dass der Erhalt und die Bildung einer öffentlichen Meinung nicht dazu missbraucht werden dürfe, staatliche Reglements einzuführen, um bestimmte Presseerzeugnisse zu fördern oder zu sanktionieren, denn gerade dadurch werde auf den freien Prozess der öffentlichen Meinungsbildung negativ eingewirkt:

> „Jeder Eingriff des Staats in den Prozeß der Bildung der öffentlichen Meinung, sei es durch Unterdrückung, sei es durch Privilegierung der an diesem Prozeß beteiligten Faktoren, macht der öffentlichen Meinung ein Ende.“[747]

Letztlich sei der Staat dazu da, den Kräften des Pressemarktes im wettbewerbsrechtlichen Rahmen freies Spiel zu gewähren. Er machte sich nicht die 1960er Jahre so bewegende Einsicht zu eigen, dass eine solche rein marktorientierte Position zur Pressefreiheit im Ergebnis den Prozess der freien Meinungsbildung gerade behindert, da sich im Zweifel der wirtschaftlich Stärkere durchsetzt.

Dieser methodische Standpunkt Forsthoffs zur Pressefreiheit lässt sich vor dem Hintergrund seiner Skepsis gegenüber gesellschaftlichen Pluralismen in der Demokratie verstehen. Denn solange nur wenige marktführende Presseunternehmen zur öffentlichen Meinungsbildung beitragen, sind die in diesen Zeitungen vertretenen Ansichten politisch noch überschaubar, sodass von der Mehrheit

---

744 Vor allem Forsthoff, Tagespresse und Grundgesetz, S. 633–635; ders., Neue Aspekte der Pressefreiheit, S. 1–16; Schnur, Pressefreiheit, in: VVdStRL 22 (1965), S. 101–159.

745 Forsthoff, Die Umbildung des Verfassungsgesetzes, S. 41.

746 Forsthoff, Tagespresse und Grundgesetz, S. 635.

747 Forsthoff, Tagespresse und Grundgesetz, S. 635.

abweichende Meinungen, wie etwa die von Kommunisten, nicht zu Wort kommen. Die Schmittianer scheuten insgesamt eine Auseinandersetzung mit politischen Gegnern und eine politisierte Gesellschaft, in der Meinungspluralität herrscht.[748] Darin stand Forsthoff mit seiner Auslegung der Meinungs- und Pressefreiheit den Ansichten des Verlegers Axel Springer sehr nah. Dieser vertrat in Anlehnung an die angloamerikanische liberale Pressefreiheitstheorie den Standpunkt, dass Art. 5 Abs. 1 GG in engem Zusammenhang mit der Eigentums- und Gewerbefreiheit stehe.[749]Außerdem unterstrich Forsthoff, dass die staatliche Anerkennung einer institutionellen Garantie eine Privilegierung bedeute, während rechtliche Instrumentarien fehlten, um zu überprüfen, ob die Presse ihren damit verbundenen „öffentlichen Aufgaben" tatsächlich nachkomme.[750]

Forsthoff stand mit seiner Kritik an der Auslegung der Grundrechte durch die Smend-Schule damals am Rande der Staatsrechtswissenschaft, weil er den von den Smendianern Ende der 1950er Jahre herbeigeführten zentralen Konsens der Staatsrechtswissenschaft über das Bestehen einer objektiven Wertordnung in Frage gestellt hatte. Dieser Konsens war wichtig für die Staatsrechtslehre und Rechtsprechung, da er die naturrechtliche Begründung des Rechts in der Nachkriegszeit ablöste, indem er das Recht auf methodisch stabileren Grund – auf die Grundrechte des Grundgesetzes als Wert – gesetzt hatte.[751]

7. Die Saarbrücker Staatsrechtslehrertagung von 1963

Die pluralistische Wendung in der Pressefreiheitsdogmatik, die in den 1950er Jahren vorbereitet wurde und sich im „Blinkfüer"-Beschluss niederschlagen sollte, manifestierte sich sichtbar auf der Staatsrechtslehrertagung 1963 in Saarbrücken. Vertreter beider Staatsrechtsschulen erhielten dort die Gelegenheit, am Beispiel der Pressefreiheit des Art. 5 Abs. 1 GG Grundsatzfragen der Grundrechtsinterpretation zu erörtern. Der Smendianer Ulrich Scheuner und der Schmittianer Roman Schnur trugen jeweils ihre Standpunkte hierzu vor.

Da sich bereits seit Ende der 1950er Jahre die Theorie der objektiven Wertordnung durchgesetzt hatte, war die Diskussion Anfang der 1960er Jahre dadurch

---

748 Zum Antipluralismus der Schmitt-Schule: Günther, Denken vom Staat her; van Laak, Gespräche in der Sicherheit des Schweigens; Stolleis, Die Staatsrechtslehre der fünfziger Jahre; Meinel, Der Jurist in der industriellen Gesellschaft, S. 440 ff.; J.-W. Müller, Ein gefährlicher Geist, S. 88 ff.

749 Verlagshaus Axel Springer/Abteilung Information (Hg.), Das „Springer-Monopol", S. 7 f. Dazu auch: Kruip, Das „Welt"-„Bild" des Axel Springer Verlags, S. 250.

750 Forsthoff, Tagespresse und Grundgesetz, S. 635.

751 Meinel, Der Jurist in der industriellen Gesellschaft, S. 410 f.

bestimmt, dass die Staatsrechtslehre sich vor allem über die materiell-rechtlichen Konsequenzen jener Theorie einigen musste. Hierzu gab es zwei Positionen: Die Vertreter der einen Position versuchten einen umfassenden Grundrechtsschutz durch die Konzeption eines lückenlosen Wertsystems herzuleiten[752], die der zweiten Position – vor allem von Ehmke und der Smend-Schule favorisiert – plädierten bereits seit 1961 dafür, aus dem Grundgesetz objektive Wertmaßstäbe und Rechtsprinzipien für die Verfassungsinterpretation zu entnehmen, da aus ihrer Sicht die Grundrechte als punktuelle Gewährleistungen historisch gewachsener Rechte und Ansprüche zu betrachten seien.[753] Die Mahnung, die rechtstechnischen Methoden der Verfassungs- und Grundrechtsauslegung zu beachten[754], blieb weitgehend unbeachtet. Bis Mitte der 1960er Jahre, als die Staatsrechtslehrertagung zur Pressefreiheit stattfand, war außerdem die Frage nach der Drittwirkung der Grundrechte im Privatrecht noch nicht abschließend geklärt.

Scheuner, der häufig ähnliche Ansichten wie sein Lehrer Smend vertrat, interpretierte in seinem Vortrag die Pressefreiheit als ein politisches Freiheitsgrundrecht:

> „Die Pressefreiheit ist ebenso wie die Meinungsfreiheit essentiell ein staatsbürgerliches, ein politisches Grundrecht."[755]

Zugleich betonte er die maßgebliche Rolle der Presse bei der Bildung der öffentlichen Meinung in einer pluralistischen Gesellschaft.[756] Gerade dieses Argument sollten die Bundesverfassungsrichter im späteren „Blinkfüer"-Beschluss aufgreifen, um eine extensive Auslegung des Grundrechts auf Pressefreiheit zu begründen. Anders als Günter Dürig plädierte Scheuner nicht dafür, Grundrechte in ein „lückenloses Anspruchssystem um[zu]denken"[757], sondern vertrat die Auffassung, dass Grundrechte „ihrem Wesen nach die Festlegung grundlegender Freiheitsverbürgungen und prinzipieller objektiver Wertmaßstäbe [sind]. Sie

752 Wichtig waren hierbei vor allem Dürigs Kommentierungen aus dem Jahre 1958 zu Art. 1 GG: Dürig, in: Maunz/Dürig, Grundgesetz, Art. 1 GG Rdnr. 13 ff., 127–133 (Erstkommentierung).

753 Ehmke, Prinzipien der Verfassungsänderung, 82 ff., 85 ff.; ders., Wirtschaft und Verfassung, S. 59, Fn. 139; Scheuner, Pressefreiheit, S. 1 ff., 37 ff., 51 f. Dazu auch Günther, Denken vom Staat her, S. 194 f.

754 Insbesondere Forsthoff, Verfassungsauslegung, S. 160 ff.; ders., Die Umbildung des Verfassungsgesetzes, S. 58 ff.

755 Scheuner, Pressefreiheit, S. 2.

756 Scheuner, Pressefreiheit, S. 26 f.

757 Scheuner, Pressefreiheit, S. 37.

setzen Grenzen, aber sie gewähren auch einen in der Regel weiten Raum gesetzgeberischer Freiheit der Gestaltung."[758]

Scheuner machte deutlich, wofür die Smend-Schule in den 1960er Jahren einstand, und wandte in seinem Referat die topische Methode der Verfassungsinterpretation an.[759] Er erkannte die rechtspraktischen Probleme der Pressemacht und Pressekonzentration seitens der Verlage Axel Springers und die problematische Anwendung einer rein abwehrrechtlichen Grundrechtsinterpretation für die Lösung gegenwärtiger Verfassungsprobleme. Er bezeichnete es als eine Notwendigkeit, die individuelle Pressefreiheit durch eine weite Auslegung im Sinne der objektivrechtlichen Dimension zu ergänzen und bot damit eine weitere Argumentationslinie an, die im „Blinkfüer"-Beschluss Eingang finden sollte:

> „Aber die volle Tragweite der Pressefreiheit kann im modernen demokratischen Staate angesichts der verwickelten sozialen Bedingungen der Meinungsbildung, der hier eher zunehmenden Gruppenmacht und des begrenzten Anteils des einzelnen Individuums an diesem Komplex nur im Rahmen einer institutionellen Sicht voll entfaltet werden, die von der grundlegenden Rolle der Presse im öffentlichen Meinungskampf ausgeht."[760]

Letzten Endes bedeutete die weite Auslegung der Pressefreiheit seitens Scheuners eine Reaktion auf die zunehmende Vermischung von Staat und Gesellschaft und somit auch auf die tatsächlichen Machtverhältnisse im westdeutschen Pressewesen.[761] Sobald einzelne Gruppen, wie Pressekonzerne, führende Positionen auf dem Zeitungsmarkt einnähmen und deren Verhalten Grundrechte tangiere, sollten die Grundrechte des Individuums auf Meinungs- und Pressefreiheit durch eine objektivrechtliche Auslegung besser geschützt werden. Scheuner, der um 1950 noch auf evangelisches Naturrecht als Garant der Gerechtigkeit gesetzt hatte[762], bekannte sich vor allem durch den Einfluss anderer Smendianer wie Hesse, Ehmke und Hennis zunehmend engagiert zur Demokratie.

Schnur hingegen fasste in seinem Vortrag die Pressefreiheit – gemäß ihrem Wortlaut und ihrer Tradition – als ein Freiheitsrecht gegenüber dem Staat auf.[763] Er stand der Ansicht, die Presse habe eine „öffentliche Aufgabe", ablehnend

---

758 Scheuner, Pressefreiheit, S. 40.

759 Lepsius, Die Wiederentdeckung Weimars durch die bundesdeutsche Staatsrechtslehre, S. 384.

760 Scheuner, Pressefreiheit, S. 71.

761 Dies wird auch in seinem späteren Aufsatz deutlich: Scheuner, Privatwirtschaftliche Struktur und öffentliche Aufgabe der Presse, S. 32 ff.

762 Zum evangelischen Naturrecht in der Nachkriegszeit: Foljanty, Recht oder Gesetz, S. 137 ff.

763 Schnur, Pressefreiheit, S. 101.

gegenüber, weil dieses Konstrukt mehrdeutig sei.[764] Gerade die Zuweisung einer „öffentlichen Aufgabe" beschränke die Pressefreiheit, weil sie den Schwerpunkt der Pressearbeit auf öffentliche Interessen begrenze. Schon dies widerspreche dem Sinn des Art. 5 Abs. 1 Satz 2 GG.[765] Schnur bemängelte, dass nicht erkennbar sei, welche Rechtsfolgen aus einer „öffentlichen Aufgabe" herbeigeführt würden.[766] Eine Politisierung des Grundrechts aus Art. 5 Abs. 1 GG durch Heranziehung des Kriteriums der „öffentlichen Aufgabe" hielt er für gefährlich und führte als historisches Negativbeispiel die politisierte Presse unter Maximilien de Robespierre an. Während der Aussprache nach seinem Referat betonte Schnur nochmals die in seinen Augen vorhandene Gefahr einer „Überschätzung des politischen Teils" der Presse und die Reduzierung der Grundrechte auf ihre Funktion im politisierten Gemeinwesen.[767] Kritisch war er auch gegenüber der Anerkennung einer institutionellen Garantie der Pressefreiheit eingestellt.[768] Nicht nur die Entstehungsgeschichte der Pressefreiheit widerspreche einer solchen Auslegung, sondern auch der Umstand, dass eine „Verfassungsgarantie der Institution" Presse unnötig sei, solange es ausreichende systematische Schutzvorkehrungen des Grundgesetzes für dieses Freiheitsgrundrecht gebe, wie etwa Art. 79 Abs. 3 GG und Art. 19 Abs. 2 GG.[769] Vor allem dieser Ansicht sollten die Bundesverfassungsrichter mit dem „Blinkfüer"-Beschluss – wie noch zu zeigen sein wird – eine deutliche Absage erteilen. Als Beispiele eines notwendigen institutionellen Schutzes führte Schnur in seinem Vortrag das Berufsbeamtentum (Art. 33 Abs. 5 GG) und die kommunale Selbstverwaltung (Art. 28 Abs. 2 GG) an. Diese bedürften im Gegensatz zur Presse deshalb einer institutionellen Garantie, weil nur dieses Instrumentarium ihnen den Verfassungsschutz der Einrichtung und des Bestands vor dem Gesetzgeber gewähre und weil diese Normen keine Freiheitsrechte postulierten und somit vor staatlichen Eingriffen ungeschützt blieben.[770]

Obgleich der Schulenstreit in den 1960er Jahren zurücktrat[771], beeinflusste er noch 1963 die Grundrechtsdebatten. Zugleich deutete sich bereits an, dass die

764 Schnur, Pressefreiheit, S. 113.
765 Schnur, Pressefreiheit, S. 114.
766 Schnur, Pressefreiheit, S. 116.
767 Schnur während der Aussprache auf der Staatsrechtslehrertagung von 1963, in: VVdStRL 22 (1965), S. 199.
768 Schnur, Pressefreiheit, S. 117.
769 Schnur, Pressefreiheit, S. 117.
770 Schnur, Pressefreiheit, S. 119.
771 Günther, Denken vom Staat her, S. 211, 283.

Smend-Schule sich mit ihrer Auslegung der Pressefreiheit durchsetzen würde. Im „Blinkfüer"-Beschluss sollte diese Tendenz manifest werden.

III. Die Bundesverfassungsrichter

Dass sich die pluralistische Auslegung der Pressefreiheit im „Blinkfüer"-Beschluss durchsetzte, erklärt sich schon durch die Zusammensetzung des Richterkollegiums. Die Bundesverfassungsrichter ließen in ihrer Einstellung überwiegend eine Nähe zur Smend-Schule erkennen. Sechs Richter und eine Richterin waren im Ersten Senat am „Blinkfüer"-Beschluss beteiligt: der Vorsitzende des Ersten Senats und Bundesverfassungsgerichtspräsident Gebhard Müller (1900–1990), der Berichterstatter[772] Erwin Stein (1903–1992), Theodor Ritterspach (1904–1999), Wiltraut Rupp-von Brünneck (1912–1977), Karl Haager (1911–2008), Hans Brox (1920–2009) und Wolfgang Zeidler (1924–1987).[773] Der achte Richter, Werner Böhmer (geboren 1915), war von 1965–1983 am Bundesverfassungsgericht tätig.[774] Aus den Quellen wird ersichtlich, dass Böhmer an der Entscheidungsfindung im „Blinkfüer"-Beschluss jedoch nicht beteiligt war. Aus der Urschrift des Beschlusses geht hervor, dass Böhmer am 26. Februar 1969, als der Erste Senat – wie üblich in einem Beschlussverfahren ohne mündliche Verhandlung – über die Verfassungsbeschwerde entschied, nicht anwesend war und daher den Beschluss nicht unterzeichnete.[775]

772 Aus BArch B 237/106277, Bl. 18 geht Erwin Steins Ernennung zum Berichterstatter im Fall „Blinkfüer" hervor.

773 Die Bundesverfassungsrichter Müller, Stein, Ritterspach, Brox und Böhmer waren von der CDU nominiert worden, die Bundesverfassungsrichterin Rupp-von Brünneck sowie die Bundesverfassungsrichter Haager und Zeidler hingegen von der SPD. Vgl. Kommers, Judicial Politics in West Germany, S. 130.

774 Badura/Dreier (Hg.), Festschrift 50 Jahre Bundesverfassungsgericht, Bd. 2: Klärung und Fortbildung des Verfassungsrechts, Tübingen 2011, S. 913.

775 Die Urschrift des „Blinkfüer"-Beschlusses (BArch B 237/106278, Bl. 198–214) enthält nur die Unterschriften der sieben genannten Richter: BArch B 237/106278, Bl. 214, ebenso die Entscheidungssammlung in BVerfGE 25, 256 (269). Durch eine telefonische Anfrage beim Bundesverfassungsgericht im Oktober 2007 konnten die Gründe für die Abwesenheit Böhmers am 26. Februar 1969 nicht geklärt werden, da Auskünfte aus der Personalakte ehemaliger Bundesverfassungsrichter aus datenschutzrechtlichen Gründen nicht erteilt werden. Möglicherweise hat Böhmer an der Entscheidung nicht mitgewirkt, da er erst am 16. Februar 1965 zum Bundesverfassungsrichter ernannt worden ist; vgl. Bundesverfassungsgericht (Hg.), Das Bundesverfassungsgericht 1951–1971, Karlsruhe1971, S. 214.

Theodor Ritterspach und Erwin Stein gehörten zu jener ersten Generation von Bundesverfassungsrichtern, die ihre Sozialisation und juristische Prägung in der Weimarer Republik erhalten hatten. Sie erlebten den Nationalsozialismus mit, wahrten jedoch große Distanz zu dem Regime.[776] Beide waren in der Nachkriegszeit am „Lüth"-Verfahren beteiligt. Auch der erst 1959 in Amt und Würde gekommene Bundesverfassungsrichter Gebhard Müller[777] hatte während der Weimarer Zeit seine juristische Laufbahn begonnen und war ebenso wie Ritterspach und Stein bereits seit Anfang des „Blinkfüer"-Verfahrens Mitglied im Ersten Senat.

Vor allem Stein, der unter der nationalsozialistischen Herrschaft sehr gelitten hatte, blickte auf ein bewegtes Leben zurück.[778] Er war seit 1928 im hessischen Staatsdienst als Staatsanwalt und Richter tätig, bevor er 1933 aufgrund der jüdischen Herkunft seiner Frau des Amtes enthoben wurde. Seine Frau beging vor ihrer Deportation in ein Konzentrationslager 1943 Selbstmord. Stein arbeitete als Rechtsanwalt bis zum Ende des Nationalsozialismus in Offenbach am Main.[779] In der Nachkriegszeit engagierte er sich aktiv für den Wiederaufbau des Landes Hessen. Als CDU-Abgeordneter war er 1946 an den Beratungen zur hessischen Landesverfassung beteiligt und prägte insbesondere das Bildungs- und Erziehungswesen in Hessen.[780] Von 1947–1951 war er hessischer Kultusminister und ab 1949 zugleich hessischer Justizminister.[781] Danach wirkte er 20 Jahre lang, von 1951–1971, als Bundesverfassungs-richter im Ersten Senat.[782]

---

776 Oppermann, Das Bundesverfassungsgericht und die Staatsrechtslehre, S. 425; Stolleis, Geschichte des öffentlichen Rechts, Bd. 4, S. 147, 153.

777 Engler, Der Präsident des Bundesverfassungsgerichts 1959–1972, in: Taddey (Hg.), Gebhard Müller. Ein Leben für das Recht und die Politik, Stuttgart/Berlin/Köln 2000, S. 71 - 80.

778 Vgl. vor allem: Hedwig/Menk (Hg.), Erwin Stein (1903–1992). Politisches Wirken und Ideale eines Nachkriegspolitikers, Marburg 2004; Gropp/Hormuth (Hg.), Erwin Stein zum Gedächtnis. Akademische Gedenkfeier am 7. März 2003 an der Justus-Liebig-Universität Gießen, Mönchengladbach 2003; Steffen, Bundesverfassungsrichter Erwin Stein. Eine Erinnerung, in: JöR NF 46 (1998), S. 95–104.

779 Stolleis, Geschichte des öffentlichen Rechts, Bd. 4, S. 149; Bundesverfassungsgericht (Hg.), Das Bundesverfassungsgericht 1951–1971, S. 246.

780 von Zezschwitz, Vom Zusammenbruch 1945 zum Verfassungskompromiß 1946, in: Döring (Hg.), Der Neubeginn im Wandel der Zeit. In memoriam Erwin Stein (1903–1992), Frankfurt am Main 1995, S. 37–45, 44 f.

781 Bundesverfassungsgericht (Hg.), Das Bundesverfassungsgericht 1951–1971, S. 246.

782 Kommers, Judicial Politics in West Germany, S. 130.

Ritterspach begann 1930 seine juristische Laufbahn in der bayerischen Verwaltung. Ab 1933 war er zunächst Regierungsrat beim Bezirksamt Landau tätig und wechselte anschließend ins Kultusministerium nach München.[783] Von 1936 bis zum Ende des Zweiten Weltkrieges war er im Reichsfinanzministerium tätig. Auch nach dem Zweiten Weltkrieg blieb er zunächst der Verwaltung treu und arbeitete unter anderem für das Bundesinnenministerium, bevor er 24 Jahre lange, von 1951–1975, das Amt des Bundesverfassungsrichters bekleidete.[784]

Müller war als einziger am „Blinkfüer"-Verfahren beteiligter Richter bereits vor und während der Zeit des Nationalsozialismus in der Justiz tätig. Im Zeitraum von 1929–1945 war er Richter an verschiedenen württembergischen Amts- und Landgerichten[785] – stieg jedoch nicht in der Justizhierarchie auf: Er war ab 1933 zunächst ein Jahr lang stellvertretender Amtsrichter beim Amtsgericht Waiblingen, danach von 1934–1938 Amtsrichter in Göppingen sowie ab 1939 Amtsgerichtsrat in Stuttgart. Wegen seiner Teilnahme als Gefreiter am Frankreich-Feldzug wurde seine Richtertätigkeit für ein knappes Jahr unterbrochen. Nach seiner Rückkehr war er zunächst in der Verwaltung des Mietreferats des Amtsgerichts Stuttgart und ab 1941–1944 in der 3. Strafkammer des Landgerichts Stuttgart beschäftigt, bevor er erneut als Gefreiter eingezogen wurde.[786] Der NSDAP trat er nicht bei, war jedoch seit September 1933 förderndes Mitglied der SS und seit März 1934 Mitglied im Bund Nationalsozialistischer Deutscher Juristen (BNDJ).[787] Insgesamt wahrte er allerdings Distanz zum Regime und pflegte vor allem seit 1939 Kontakt zu Widerstandskämpfern um den ehemaligen Zentrumspolitiker Eugen Bolz.[788] In der Nachkriegszeit war er als CDU-Politiker von 1948–1952 zunächst Staatspräsident, Justiz- und Finanzminister in Württemberg-Hohenzollern, bis er anschließend von 1953–1958 das Amt des baden-württembergischen Ministerpräsidenten übernahm.[789] Danach folgte er

783 Grimm, Theodor Ritterspach, in: NJW 1999, S. 3100–3101; Bundesverfassungsgericht (Hg.), Das Bundesverfassungsgericht 1951–1971, S. 236; Stolleis, Geschichte des öffentlichen Rechts, Bd. 4, S. 152, Fn. 214.

784 Stolleis, Geschichte des öffentlichen Rechts, Bd. 4, S. 152, Fn. 214.

785 Raberg, Ausgewählte Daten zum Leben Gebhard Müllers, in: Taddey (Hg.), Gebhard Müller. Ein Leben für das Recht und die Politik, Stuttgart/Berlin/Köln 2000, S. 81–92, 82 ff.; Bundesverfassungsgericht (Hg.), Das Bundesverfassungsgericht 1951–1971, S. 234.

786 Bundesverfassungsgericht (Hg.), Das Bundesverfassungsgericht 1951–1971, S. 234; Raberg, Ausgewählte Daten zum Leben Gebhard Müllers, S. 83.

787 Raberg, Ausgewählte Daten zum Leben Gebhard Müllers, S. 83.

788 Raberg, Ausgewählte Daten zum Leben Gebhard Müllers, S. 83.

789 Bundesverfassungsgericht (Hg.), Das Bundesverfassungsgericht 1951–1971, S. 234.

dem Ruf nach Karlsruhe, wo er von 1959–1971 das Amt des Bundesverfassungsrichters und Bundesverfassungsgerichtspräsidenten bekleidete.[790]

Zur zweiten Generation von Bundesverfassungsrichtern zählen Wiltraut Rupp-von Brünneck und Karl Haager, die Anfang der 1960er Jahre in den Ersten Senat kamen, unmittelbar bevor im „Blinkfüer“-Fall Verfassungsbeschwerde eingelegt wurde. Auch diese zweite Generation von Bundesverfassungsrichtern hatte die nationalsozialistische Diktatur erlebt und legte bei ihrer Richtertätigkeit am Bundesverfassungsgericht Wert darauf, die politische Mitte zu finden, um die bundesrepublikanische Demokratie zu festigen.[791]

Die einzige Bundesverfassungsrichterin im Ersten Senat, Rupp-von Brünneck, hatte nach ihrem Zweiten Staatsexamen im Jahre 1942 zunächst eine wissenschaftliche Assistentenstelle in Berlin inne, wechselte jedoch ein Jahr später ins Reichsjustizministerium in die Abteilung für Grundbuch- und Erbrecht.[792] In der Nachkriegszeit arbeitete sie kurzzeitig als Zivilrichterin am Landgericht Merseburg, bevor sie von den Machthabern in der Sowjetischen Besatzungszone ihres Amtes enthoben wurde.[793] Daraufhin zog sie 1947 nach Hessen, wo sie als Sachverständige im Redaktionsausschuss des Parlamentarischen Rates bei der Ausarbeitung des Grundgesetzes mitwirkte.[794] Bis zu ihrem Ruf nach Karlsruhe war sie Leiterin der Abteilung für Bundesratsangelegenheiten in der hessischen Staatskanzlei. Im Ersten Senat des Bundesverfassungsgerichts wirkte sie von 1963–1977.[795]

Haager arbeitete nach Ablegung des Zweiten Staatsexamens im Jahre 1936 zunächst in einer Maschinenfabrik, bis er 1937 als Richter in den Probedienst badischer und württembergischer Justizbehörden übernommen wurde.[796] Ab 1939 war er Amtsgerichtsrat, wurde jedoch bei Kriegsausbruch als Soldat eingezogen. 1945 geriet er in Kriegsgefangenschaft, aus der er ein Jahr später entlassen wurde. Ab 1950 war er Oberlandesgerichtsrat in Freiburg, bis er 1955 an den

790 Kommers, Judicial Politics in West Germany, S. 92, 130.
791 Stolleis, Geschichte des öffentlichen Rechts, Bd. 4, S. 242 f.
792 Bundesverfassungsgericht (Hg.), Das Bundesverfassungsgericht 1951–1971, S. 239; Maier, In memoriam Dr. h.c. Wiltraut Rupp-von Brünneck, in: JZ 1977, S. 812.
793 Maier, In memoriam Dr. h.c. Wiltraut Rupp-von Brünneck, S. 812.
794 Maier, In memoriam Dr. h.c. Wiltraut Rupp-von Brünneck, S. 812.
795 Badura/Dreier, FS 50 Jahre Bundesverfassungsgericht, Bd. 2, S. 914.
796 Bundesverfassungsgericht (Hg.), Das Bundesverfassungsgericht 1951–1971, S. 223.

Bundesgerichtshof kam. 1962 wurde er ans Bundesverfassungsgericht berufen, wo er bis 1979 tätig war.[797]

Hans Brox und Wolfgang Zeidler zählen zur dritten Richterkohorte, da beide erst 1967 in den Ersten Senat kamen, zu einem Zeitpunkt, als die „Blinkfüer"-Verfassungsbeschwerde bereits seit einigen Jahren anhängig und zur Entscheidung angenommen war.

Brox war der einzige am „Blinkfüer"-Beschluss beteiligte Wissenschaftler. Er erlebte als junger Erwachsener den Nationalsozialismus und beendete 1948 sein Studium. Im Verlauf seiner juristischen Karriere wechselten sich immer wieder Tätigkeiten in der Rechtspraxis und in der Wissenschaft ab.[798] Nachdem er etwa ab 1952 als Landgerichtsrat und ab 1957 als Oberlandesgerichtsrat am Oberlandesgericht Hamm tätig gewesen war, habilitierte er sich 1959 in Münster in den Fächern Bürgerliches Recht und Zivilprozessrecht. Er war bereits ein renommierter Zivilrechtsprofessor, als er nach Karlsruhe gerufen wurde, wo er von 1967–1975 dem Ersten Senat angehörte.[799]

Zeidler war 21 Jahre alt, als der Zweite Weltkrieg zu Ende ging. Er studierte in der Nachkriegszeit und promovierte in Hamburg bei Hans Peter Ipsen mit der Schrift „Auswirkungen der westdeutschen Landesverfassungen auf das Bonner Grundgesetz".[800] Nach seiner Rückkehr von Studienaufenthalten an den Universitäten Harvard und Cambridge (1959–1961) wandte er sich ganz der Rechtspraxis zu.[801] Er war Bundesverfassungsrichter im Ersten Senat von 1967–1970.[802] Danach übernahm er das Amt des Bundesverwaltungsgerichtspräsidenten in West-Berlin[803], kehrte allerdings fünf Jahre später an das Bundesverfassungsgericht zurück. Von 1975–1987 gehörte er dem Zweiten Senat an; seit 1983 war er zugleich Bundesverfassungsgerichtspräsident.[804]

---

797 Badura/Dreier, FS 50 Jahre Bundesverfassungsgericht, Bd. 2, S. 913; Kommers, Judicial Politics in West Germany, S. 130.

798 Schlüter, Bundesverfassungsrichter a. D. Prof. Dr. Hans Brox, in: Grundmann/Riesenhuber (Hg.), Deutschsprachige Zivilrechtslehrer des 20. Jahrhunderts in Berichten ihrer Schüler, Bd. 1, Berlin 2007, S. 341–353, 343 ff.; Bundesverfassungsgericht (Hg.), Das Bundesverfassungsgericht 1951–1971, S. 215.

799 Badura/Dreier, FS 50 Jahre Bundesverfassungsgericht, Bd. 2, S. 913.

800 Zeidler, Auswirkungen der westdeutschen Landesverfassungen auf das Bonner Grundgesetz, Hamburg 1950.

801 Bundesverfassungsgericht (Hg.), Das Bundesverfassungsgericht 1951–1971, S. 252.

802 Badura/Dreier, FS 50 Jahre Bundesverfassungsgericht, Bd. 2, S. 914.

803 Kommers, Judicial Politics in West Germany, S. 139 f.

804 Badura/Dreier, FS 50 Jahre Bundesverfassungsgericht, Bd. 2, S. 914.

Die einzelnen Bundesverfassungsrichter sammelten sehr unterschiedliche Erfahrungen während der Zeit des Nationalsozialismus, doch einte sie in der Nachkriegszeit das Ziel, eine rechtstaatliche Ordnung zu etablieren[805], und der Umstand, dass sie keine Apologie der Vergangenheit betrieben. Vor allem für Stein war aufgrund seiner persönlichen Leidensgeschichte die Abgrenzung zu autoritären Gesellschaftssystemen in der Nachkriegszeit unabdingbar. Seine Haltung zur Demokratie war von dem Motiv getragen: Jetzt erst recht!

Eine unmittelbare Verbindung der Bundesverfassungsrichter zu Smend oder der Smend-Schule lässt sich aus den Quellen zwar nicht belegen. Jedoch kann vermutet werden, dass zumindest Gebhard Müller, der als Student der Rechts- und Staatswissenschaft von 1922–1926 in Tübingen eingeschrieben war und in dieser Zeit ein Jahr lang, und zwar 1923, in Berlin studierte[806], dort die Gelegenheit hatte, die Vorlesungen des Staatsrechtswissenschaftlers Rudolf Smend zu hören.

Auch bei Stein ist eine Verbindung zu den Lehren der Smend-Schule sowohl seiner dienstlichen Korrespondenz seit Ende der 1950er Jahre als auch seinen Schriften[807] Ende der 1960er Jahre zu entnehmen. Stein, der während der Weimarer Republik in Heidelberg, Frankfurt am Main und Gießen studiert hatte, kam vor allem durch die Kontakte mit Adolf Arndt in der Nachkriegszeit mit den Smend-Lehren in Berührung. Arndt hatte in den 1950er Jahren als Rechtsanwalt Erich Lüths mit dem Smendianer Wilhelm Hennis die Schriftsätze im Verfassungsbeschwerdeverfahren vorbereitet und sich dabei weitgehend auf die Smend'sche Grundrechtstheorie der objektiven Wertordnung und dessen Auslegung der Meinungsfreiheit berufen.[808]

---

805 Stolleis, Geschichte des öffentlichen Rechts, Bd. 4, S. 147.

806 Vgl. die biografischen Daten bei Raberg, Ausgewählte Daten zum Leben Gebhard Müllers, S. 82.

807 Stein, 20 Jahre Grundgesetz, Vortrag von Staatsminister a. D. Bundesverfassungsrichter Professor Dr. Erwin Stein, gehalten am 22. Mai 1969 in der öffentlichen Plenarversammlung der Stadtverordnetenversammlung Stadt Frankfurt am Main, in: Presse- und Informationsamt der Stadt Frankfurt am Main (Hg.), Mitteilungen der Stadtverwaltung Frankfurt am Main Nr. 22/1969, S. 3–12, 4 ff.; ders., Der Beitrag des Bundesverfassungsgerichts zur Bewusstseinsbildung, in: Gesellschaft, Staat, Erziehung 1968, S. 221–251, 232 ff.; ders., Wie viel Freiheit steht dem Bürger zu? Über das Verhältnis zwischen dem Einzelnen und der Gemeinschaft, in: Staatsanzeiger für Baden-Württemberg 1968, S. 1–3.

808 Hennis, Lüth – und anderes, S. 187 ff.; Gosewinkel, Adolf Arndt, S. 495 f.; Stolleis, Staatsrechtslehre der fünfziger Jahre, in: Henne/Riedlinger (Hg.), Das Lüth-Urteil aus (rechts-) historischer Sicht, S. 300; ders., Geschichte des öffentlichen Rechts, Bd. 4, S. 165.

Stein und Arndt korrespondierten vor allem in den Jahren 1959–1970 dienstlich miteinander[809], also zu einem Zeitpunkt, als auch das „Blinkfüer"-Verfahren anhängig war. Ihre Korrespondenz beschränkte sich nicht auf den Austausch wissenschaftlicher Abhandlungen. Vielmehr zeigen die Quellen, dass sich beide noch in den 1960er Jahren gegenseitig versicherten, dass die bundesrepublikanische Demokratie auf dem Fundament des Grundgesetzes ruhen müsse, das sich auf eine Wertlehre stützt. Exemplarisch sei hierfür ein Schreiben Steins an Arndt vom 9. Februar 1960 zitiert:

> „Es freut mich, daß Sie die ideologische Unterwanderung des Grundgesetzes scharf kritisieren und in den Begriffen ‚Grundordnung' und ‚Grundwerte' die Schlüssel zur Deutung der Legalstruktur sehen."[810]

Ähnlich formulierte Stein dies gegenüber Arndt fünf Jahre später, am 1. Dezember 1965, nach der Lektüre von dessen Schrift „Geist der Politik"[811]:

> „Mein besonderer Wunsch ist, daß Ihre Veröffentlichung dazu beitragen möge, den Geist, den Sie so vielfältig und eindrucksvoll beschwören, im Volk auch zu verlebendigen. Die Erziehung zur freiheitlichen Demokratie, die Ihnen so sehr am Herzen liegt, ist heute notwendiger den je. Leider zeigt sich in vielen Bereichen wieder der Ungeist der Enge, der Intoleranz, des Vorurteils und der Beschränktheit. Deshalb genügt heute auch, so wenig wie eh und je, ein nur abstraktes Bekenntnis zum Geist, zur Freiheit und zum Glauben; es gilt vielmehr, diese Werte zu konkretisieren."[812]

Trotz dieser widersprüchlichen Interpunktion zeigt dieses Zitat Steins Nähe zu den Gedanken der Smend-Schule, die seit Mitte der 1960er Jahre zunehmend pluralistisch wurden.

Stein pflegte auch mit dem linken Staatsrechtswissenschaftler Helmut Ridder kollegialen Briefverkehr. Der Briefverkehr zwischen Stein und Ridder bestand seit Mitte der 1950er bis Ende der 1960er Jahre, als Ridder für die Wiederzulassung der KPD und eine pluralistische Gesellschaft[813] kämpfte. Die Korrespondenz belegt, dass sich Stein ähnlich wie Ridder in der Zeit nach dem KPD-Verbotsurteil mit pluralistischen Theoriekonzeptionen und den Folgen des KPD-Verbots auseinan-

---

809 Vgl. HHStaW 1178–215.

810 HHStaW 1178–215.

811 Arndt, Geist der Politik. Reden. Berlin 1965.

812 HHStaW 1178–215.

813 Vgl. vor allem Ridder, Möglichkeit und Notwendigkeit der Wiederzulassung der KPD, in: Abendroth/ Ridder/Schönfeldt, KPD-Verbot oder Mit Kommunisten leben?, Hamburg 1968, S. 59–68; Ridder, Anmerkung zu einer „Orientierungshilfe", S. 741 f.

dersetzte. So zeigen die Quellen, dass Stein sich bald nach dem KPD-Verbotsurteil im Januar 1957 von Ridder eine Aufstellung von Literatur zuschicken ließ, die sich kritisch mit der Problematik des KPD-Verbots beschäftigte.[814]

Jedoch war Stein durchaus auch besorgt um den Erhalt der Demokratie und stand autoritären Lehren wie denen des Marxismus-Leninismus schon seit dem KPD-Verbotsverfahren kritisch gegenüber. Im KPD-Verbotsverfahren war Stein – ebenso wie im „Blinkfüer"-Verfahren – Berichterstatter und hatte maßgeblichen Einfluss auf die Entscheidungen. Seine Haltung im Umgang mit dem Kommunismus wechselte in der Phase zwischen den beiden Entscheidungen: Während das KPD-Verbotsurteil von 1956 ein Demokratie- und Freiheitsverständnis offenbarte, in dem der politische Meinungspluralismus gegenüber anderen Rechtsgrundsätzen, wie dem freiheitlichen Rechtstaat, eine untergeordnete Rolle spielte[815], postulierte der „Blinkfüer"-Beschluss einen offenen Umgang mit dem Pluralismus.

Dieser Positionswandel Steins ist möglicherweise auch im Zusammenhang mit der Gründung der Zeitschrift „Neue politische Literatur" zu sehen. Diese gab Stein seit 1956 mit Ridder heraus, der für seinen vehementen Einsatz für die Demokratisierung der bundesrepublikanischen Nachkriegsgesellschaft bekannt war[816]. Ziel der Zeitschrift war es, sich mit zeitgenössischer politischer Literatur zu beschäftigen, sich mit aktuellen Fragestellungen auseinanderzusetzen und politische Literatur zu rezensieren.[817] Es ist anzunehmen, dass der durch die Gründung der „Neuen politischen Literatur" intensivierte Austausch mit Ridder Einfluss auf Steins Auffassungen zur Grundrechtskonzeption hatte. Außerdem entwickelte sich zwischen Stein und Ridder im Laufe der Zeit ein Vertrauensverhältnis, was darin sichtbar wird, dass Stein im Mai 1967 und damit zu einem Zeitpunkt, als das „Blinkfüer"-Verfahren noch lief, Ridder um die Empfehlung eines wissenschaftlichen Mitarbeiters bat.[818]

---

814 HHStaW 1178–230b.

815 Ähnlich: Stolleis, Geschichte des öffentlichen Rechts, Bd. 4, S. 149.

816 Stein/Faber, Zueignung, S. IX f.

817 Stein/Faber, Zueignung, S. X; Das Bundesverfassungsgericht (Hg.), Das Bundesverfassungsgericht 1951–1971, S. 246.

818 HHStaW 1178–230b. Aus den Quellen geht hervor, dass Ridder als mögliche Kandidaten seine eigenen Doktoranden, Günther Dax und Wolfgang Piepenstock, empfahl. Im Rahmen dieser Arbeit konnte jedoch nicht geklärt werden, ob Stein sich für einen dieser Ridder-Schüler entschied. Diese Frage ist insofern von Bedeutung, als die wissenschaftlichen Mitarbeiter eines Bundesverfassungsrichters eigene Voten zu

Eine Nähe zu den Smend-Lehren zeigt sich auch bei Ritterspach, einem ausgewiesenen Kenner der Rechtsprechung zur Meinungsfreiheit. In seiner Funktion als Berichterstatter im „Lüth"-Verfahren trug er maßgeblich dazu bei, dass die Theorie der objektiven Wertordnung in die Rechtsprechung einging.[819] Zwar hatte sich Ritterspach selbst stets zurückgehalten mit Äußerungen zu einzelnen Verfahren, aber Ernst-Wolfgang Böckenförde nutzte fast 32 Jahre nach dem „Lüth"-Urteil sein Privileg als Bundesverfassungsrichter, um jenes berühmte Votum im „Lüth"-Fall einzusehen. Aus dem Votum geht – laut Böckenförde – hervor, dass sich Ritterspach mit der zeitgenössischen Diskussion über das Wertsystem und die Frage des Einflusses der Grundrechte auf privatrechtliche Verhältnisse, die damals sowohl in der Staatsrechtslehre als auch in der Rechtsprechung geführt wurde, beschäftigt hatte. Dabei sei er – so Böckenförde – insbesondere den von Günter Dürig und Hans Carl Nipperdey vertretenen Ansichten nachgegangen.[820] Als Ergebnis der Auseinandersetzung mit diesen Positionen habe er sich für die Doppelgestalt der Grundrechte sowohl als staatliche Abwehrrechte als auch als objektive Werte ausgesprochen, deren Ausstrahlungswirkung auf andere Rechtsgebiete im Einzelfall zu prüfen sei.[821]

Rupp-von Brünneck kam sicherlich bereits während ihrer Tätigkeit im Redaktionsausschuss des Parlamentarischen Rates mit den Ideen der Wertlehre in Berührung. Ganz offen zeigte sie spätestens 1971, zwei Jahre nach der Beendigung des „Blinkfüer"-Verfassungsbeschwerdeverfahrens, dass sie den Smend-Lehren der Nachkriegszeit nahestand. Zwar zitiert sie weder Smend noch seine Schüler explizit in ihren Schriften, doch bringen einzelne Sondervoten oder Beiträge ihre Sympathien offen zutage.

Vor allem an ihrem abweichenden Votum zum „Mephisto"-Urteil des Bundesverfassungsgerichts wird dies deutlich. In dem Urteil von 1971 hatte das Bundesverfassungsgericht die Verfassungsbeschwerde der Nymphenburger Verlagshandlung wegen Stimmengleichheit im Ersten Senat abgewiesen.[822] Dem Verlag war zuvor aufgrund einer Unterlassungsklage von Gustav Gründgens' Adoptivsohn zivilgerichtlich untersagt worden, Klaus Manns 1936 im holländischen

---

den anhängigen Verfahren vorbereiten, in denen ihr Bundesverfassungsrichter als Berichterstatter fungiert.

819 Grimm, Theodor Ritterspach, S. 3100 f.; Stolleis, Geschichte des öffentlichen Rechts, Bd. 4, S. 152.

820 Böckenförde, Grundrechte als Grundsatznormen. Zur gegenwärtigen Lage der Grundrechtsdogmatik, in: Der Staat 1990 (29), S. 1–31, 5.

821 Böckenförde, Grundrechte als Grundsatznormen, S. 6.

822 Vgl. BVerfGE 30, 173 (196 ff.).

Exil verfassten „Mephisto"-Roman zu vervielfältigen, weil die Hauptfigur des Romans, Hendrik Höfgen, unverkennbar Züge des in der Nazizeit erfolgreichen Theaterschauspielers und Berliner Intendanten Gustav Gründgens aufwies. Rupp-von Brünneck beharrte in ihrem Sondervotum auf der seit dem „Lüth"-Urteil durch die objektive Wertordnung anerkannten Prüfungszuständigkeit des Bundesverfassungsgerichts für zivilrechtliche Fragen. Eine Infragestellung dieser Zuständigkeit und eine damit einhergehende Abweisung der „Mephisto"-Verfassungsbeschwerde führe zu „bedenklichen Konsequenzen".[823] Aus ihrer Sicht werde das Grundrecht auf Kunstfreiheit aus Art. 5 Abs. 3 GG durch das „Mephisto"-Urteil verkürzt. Denn das Bundesverfassungsgericht habe darin lediglich geprüft, ob der Bundesgerichtshof die beiden in Frage kommenden Grundrechte, das postmortale Persönlichkeitsrecht sowie die Kunstfreiheit, genannt und die von der Rechtsprechung entwickelten Grundsätze in seiner Urteilsbegründung aufgenommen habe. Es hätte jedoch der Frage nachgehen müssen, ob durch die konkrete Art der Rechtsanwendung seitens des Bundesgerichtshofs die Kunstfreiheit verletzt worden sei. Dabei sei zu berücksichtigen, dass das betroffene Grundrecht „wesentliche Voraussetzungen der freiheitlichen Existenz und Betätigung des Einzelnen schützt, die das Essentiale des Menschenbildes der Verfassung und ihrer darauf ausgerichteten Staatsordnung ausmachen […]."[824] Mit diesem starken Plädoyer für die Kunstfreiheit bewies Rupp-von Brünneck, dass für sie Wertlehre und Pluralismus in engem Zusammenhang stehen und dass aus ihrer Sicht eine „wertorientierte Verfassungsauslegung" zu einer besseren verfassungsgerichtlichen Kontrolle von Grundrechtsverletzungen führe.[825]

Der politisch liberal eingestellte Brox weist ebenso eine gewisse Nähe zu den Lehren der Smend-Schule auf. Er zeichnete sich schon während seiner wissenschaftlichen Tätigkeit durch seine Affinität zu der von Philipp Heck[826] entwickelten Wertungs- und Abwägungsjurisprudenz aus[827] und stand damit den Smend-Ideen einer einzelfallabhängigen, Interessen abwägenden Entscheidung näher als den schmittianischen Ideen des Dezisionismus.[828]

---

823 BVerfGE 30, 218 (219).

824 BVerfGE 30, 218 (220).

825 Zu letzterem Aspekt siehe auch: Rupp-von Brünneck, Verfassungsgerichtsbarkeit und gesetzgebende Gewalt. Wechselseitiges Verhältnis zwischen Verfassungsgericht und Parlament, in: AöR 102 (1977), S. 1–26, 14.

826 Heck, Begriffsbildung und Interessenjurisprudenz, Tübingen 1932.

827 Schlüter, Bundesverfassungsrichter a. D. Prof. Dr. Brox, S. 347.

828 So ist im Wesentlichen auch Rüthers zu verstehen, der betont, dass für Brox „die Rechtswissenschaft nicht auf Gesetzgebungs- und Anwendungstechnik beschränkt

Als einziger Bundesverfassungsrichter, der aus einem schmittianischen Umfeld stammt, ist Zeidler zu nennen, der seine wissenschaftliche Prägung in der Nachkriegszeit von Hans Peter Ipsen erfuhr. Dieser stand der Schmitt-Schule nahe.[829] Doch bereits in seiner von Ipsen betreuten Dissertation aus dem Jahre 1950 beschäftigte sich Zeidler auch mit der objektivrechtlichen Dimension der Grundrechte seit der Weimarer Republik und führte explizit aus, dass hinsichtlich der nachhaltigen Erfahrungen mit der gescheiterten Weimarer Demokratie und dem totalitären System der Nationalsozialisten der Parlamentarische Rat bei den Beratungen zum Grundgesetz bewusst ein erweitertes Grundrechtsverständnis etablierte, um eine „Intensivierung der Grundrechte" herbeizuführen.[830] Auch zeigt ein Ende der 1960er Jahre publizierter Zeitschriftenbeitrag Zeidlers, dass er sich mit den pluralistischen Lehren der Smend-Schule auseinandersetzte.[831] In dem Artikel, der nach der gewaltsamen Springer-Blockade und unmittelbar nach dem „Blinkfüer"-Beschluss im März 1969 publiziert wurde, nahm Zeidler zur Außerparlamentarischen Opposition (APO) und deren Bedeutung für die Studentenbewegung Stellung. Er bestätigte zunächst, dass Wahlen in einer parlamentarischen Demokratie eine integrierende Funktion hätten, da sie für den Willensbildungsprozess des Volkes unentbehrlich seien. Gleichzeitig räumte er ein, dass in Zeiten der Großen Koalition und der 5 %-Sperrklausel einem nicht unerheblichen Teil der Bevölkerung der Zugang zum Parlament und damit der Beitrag zur öffentlichen Meinungsbildung verwehrt sei.[832] Diesen Bürgern müsse im Rahmen einer pluralistischen Demokratie ein öffentlicher Raum zur Diskussion ihrer – teilweise durchaus auch radikalen – Forderungen und das Recht auf friedliche Demonstration gewährt werden.

Schließlich kann auch bei Karl Haager eine Offenheit gegenüber den Lehren der Smend-Schule angenommen werden. Denn als Schützling Adolf Arndts[833]

[sei], sondern ein[en] wertgebundene[n], verantwortungsvolle[n] Dienst am Gemeinwohl [darstelle]." Vgl. Rüthers, Prof. Dr. Hans Brox zum 75. Geburtstag, in: NJW 1995, S. 2086.

829 Günther, Denken vom Staat her, S. 154 f.

830 Zeidler, Die Auswirkungen der westdeutschen Landesverfassungen auf das Bonner Grundgesetz, S. 29 ff.

831 Zeidler, Außerparlamentarische Bewegungen, Demonstrationsrecht und Widerstand, in: APuZ B 10/69, S. 3–13.

832 Zeidler, Außerparlamentarische Bewegungen, Demonstrationsrecht und Widerstand, S. 3–5.

833 Kommers, Judicial Politics in West Germany, S. 136.

kam er mit dessen in den 1950er Jahren weiterentwickelten Theorien der objektiven Wertordnung in Berührung.[834]

Zusammenfassend lässt sich sagen, dass die Bundesverfassungsrichter auf unterschiedlichen Wegen mit Smends Theorien in Berührung kamen. Im Falle Müllers geschah dies wohl bereits in der Weimarer Republik. Doch vor allem in der Nachkriegszeit mehrten sich die Möglichkeiten der Auseinandersetzung mit Smends Ideen. So beeinflussten – unabhängig von ihrer Schulenzugehörigkeit – progressive Denker und Juristen wie Adolf Arndt oder Helmut Ridder ihre Kollegen Stein, Ritterspach und Haager in der Rechtspraxis mit ihren Smendnahen Auffassungen zu Demokratie, Meinungs- und Pressefreiheit sowie zum Pluralismus. Rupp-von Brünneck erfuhr ihre wertorientierte Prägung sicherlich auch durch ihre Tätigkeit Ende der 1940er Jahre im Redaktionsausschuss des Parlamentarischen Rates. Zeidler setzte sich erstmals im Rahmen seiner Dissertation mit den Lehren Smends seit der Weimarer Republik auseinander. Auch musste er sich im Rahmen der Studentenbewegung insoweit mit den Lehren der Smend-Schule beschäftigen, als sie die Frage nach der Meinungsfreiheit im öffentlichen Raum betrafen. Brox kam über den Umweg der zivilrechtlichen Methodenlehre Philipp Hecks zu den Ideen der Abwägung und damit zur Smendianischen wertgebundenen, Interessen abwägenden Grundrechtstheorie.

Die Nähe der Bundesverfassungsrichter zu den Smend-Lehren konnte mit diesen Ausführungen aufgezeigt werden. Die Frage nach einer expliziten Zugehörigkeit der Richter zur Smend-Schule erübrigt sich jedoch insofern, als sich die Theorie der objektiven Wertordnung seit Ende der 1950er Jahre in der Staatsrechtslehre und Rechtsprechung fest etabliert hatte und sich der Schulenstreit in den 1960er Jahren auflöste.

834 Zur Bedeutung Adolf Arndts für die Entwicklung der objektiven Wertordnung im „Lüth"-Urteil siehe auch das folgende Kapitel.

Kapitel 3: Die Entscheidung

I. Der „Blinkfüer"-Beschluss

1. Die Ausführungen des Bundesverfassungsgerichts zum „Blinkfüer"-Beschluss

Mit seiner Entscheidung griff das Bundesverfassungsgericht die rechtspraktischen und rechtstheoretischen Auseinandersetzungen der 1960er Jahre auf. Das Gericht äußerte sich zunächst im „Blinkfüer"-Beschluss mit knappen Worten zur Zulässigkeit der Verfassungsbeschwerde, indem es das Rechtsschutzinteresse Ernst Austs trotz der Veräußerung der „Blinkfüer"-Zeitung am 1. Januar 1967 bejahte. Hierbei verzichtete es darauf, auf die Frage der unmittelbaren Betroffenheit näher einzugehen und zog Billigkeitserwägungen heran: Der Rechtsnachfolger des „Blinkfüer"-Herausgebers Aust, Harald Dötze, sei nicht beschwerdebefugt, weil das Urteil des Bundesgerichtshofs nicht gegen ihn ergangen sei. Verneine man sodann das Rechtsschutzinteresse von Aust, „so würde dies zu dem unbilligen Ergebnis führen, daß in diesem Falle ein Urteil überhaupt nicht mit der Verfassungsbeschwerde angegriffen werden könnte."[835] Ausgeklammert blieb im Rahmen der Zulässigkeit weiterhin die Frage, ob möglicherweise durch eine zivilgerichtliche Versagung des Schadensersatzanspruchs gegenüber dem „Blinkfüer"-Herausgeber Aust die öffentliche Gewalt gem. § 90 Abs. 1 BVerfGG in dessen Grundrechte eingegriffen habe.[836]

Diese Frage sollte erst in der Begründetheit beantwortet werden, in der das Bundesverfassungsgericht im Rahmen seiner grundrechtsdogmatischen Ausführungen schon eingangs auf das „Lüth"-Urteil eingeht, indem es bestätigt, dass „[d]ie vom Grundgesetz in seinem Grundrechtsabschnitt aufgerichtete objektive Wertordnung [...] auf die Auslegung [bürgerlich-rechtlicher] Vorschriften [wie § 823 Abs. 1 BGB] ein[wirke], soweit sie einer solchen [Auslegung] im Lichte der verfassungsrechtlichen Normen fähig" sei.[837]. Durch diese Bezugnahme auf die

835 BArch B 237/106278, Bl. 220; BVerfGE 25, 256 (262).

836 Diese Problematik wurde im Vorfeld der Eröffnung des Verfassungsbeschwerdeverfahrens erörtert, indem das Bundesverfassungsgericht Stellungnahmen hierzu einholte. Das Bundesjustizministerium verneinte mit Schreiben vom 3. April 1964 diese Frage mit der Begründung, dass anders als beim „Lüth"-Fall nicht das Grundrecht auf Meinungsäußerung gerichtlich untersagt worden sei, sondern lediglich ein Schadensersatzanspruch verwehrt sei: BArch B 237/106278, Bl. 137 f.

837 BArch B 237/106278, Bl. 221; BVerfGE 25, 256 (263).

objektive Wertordnung unterstreicht das Bundesverfassungsgericht einerseits, dass bereits in der Versagung eines Schadensersatzanspruchs durch ein Zivilurteil durchaus eine Grundrechtsverletzung liegen könne. Andererseits zeigt es damit, dass es die von der Smend-Schule entwickelte Methode anwendet. Für den „Blinkfüer"-Fall hatte dies zur Folge, dass § 823 Abs. 1 BGB und die Frage der Widerrechtlichkeit des Springer'schen Handelns allein am Maßstab des Verfassungsrechts – insbesondere Art. 5 Abs. 1 GG – zu beurteilen waren.

Nach der Kritik am Bundesgerichtshof, dass dieser die Boykottaufforderung und die Androhung der Liefersperre mit Art. 5 Abs. 1 GG für vereinbar gehalten habe, definiert das Bundesverfassungsgericht selbst den Schutzbereich der Meinungsfreiheit. In expliziter Anlehnung an das „Lüth"-Urteil führt es hierzu aus, dass ein „Boykottaufruf, dem eine bestimmte Meinungskundgabe zugrunde liegt, [...] durch Art. 5 Abs. 1 Satz 1 GG insbesondere dann geschützt [ist], wenn er als Mittel des geistigen Meinungskampfes in einer die Öffentlichkeit wesentlich berührenden Frage eingesetzt wird, wenn ihm also keine private Auseinandersetzung, sondern die Sorge um politische, wirtschaftliche, soziale oder kulturelle Belange der Allgemeinheit zugrundeliegt" (BVerfGE 7, 198 [212])."[838]

Das Gericht setzt damit – anders als der Bundesgerichtshof vor ihm – klare verfassungsrechtliche Grenzen für die Wahl der Mittel, deren sich der Boykottaufrufer bedienen darf. Voraussetzung des Boykotts sei, dass rein geistige Argumente verwendet würden, so dass die „Überzeugungskraft von Darlegungen, Erklärungen und Erwägungen" den Angesprochenen dazu bewegen, in Freiheit und ohne wirtschaftlichen Druck sich für oder gegen eine Position zu entscheiden.[839] Damit knüpft das Bundesverfassungsgericht an die Argumentation des oberlandgerichtlichen Urteils vom 14. Februar 1962[840] an, das die Wirtschaftsmacht als Differenzierungsmerkmal zwischen zulässigem und unzulässigem Boykott herausgestellt hatte. Zugleich verdeutlicht es seine Auffassung zu den Grenzen der Meinungsäußerungsfreiheit, indem es auf ihre Funktion im demokratischen Staat verweist. Mit der Betonung, dass „[d]ie Freiheit der geistigen Auseinandersetzung [...] eine unabdingbare Voraussetzung für das Funktionieren der freiheitlichen Demokratie" sei, da nur sie die öffentliche Diskussion über staatspolitische, die Allgemeinheit betreffende Themen zulasse, knüpft es ausdrücklich an die eigene Rechtsprechungstradition zur Meinungs- und Pressefreiheit seit

838 BArch B 237/106278, Bl. 222; BVerfGE 25, 256 (264).
839 BArch B 237/106278, Bl. 222; BVerfGE 25, 256 (264).
840 Urteil des Landgerichts Hamburg vom 14. Februar 1962 mit dem Aktenzeichen 15 0 198/61 in: BArch 237/106277, Bl. 43–75.

Ende der 1950er Jahre an[841], an das KPD-Verbotsurteil[842] (1956), das „Lüth"-Urteil[843] (1958) und das „Spiegel"-Urteil[844] (1966): Einerseits müsse der Austausch von Meinungen und Ansichten ohne Zwang stattfinden und andererseits dienten diese Grundrechte aus Art. 5 Abs. 1 GG nicht nur der persönlichen Entfaltung des Individuums, sondern stellten auch essentielle Kommunikationsgrundrechte des demokratischen Gemeinwesens dar. Gerade die Bezugnahme auf das KPD-Verbotsurteil und der damit verbundene Blick auf das kommunistische Pressewesen des deutschen Nachbarstaates im „Blinkfüer"–Beschluss lassen sich als bewusste Abgrenzung des Bundesverfassungsgerichts von der DDR interpretieren. Denn schon im KPD-Verbotsurteil hatte das Bundesverfassungsgericht resümiert, dass die „geistige Freiheit" sowie der „geistige Kampf und die freie Auseinandersetzung mit Ideen" elementare Voraussetzungen für das „System der freiheitlichen Demokratie" seien.[845] Daher verletze auch im Falle „Blinkfüer" derjenige die „Gleichheit der Chancen beim Prozeß der Meinungsbildung", der den freien geistigen Meinungskampf mit wirtschaftlichen Mitteln beseitige.[846] Ein solches Verhalten sei nicht von der Meinungsäußerungsfreiheit des Art 5 Abs. 1 GG gedeckt.

Damit leitet das Bundesverfassungsgericht über zum Schwerpunkt seiner dogmatischen Ausführungen, zur Bedeutung der marktbeherrschenden Stellung der Verlagshäuser Springers für das Pressewesen. Zwar äußert das Gericht Verständnis für die politische Motivation des Rundschreibens der Springer'schen Verlagshäuser, es bezweifelt jedoch, dass dieses geeignet war, eine öffentliche Auseinandersetzung über ostdeutsche Programme herbeizuführen. Erstens habe sich der Boykott nicht an die Leser gerichtet, wodurch der freie Meinungsbildungsprozess verhindert worden sei, weil bestimmte Personenkreise als Empfänger der Meinung ausgeschlossen waren, und zweitens sei der politische Meinungskampf „[m]it wirtschaftlichen Mitteln unter Ausnutzung der monopolartigen Stellung" geführt worden.[847] Gerade dieser Aspekt unterscheide sich vom Sachverhalt „Lüth", in dem der Hamburger Senator sich nur auf das Gewicht seines politischen und moralischen Appells gestützt habe.

---

841 BArch B 237/106278, Bl. 222; BVerfGE 25, 256 (265).
842 BVerfGE 5, 85 ff.
843 BVerfGE 7, 198 ff.
844 BVerfGE 20, 162 ff.
845 BVerfGE 5, 85 (205).
846 BArch B 237/106278, Bl. 222; BVerfGE 25, 256 (265).
847 BArch B 237/106278, Bl. 223; BVerfGE 25, 256 (266).

In den Schlusspassagen seines Beschlusses positioniert sich das Bundesverfassungsgericht deutlich gegen die Verlagshäuser Springers und deren Pressemonopol, indem es ein liberales Presseverständnis darlegt, welches das Grundrecht der Empfänger – als Teil der Öffentlichkeit – auf Informationsfreiheit und Meinungsbildung berücksichtigt:

> „Meinungs- und Pressefreiheit wollen die freie geistige Betätigung und den Prozeß der Meinungsbildung in der freiheitlichen Demokratie schützen; sie dienen nicht wirtschaftlichen Interessen.“[848]

Damit die Presse ihrer Aufgabe im Sinne eines Beitrags zur öffentlichen Meinungsbildung gerecht werden könne, sei es notwendig, die institutionelle Garantie der Presse abzusichern:

> „Zum Schutz des Instituts der freien Presse muß aber die Unabhängigkeit von Presseorganen gegenüber Eingriffen wirtschaftlicher Machtgruppen mit unangemessenen Mitteln auf Gestaltung und Verbreitung von Presseerzeugnissen gesichert werden.“[849]

Mit diesen Aussagen griff das Gericht in die Debatte um die Pressekonzentration der Verlagshäuser Springers ein. Es erkannte die Gefahren für das Pressewesen und bestärkte die gesellschaftlichen Forderungen nach seinem Schutz. Dieser im „Blinkfüer“-Beschluss vorgetragene Gedanke der Schutzbedürftigkeit der Pressefreiheit und des Pressewesens, die Heranziehung des Grundrechts auf Pressefreiheit in ihrer objektivrechtlichen Dimension basierte auf der drei Jahre zuvor ergangenen „Spiegel“-Entscheidung desselben Senats. Schon dort wurde die Bedeutung der freien Presse für den „Prozess der demokratischen Willensbildung“ hervorgehoben und damit ihre objektivrechtliche Seite akzentuiert.[850] Im „Blinkfüer“-Beschluss resümiert das Bundesverfassungsgericht nunmehr, dass Presseunternehmen mit Monopolcharakter wie die Verlagshäuser Axel Springers den geistig politischen Meinungskampf verhinderten, da sie ihre wirtschaftliche Macht ausnutzten, um andere Meinungen wie die des kommunistischen „Blinkfüer“-Herausgebers zu unterbinden. Aust stehe als Zeitungsherausgeber das Recht auf Pressefreiheit im Sinne der Verbreitung von Nachrichten und Informationen – auch ostdeutscher Programme – zu, so dass dessen Verfassungsbeschwerde bereits wegen Verletzung des Art. 5 Abs. 1 GG begründet sei.

---

848 BArch B 237/106278, Bl. 224; BVerfGE 25, 256 (268).
849 BArch B 237/106278, Bl. 224 f.; BVerfGE 25, 256 (268).
850 BVerfGE 20, 162 (175 f.).

2. Die Grundrechtsinterpretation des Bundesverfassungsgerichts im „Lüth"- und im „Blinkfüer"-Fall in Anlehnung an Smends Lehren

Um der Frage der Kontinuität älterer Grundrechtslehren und deren Transformierung in eine demokratische Grundrechtskonzeption nachzugehen, soll im Folgenden dargelegt werden, in welcher Weise das Bundesverfassungsgericht in der Nachkriegszeit in zwei Entscheidungen, dem „Lüth"-Urteil (1958) und dem „Blinkfüer"-Beschluss (1969), zur Frage der objektiven Wertordnung Stellung bezog und damit die zum Teil erbittert geführten Kämpfe zwischen den beiden Staatsrechtsschulen entschied.

a. „Lüth"

Im „Lüth"-Urteil hatte das Bundesverfassungsgericht über die Verfassungsbeschwerde des Hamburger Senators Erich Lüth gegen eine zivilgerichtliche Entscheidung des Landgerichts Hamburg zu befinden.[851] Lüth hatte in den 1950er Jahren die Kinobesitzer zu einem Boykott des Films „Unsterbliche Geliebte" des nationalsozialistischen Regisseurs Veit Harlan[852] aufgerufen, da Harlan in der Zeit des Nationalsozialismus den antisemitischen Film „Jud Süß" gedreht hatte. [853] Lüth, der das Ansehen der Bundesrepublik im Ausland wahren wollte, berief sich auf die Meinungsfreiheit. Das Landgericht Hamburg stufte diesen Boykott jedoch als sittenwidrig gem. § 826 BGB ein.[854] Lüth, der den Rechtsweg noch nicht ausgeschöpft hatte, wehrte sich gegen dieses Landgerichtsurteil, indem er Verfassungsbeschwerde einlegte. Er hob die allgemeine Bedeutung der Verfassungsbeschwerde nach § 90 Abs. 2 Satz 2 BVerfGG hervor und rügte die Verletzung des Art. 5 GG.[855]

---

851 BVerfGE 7, 198 ff.

852 Noack, Veit Harlan – „Des Teufels Regisseur", München 2000.

853 Kretschmann, Schuld und Sühne – Annährung an Erich Lüth, in: Henne/Riedlinger (Hg.), Das Lüth-Urteil aus (rechts-) historischer Sicht, Berlin 2005, S. 58 ff.

854 Das Urteil des Landgerichts Hamburg vom 22. November 1951 (mit Aktenzeichen: 15.O.87/51) ist in abgekürzter Form wiedergegeben bei: Henne/Riedlinger (Hg.), Das Lüth-Urteil aus (rechts-) historischer Sicht, S. 481–487.

855 Auch die Schriftsätze im Verfassungsbeschwerdeverfahren „Lüth" sind in gekürzter Form wiedergegeben bei: Henne/Riedlinger (Hg.) Das Lüth-Urteil aus (rechts-) historischer Sicht, S. 490–538.

Lüth wurde dabei von Adolf Arndt vertreten, der wiederum mit dem Smend-Schüler Wilhelm Hennis[856] die Schriftsätze vorbereitete.[857] Arndt und Smend standen während des Prozesses im Jahre 1952 in Briefwechsel.[858] In seiner Argumentation berief sich Arndt auf Smends Sichtweise zur Meinungsfreiheit und damit auf die objektive Wertordnung, jedoch ging er noch einen Schritt weiter und betonte die „unauflösbare Beziehung der Meinungsfreiheit" zur Demokratie.[859]

Das Bundesverfassungsgericht sah die Verfassungsbeschwerde als zulässig und begründet an. In seinen Kernaussagen bestätigte das Gericht die alte, liberale Grundrechtstradition, nach der die Grundrechte als Abwehrrechte gegen den Staat konzipiert sind, erkannte aber zusätzlich die Grundrechte als Ausdruck objektiver Prinzipien an, die in alle Bereiche der Rechtsordnung hineinwirken:

> „Ebenso richtig ist aber, daß das Grundgesetz, das keine wertneutrale Ordnung sein will [...], in seinem Grundrechtsabschnitt auch eine objektive Wertordnung aufgerichtet hat und daß gerade hierin eine prinzipielle Verstärkung der Geltungskraft der Grundrechte zum Ausdruck kommt [...]. Dieses Wertsystem, das seinen Mittelpunkt in der innerhalb der sozialen Gemeinschaft sich frei entfaltenden menschlichen Persönlichkeit und ihrer Würde findet, muß als verfassungsrechtliche Grundentscheidung für alle Bereiche des Rechts gelten; Gesetzgebung, Verwaltung und Rechtsprechung empfangen von ihm Richtlinien und Impulse."[860]

Damit fanden die Grundrechte über die Generalklauseln Eingang in das Zivilrecht. Zugleich bedeutete dies die Anerkennung der mittelbaren Drittwirkung der Grundrechte. Das Grundrechtskonzept, das hinter dem „Lüth"-Urteil des Bundesverfassungsgerichts steht, war demzufolge an Smends Grundrechtslehren – insbesondere dem Hauptwerk von 1928 – angelehnt ebenso wie an Dürigs Fortentwicklung der Smend-Lehren.[861]

---

856 Schlak, Wilhelm Hennis. Szenen einer Ideengeschichte der Bundesrepublik, München 2008.

857 Hennis, Lüth – und anderes, S. 187 ff.; Gosewinkel, Adolf Arndt, S. 495 f., S. 300; Stolleis, Geschichte des öffentlichen Rechts, Bd. 4, 165.

858 Gosewinkel, Adolf Arndt, S. 496.

859 Gosewinkel, Adolf Arndt, S. 495 f.

860 BVerfGE 7, 198 (205).

861 So schon Staff, Das Lüth-Urteil. Zur demokratietheoretischen Problematik materialer Grundrechtstheorie, in: Henne/Riedlinger (Hg.), Das Lüth-Urteil aus (rechts-) historischer Sicht, S. 319; Schefold, Geisteswissenschaften und Staatsrechtslehre zwischen Weimar und Bonn, S. 567–599, 588 f. Henne betont, dass in den 1950er Jahren für das Bundesverfassungsgericht – insbesondere bei wichtigen Entscheidungen wie dem „Lüth"- und „Elfes"-Urteil – ein „Lernen aus Weimar" zentral war. Die materialen

Hinzu kommt, dass das Bundesverfassungsgericht im „Lüth"-Urteil die überindividuelle Komponente der Meinungsfreiheit unterstreicht, indem es die Wichtigkeit dieses Grundrechts für den Erhalt der Demokratie betont. Das Bundesverfassungsgericht legt dar, dass die Meinungsfreiheit „[f]ür eine freiheitlich-demokratische Staatsordnung [...] schlechthin konstituierend" ist.[862] Damit hatte das Bundesverfassungsgericht einen in den USA geführten Diskurs über die Frage, ob die Meinungsfreiheit individuell im Sinne einer *self-determination* oder kollektiv im Sinne eines *self-government* zu verstehen sei, eindeutig „von Anfang an zugunsten einer Doppelbegründung gelöst"[863].

Letztlich hatte sich das Bundesverfassungsgericht im „Lüth"-Urteil die Theorie der objektiven Wertordnung zunutze gemacht, nicht nur um eine Stärkung der Grundrechte der Bürger mittels einer Drittwirkung herbeizuführen, sondern auch um die eigenen Prüfungskompetenzen zu erweitern. Diese Erweiterung der Prüfungskompetenzen bezog sich sowohl auf Gesetze als auch auf den Gesetzgeber.[864] Dass es damals vor allem um eine Kontrolle der Zivilgerichtsbarkeit ging, war den zeitgenössischen Rechtswissenschaftlern durchaus klar. So begrüßte Günter Dürig in seiner Rezension zum „Lüth"-Urteil dieses Urteil und bemerkte, dass das Bundesverfassungsgericht sich die „Möglichkeit der verfassungsrichterlichen Grundrechtskontrolle über rechtskräftige Zivilurteile" im Rahmen der Verfassungsbeschwerde eröffnet habe.[865] Dürig betonte außerdem, das Bundesverfassungsgericht habe die „Intensität, mit der sich der Wertgehalt des Art. 5 I [im] konkreten Zivilrechtsstreit" ausgewirkt habe, offengelegt.[866]

---

und wertorientierten Theorien Smends, die eine antidemokratische und antiliberale Stoßrichtung enthielten, seien „Stichwortgeber für die Grundrechtsjudikatur einer parlamentarischen und liberalen Demokratie" geworden. Vgl. Henne, „Von 0 auf Lüth in 6 ½ Jahren", S. 220.

862 BVerfGE 7, 198 (208).

863 Grimm, Die Meinungsfreiheit in der Rechtsprechung des Bundesverfassungsgerichts, in: NJW 1995, S. 1697–1704, 1698.

864 Wahl, Lüth und die Folgen. Ein Urteil als Weichenstellung für die Rechtsentwicklung, in: Henne/ Riedlinger (Hg.), Das Lüth-Urteil aus (rechts-) historischer Sicht, Berlin 2005, S. 375.

865 Dürig, Zum „Lüth-Urteil" des Bundesverfassungsgerichts vom 15.1.1958, in: DöV 1958, S. 194–197, hier: S. 194.

866 Dürig, Zum „Lüth-Urteil" des Bundesverfassungsgerichts, S. 197.

b. „Blinkfüer“

Mit dem „Blinkfüer“-Beschluss gab es eine zweite bedeutende Entscheidung zur Presse- und Meinungsfreiheit. Erneut wendeten die Bundesverfassungsrichter im Falle „Blinkfüer“ die Theorie der objektiven Wertordnung auf einen Privatrechtsfall an und bevorzugten damit die von den Smendianern entwickelte werthierarchische Methodik der Verfassungsinterpretation. Bei näherer Betrachtung werden Parallelen zwischen der Argumentation im „Blinkfüer“-Beschluss und den Positionen der Smend-Schule vor allem dort deutlich, wo es dem Bundesverfassungsgericht darum ging, seine Positionierung zugunsten eines überindividuellen und institutionellen Verständnisses der Meinungs- und Pressefreiheit des Art. 5 Abs. 1 GG offenzulegen. Die folgenden drei Zitate aus dem „Blinkfüer“-Beschluss können hierfür als Beleg gelten:

> „Ein Boykottaufruf, dem eine bestimmte Meinungskundgabe zugrundeliegt, ist durch Art. 5 Abs. 1 Satz 1 GG insbesondere dann geschützt, wenn er als Mittel des geistigen Meinungskampfes in einer die Öffentlichkeit wesentlich berührenden Frage eingesetzt wird, wenn ihm also keine private Auseinandersetzung, sondern die Sorge um politische, wirtschaftliche, soziale oder kulturelle Belange der Allgemeinheit zugrundeliegt (BVerfGE 7, 198 [212]).“[867]
>
> „Die Freiheit der geistigen Auseinandersetzung ist eine unabdingbare Voraussetzung für das Funktionieren der freiheitlichen Demokratie, weil nur sie die öffentliche Diskussion über Gegenstände von allgemeinem Interesse und staatspolitischer Bedeutung gewährleistet […].“[868]
>
> „Das Ziel der Pressefreiheit, die Bildung einer freien öffentlichen Meinung zu erleichtern und zu gewährleisten, erfordert deshalb den Schutz der Presse gegenüber Versuchen, den Wettbewerb der Meinungen durch wirtschaftliche Druckmittel auszuschalten.“[869]

Die Argumente des Bundesverfassungsgerichts zur Stärkung der objektiven Dimension der Meinungs- und Pressefreiheit stehen in Kontinuität zu den Grundrechtslehren Smends aus den 1920er und 1950er Jahren. Doch das Bundesverfassungsgericht geht in seiner Argumentation über die Grundrechtslehren Smends hinaus, denn es ging in den 1960er Jahren nicht mehr nur darum, den Grundrechten in Privatrechtsfällen mehr Geltung zu verschaffen, sondern vielmehr darum, durch die Anwendung der objektiven Wertordnung den Art. 5 GG demokratiefreundlich auszulegen. Für das Bundesverfassungsgericht stehen Pressefreiheit und Demokratie in einem wechselseitigen Verhältnis, sie bedingen sich gegenseitig. Schließlich zeigen die drei genannten Passagen auch, dass das

867 BArch B 237/106278, Bl. 222; BVerfGE 25, 256 (264).
868 BArch B 237/106278, Bl. 222; BVerfGE 25, 256 (265).
869 BArch B 237/106278, Bl. 225; BVerfGE 25, 256 (268).

Bundesverfassungsgericht die Öffentlichkeit als einen Raum anerkennt, in dem Demokratie geübt wird. Hiermit schließt es an den zeitgenössischen Diskurs an, für den Jürgen Habermas' Dissertation „Strukturwandel der Öffentlichkeit – Untersuchungen zu einer Kategorie der bürgerlichen Gesellschaft" aus dem Jahre 1962 paradigmatisch war.[870] Das Bundesverfassungsgericht beleuchtete mit dem „Blinkfüer"-Beschluss vor allem die öffentlich-demokratische Seite der Meinungs- und Pressefreiheit und sorgte damit für ihren verfassungsrechtlichen Schutz.

Zugleich lässt sich der Beschluss als ein klares Plädoyer für mehr Pluralismus in der Presse lesen, der dem öffentlichen, demokratischen Meinungsbildungsprozess dient. Dies war eine klare Absage an die von der Schmitt-Schule favorisierte marktorientierte Auslegung der Pressefreiheit. Auffallend sind weiterhin die überwiegend abstrakt gehaltene Interpretation und die Betonung der objektivrechtlichen Dimension der Meinungs- und Pressefreiheit im „Blinkfüer"-Beschluss, während die individuellen Grundrechte des „Blinkfüer"-Herausgebers und der konkrete Sachverhalt in der Argumentation des Gerichts nur eine zweitrangige Rolle spielen. Das eigene Recht auf Pressefreiheit des Beschwerdeführers Aust wird als selbstverständlich vorausgesetzt und darum kaum erwähnt, so dass in Anbetracht des zeithistorischen Kontextes der DKP-Gründung die These nicht abwegig erscheint, dass Austs Fall vom Bundesverfassungsgericht zum Anlass genommen wurde, sich grundsätzlich über den Umgang mit der Pressefreiheit und dem Kommunismus zu äußern. Dies tat es aber nicht direkt. Es äußerte sich nicht unmittelbar zur DDR oder zum Kommunismus. Dennoch kann angesichts des Kontexts, in dem die Entscheidung steht, davon ausgegangen werden, dass der Blick auf den kommunistischen Nachbarstaat für die Entscheidung zugunsten eines pluralistischen Pressewesens nicht unerheblich war. Das Bundesverfassungsgericht erkannte in seinem „Blinkfüer"-Beschluss nicht nur die Meinungs- und Pressefreiheit von Aust als schützenswert an, es wollte sich zugleich vom Gesellschaftssystem der DDR abgrenzen, das keine Meinungs- und Pressefreiheit für Regimekritiker kannte. In dem Rechtsstreit, der seinen Ausgangspunkt in der Frage hatte, ob ostdeutsche Programme in der Bundesrepublik gesehen und verbreitet werden dürfen, und in dem es damit immer auch implizit um die Frage nach der Konkurrenz zwischen den beiden deutschen Gesellschaftssystemen ging, teilte das Bundesverfassungsgericht der DDR gewissermaßen mit: Wir gewähren auch einem Kommunisten Presse- und Meinungsfreiheit.

---

870 Habermas, Strukturwandel der Öffentlichkeit. Untersuchungen zu einer Kategorie der bürgerlichen Gesellschaft, Neuwied 1962.

In diesem Sinne dürfte die Entscheidung des Bundesverfassungsgerichts zugunsten von Aust auch dem Umstand geschuldet sein, dass die Bundesverfassungsrichter, die den Nationalsozialismus erlebt und teilweise – wie etwa Stein – unter der national-sozialistischen Verfolgung selbst gelitten hatten, die Gefahren eines autoritären, anti-pluralistischen Regierungssystems und dessen Folgen für Minderheiten und Andersdenkende kannten und sich bewusst davon abgrenzten.[871] Der „Blinkfüer"-Beschluss und die mit ihm eingeleitete Grundrechtsdogmatik ist damit ein Mosaikstein in der Entwicklung der 1960er Jahre, in denen sich das demokratische Bewusstsein stabilisierte und in denen sich mit der Neuen Ostpolitik das Lagerdenken entspannte. Die Entscheidung stärkte die Minderheitenrechte in einer zunehmend pluralistisch werdenden Gesellschaft, ohne die DDR als Negativfolie aus dem Blick zu verlieren.

Umso wichtiger musste es den Bundesverfassungsrichtern sein, dass das demokratisch geordnete Pressewesen mit seiner privatwirtschaftlichen Struktur in seinen Grundzügen geschützt wird, indem dominierenden Presseunternehmen wie den Verlagshäusern Axel Springers auf dem Wirtschaftsmarkt dahingehend Grenzen gesetzt werden, dass sie abweichende Meinungen in der Presse nicht durch Einsatz ihrer wirtschaftlichen Macht verdrängen können. Das Bundesverfassungsgericht brachte klar zum Ausdruck, dass Wirtschaft und Pressefreiheit nur dann miteinander in Einklang stehen, wenn allen Presseunternehmern, selbst kommunistischen, gleicher Zugang zum Pressemarkt gewährt und die Teilnahme an der öffentlichen Diskussion politischer Streitfragen und Themen zum Zwecke der Meinungsbildung nicht einigen wenigen vorbehalten wird. Mit der vom Bundesverfassungsgericht geschützten Meinungspluralität im Pressewesen sollten vor allem die Interessen der Zeitungsleser als Beteiligte am Meinungsbildungsprozess gewahrt werden.

Um dieses Ziel zu erreichen, bediente sich das Bundesverfassungsgericht dogmatisch einer erweiterten Grundrechtsdimension. Diese diente im „Blinkfüer"-Beschluss dem Erhalt eines demokratischen, pluralistisch geordneten Pressewesens, dem Pluralismus von Meinungen im öffentlichen Raum und letztlich der Stärkung der individuellen Pressefreiheit. In Anlehnung an das Grundrechtsverständnis der Smend-Schule passte der „Blinkfüer"-Beschluss die Interpretation des Art. 5 GG den sich wandelnden Bedürfnissen der Zeit an, um die Öffentlichkeit als Raum der Demokratie zu stärken. Das

---

871 Siehe dazu oben, S. 138 ff. Überblick zu den Biographien der Bundesverfassungsrichter und deren Erfahrungshorizonten bei Stolleis, Geschichte des öffentlichen Rechts, Bd. 4, S. 146–155.

Bundesverfassungsgericht verzichtete auf eine streng normativistische Auslegung der Meinungs- und Pressfreiheit des Art. 5 GG, wie sie die Schmitt-Schule befürwortet hatte. Damit entschied es sich gegen die methodische Spielart des staatsorientierten Rechtspositivismus. Demzufolge war Ende der 1960er Jahre, als der „Blinkfüer“-Beschluss erging, die verfassungsorientierte Wertlehre im Sinne der Smend-Schule wissenschaftlich attraktiver als der Rechtspositivismus, weil erstere die Möglichkeit bot, mittels einer Wertethik einzelfallgerechte Lösungen im Grundgesetz zu finden und Interessen abwägende Entscheidungen zu treffen. Im Falle „Blinkfüer“ ging es genau darum.

Die Auseinandersetzungen in der Staatsrechtslehre spiegeln sich im „Blinkfüer“-Beschluss nicht wider, denn die meisten Bundesverfassungsrichter kamen nicht aus der Wissenschaft, sondern waren Praktiker. Ein Sondervotum gab es damals noch nicht.[872] Die Stimmverhältnisse wurden im „Blinkfüer“-Beschluss nicht offengelegt, obwohl dies bei anderen Entscheidungen jener Zeit durchaus geschah. Doch der Umstand, dass die Entscheidungsgründe im „Blinkfüer“-Beschluss nicht sehr ausführlich dargelegt waren, zeigt, dass die Vehemenz, mit der die Smend- und die Schmitt-Schule ihre jeweiligen Auffassungen vertraten, offensichtlich keinen Eingang in den Senat gefunden hatte. Die Klarheit, in der das Bundesverfassungsgericht in seiner Interpretation der Pressefreiheit der Smend'schen Grundrechtslehre folgt, lässt sich auch dadurch erklären, dass die am „Blinkfüer“-Beschluss beteiligten Bundesverfassungsrichter keine Schmitt-Schüler waren.

Letztlich verwies das Bundesverfassungsgericht die Sache an den Bundesgerichtshof für Zivilsachen zurück. Der Rechtsstreit endete 1971 nicht mit einem Urteil, sondern im Wege eines Vergleichs. Hierbei erhielt Harald Dötze als Rechtsnachfolger des „Blinkfüer“-Herausgebers Aust eine einmalige Zahlung von 50.000 DM von den Verlagen Axel Springers.[873] Als aktives DKP-Mitglied stellte Dötze die gesamte Summe der DKP zur Verfügung.[874] Axel Springer dürfte auch dies als schmerzliche Niederlage empfunden haben.

---

872 Es wurde erst 1970 eingeführt, um eine größere Transparenz bei der Entscheidungsfindung zu schaffen, indem es gem. § 30 Abs. 2 S. 1 BVerfGG ermöglichte, dass ein Bundesverfassungsrichter in einem offenen Sondervotum seine von der Mehrheit abweichende Meinung zu der Entscheidung darlegt. Vgl. Schlaich/Korioth, Das Bundesverfassungsgericht, 2. Teil Rdnr. 51.

873 Stäcker, Mit einem Scheck die Niederlage bezahlt. Springer überwies dem ehemaligen „Blinkfüer“-Herausgeber 50 000 Mark, in: Frankfurter Rundschau vom 18.3.1971, S. 3. Vgl. auch den 1970 erschienen Artikel zu dem sich abzeichnenden Vergleich mit dem Titel „Vor einem Vergleich im „Blinkfüer“-Prozeß“: Stuttgarter Zeitung vom 15.1.1970, S. 2.

874 Stäcker, Teurer Boykott. DKP erhält 50 000 Mark, in: Die Zeit vom 26.3.1971, S. 11.

II. Die Wirkungsgeschichte des „Blinkfüer“-Beschlusses

1. Der „Blinkfüer“-Beschluss in zeitgenössischen Rezensionen

Der „Blinkfüer“-Beschluss des Bundesverfassungsgerichts erregte großes Aufsehen, weil Aust mit seiner Verfassungsbeschwerde vor dem Bundesverfassungsgericht gewonnen und der konservative Unternehmer Axel Springer verloren hatte.[875] Als Erstes reagierte der Verband Deutscher Buch-, Zeitungs- und Zeitschriften-Grossisten, der selbst 1961 bei der Springer'schen Durchsetzung des Boykotts geholfen hatte, mit einer ausdrücklichen Entschuldigung. In seiner Stellungnahme zum „Blinkfüer“-Fall räumte er Fehler bei der Verbreitung des Rundschreibens ein.[876] Er entschuldigte sich damit, dass er damals nicht mehr habe wissen können als der Bundesgerichtshof, der bekanntlich von der Rechtmäßigkeit des Boykotts ausging.

In den Rezensionen der Rechtswissenschaftler herrschte überwiegend Einigkeit in der positiven Bewertung der Ergebnisse des „Blinkfüer“-Beschlusses.[877] Rechtsanwalt Möhring selbst, der die Entscheidung des Bundesverfassungsgerichts sicherlich nicht gutgeheißen hatte, äußerte sich nicht öffentlich. Stattdessen kursierte in der Rechtswissenschaft ein Gutachten von Ernst Forsthoff, der dieses bereits 1968 im Auftrag Axel Springers erstellt hatte.[878] Er nahm in diesem zur Frage der Pressekonzentration und zur Auslegung des Art. 5 Abs. 1 GG Stellung – es war eine vorgreifende Kritik an der Entscheidung des Bundesverfassungsgerichts. In dem Gutachten, das 1969 veröffentlicht wurde und das als abschließende Stellungnahme Axel Springers und Forsthoffs zum „Blinkfüer“-Fall angesehen

---

875 Vgl. etwa: Der Spiegel Nr. 20 vom 12.5.1969, Der Freiheit zuwider, S. 99.

876 Siehe hierzu: Stellungnahme zu den Vorfällen um Blinkfüer (1961) und PARDON (Heft 2/1962) in: Deutscher Buch-, Zeitungs- und Zeitschriften-Grossisten e.V. (Hg.), Gutachten über „Die volkswirtschaftliche Bedeutung des Zeitungs- und Zeitschriften-Großhandels in der Bundesrepublik Deutschland“, Sankt Gallen 1969; vgl. auch Brummund, Zeitungs- und Zeitschriftengrosshandel, S. 254.

877 Menger/Erichsen, Aus der Praxis der Verwaltung und Verwaltungsgerichtsbarkeit, S. 82 ff.; Kübler/ Simitis, Presse und Wettbewerb, S. 445 ff.; Lerche, Zur verfassungsgerichtlichen Deutung der Meinungsfreiheit, S. 197 ff. Kritisch gegenüber der juristischen Argumentation des Bundesverfassungsgericht: Klein, Öffentliche und private Freiheit, S. 145 ff.; ganz ablehnend Krauss, Mißbrauchte Demokratie. Zur Kritik an einem Rechtsstreit, in: Politische Meinung, Heft 139, November/Dezember 1971, S. 68–73. Implizit auch Kull, Verfassung als Parteiprogramm – Zur Expansion der „relevanten Kräfte“ –, in: Roman Schnur (Hg.), Festschrift für Ernst Forsthoff zum 70. Geburtstag, München 1972, S. 213–227.

878 Forsthoff, Verfassungsschutz der Zeitungspresse.

werden kann, argumentiert er ganz im Einklang mit seiner bisherigen Position: Da die Pressefreiheit als reines Abwehrrecht gegen den Staat konstruiert sei, seien staatliche Eingriffe in den Pressemarkt – selbst solche zur Regulierung von Pressemacht und Pressekonzentration – als Zensur anzusehen.[879] Gerade die fehlende Legaldefinition der Pressefreiheit dürfe nicht dazu führen, den Inhalt und den Schutzumfang der Pressefreiheit nach den Bedürfnissen der Zeit auszulegen.[880]

Die meisten Rechtswissenschaftler, die den „Blinkfüer"-Beschluss in den einschlägigen Fachzeitschriften kommentierten, betrachteten ihn vor dem Hintergrund der Pressekonzentration, obwohl diese in dem ursprünglichen Ausgangsverfahren, dem Rechtsstreit um eine zivilrechtliche Unterlassungs- und Schadensersatzklage, keine Rolle spielte. Eine Ausnahme bildet die gemeinsame Rezension der Münsteraner Christian-Friedrich Menger und Hans-Uwe Erichsen, die nicht nur durch ihre Kürze auffällt, sondern auch dadurch, dass die Autoren den „Blinkfüer"-Beschluss als Plädoyer für die individual-rechtliche Dimension der Pressefreiheit lasen:

> „Interessant und aufschlußreich ist jedoch insoweit die Diktion des Beschlusses, die durchweg vom Grundrecht als Individualrecht bestimmt ist."[881]

Diese Bewertung erweckt den Eindruck, als hätten die Autoren nicht am Disput der beiden Staatsrechtsschulen zur grundsätzlichen Frage der Auslegung der Pressefreiheit teilgenommen.

Als eine Besprechung des „Blinkfüer"-Beschlusses im weitesten Sinne kann der gemeinsame Aufsatz der Zivilrechtswissenschaftler Friedrich Kübler und Spiros Simitis genannt werden. Kübler, der schon die BGH-Entscheidung zum Falle „Blinkfüer" in seiner Antrittsvorlesung kritisiert hatte, war ebenso wie Simitis an den Debatten zur Pressekonzentration aktiv beteiligt und verfasste 1972 im Auftrag des Deutschen Juristentages ein Gutachten zu dem Thema „Empfiehlt es sich, zum Schutze der Pressefreiheit gesetzliche Vorschriften über die innere Ordnung von Presseunternehmen zu erlassen?"[882]. Simitis war Mitglied des Arbeitskreises Pressefreiheit, der sich konstituiert hatte, nachdem viele Wissenschaftler mit den Ergebnissen der Pressekommission zur Bekämpfung der

---

879 Forsthoff, Verfassungsschutz der Zeitungspresse, S. 11, 18.

880 Forsthoff, Verfassungsschutz der Zeitungspresse, S. 12.

881 Menger/Erichsen, Aus der Praxis der Verwaltung und Verwaltungsgerichtsbarkeit, S. 83.

882 Kübler, Empfiehlt es sich, zum Schutze der Pressefreiheit gesetzliche Vorschriften über die innere Ordnung von Presseunternehmen zu erlassen?

Pressekonzentration unzufrieden gewesen waren.[883] Sowohl Kübler als auch Simitis standen in ihrer Argumentationsweise hinsichtlich der Auslegung des Art. 5 GG der Smend-Schule insgesamt sehr nahe und befürworteten beide den „Blinkfüer"-Beschluss. Sie vertraten den Standpunkt, dass technischer Fortschritt zu Veränderungen in der Produktion von Presseerzeugnissen und damit zu Veränderungen auf dem Pressemarkt – etwa durch Pressekonzentration – führe, wodurch die Pressefreiheit bedroht werde. Deshalb sei das Wirtschaftsrecht heranzuziehen, um diese Probleme zu regulieren. Sie hoben hervor, dass Marktmacht im Bereich des Pressewesens politische Macht darstelle, weil sie Einfluss auf die öffentliche Meinungsbildung ausübe.[884] Eine solche Marktmacht im Bereich des Pressewesens sei nicht vergleichbar mit der in anderen Wirtschaftszweigen, da etwa Marktmacht und Dominanz eines Automobilkonzerns nicht zwangsläufig politische Machtausübung bedeute und deshalb weniger gefährlich sei.[885]

Horst Ehmke nahm zwar nicht unmittelbar zum „Blinkfüer"-Beschluss des Bundesverfassungsgerichts Stellung, doch sprach er sich 1969 anlässlich der Debatten um Pressekonzentration und eine Reform des Pressewesens für eine weite Auslegung des Art. 5 GG aus, wonach diese Grundrechtsnorm „auch für eine staatliche Gesetzgebung zum *Schutze* der Pressefreiheit sedes materiae" sei.[886] Weitere Smend-Schüler nahmen nicht an der Diskussion um den „Blinkfüer"-Beschluss teil. Dies erschien wohl auch nicht erforderlich, da der Lösungsweg des Bundesverfassungsgerichts in weiten Teilen der von der Smend-Schule verfochtenen Auslegung des Art. 5 Abs. 1 GG entsprach.

1970 kommentierte Peter Lerche den „Blinkfüer"-Beschluss in der Festschrift für den Bundesverfassungsrichter Gebhard Müller, der im „Blinkfüer"-Fall den Vorsitz geführt hatte, als „[e]ine fällige Entscheidung, deren Terrain literarisch vielfach aufbereitet worden war".[887] Lerche analysiert in seinem Aufsatz die Boykottrechtsprechung des Bundesverfassungsgerichts anhand des „Lüth"-Urteils und des „Blinkfüer"-Beschlusses. Er kritisiert, dass der „Blinkfüer"-Beschluss, dem „Lüth"-Urteil folgend, den Boykott als Fall der Meinungsfreiheit einordnete.[888] Zwar räumt Lerche ein, dass der Begriff der „Bildung einer öffentlichen Meinung" auf eine überindividuelle Seite der Meinungsfreiheit anspiele, jedoch

883 Siehe hierzu: Armbruster/Arndt/Bachof u. a., Pressefreiheit.
884 Kübler/Simitis, Presse und Wettbewerb, S. 446.
885 Kübler/Simitis, Presse und Wettbewerb, S. 446.
886 Ehmke, Reform des Pressewesens, S. 77–118, 85.
887 Lerche, Zur verfassungsgerichtlichen Deutung der Meinungsfreiheit, S. 197.
888 Lerche, Zur verfassungsgerichtlichen Deutung der Meinungsfreiheit, S. 198.

dürfe dies nicht als Maßstab zur Beurteilung der „Legitimität des Boykotts" herangezogen werden.[889] Er kritisiert auch, dass das Bundesverfassungsgericht bei der Verwendung des Begriffs „Meinungskampf" den aggressiven Aspekt der Meinungsdurchsetzung beim Boykott übersehe, der weit über den Schutzbereich der Meinungsäußerungsfreiheit hinausgehe. Gerade dieser Akt der Meinungsdurchsetzung seitens des Boykottaufrufers verletze die Meinungsfreiheit des Boykottierten:

> „Der Boykottaufruf besteht nicht nur darin, daß der Agierende dem Kreise der Angesprochenen eine bestimmte Verhaltensempfehlung mitteilt [...], sondern auch darin, daß unmittelbar und gleichzeitig *durch* diesen Akt das Unternehmen der planmäßigen Ausschaltung des Gegners ins Werk gesetzt wird."[890]

Obwohl Lerche nicht per se dem Boykottaufruf den verfassungsrechtlichen Schutz verwehren will, schlägt er vor, die Rechtmäßigkeit des Boykotts anhand zivilrechtlicher Maßstäbe wie dem der Sittenwidrigkeit zu messen.[891] Am „Blinkfüer"-Beschluss beanstandet er außerdem, dass das Bundesverfassungsgericht das Dreiecksverhältnis zwischen Aufrufer, Adressat und Betroffenen nicht genügend berücksichtigt habe.[892] Dennoch meint er, dass dem Ergebnis des Beschlusses „voll zuzustimmen" sei, selbst wenn die materiell-rechtliche Konstruktion verfehlt sei.[893]

Für die seit Anfang der 1960er Jahre von den Schmittianern Schnur und Böckenförde herausgegebene Zeitschrift „Der Staat", die sich bewusst von der pluralistischen Grundhaltung der Smend-Schule distanzierte und sich mit den Ideen Carl Schmitts beschäftigte[894], verfasste der Forsthoff-Schüler und Habilitant[895] Hans H. Klein einen dreißigseitigen Aufsatzbeitrag zum „Blinkfüer"-Beschluss, mit dem Titel „Öffentliche und private Freiheit"[896], der 1971 erschien. Dieser Aufsatz lässt sich in weiten Teilen als eine Fortsetzung der Grundsatzkritik von Forsthoff gegenüber der Grundrechtsauslegung des Bundesverfassungsgerichts

889 Lerche, Zur verfassungsgerichtlichen Deutung der Meinungsfreiheit, S. 204. Dieselbe Position vertritt Lerche auch in einem späteren Aufsatz: ders., Diskussionsbeiträge zum Referat Kübler – „Boykott gegen Presse", in: AfP 1973, S. 411–413.

890 Lerche, Zur verfassungsgerichtlichen Deutung der Meinungsfreiheit, S. 198.

891 Lerche, Zur verfassungsgerichtlichen Deutung der Meinungsfreiheit, S. 202; ders., Diskussionsbeitrag zum Referat Kübler, S. 412.

892 Lerche, Zur verfassungsgerichtlichen Deutung der Meinungsfreiheit, S. 209.

893 Lerche, Zur verfassungsgerichtlichen Deutung der Meinungsfreiheit, S. 211.

894 Günther, Denken vom Staat her, S. 227.

895 van Laak, Gespräche in der Sicherheit des Schweigens, S. 200, Fn. 95.

896 Klein, Öffentliche und private Freiheit, S. 145–172.

lesen. Klein nimmt Stellung zum aktuellen Diskurs über Meinungs- und Pressefreiheit und greift die verfassungsrechtliche Methodik im „Blinkfüer"-Beschluss an. Sein Vorwurf lautet, das Bundesverfassungsgericht sei bei der rechtlichen Prüfung der Verfassungsbeschwerde nicht unmittelbar darauf eingegangen, ob der Bundesgerichtshof überhaupt Grundrechte gem. Art. 93 Abs. 1 Nr. 4a GG verletzt habe, sondern vielmehr Ausführungen zum Schutz des „Instituts der freien Presse" gemacht habe.[897] Damit kritisiert Klein nicht nur die Vernachlässigung der individuellen Pressefreiheit in den Entscheidungsgründen, sondern vor allem auch die Tatsache, dass das Gericht entgegen dem Wortlaut des Art. 5 Abs. 1 GG eine objektivrechtliche Dimension der Pressefreiheit bevorzugte.[898] Hierbei knüpft er mit seiner Kritik an der „Hypostasierung der Grundrechte zu einem Wertsystem"[899] zugleich an Forsthoffs Aufsatz „Die Umbildung des Verfassungsgesetzes" von 1959 an. Kleins Standpunkt stellt insgesamt einen Angriff auf die von der Rechtsprechung des Bundesverfassungsgericht bestätigte objektive Wertordnung und die aus ihr resultierende Drittwirkung der Grundrechte dar, die er als verfehlt bezeichnet. Damit kam er der Forsthoff'schen Kritik an der Wertrechtsprechung des Bundesverfassungsgerichts nahe.

Als Anhänger einer traditionellen Grundrechtstheorie greift er die Auslegung des Bundesverfassungsgerichts im Rahmen der „allgemeinen Gesetze" an, weil das Gericht die unterschiedlichsten, sich widersprechenden Definitionen aus der Weimarer Diskussion um die „allgemeinen Gesetze" des Art. 118 WRV von Häntzschel, Rothenbücher und Smend kombiniert habe.[900] Die vom Bundesverfassungsgericht bevorzugte einzelfallorientierte Güterabwägung stehe außerdem im Widerspruch zu Art. 5 Abs. 2 GG, da lediglich der Gesetzgeber über die Schranken der Meinungs- und Pressefreiheit zu befinden habe und nicht der Richter.[901]

Einer seiner Hauptkritikpunkte richtets sich gegen die Annahme des Bundesverfassungsgerichts, dass der Pressefreiheit im demokratischen Staat eine bestimmte Funktion zugewiesen sei, was sich auf die Interpretation des Art. 5 Abs. 1 GG auswirke.[902] Denn mit der Betonung des Bundesverfassungsgerichts im „Blinkfüer"-Beschluss, dass ein erhöhter Grundrechtsschutz der Meinungsäußerungsfreiheit bestehe, wenn der Grundrechtsträger sich zu die Allgemeinheit interessierenden

---

897 Klein, Öffentliche und private Freiheit, S. 147, 149.

898 Klein, Öffentliche und private Freiheit, S. 150.

899 Klein, Öffentliche und private Freiheit, S. 150; Forsthoff, Die Umbildung des Verfassungsgesetzes.

900 Klein, Öffentliche und private Freiheit, S. 150 f.

901 Klein, Öffentliche und private Freiheit, S. 154.

902 Klein, Öffentliche und private Freiheit, S. 159 f.

Themen äußere, sei die private und eigennützige Meinungsäußerung vom Bundesverfassungsgericht herabgestuft worden, obwohl das Grundgesetz eine solche Unterscheidung von Freiheitsräumen nicht treffe.[903] Gerade diese schon seit dem „Lüth"-Urteil vorgenommene Unterscheidung zwischen privaten und öffentlichen Auseinandersetzungen und der mit ihr verfolgte Schutz der öffentlichen Meinungsbildung schade letztlich der Meinungs- und Pressefreiheit, weil er das Konstrukt des schutzbedürftigen „Instituts der Freien Presse" proklamiere.[904] Klein, der sich der aktuellen Problematik der Pressekonzentration bewusst war, räumt zwar ein, dass das Konstrukt des „Instituts der Freien Presse" dazu geeignet war, gesetzliche Regelungen wie Marktanteilsbegrenzungen zu ermöglichen, um auf Veränderungen des Pressemarktes zu reagieren.[905] Jedoch verweist er auf den Widerspruch dieses Konstrukts, da zum Zweck der Gewährleistung der Presse- und Meinungsfreiheit einzelner Mitglieder der Gesellschaft dieselbe Freiheit anderer vor staatlichen Eingriffen eingeschränkt werde.[906]

Anhand von Kleins Ausführungen wird deutlich, dass es sich bei der Auseinandersetzung um die objektive Wertordnung auch um einen Streit über die Grenzen des Rechts handelte. Insgesamt war Klein der Rezensent, der die Ausführungen des Bundesverfassungsgerichts im „Blinkfüer"-Beschluss am vehementesten angriff. Dies hatte sicherlich etwas mit seiner persönlichen Nähe zur Schmitt-Schule und zu Forsthoff zu tun.

Am aggressivsten im Ton erscheint dagegen der ehemalige Assistent Schmitts Günther Krauss.[907] In einem 1971 in der politikwissenschaftlichen Zeitschrift „Politische Meinung" publizierten Beitrag mit dem bemerkenswerten Titel „Mißbrauchte Demokratie – Zur Kritik an einem Rechtsstreit"[908] schließt er sich dogmatisch weitgehend Kleins Rezension an und erinnert daran, dass es sich ursprünglich bei dem Rechtsstreit um die Frage des Abdrucks ostdeutscher Programme während der politisch aufgeladenen Situation des Mauerbaus gehandelt habe. In seinem Aufsatz bemängelt er den „Blinkfüer"-Beschluss einerseits wegen der fehlenden Berücksichtigung verfahrensrechtlich relevanter Fragen und

903 Klein, Öffentliche und private Freiheit, S. 160.
904 Klein, Öffentliche und private Freiheit, S. 160 ff.
905 Klein, Öffentliche und private Freiheit, S. 161.
906 Klein, Öffentliche und private Freiheit, S. 162.
907 Zum Bildungsgang von Günther Krauss, siehe van Laak, Gespräche in der Sicherheit des Schweigens, S. 246–250.
908 Krauss, Mißbrauchte Demokratie, S. 68–73.

andererseits wegen des fehlenden Gespürs für politische Entscheidungen zur Abwehr kommunistischer Bedrohungen seitens des Bundesverfassungsgerichts.[909]

Er kritisiert zunächst insbesondere, dass das Bundesverfassungsgericht die Zulässigkeit der Verfassungsbeschwerde bejaht habe, ohne sich mit den Einwänden des Bundesjustizministeriums auseinanderzusetzen und zu erklären, worin der Akt der öffentlichen Gewalt im „Blinkfüer"-Fall zu sehen sei.[910] Er betont außerdem, dass die endgültige Beendigung des Rechtsstreits im Wege des Vergleichs den Bundesgerichtshof davor bewahrt habe, den Schadensersatzprozess „Blinkfüer" erneut verhandeln zu müssen. Denn der Bundesgerichtshof hätte in einem solchen Fall – trotz der verfassungsrechtlichen Maßgabe, die Pressefreiheit des Ernst Aust zu berücksichtigen – nicht zu einem anderen Ergebnis kommen können. Jeder Schadensersatzprozess des „Blinkfüer"-Herausgebers auf Grundlage des § 823 Abs. 1 BGB scheitere daran, dass die Verlagshäuser Axel Springers ohne Verschulden gehandelt hätten. Auch aus diesem Grunde sei die Verfassungsbeschwerde unzulässig gewesen, da es Aust an einem Rechtsschutzinteresse fehle und das Bundesverfassungsgericht nicht für die Klärung sonstiger Rechtsfragen zuständig sei.[911] Seine Sympathie für die Springer'sche Boykottmaßnahme bringt er vehement zum Ausdruck, indem er mehrfach darauf hinweist, dass Aust ein Verfassungsfeind sei, während der engagierte Verleger Axel Springer sich für die Ziele der freiheitlichen Grundordnung einsetze.[912]

Ähnlich wie Möhring – jedoch in einem äußerst polemischen und scharfen Duktus – fordert er vom Bundesverfassungsgericht, künftig seine Entscheidungen politisch zu treffen, wenn es um die Abwehr der Gefahren des östlichen Kommunismus gehe. Zugleich wirft er anderen Rechtswissenschaftlern wie Biedenkopf, Arndt, Kübler und Simitis vor, diese Gefahren bewusst zu verschleiern:

> „Warum verzichtete er [Aust] nicht [auf den Abdruck ostdeutscher Programme]? Aus einem sehr einfachen Grunde: Er sah die Instinktlosigkeit der bundesrepublikanischen Justiz – mit Ausnahme des Bundesgerichtshofs – vor sich und die Weltmacht des Kommunismus hinter sich, ja gleichsam den gestirnten Himmel der marxistischen Ideologie über sich. Diesen nicht zu übersehenden Machtkomplex hat das Bundesverfassungsgericht übersehen und mit Hilfe der professoralen Kritiker des Bundesgerichtshofs den Eindruck erweckt, als stünde dem Giganten *Springer* der ‚kleine Mann' im Gewande der Unschuld gegenüber. Wenn die Verschleierung der Wahrheit die einzige Schande ist, die die Wissenschaft kennt […], so liegen die Folgerungen der

---

909 Krauss, Mißbrauchte Demokratie, S. 70–73.
910 Krauss, Mißbrauchte Demokratie, S. 70 f.
911 Krauss, Mißbrauchte Demokratie, S. 70 f.
912 Krauss, Mißbrauchte Demokratie, S. 71 f.

erwähnten professoralen Kritiker [der Bundesgerichtshof-Entscheidung] auf der Hand. Wenn die Rechtsprechung unpolitisch sein soll, so heißt das doch keinesfalls, daß sie zwar die wirtschaftliche Macht Springers zu sehen, die noch ungleich stärkere politische und ideologische Macht des Kommunismus aber zu übersehen hat. Man kann zweifeln, ob es richtig ist, *Justitia* als blind darzustellen; keinesfalls darf man sie aber als schielend darstellen."[913]

Krauss' Beitrag war die radikalste antipluralistische Stellungnahme gegen den „Blinkfüer"-Beschluss. Er griff nicht nur die dogmatische Seite der Entscheidung an, sondern zeichnete auch ein Schreckensszenario über die zukünftige Entwicklung der Bundesrepublik angesichts des durch den „Blinkfüer"-Beschluss bundesverfassungsrechtlich liberalisierten Umgangs mit westdeutschen Kommunisten.

Edgar Kull – ein erbitterter Verfechter der wirtschaftlichen Interessen Axel Springers – äußerte sich 1972 in einem Festschriftbeitrag für Ernst Forsthoff als Letzter zum „Blinkfüer"-Beschluss, jedoch nur implizit. In seinem Aufsatz mit dem ironisch anmutenden Titel „Verfassung als Parteiprogramm"[914] beschäftigt er sich mit der Bedeutung des „Öffentlichkeitsbegriffs" und den aus ihm hergeleiteten Prinzipien wie „Verfassungsauftrag" oder „Mitbestimmung". Er hinterfragt vor allem die Ziele und Motive jener Gruppen, die aus dem Grundgesetz Teilhaberechte ableiteten, um aktuellen gesellschaftlichen Forderungen im Arbeitsrecht oder dem Pressewesen gerecht zu werden.

Kull vertritt die Auffassung, durch die zunehmende Partizipation privater Interessengruppen wie Gewerkschaften und Parteien, die sich aus seiner Sicht als maßgebliche Teile der Öffentlichkeit präsentierten und immer mehr Reformen in gesellschaftlichen Bereichen verlangten, sei der Verfassungscharakter des Grundgesetzes zunehmend in Frage gestellt und die Grundrechte würden relativiert.[915] Jene Kreise wollten vor allem unter dem Deckmantel des Demokratieprinzips sowie aufgrund ihrer spezifischen Art der Grundrechtsauslegung, bei der ihre jeweiligen Interessen im Vordergrund stünden, letztlich die Verfassung „ausschlachten" und das Grundgesetz zu einem Parteiprogramm herabwürdigen.[916] Entscheidendes Ziel sei es dabei, eine politische „Gruppenideologie" durchzusetzen, welche vor allem gefährlich sei, weil sie der wirtschaftlichen Produktivität von Unternehmen schade.[917]

913 Krauss, Mißbrauchte Demokratie, S. 72.
914 Kull, Verfassung als Parteiprogramm, S. 213–227.
915 Kull, Verfassung als Parteiprogramm, S. 214–217.
916 Kull, Verfassung als Parteiprogramm, S. 215.
917 Kull, Verfassung als Parteiprogramm, S. 215.

Offen kritisiert er daher in typisch Schmittianischer Manier die neuere Entwicklung der Pressefreiheitsdogmatik, die das Bundesverfassungsgericht durch sein Plädoyer für Vielfalt im Pressewesen mit dem „Blinkfüer"-Beschluss bestätigt und damit Verständnis für die Forderungen nach gesetzgeberischen Maßnahmen gegen die Pressekonzentration gezeigt hatte:

> „Je mehr der dezisionistische Charakter der Verfassung abhanden kommt, desto anmaßender legen sich die verschiedensten Gruppen ein Verfassungsverständnis zurecht, das ihre politischen Ziele als Vollendung und Wahrmachung der Verfassung ausgibt. Als Indiz für die Inanspruchnahme der Verfassung für eine Gruppenideologie hat sich vor allem die Wortschöpfung ‚Verfassungsauftrag' bewährt. Man denke zum Beispiel an die Interpretationskunststücke, mittels deren die Pressefreiheit von der Freiheitsverbürgung gegenüber dem Staat zur Anspruchsgrundlage für Forderungen des Staates an die Presse mutiert: Art. 5 GG ‚fordere' diese oder jene gesetzgeberische Maßnahme – für die sich gesellschaftliche Gruppen allemal als Stichwortgeber bereit halten."[918]

Insbesondere diese Passage beweist, dass Kull ähnlich wie Forsthoff ein überwiegend marktorientiertes Grundrechtsverständnis der Pressefreiheit bevorzugt, bei dem der abwehrrechtliche Charakter dominiert und Teilhaberechte der Grundrechtsträger im Sinne von journalistischen Mitbestimmungsrechten keinerlei Rolle spielen.

Zusammenfassend lässt sich festhalten, dass der Durchgang durch die Entscheidungsbesprechungen in der juristischen Fachliteratur zeigt, dass der „Blinkfüer"-Beschluss des Bundesverfassungsgerichts nicht die anhaltenden rechtswissenschaftlichen Diskussionen über die Grenzen der Meinungs- und Pressefreiheit abzuschließen vermochte.[919] In den Anmerkungen und Reaktionen auf den „Blinkfüer"-Beschluss wird vielmehr deutlich, dass sich in der Rechtswissenschaft weiterhin die zwei äußerst gegensätzlichen Standpunkte der Smend-Schule und der Schmitt-Schule gegenüberstanden und sogar noch verfestigten.

---

918 Kull, Verfassung als Parteiprogramm, S. 214.

919 Vgl. etwa: Schwabe, Bundesverfassungsgericht und "Drittwirkung" der Grundrechte, in: AöR 100 (1975), S. 442–470; Friauf/Höfling, Meinungsgrundrechte und Verfolgung von wirtschaftlichen Belangen, in: AfP 1985, 249–257; Degenhart, Meinungs- und Medienfreiheit in Wirtschaft und Wettbewerb, in: Leßmann/Großfeld/ Vollmer (Hg.), Festschrift für Rudolf Lukes zum 65. Geburtstag, Köln/Berlin/Bonn 1989, S. 287–304; Pietzcker, Drittwirkung – Schutzpflicht – Eingriff, in: Maurer (Hg.), Das akzeptierte Grundgesetz. Festschrift für Günter Dürig zum 70. Geburtstag, München 1990, S. 345–363.

2. Der „Blinkfüer"-Beschluss in staatsrechtlicher Studienliteratur bis zur Gegenwart

In den 1970er, 1980er und 1990er Jahren diskutierten Rechtswissenschaftler anhand des „Blinkfüer"-Falles das Verhältnis zwischen Verfassungsrecht und Privatrecht, wobei hauptsächlich die Frage in den Blick genommen wurde, inwieweit die Grundrechte das Privatrecht im Hinblick auf die Drittwirkungsfrage beeinflussen.[920]

Darüber hinaus wurde der „Blinkfüer"-Beschluss im Rahmen von Fall-Lösungsbüchern zu universitären Zwecken dogmatisch aufbereitet und diskutiert. In den 1980er Jahren erschien das Fall-Lösungsbuch des Münsteraners Hans-Uwe Erichsen mit dem Titel „Staatsrecht und Verfassungsgerichtsbarkeit I" in dritter Auflage, in dem der „Blinkfüer"-Beschluss behandelt wird.[921] Auch das Fall-Lösungsbuch von Heinrich Scholler und Dieter Birk, das 1985 in fünfter Auflage erschien, enthält den „Blinkfüer"-Fall.[922] Das in den folgenden Auflagen nur um Literatur- und Rechtsprechungshinweise ergänzte Buch stellt der Lösung des „Blinkfüer"-Falles eine Vorbemerkung voran, um auf die Entwicklung der Rechtsprechung zu Art. 5 GG einzugehen. In einem historischen Aufriss erläutert es die Schrankenproblematik seit der preußischen Verfassung, Smends Interpretation zu Art. 118 WRV sowie die Rechtsprechung des Bundesverfassungsgerichts. Im Rahmen seiner Fall-Lösung erfolgt zunächst die Erörterung der Frage, „ob und inwieweit die Garantie der Pressefreiheit eine Handhabe gegen die zunehmende Konzentration im Pressewesen liefert".[923] Die Autoren folgern daraus, dass die Pressefreiheit Austs nicht als allgemein schrankenziehendes Gesetz gem. Art. 5 Abs. 2 GG aufgefasst werde. Außerdem bestehe in der Entscheidung eine „gewisse Unsicherheit", weil das Bundesverfassungsgericht dem Beschwerdegegner (Axel Springer) nur die Berufung auf die Meinungsfreiheit zugestehe, nicht aber auf

---

920 Schwabe, Bundesverfassungsgericht und "Drittwirkung" der Grundrechte, S. 442 ff.; Canaris, Grundrechte und Privatrecht, in: AcP 184 (1984), S. 201–246, insbesondere, 229–231; Schwabe, Grundrechte und Privatrecht, in: AcP 184 (1985), S. 1 ff.; Canaris, Erwiderung (zu Schwabe, Grundrechte und Privatrecht), in: AcP 185 (1985), S. 9–12; Alexy, Theorie der Grundrechte, Frankfurt am Main 1996, S. 487–489; Oeter, „Drittwirkung" der Grundrechte und die Autonomie des Privatrechts. Ein Beitrag zu den funktionell-rechtlichen Dimensionen der Drittwirkungsdebatte, in: AöR 119 (1994), S. 529–563; Canaris, Grundrechte und Privatrecht – eine Zwischenbilanz, Berlin 1999, S. 56–59.

921 Erichsen, Staatsrecht und Verfassungsgerichtsbarkeit I.

922 Scholler/Birk, Verfassungsrecht und Verfassungsgerichtsbarkeit, S. 66 –76.

923 Scholler/Birk, Verfassungsrecht und Verfassungsgerichtsbarkeit, S. 70.

Pressefreiheit.[924] Sie interpretieren den „Blinkfüer"-Beschluss als klares Plädoyer für die institutionelle Garantie der Pressefreiheit und betonen, dass das Bundesverfassungsgericht sich zum „Verfassungsziel" der Presse geäußert habe.[925]

In der heutigen Studienliteratur ist der „Blinkfüer"-Beschluss fast in Vergessenheit geraten, obwohl einige Grundrechtslehrbücher und Grundgesetz-Kommentare einzelne Teile dieser Entscheidung noch zitieren oder den Charakter des „Blinkfüer"-Beschlusses als „Leitentscheidung" für die Pressefreiheit hervorheben. Das Lehrbuch von Bodo Pieroth und Bernhard Schlink „Grundrechte – Staatsrecht II" etwa erwähnt im Rahmen seiner Ausführungen zur Drittwirkung der Grundrechte das „Lüth"-Urteil und dessen Bedeutung auf einer knappen halben Seite, gefolgt von einer noch wesentlich kürzeren Darstellung des „Blinkfüer"-Sachverhalts und des Beschlusses.[926]

Auch im Übrigen wird in der Regel allenfalls der Leitsatz des „Blinkfüer"-Beschlusses zitiert mit seiner Aussage, dass ein politisch motivierter Boykott nicht durch das Grundrecht der Meinungsäußerungsfreiheit gedeckt sei, wenn wirtschaftliche Machtmittel eingesetzt werden.[927] Oft wird dem Blinkfüer-Beschluss kein eigener Abschnitt gewidmet, es werden vielmehr die Ergebnisse in die dogmatische Darstellung der Grundrechtsmaterie integriert, ohne dass eine namentliche Erwähnung im Haupttext zu finden ist. Als Beispiel hierfür ist die Darstellung zur Meinungsfreiheit in der letzten Auflage von Konrad Hesses Lehrbuch „Grundzüge des Verfassungsrechts in der Bundesrepublik Deutschland" aus dem Jahre 1999 zu nennen, in dem der „Blinkfüer"-Beschluss nur in einer Fußnote auftaucht:

> „Die volle Tragweite dieser Gewährleistungen [des Art. 5 Abs. 1 GG] erschließt sich auch hier nur im Blick auf deren Doppelcharakter: sie sind einerseits subjektive Rechte, und zwar sowohl im Sinne von Abwehrrechten als auch in dem politischer Mitwirkungsrechte; andererseits sind sie negative Kompetenzvorschriften und konstituierende Elemente objektiver demokratischer und rechtsstaatlicher Ordnung. Ohne die Freiheit der Meinungsäußerung und Informationsfreiheit, ohne die Freiheit der modernen ‚Massenkommunikationsmittel' Presse, Funk und Film kann öffentliche Meinung nicht entstehen, sind die Entwicklung pluralistischer Initiativen und Alternativen sowie ‚Vorformungen des politischen Willens' nicht möglich, kann es keine Publizität des politischen Lebens geben, ist die gleiche Chance der Minderheiten nicht wirksam gesichert und kann sich politisches Leben nicht in einem freien und offenen Prozeß

924 Scholler/Birk, Verfassungsrecht und Verfassungsgerichtsbarkeit, S. 71.

925 Scholler/Birk, Verfassungsrecht und Verfassungsgerichtsbarkeit, S. 74.

926 Pieroth/Schlink, Grundrechte, Heidelberg 2012, § 5 Rdnr. 197–200.

927 Vgl. die Kommentierungen zu Art. 5 GG: Bethge, in: Sachs, Grundgesetz, Art. 5 Rdnr. 34; Jarass, in: Jarass/Pieroth, Grundgesetz, Art. 5 Rdnr. 6a.

entfalten. Meinungsfreiheit ist darum für die demokratische Ordnung des Grundgesetzes schlechthin konstituierend'."[928]

An einer anderen Stelle geht Hesse im Rahmen seiner Ausführungen zur „Drittwirkung" von Grundrechten zwar einige Zeilen lang konkret auf den Sachverhalt und das Ergebnis des „Blinkfüer"-Beschlusses ein, ohne jedoch die Streitparteien und ihre Zeitungen zu benennen, geschweige denn den genauen Inhalt des Beschlusses ausführlicher zu referieren.[929]

Eine Ausnahme bildet Robert Alexys Lehrbuch „Theorie der Grundrechte", das ein sehr ausführliches systematisches Kapitel zur Bedeutung des Konstrukts der objektiven Wertordnung und der Drittwirkung der Grundrechte enthält.[930] Bei Alexy wird nicht nur deutlich, dass der „Blinkfüer"-Beschluss ein Meilenstein in der Dogmatik und Verfassungstheorie ist, sondern er hebt auch besonders hervor, worin die Grundrechtsverletzung des Bundesgerichtshofs genau lag und welche Fortentwicklung der Grundrechtsdogmatik der „Blinkfüer"-Beschluss bedeutete:

„Die Abweisung der Klage auf Schadensersatz durch den Bundesgerichtshof impliziert, daß dieser den Boykottaufruf für rechtlich *erlaubt* hielt. [Dies] bedeutet [...] nicht, daß der Staat sich den Boykottaufruf wegen dessen Erlaubnis und Nicht-Sanktionierung als staatlichen Eingriff in die Pressefreiheit zurechnen lassen muss. Der Bundesgerichtshof hat durch die Abweisung der Klage nicht in das Grundrecht auf Pressefreiheit eingegriffen. Was er getan hat, ist etwas ganz anderes: Er hat dem Blinkfüer-Herausgeber keinen *staatlichen Schutz* gegen eine ihn beeinträchtigende *private* Handlung gewährt. Die Verletzung des Grundrechts aus Art. 5 Abs. 1 GG, die das Bundsverfassungsgericht im Tenor feststellt, kann deshalb nicht die Verletzung eines Grundrechts des negativen Status sein. Sie ist die Verletzung eines zum positiven Status gehörenden Rechts gegenüber dem Staat auf Schutz vor Beeinträchtigungen durch Gleichgeordnete."[931]

Insgesamt lässt sich die Tendenz ausmachen, dass der „Blinkfüer"-Beschluss in der studienrechtlichen Literatur in den Hintergrund getreten ist – exemplarisch hierfür ist das Lehrbuch von Pieroth/Schlink oder auch das Lehrbuch Hesses. Dies liegt einerseits an der zunehmenden Zahl von (aktuelleren) Einzelfallentscheidungen und europarechtlich relevanten Entscheidungen, andererseits aber auch an der aktuellen dogmatischen Ausrichtung des Lehrfaches „Öffentliches Recht"/„Staatsrecht", das kaum noch Bezüge zur Rechts- und Verfassungsgeschichte vermittelt.

928 Hesse, Grundzüge des Verfassungsrechts der Bundesrepublik Deutschland, 20. Auflage, Tübingen 1999, § 12 Rdnr. 387.

929 Hesse, Grundzüge, 20. Auflage, § 11 Rdnr. 357.

930 Alexy, Theorie der Grundrechte, S. 473 ff.

931 Alexy, Theorie der Grundrechte, S. 487 f.

Zusammenfassung

I. Der Umgang der Zivilgerichtsbarkeit mit dem „Blinkfüer"-Fall

Für den „Blinkfüer"-Beschluss des Bundesverfassungsgerichts spielte die zivilrechtliche und wettbewerbsrechtliche Dogmatik zur Boykottrechtsprechung keine erhebliche Rolle. Dies lag nicht zuletzt an der Zivilprozessgeschichte des Rechtsstreits selbst. Schon die zweite Instanz lehnte eine zivil- oder wettbewerbsrechtliche Lösung ab und leitete über zu einer verfassungsrechtlich begründeten Argumentation anhand von Art. 5 GG. Abgesehen vom Landgericht Hamburg hatten nämlich alle Zivilinstanzen, auch der Bundesgerichtshof, eine politische Motivation des Boykotts anlässlich der Ereignisse um den Mauerbau angenommen und damit eine Wettbewerbsabsicht der Verlagshäuser Axel Springers verneint. Dabei hatte sich der „Blinkfüer"-Herausgeber Aust selbst im Rahmen seiner zivilgerichtlichen Unterlassungs- und Schadensersatzklage sowie im Schriftsatz zur Verfassungsbeschwerde stets auch auf die Verletzung von Wettbewerbsvorschriften berufen und den Verlagshäusern sittenwidriges Verhalten vorgeworfen. Er sah sein Presseunternehmen durchaus als ein mit den Verlagshäusern Axel Springers politisch wie wirtschaftlich konkurrierendes, wenn auch verschwindend kleines Unternehmen an.

Alle mit „Blinkfüer" befassten Zivilurteile nehmen – in unterschiedlicher Intensität – Rekurs auf das „Lüth"-Urteil. Die Lehre von der objektiven Wertordnung, wonach die Grundrechte als objektive Werte in alle Rechtsbereiche, auch in das Zivilrecht, hineinwirken, wird ab der Ebene des Oberlandesgerichtes als selbstverständlich angewendet. Das „Lüth"-Urteil hat mit seinen Grundsätzen die folgenden Dekaden der Rechtsprechung geprägt wie kein Urteil zuvor, indem es einen verfassungsrechtlichen Maßstab nicht nur für das Bundesverfassungsgericht anlegte, sondern diesen auch den Zivilgerichten als Maßstab zur Lösung von Privatrechtsfällen bot.

Interessanterweise hat nicht einmal der Bundesgerichtshof sich auf die eigene Tradition der Boykottrechtsprechung berufen, um den Fall anhand des § 823 Abs. 1 BGB, der Rechtswidrigkeitsprüfung und der guten Sitten allein zu lösen. Auch er befürwortete die Anlehnung an die „Lüth"-Rechtsprechung und sah den „Blinkfüer"-Fall als einen gleich gelagerten Fall an, den er zu Lasten des „Blinkfüer"-Herausgebers auslegte.

Die Prüfung des Falles anhand verfassungsrechtlicher Maßstäbe durch die Zivilgerichte ist als Indiz dafür zu sehen, dass „Blinkfüer" primär als politisch zu würdigender Boykottfall eingestuft wurde und grundsätzliche Fragen wie der Umgang mit dem westdeutschen Kommunismus zumindest indirekt für die Fallentscheidung eine Rolle spielten.

II. Zur Frage der Kontinuität älterer Grundrechtslehren im „Blinkfüer"-Beschluss

Die Dogmatik zur Pressefreiheit des Art. 5 Abs. 1 GG im „Blinkfüer"-Beschluss steht in Kontinuität zu der von Smend 1927 entwickelten und auf der Staatsrechtslehrertagung in München dargelegten Dogmatik der Meinungs- und Pressefreiheit des Art. 118 WRV sowie seiner Lehre über das Kultur- und Wertsystem. In Zeiten der Weimarer Republik, als die Grundrechte erstmals für das gesamte Deutsche Reich galten und eine tiefe Verunsicherung in der Staatsrechtslehre über ihre Auslegung herrschte, bot Smend mit seiner antipositivistisch orientierten Grundrechtsinterpretation zu Art. 118 WRV eine Lehre an, welche die Grundrechte stärkte, indem sie den Gesetzgeber an sie band. Dabei war Smend damals selbst kein Anhänger der parlamentarischen Demokratie in ihrer damaligen Form, sondern stand der demokratisch legitimierten Legislative durchaus skeptisch gegenüber.

In der Nachkriegszeit fanden die Smend-Lehren, insbesondere die Theorie der Wertordnung, weite Verbreitung in der bundesrepublikanischen Staatsrechtslehre. Doch beruhte die staatsrechtswissenschaftliche Kontinuität dieser Lehren seit den 1950er Jahren nicht auf einer exakten Übernahme jener antiliberalen und antidemokratischen Theorien Smends aus den 1920er Jahren. Vielmehr ist ein methodischer Wandel in der Anwendung der Theorien unter dem Grundgesetz zu beobachten.

Eine maßgebliche Rolle hierbei spielte zunächst der Grundrechtskommentator und Staatsrechtswissenschaftler Dürig, weil er in den 1950er Jahren anhand des Art. 1 Abs. 1 GG und des Art. 19 Abs. 2 GG zur Menschenwürde sowie anhand der Ideen Smends ein lückenloses und positivrechtlich fundiertes Wertsystem aufbaute.

Den entscheidenden Wandel erfuhren die Smend-Lehren in den 1950er und 1960er Jahren jedoch durch die vielfachen Ergänzungen und Fortentwicklungen der Theorien seitens der in der Staatsrechtswissenschaft dominierenden Smend-Schule. Es waren vor allem die politisch liberal und demokratisch eingestellten Smendianer der zweiten Generation, Hesse und Ehmke, welche die Weimarer Lehren an die demokratischen Verfassungs- und Lebensverhältnisse unter dem Grundgesetz anpassten, indem sie die antidemokratischen Theorien der Integrationslehre und der Wertordnung zu pluralistisch-demokratischen Theorien umformten. Vor allem Ehmke war verantwortlich für die Öffnung der Smend-Schule hin zu den Politikwissenschaften, den sogenannten Demokratiewissenschaften, und damit für die Einbeziehung der Pluralismusidee in die Verfassungs- und Grundrechtsdogmatik.

Der Wandel der Smend-Theorien war dem Problembewusstsein der Smendianer für die sich ändernden Verfassungsbedürfnisse der Nachkriegszeit zu verdanken. Immer häufiger waren seit den 1950er Jahren nichtstaatliche Eingriffe etwa durch Wirtschaftsverbände oder Unternehmen in den Privatrechtsverkehr zu verzeichnen, so dass die Frage nach dem Verhältnis des Verfassungsrechts zum Privatrecht thematisiert wurde. Der Zivilrechtswissenschaftler Nipperdey versuchte mit seiner Theorie der unmittelbaren Drittwirkung diesen Konflikt zu lösen[932], allerdings setzte er sich nicht durch.[933] Die Smendianer hingegen fanden ein geeignetes Instrumentarium, um auf aktuelle Verfassungsprobleme zu reagieren, indem sie die Lehre der objektiven Wertordnung heranzogen und diese mit dem Konzept der mittelbaren Drittwirkung der Grundrechte in Privatrechtsverhältnissen stärkten.

Als in den 1960er Jahren die Verbreitung der Massenpresse und der darauf beruhende Einfluss der großen Pressekonzerne auf den bundesrepublikanischen Pressemarkt zunahm, rückte die Frage der Grundrechtsverletzung seitens nichtstaatlicher Akteure – wie der Presseunternehmer – in den Vordergrund der Debatte, in der die Smendianer für eine weite Grundrechtsauslegung des Art. 5 Abs. 1 GG plädierten, welche die objektivrechtliche Dimension der Pressefreiheit eröffnete.

Auf der Grundlage der fortentwickelten Smend-Lehren konnte das Bundesverfassungsgericht in einem ersten Schritt – dem „Lüth"-Urteil von 1958 – bei der Auslegung der Meinungsäußerungsfreiheit die Theorie der objektiven Wertordnung auf einen Privatrechtsboykottfall anwenden und bestätigen. Es ging ihm im „Lüth"-Urteil einerseits darum, die eigenen Prüfungskompetenzen gegenüber den Zivilgerichten auszubauen. Schließlich musste das erst 1951 eingerichtete Bundesverfassungsgericht im Rahmen der offen geführten

932 Nipperdey, Boykott und freie Meinungsäußerung, in: DVBl. 1958, S. 445–452, 446 f.; ders., Grundrechte und Privatrecht, Krefeld 1961, S. 17 f. Schon Nipperdey betonte, dass die Grundrechte nicht mehr wie im 19. Jahrhundert ausschließlich als Abwehrrechte gedacht werden dürfen.

933 Hollstein, Die Verfassung als „Allgemeiner Teil", S. 196 ff.; ders., Um der Freiheit willen, S. 257.

Auseinandersetzungen mit anderen obersten Bundesgerichten, dem Bundesgerichtshof für Zivilsachen und dem Bundesarbeitsgericht, seine eigene Position im bundesrepublikanischen Rechts- und Verfassungsgefüge noch verteidigen. Andererseits sollten mittels der objektiven Wertordnung die Grundrechte in Privatrechtsverhältnissen dadurch besser geschützt werden, dass die Zivilgerichtsbarkeit bei der Auslegung von zivilrechtlichen Generalklauseln diese beachtete.

Im zweiten Schritt, dem „Blinkfüer"-Beschluss von 1969, ebenfalls einem Boykottrechtsstreit, ging es darum, die Grundsätze der objektiven Wertordnung erneut auf einen Privatrechtsfall anzuwenden. In dieser Entscheidung legte das Bundesverfassungsgericht seinen Schwerpunkt nicht mehr auf die Auslegung der Meinungsfreiheit, sondern auf die Pressefreiheit. Im Rahmen des Rechtsstreits versuchte das Bundesverfassungsgericht vor dem Hintergrund der Pressekonzentration eine demokratiefreundliche Auslegung der Pressefreiheit zu geben. Dies gelang ihm mit Hilfe der Theorie der objektiven Wertordnung. Sie diente nunmehr dazu, die Öffentlichkeit als einen Raum wahrzunehmen, in dem Demokratie eingeübt wird. Mit seiner demokratiefreundlichen Auslegung stärkte das Bundesverfassungsgericht daher sowohl das individuelle Grundrecht der Pressefreiheit als auch das Grundrecht in seiner objektivrechtlichen Dimension.

Außerdem knüpfte das Bundesverfassungsgericht mit der demokratiefreundlichen Auslegung der Pressefreiheit im „Blinkfüer"-Beschluss an seinen Kerngedanken zur Meinungsfreiheit im „Lüth"-Urteil an, in dem es einst formuliert hatte, dass die Meinungsfreiheit für die freiheitliche Grundordnung „schlechthin konstituierend"[934] sei. Auch im „Blinkfüer"-Beschluss ging es darum, den Wert des Grundrechts der Pressefreiheit für den Erhalt der demokratischen Ordnung zu betonen. Mit diesem Beschluss wurde die Bedeutung der Presse für den öffentlichen Meinungsbildungsprozess und damit die Notwendigkeit des Erhalts eines pluralistischen Pressewesens hervorgehoben.

Der „Blinkfüer"-Beschluss enthält eine klare Absage an die streng positivistische Auslegung der Pressefreiheit seitens der Schmitt-Schule und ist insbesondere als Kritik an der Forsthoff'schen Lesart des Art. 5 Abs. 1 GG zu verstehen. Denn der staatsrechtswissenschaftliche Ansatz der Smendianer war für das Bundesverfassungsgericht nicht nur während der 1950er Jahre im „Lüth"-Fall attraktiver, sondern auch in den 1960er Jahren im „Blinkfüer"-Fall. Die Lehren der Smend-Schule boten dem Gericht ein geeignetes Instrumentarium zur Lösung aktueller Verfassungsprobleme wie etwa für den Umgang mit dem Kommunismus oder mit der Pressekonzentration, wofür die Schmittianer nur eine

934 BVerfGE 7, 198 (208).

unzureichende Lösung geboten hätten. Denn diese beharrten darauf, dass es keine Meinungsfreiheit für Kommunisten gebe und dass keine staatlichen Regulierungen zur Bekämpfung der Pressekonzentration eingeführt werden dürften. Wie schon in den 1950er Jahren im „Lüth"-Urteil besann sich das Bundesverfassungsgericht im „Blinkfüer"-Beschluss auf die von Smend begründete Idee der Abwägung von Grundrechten im Einzelfall. Es kam zu dem Ergebnis, dass der Pressefreiheit des „Blinkfüer"-Herausgebers gegenüber der Meinungsfreiheit der Verlagshäuser Axel Springers ein höherer Rang zukomme.

In den 1960er Jahren verwendete das Bundesverfassungsgericht im „Blinkfüer"-Beschluss die objektive Wertordnung, um ein pluralistisches Pressefreiheitsverständnis zu begründen und somit den öffentlich-demokratischen Meinungsbildungsprozess zu stärken. Gerade die in weiten Teilen des „Blinkfüer"-Beschlusses sehr abstrakt formulierte Interpretation der Presse- und Meinungsfreiheit und der Umstand, dass die individuellen Grundrechte des Beschwerdeführers Aust eine zweitrangige Rolle spielten, erhärten außerdem die Annahme, dass der Fall des „Blinkfüer"-Herausgebers zum Anlass genommen wurde, um allgemein über die Frage des Umgangs mit dem westdeutschen Kommunismus zu entscheiden.

Dies ist deshalb so beachtlich, weil seit Mitte der 1960er Jahre die Frage nach der politischen Organisation westdeutscher Kommunisten aufkam, die auch in juristischen Kreisen diskutiert wurde. Der Erste Senat des Bundesverfassungsgerichts, der noch 1956 das KPD-Verbotsurteil ausgesprochen hatte, vertrat im „Blinkfüer"-Beschluss ein pluralistisches Verständnis der Meinungs- und Pressefreiheit. Insofern kann man davon ausgehen, dass sich die politisch veränderten Konstellationen im Zuge der Neuen Ostpolitik positiv auf den Ausgang des Falles „Blinkfüer" auswirkten.

Abschließend kann gesagt werden, dass das Bundesverfassungsgericht in den 1960er Jahren seine im „Lüth"-Urteil begonnene Rechtsprechungslinie im „Blinkfüer"-Beschluss fortsetzte und stabilisierte. Unter Anwendung der Smend'schen Lehren fällte es eine Entscheidung, die die Demokratie in der Bundesrepublik erfolgreich stärkte.

Quellen- und Literaturverzeichnis

I. Unveröffentlichte Quellen

Bundesarchiv Koblenz, zweibändige Akte des Bundesverfassungsgerichts zum „Blinkfüer"-Verfassungsbeschwerdeverfahren (Aktenzeichen: 1 BvR 619/63): BArch B 237/106277; BArch B 237/106278.

Bundesarchiv Koblenz, Akte des Bundesgerichtshofs zum „Blinkfüer"-Revisionsverfahren (Aktenzeichen: Ib ZR 214/62): BArch B 283/37794.

Bundesarchiv Koblenz, Bestand Bundeskanzleramt: BArch B 136/1844; BArch B 136/5871; BArch B 136/5891. Bundesarchiv Koblenz, Bestand Bundespresseamt: BArch B 145/3692; BArch B 145/3745; BArch B 145/5411.

Hessisches Hauptstaatsarchiv Wiesbaden, Bestand 1178 (Nachlass Erwin Stein): HHStaW 1178–215; HHStaW 1178–225 b; HHStaW 1178–230b.

Staatsarchiv Bremen, Bestand StAB 7, 215 (Heinrich Hannover): StAB 7, 215-100; StAB 7, 215–101; StAB 7, 215–102; StAB 7, 215–103; StAB 7, 215–104.

II. Veröffentlichte Quellen und Literatur

Abendroth, Wolfgang, Einige Bemerkungen zur Analyse der politischen Funktion des KPD-Verbotes, in: Wolfgang Abendroth/Helmut Ridder/Otto Schönfeldt (Hg.), KPD-Verbot oder Mit Kommunisten leben?, Hamburg 1968, S. 27–29.

Alexy, Robert, Theorie der Grundrechte, 3. Auflage, Frankfurt am Main 1996.

Ammann, Walther, Entwicklung und Folgen der Rechtsprechung in politischen Strafsachen, insbesondere zur Staatsgefährdung (§§ 90 ff. StGB), in: Referate und Diskussionsbeiträge der 1. Arbeitstagung und Gesamtaussprache des erweiterten Initiativ-Ausschusses für die Amnestie und der Verteidiger in politischen Strafsachen am 4. und 5. Mai 1957 in Frankfurt am Main, S. 5–16.

Ammann, Walther, Die politische Justiz und unsere Amnestiebestrebungen aus heutiger Sicht, in: Veröffentlichung über die 10. Arbeitstagung und Gesamtaussprache des erweiterten Initiativ-Ausschusses für die Amnestie und der Verteidiger in politischen Strafsachen am 9. und 10. November 1963 in Frankfurt am Main, S. 18–43.

Ammann, Walther, Die gegenwärtige politische Strafjustiz, die Strafbestimmungen des jetzt vom Bundestag verabschiedeten Vereinsgesetzes und die nunmehr vorzunehmende Amnestierung aller politischen Verfahren nach 1945, in: Veröffentlichung über die erweiterte 11. Arbeitstagung und

Gesamtaussprache des erweiterten Initiativ-Ausschusses für die Amnestie und der Verteidiger in politischen Strafsachen am 13. und 14. Juni 1964 in Frankfurt am Main, S. 27–43.

Anonymus, Die KPD lebt und kämpft. Dokumente der Kommunistischen Partei Deutschlands 1956–1962, Berlin (DDR) 1963.

Anschütz, Gerhard/Thoma, Richard, Handbuch des Deutschen Staatsrechts, Bd. 1, unveränderter Nachdruck der 1. Auflage 1930, Tübingen 1998.

Anschütz, Gerhard/Thoma, Richard, Handbuch des Deutschen Staatsrechts, Bd. 2, unveränderter Nachdruck der 1. Auflage 1932, Tübingen 1998.

Anschütz, Gerhard, Die Verfassung des Deutschen Reichs vom 11. August 1919, Nachdruck der 14. Auflage 1933, Darmstadt 1960.

Antes, Klaus/Ehrhardt, Christiane/Hannover, Heinrich (Hg.), Lebenslänglich – Protokolle aus der Haft, München 1972.

Armbruster, Hubert/Arndt, Helmut/Bachof, Otto/Baumann, Jürgen/Bigler, Rolf R./Denninger, Erhard/Fikentscher Wolfgang/Gutowski Armin/Hoppmann, Erich/Klug, Ulrich/Maihofer, Werner/Mestmäcker, Ernst-Joachim/Noelle-Neumann, Elisabeth/Noll, Peter/Pohmer, Dieter/ Roellecke, Gerd/Rolinski, Klaus/Rupp, Hans Heinrich/Schneider, Peter/Simitis, Spiros (Hg.), Pressefreiheit. Entwurf eines Gesetzes zum Schutze freier Meinungsbildung und Dokumentation des Arbeitskreises Pressefreiheit, Berlin/Neuwied 1970.

Arndt, Adolf, Begriff und Wesen der öffentlichen Meinung, in: Martin Löffler, Die öffentliche Meinung, München/Berlin 1962, S. 1–19.

Arndt, Adolf, Demokratie – Wertsystem des Rechts, in: Adolf Arndt/Michael Freund, Notstandsgesetz – aber wie?, Köln 1962, S. 9–66.

Arndt, Adolf, Der Fall „Blinkfüer" (Art. 5 GG). – Die Last der Freiheit oder Justiz und Presse, in: NJW 1964, S. 23–24.

Arndt, Adolf, Ideologischer Ungehorsam gegen das KP-Verbot (§§ 90 a, 90 b StGB)?, in: NJW 1965, S. 430–433.

Arndt, Adolf, Geist der Politik. Reden. Berlin 1965.

Adolf Arndt, Gesammelte juristische Schriften. Ausgewählte Aufsätze und Vorträge 1946–1972, München 1976, hrsg. v. Ernst-Wolfgang Böckenförde/Walter Lewald.

Arndt, Adolf, Brauchen wir ein Pressegesetz? (1956), in: Adolf Arndt, Gesammelte juristische Schriften. Ausgewählte Aufsätze und Vorträge 1946–1972, München 1976, hrsg. v. Ernst-Wolfgang Böckenförde/Walter Lewald, S. 417–431.

Arndt, Adolf, Das nicht erfüllte Grundgesetz (1960), in: Adolf Arndt, Gesammelte juristische Schriften. Ausgewählte Aufsätze und Vorträge 1946–1972, München 1976, hrsg. v. Ernst-Wolfgang Böckenförde/Walter Lewald, S. 141–156.

Arndt, Adolf, Der Rechtsstaat und sein polizeilicher Verfassungsschutz (1961), in: Adolf Arndt, Gesammelte juristische Schriften. Ausgewählte Aufsätze und Vorträge 1946–1972, München 1976, hrsg. v. Ernst-Wolfgang Böckenförde/ Walter Lewald, S. 157–170.

Arndt, Adolf, Zur Güterabwägung bei Grundrechten (Art 5 GG) (1966), in: Adolf Arndt, Gesammelte juristische Schriften. Ausgewählte Aufsätze und Vorträge 1946–1972, München 1976, hrsg. v. Ernst-Wolfgang Böckenförde/ Walter Lewald, S. 185–190. Arndt, Helmut, Die Konzentration in der Presse und die Problematik des Verleger-Fernsehens. Eine Untersuchung, Frankfurt am Main/Berlin 1967.

Arndt, Helmut, Referat vor dem Bergedorfer Gesprächskreis zu Fragen der freien industriellen Gesellschaft, in: Bergedorfer Protokolle, Bd. 19: Bedroht die Pressekonzentration die freie Meinungsbildung?, Hamburg/Berlin 1967, S. 10–31.

Augstein, Rudolf, Lex Springer, in: Der Spiegel Nr. 32 vom 1.8.1966, S. 10–12.

Backes, Uwe/Jesse, Eckhard, Politischer Extremismus in der Bundesrepublik Deutschland, Bd. 3: Dokumentation, 4. Auflage, Bonn 1996.

Badura, Peter, Staat, Recht und Verfassung in der Integrationslehre. Zum Tode von Rudolf Smend (15. Januar 1882–5. Juli 1975), in: Der Staat 1977 (16), S. 305–325.

Badura, Peter/Dreier, Horst (Hg.), Festschrift 50 Jahre Bundesverfassungsgericht, Zweiter Band: Klärung und Fortbildung des Verfassungsrechts, Tübingen 2011.

Bärwald, Helmut, Die DKP – Ursprung, Weg, Ziel, in: APuZ B 8/69, S. 3–41.

Baldus, Manfred, Frühe Machtkämpfe. Ein Versuch über die historischen Gründe der Autorität des Bundesverfassungsgerichts, in: Thomas Henne/Arne Riedlinger (Hg.), Das Lüth-Urteil aus (rechts-) historischer Sicht. Die Konflikte um Veit Harlan und die Grundrechtsjudikatur des Bundesverfassungsgerichts, Berlin 2005, S. 237–248.

Beisenwenger, Rainer, Der nichtwettbewerbliche Boykott. Rechtliche Aspekte des gesellschaftlichen Einflusses auf den Marktverkehr, Berlin 1998.

Bernhard, Patrick, Kriegsdienstverweigerung per Postkarte. Ein gescheitertes Reformprojekt der sozialliberalen Koalition 1969–1978, in: Vierteljahreshefte für Zeitgeschichte 53. Jg., (2005), Heft 1, S. 109–139.

Bernstein, Herbert/Zweigert, Konrad, Die Rehabilitierung einer aufgelösten politischen Partei. Verfassungsrechtliche und prozessuale Betrachtungen, Tübingen 1972.

Bessmann, Alyn/Buggeln, Marc, Befehlsgeber und Direkttäter vor dem Militärgericht. Die britische Strafverfolgung der Verbrechen im KZ Neuengamme und seinen Außenlagern, in: Zeitschrift für Geschichtswissenschaft 2005, Heft 6, S. 522–542.

Bettermann, Karl August, Die allgemeinen Gesetze als Schranken der Pressefreiheit, in: JZ 1964, S. 601–611.

Beyer, Wilhelm R., Prozessuale Chancen einer als verfassungswidrig erklärten Partei, in: JZ 1967, S. 744–747.

Biedenkopf, Kurt Hans, Zum politischen Boykott, in: JZ 1965, S. 553–558.

Bilstein, Helmut/Binder, Sepp/Elsner, Manfred/Klose, Hans-Ulrich/Wolkenhaar, Ingo (Hg.), Organisierter Kommunismus in der Bundesrepublik. DKP – SDAJ – MSB Spartakus. KPD/ KPD (ML)/KBW/KB, 4. überarbeitete und erweiterte Auflage, Opladen 1977.

Blanke, Thomas, Gustav W. Heinemann (1899–1976). Republikaner und Bürgerpräsident, in: Kritische Justiz (Hg.), Streitbare Juristen. Eine andere Tradition, Baden-Baden 1988, S. 461–475.

Bleicher, Joan Kristin, Chronik zur Programmgeschichte des deutschen Fernsehens, Berlin 1993.

Böckenförde, Ernst-Wolfgang, Lorenz von Stein als Theoretiker der Bewegung von Staat und Gesellschaft zum Sozialstaat (1963), in: Ernst-Wolfgang Böckenförde (Hg.), Staat und Gesellschaft, Darmstadt 1976, S. 131–171.

Böckenförde, Ernst-Wolfgang, Kritik der Wertbegründung des Rechts. Überlegungen zu einem Kapitel „Rechtsphilosophie“, in: Reinhard Löw (Hg.), Oikeiosis, Festschrift für Robert Spaemann, Weinheim 1987, S. 1–21.

Böckenförde, Ernst-Wolfgang, Grundrechte als Grundsatznormen. Zur gegenwärtigen Lage der Grundrechtsdogmatik, in: Der Staat 1990 (29), S. 1–31.

Bösch, Frank, Später Protest. Die Intellektuellen und die Pressefreiheit in der frühen Bundesrepublik, in: Dominik Geppert/Jens Hacke, Streit um den Staat. Intellektuelle Debatten in der Bundesrepublik 1960–1980, Göttingen 2008, S. 91–112.

Brokmeier, Peter (Hg.), Kapitalismus und Pressefreiheit. Am Beispiel Springer, Frankfurt am Main 1969.

Brünneck, Alexander von, Politische Justiz gegen Kommunisten in der Bundesrepublik Deutschland 1949–1968, Frankfurt am Main 1978.

Brummund, Peter, Der deutsche Zeitungs- und Zeitschriftengrosshandel, München 1985.

BT-Drucksache V/2120, S. 1–401, abgedruckt in: Verhandlungen des Deutschen Bundestages, 5. Wahlperiode 1965–1969, Anlagen zu den stenographischen Berichten, Bd. 115, BT-Drucksachen 2101–2170, Bonn 1967.

BT-Drucksache V/2403, S. 1–248, abgedruckt in: Verhandlungen des Deutschen Bundestages, 5. Wahlperiode 1965–1969, Anlagen zu den stenographischen Berichten, Bd. 117, BT-Drucksachen 2341–2460, Bonn 1967/1968.

BT-Drucksache V/3122, S. 1–253, abgedruckt in: Verhandlungen des Deutschen Bundestages, 5. Wahlperiode 1965–1969, Anlagen zu den stenographischen Berichten, Bd. 122, BT-Drucksache 3041–3200, Bonn 1968.

Büchting, Hans-Ulrich, Günter Dürig, in: Beck, Hans Dieter (Hg.), Juristen im Porträt: Verlag und Autoren in 4 Jahrzehnten. Festschrift zum 225jährigen Jubiläum des Verlages C.H. Beck, München 1988, S. 280–288.

Bundesverfassungsgericht (Hg.), Das Bundesverfassungsgericht 1951–1971, 2. Auflage, Karlsruhe 1971.

Bung, Jochen, Terror als Gegenstand einer Phänomenologie der Angst, in: West-End, Neue Zeitschrift für Sozialforschung 2006, Heft 2, S. 64–74.

Burkhardt, Richard, Konzentrationsvorgänge in der Presse der BRD und die Position Springers, in: Bernd Jansen/Arno Klönne (Hg.), Imperium Springer, Köln 1968, S. 27–51.

Canaris, Claus-Wilhelm, Grundrechte und Privatrecht, in: AcP 184 (1984), S. 201–246.

Canaris, Claus-Wilhelm, Erwiderung (zu Schwabe, Grundrechte und Privatrecht), in: AcP 185 (1985), S. 9–12.

Canaris, Claus-Wilhelm, Grundrechte und Privatrecht – eine Zwischenbilanz – stark erweiterte Fassung des Vortrags gehalten vor der Juristischen Gesellschaft zu Berlin am 10. Juni 1998, Berlin 1999.

Dany, Ben, Die „Blinkfüer"-Entscheidung des Bundesverfassungsgerichts von 1969 [unveröffentlichte Magisterarbeit], Freiburg 2012.

Darabeygi, Lena, Der Fall „Blinkfüer". Das Bundesverfassungsgericht und die „Umgründung" der KPD zur DKP in den Sechzigerjahren, in: Jahrbuch für Historische Kommunismusforschung 2010, S. 67–80.

Degenhart, Christoph, Meinungs- und Medienfreiheit in Wirtschaft und Wettbewerb, in: Herbert Leßmann/Bernhard Großfeld/Lothar Vollmer (Hg.), Festschrift für Rudolf Lukes zum 65. Geburtstag, Köln/Berlin/Bonn/München 1989, S. 87–304.

Denninger, Erhard (Hg.), Freiheitliche demokratische Grundordnung. Materialien zum Staatsverständnis und zur Verfassungswirklichkeit in der Bundesrepublik, Bd. 1 Frankfurt am Main 1977.

Denninger, Erhard (Hg.), Freiheitliche demokratische Grundordnung. Materialien zum Staatsverständnis und zur Verfassungswirklichkeit in der Bundesrepublik, Bd. 2 Frankfurt am Main 1977.

Deutscher Buch-, Zeitungs- und Zeitschriften-Grossisten e.V. (Hg.), Gutachten über „Die volkswirtschaftliche Bedeutung des Zeitungs- und Zeitschriften-Großhandels in der Bundesrepublik Deutschland", Sankt Gallen 1969.

Dilthey, Wilhelm, Einleitung in die Geisteswissenschaften. Versuch einer Grundlegung für das Studium der Gesellschaft und der Geschichte I, Leipzig 1883.

Dobritz, Wolf, Kalter Krieg in Funk-Zeitschriften. Zeitungszar Axel Springer boykottiert das DDR-Programm, in: Die andere Zeitung 1960, S. 12.

Dreier, Ralf, Zur Problematik und Situation der Verfassungsinterpretation, in: Ralf Dreier/ Friedrich Schwegmann (Hg.), Probleme der Verfassungsinterpretation. Dokumentation einer Kontroverse, Baden-Baden 1976, S. 13–47.

Dürig, Günter, Die Menschenauffassung des Grundgesetzes, in: JR 1952, S. 259–263.

Dürig, Günter, Der Grundsatz von der Menschenwürde. Entwurf eines praktikablen Wertsystems der Grundrechte aus Art. 1 Abs. I in Verbindung mit Art. 19 Abs. II des Grundgesetzes, in: AöR 81 (1956), S. 117–157.

Dürig, Günter, Grundrechte und Zivilrechtsprechung (1956), in: Günter Dürig, Gesammelte Schriften 1952–1983, Berlin 1984, hrsg. v. Walter Schmitt Glaeser/ Peter Häberle, S. 215–246.

Dürig, Günter, Zum „Lüth-Urteil" des Bundesverfassungsgerichts vom 15.1.1958, in: DöV 1958, S. 194–197.

Dussel, Konrad/Lersch, Edgar, Quellen zur Programmgeschichte des deutschen Hörfunks und Fernsehens, Göttingen 1999.

Ehmke, Horst, Grenzen der Verfassungsänderung, Berlin 1953.

Ehmke, Horst, Wirtschaft und Verfassung. Die Verfassungsrechtsprechung des Supreme Court zur Wirtschaftsregulierung, Karlsruhe 1961.

Ehmke, Horst, Prinzipien der Verfassungsinterpretation. Mitbericht auf der Tagung der deutschen Staatsrechtslehrer zu Freiburg vom 4. bis 7. Oktober 1961, in: VVdStRL 20 (1963), S. 53–102.

Ehmke, Horst, Verfassungsrechtliche Fragen einer Reform des Pressewesens, in: Horst Ehmke/Carlo Schmid/Hans Scharoun (Hg.), Festschrift für Adolf Arndt zum 65. Geburtstag, Frankfurt am Main 1969, S. 77–118.

Ehmke, Horst, Rudolf Smend zum 90. Geburtstag, in: AöR 97 (1972), S. 146–147.

Ellwein, Thomas/Liebel, Manfred/Negt, Inge, Die Spiegel-Affäre, Bd. 2. Die Reaktion der Öffentlichkeit. Texte und Dokumente zur Zeitgeschichte, Olten/ Freiburg 1966.

Engler, Helmut, Der Präsident des Bundesverfassungsgerichts 1959–1972, in: Gerhard Taddey (Hg.), Gebhard Müller. Ein Leben für das Recht und die Politik. Symposium anläßlich seines 100. Geburtstags am 17. April 2000 in Stuttgart, Stuttgart/Berlin/Köln 2000, S. 71–80.

Erklärung zur Neukonstituierung einer neuen Kommunistischen Partei, abgedruckt in: Helmut Bärwald, Die DKP – Ursprung, Weg, Ziel, in: APuZ B 8/69, S. 37–41.

Erichsen, Hans-Uwe, Staatsrecht und Verfassungsgerichtsbarkeit I, 3. Auflage, München 1982.

Esser, Josef, Grundsatz und Norm in der richterlichen Fortbildung des Privatrechts, Tübingen 1956.

Esser, Josef, Zur Methodenlehre des Zivilrechts, Berlin 1959.

Esser, Josef, Vorverständnis und Methodenwahl in der Rechtsfindung. Rationalitätsgarantien der richterlichen Entscheidungspraxis, Frankfurt am Main 1970.

Fiedler, Christoph, BVerfGE 20, 162 – Spiegel. „Nie mehr wie vorher" (FAZ v. 10.11.1962), in: Jörg Menzel/Ralf Müller-Terpitz (Hg.), Verfassungsrechtsprechung. Ausgewählte Entscheidungen des Bundesverfassungsgerichts in Retrospektive, 2. Auflage, Tübingen 2011, S. 167–172.

Fiedler, Christoph, BVerfGE 25, 256 – Blinkfüer. Lüth, Blinkfüer und andere Boykottaufrufe, in: Jörg Menzel (Hg.), Verfassungsrechtsprechung. Hundert Entscheidungen des Bundesverfassungsgerichts in Retrospektive, Tübingen 2000, S. 158–162.

Fischer-Lescano, Andreas/Perels, Joachim/Scholle, Thilo (Hg.), Der Staat der Klassengesellschaft. Rechts- und Sozialstaatlichkeit bei Wolfgang Abendroth, Baden-Baden 2012.

Flach, Karl-Hermann, Macht und Elend der Presse, Mainz 1967.

Foljanty, Lena, Rechtstheologie als Antwort auf den Nationalsozialismus. Zur Bedeutung der Religion in der deutschen Rechtsphilosophie der Nachkriegszeit, in: Szablocs Hornyák/ Botond Juhász/Krisztina Korsósné Delacasse/Zsuzsanna Peres (Hg.), Turning Points and Breaklines, Jahrbuch Junge Rechtsgeschichte Bd. 4, München 2009, S. 214–227.

Foljanty, Lena, Recht oder Gesetz. Juristische Identität und Autorität in den Naturrechtsdebatten der Nachkriegszeit, Tübingen 2013.

Forsthoff, Ernst, Zur verfassungsrechtlichen Stellung und inneren Ordnung der Parteien, in: Ernst Forsthoff/Karl Loewenstein, Die politischen Parteien im Verfassungsrecht. Zwei Abhandlungen, Tübingen 1950, S. 5–24.

Forsthoff, Ernst, Der lästige Jurist, in: DöV 1955, S. 648–650.

Forsthoff, Ernst, Die Umbildung des Verfassungsgesetzes, in: Hans Barion/Ernst Forsthoff/ Werner Weber (Hg.), Festschrift für Carl Schmitt zum 70. Geburtstag, dargebracht von Freunden und Schülern, Berlin 1959, S. 35–62.

Forsthoff, Ernst, Die Bindung an Gesetz und Recht (Art. 20 Abs. 3 GG). Strukturanalytische Bemerkungen zum Übergang vom Rechtsstaat zum Justizstaat, in: DöV 1959, S. 41–44.

Forsthoff, Ernst, Zur Problematik der Verfassungsauslegung, Stuttgart 1961.

Forsthoff, Ernst, Tagespresse und Grundgesetz, in: DöV 1963,S. 633–635.

Forsthoff, Ernst, Moderne Wertverwirklichung, in: DöV 1965, S. 619–620.

Forsthoff, Ernst, Der introvertierte Rechtsstaat und seine Verortung (1963), in: Ernst Forsthoff, Rechtsstaat im Wandel. Verfassungsrechtliche Abhandlung 1954–1973, 2. Auflage, München 1976, S. 175–187.

Forsthoff, Ernst, Neue Aspekte der Pressefreiheit, in: Der Staat 1966 (5) , S. 1–16.

Forsthoff, Ernst, Der Verfassungsschutz der Zeitungspresse, Frankfurt am Main 1969.

Fraenkel, Ernst, Der Pluralismus als Strukturelement der freiheitlich-rechtstaatlichen Demokratie (1964), in: Ernst Fraenkel, Deutschland und die westlichen Demokratien, 9. Auflage, Baden-Baden 2011, hrsg. v. Alexander von Brünneck, S. 256–280.

Frankenberg, Günter, Angst im Rechtsstaat, in: KJ 1977, S. 353–374.

Frankenberg, Günter, Kritik des Bekämpfungsrechts, in: KJ 2005, S. 370–386.

Frankenberg, Günter, Nochmals: Angst im Rechtsstaat, in: WestEnd. Neue Zeitschrift für Sozialforschung 2006, Heft 2, S. 55–63.

Franzius, Christine, Bonner Grundgesetz und Familienrecht. Die Diskussion um die Gleichberechtigung von Mann und Frau in der westdeutschen Zivilrechtslehre der Nachkriegszeit (1945–1957), Frankfurt am Main 2005.

Frei, Norbert, Medienpolitik der Alliierten nach dem Zweiten Weltkrieg. Die Situation in den Besatzungszonen und in Berlin, in: Studienkreis Rundfunk und Geschichte. Mitteilungen 11 (1985), S. 28–41.

Frei, Norbert, Die Presse, in: Wolfgang Benz (Hg.), Die Geschichte der Bundesrepublik Deutschland, Bd. 4, Kultur, Frankfurt am Main 1989, S. 370–416.

Frei, Norbert, Vergangenheitspolitik. Die Anfänge der Bundesrepublik und die NS-Vergangenheit, München 1996.

Frei, Norbert, 1968. Jugendrevolte und globaler Protest, München 2008.

Frei, Norbert, Transformationsprozesse. Das Bundesverfassungsgericht als vergangenheitspolitischer Akteur in den Anfangsjahren der Bundesrepublik, in: Michael Stolleis (Hg.), Herzkammern der Republik. Die Deutschen und das Bundesverfassungsgericht, München 2011, S. 64–81.

Friauf, Karl Heinrich/Höfling, Wolfram, Meinungsgrundrechte und Verfolgung von wirtschaftlichen Belangen, in: AfP 1985, S. 249–257.

Friedrich, Manfred, Der Methoden- und Richtungsstreit. Zur Grundlagendiskussion der Weimarer Staatsrechtslehre, in: AöR 102 (1977), S. 161–209.

ZFührer, Karl Christian, Medienmetropole Hamburg. Mediale Öffentlichkeiten 1930–1960, Hamburg 2008.

Fülberth, Georg, KPD und DKP: 1945–1990. Zwei kommunistische Parteien in der vierten Periode kapitalistischer Entwicklung, Heilbronn 1990.

Genscher, Hans-Dietrich, Möglichkeiten einer Wiederzulassung der KPD, in: NJW 1967, S. 1647–1648.

Gieseking, Erwin, Wiederzulassung der KPD? Einige Bemerkungen zu dem Artikel von Bundesminister der Justiz Dr. Dr. Gustav W. Heinemann, in: JZ 1967, S. 742–744.

Glotz, Peter/Langenbucher, Wolfgang Rudolf, Entwurf eines Gesetzes gegen den Mißbrauch der Pressefreiheit (Pressefreiheitsgesetz), in: Peter Glotz/Wolfgang Rudolf Langenbucher (Hg.), Der mißachtete Leser. Zur Kritik der deutschen Presse, Köln/Berlin 1969, S. 185–197.

Görtemaker, Manfred, Geschichte der Bundesrepublik Deutschland. Von der Gründung bis zur Gegenwart, München 1999.

Gosewinkel, Dieter, Adolf Arndt. Die Wiederbegründung des Rechtsstaats aus dem Geist der Sozialdemokratie (1945–1961), Bonn 1991.

Greiser, Peter, Umfang und Probleme des Straffreiheitsgesetzes 1968, in: NJW 1968, S. 1869–1871.

Gremliza, Hermann L./Hannover, Heinrich (Hg.), Die Linke – Bilanz und Perspektiven für die 80er, Hamburg 1980.

Grigoleit, Klaus Joachim, Bundesverfassungsgericht und deutsche Frage. Eine dogmatische und historische Untersuchung zum judikativen Anteil an der Staatsleitung, Tübingen 2004.

Grimm, Dieter, Die Meinungsfreiheit in der Rechtsprechung des Bundesverfassungsgerichts, in: NJW 1995, S. 1697–1704.

Grimm, Dieter, Theodor Ritterspach, in: NJW 1999, S. 3100–3101.

Groenewold, Kurt, Das Urteil des Bundesgerichtshofes in der Blinkfüer-Affäre. Ein Kommentar, in: Peter Brokmeier (Hg.), Kapitalismus und Pressefreiheit. Am Beispiel Springer, Frankfurt am Main 1969, S. 142–156.

Groh, Kathrin, Demokratische Staatsrechtslehrer in der Weimarer Republik. Von der konstitutionellen Staatslehre zur Theorie des modernen demokratischen Verfassungsstaats, Tübingen 2010.

Gropp, Walter/Hormuth, Stefan (Hg.), Erwin Stein zum Gedächtnis. Akademische Gedenkfeier am 7. März 2003 an der Justus-Liebig-Universität Gießen, Mönchengladbach 2003.

Grosser, Alfred/Seifert, Jürgen, Die Spiegel-Affäre, Bd. 1. Die Staatsmacht und ihre Kontrolle. Texte und Dokumente zur Zeitgeschichte, Olten/Freiburg 1966.

Grothe, Ewald, „Strengste Zurückhaltung und unbedingter Takt". Der Verfassungshistoriker Ernst Rudolf Huber und die NS-Vergangenheit, in: Eva Schumann (Hg.), Kontinuitäten und Zäsuren. Rechtswissenschaft und Justiz im „Dritten Reich" und in der Nachkriegszeit, Göttingen 2008, S. 327–348.

Günther, Frieder, Denken vom Staat her. Die bundesdeutsche Staatsrechtslehre zwischen Dezision und Integration 1949–1970, München 2004.

Günther, Frieder, Ein Jahrzehnt der Rückbesinnung. Die bundesdeutsche Staatsrechtslehre zwischen Dezision und Integration in den fünfziger Jahren, in: Thomas Henne/Arne Riedlinger (Hg.), Das Lüth-Urteil aus (rechts-) historischer Sicht. Die Konflikte um Veit Harlan und die Grundrechtsjudikatur des Bundesverfassungsgerichts, Berlin 2005, S. 301–314.

Gusy, Christoph, Die Grundrechte in der Weimarer Republik, in: ZNR 1993 (15), S. 163–183.

Gusy, Christoph, Die Weimarer Reichsverfassung, Tübingen 1997.

Gutte, Rolf/Hannover, Heinrich, Presse vor Gericht – Der Blinkfüer-Prozeß (Radiobeitrag), Erstsendung 9. Juni 1965/Radio Bremen, in: Archiv Radio Bremen RB-Archivnummer AW 04137.

Habermas, Jürgen, Strukturwandel der Öffentlichkeit. Untersuchungen zu einer Kategorie der bürgerlichen Gesellschaft, Neuwied 1962.

Häberle, Peter, Die „Grundzüge" und ihre Rezeption im Ausland, in: JöR NF 57 (2009), S. 545–548.

Häußler, Richard, Der Konflikt zwischen Bundesverfassungsgericht und politischer Führung. Ein Beitrag zu Geschichte und Rechtsstellung des Bundesverfassungsgerichts, Berlin 1994.

Hannover, Heinrich, Politische Diffamierung der Opposition im freiheitlich-demokratischen Rechtsstaat, Dortmund 1962.

Hannover, Heinrich, Plädoyer für die Pressefreiheit, in: Vorgänge Nr. 4 von 1964, S. 124–128.

Hannover, Heinrich, Zur politischen Justiz, in: Wolfgang Abendroth/Helmut Ridder/Otto Schönfeldt (Hg.), KPD-Verbot oder Mit Kommunisten leben?, Hamburg 1968, S. 36–38.

Hannover, Heinrich, Klassenherrschaft und politische Justiz, Hamburg 1978.

Hannover, Heinrich (Hg.), Staat und Recht in der Bundesrepublik Deutschland. Kritische Studien- und Arbeitstexte, Köln 1987.

Hannover, Heinrich, Terroristenprozesse. Erfahrungen und Erkenntnisse eines Strafverteidigers, Hamburg 1991.

Hannover, Heinrich, Die Republik vor Gericht 1954–1974. Erinnerungen eines unbequemen Rechtsanwalts, Frankfurt am Main/Wien 1998.

Hannover, Heinrich, Die Republik vor Gericht 1975–1995. Erinnerungen eines unbequemen Rechtsanwalts, Frankfurt am Main/Wien 1999.

Hannover, Heinrich/Hannover-Drück, Elisabeth, Politische Justiz 1918–1933, Frankfurt am Main/Hamburg 1966.

Hannover, Heinrich/Hannover-Drück, Elisabeth (Hg.), Der Mord an Rosa Luxemburg und Karl Liebknecht. Dokumentation eines politischen Verbrechens, Frankfurt am Main 1967.

Hannover, Heinrich/Wallraff, Günter, Die unheimliche Republik. Politische Verfolgung in der Bundesrepublik, Hamburg 1982.

Hartmann, Paul Nicolai, Grundzüge einer Metaphysik der Erkenntnis, Berlin 1921.

Heck, Philipp, Begriffsbildung und Interessenjurisprudenz, Tübingen 1932.

Heck, Karl, Grundgesetz und Pressekonzentration, in: AfP 1968, S. 701–706.

Hedemann, Justus Wilhelm, Die Flucht in die Generalklauseln. Eine Gefahr für Recht und Staat, Tübingen 1933.

Hedwig, Andreas/Menk, Gerhard (Hg.), Erwin Stein (1903–1992). Politisches Wirken und Ideale eines Nachkriegspolitikers, Marburg 2004.

Heimann, Siegfried, Die Deutsche Kommunistische Partei, in: Richard Stöss (Hg.), Parteien-Handbuch. Die Parteien der Bundesrepublik Deutschland 1945–1980, Bd. I, AUD bis EFP, Opladen 1983, S. 901–981.

Heinemann, Gustav Walter, Wiederzulassung der KPD?, in: JZ 1967, S. 425–426.

Heinemann, Gustav Walter/Posser, Diether, Kritische Bemerkungen zum politischen Strafrecht in der Bundesrepublik, in: NJW 1959, S. 121–127.

Helle, Ernst, Boykott und Meinungskampf, in: NJW 1964, S. 1497–1502.

Helle, Ernst, Der Schutz der Persönlichkeit, der Ehre und des wirtschaftlichen Rufes im Privatrecht, 2. Auflage, Tübingen 1969.

Heller, Hermann, Staatslehre, Leiden 1934, hrsg. v. Gerhart Niemeyer.

Henkel, Michael, Hermann Hellers Theorie der Politik und des Staates. Die Geburt der Politikwissenschaft aus dem Geiste der Soziologie, Tübingen 2011.

Henne, Thomas, Die Mephisto-Entscheidungen der deutschen Gerichte. Eine exemplarische, justitiell geführte Auseinandersetzung über den Umgang mit der deutschen NS-Vergangenheit in den späten sechziger und frühen siebziger Jahren, in: Birgit Feldner/Verena Tiziana Halbwachs/Thomas Olechowski/

Josef Pauser/Stefan Schima/Andreas Sereinig (Hg.), Ad fontes. Europäisches Forum Junger Rechtshistorikerinnen und Rechtshistoriker Wien 2001, Frankfurt am Main/Berlin/Bern/Brüssel/New York/Oxford/Wien 2002, S. 193–222.

Henne, Thomas, Die historische Forschung und die Einsichtnahme in Voten beim Bundesverfassungsgericht. Thesen zur Rechtslage, in: Thomas Henne/Arne Riedlinger (Hg.), Das Lüth-Urteil aus (rechts-) historischer Sicht. Die Konflikte um Veit Harlan und die Grundrechtsjudikatur des Bundesverfassungsgerichts, Berlin 2005, S. 19–22.

Henne, Thomas, „Von 0 auf Lüth in 6 ½ Jahren". Zu den prägenden Faktoren der Grundsatzentscheidung, in: Thomas Henne/Arne Riedlinger (Hg.), Das Lüth-Urteil aus (rechts-) historischer Sicht. Die Konflikte um Veit Harlan und die Grundrechtsjudikatur des Bundesverfassungsgerichts, Berlin 2005, S. 197–222.

Henne, Thomas, „Smend oder Hennis" – Bedeutung, Rezeption und Problematik der ‚Lüth-Entscheidung' des Bundesverfassungsgerichts von 1958, in: Robert Christian van Ooyen/ Martin H.W. Möllers (Hg.), Das Bundesverfassungsgericht im politischen System, Wiesbaden 2006, S. 141–150.

Henne, Thomas/Riedlinger, Arne (Hg.), Das Lüth-Urteil aus (rechts-) historischer Sicht. Die Konflikte um Veit Harlan und die Grundrechtsjudikatur des Bundesverfassungsgerichts, Berlin 2005.

Henne, Thomas/Riedlinger, Arne, Zur Historisierung der Rechtsprechung des Bundesverfassungsgerichts – ein Programm und seine Folgen, in: Thomas Henne/Arne Riedlinger (Hg.), Das Lüth-Urteil aus (rechts-) historischer Sicht. Die Konflikte um Veit Harlan und die Grundrechtsjudikatur des Bundesverfassungsgerichts, Berlin 2005, S. 1–18.

Hennis, Wilhelm, Meinungsforschung und repräsentative Forschung, Tübingen 1957.

Hennis, Wilhelm, Lüth – und anderes, in: Thomas Henne/Arne Riedlinger (Hg.), Das Lüth-Urteil aus (rechts-) historischer Sicht. Die Konflikte um Veit Harlan und die Grundrechtsjudikatur des Bundesverfassungsgerichts, Berlin 2005, S. 187–222.

Herbe, Daniel, Hermann Weinkauff (1894–1981). Der erste Präsident des Bundesgerichtshofs, Tübingen 2008.

Herbert, Georg, Die „Grundzüge" und ihre Wirkung in der Rechtsprechung, in: JöR NF 57 (2009), S. 537–543.

Herbert, Ulrich, Liberalisierung als Lernprozeß. Die Bundesrepublik in der deutschen Geschichte, in: Ulrich Herbert (Hg.), Wandlungsprozesse in Westdeutschland. Belastung, Integration, Liberalisierung 1945–1980, Göttingen 2002, S. 7–49.

Hermann, Kai, „Eine Kuh ist eben eine Kuh." Gerichtsentscheid im Hamburger „Blinkfüer"-Prozeß: Auch Kommunisten haben Meinungsfreiheit, in: Die Zeit Nr. 2 vom 10.1.1964, S. 2.

Hesse, Konrad, Die normative Kraft der Verfassung, Tübingen 1959.

Hesse, Konrad, Die verfassungsrechtliche Stellung der politischen Parteien im modernen Staat. Bericht auf der Tagung der deutschen Staatsrechtslehrer zu Wien am 9. und 10. Oktober 1958, in: VVdStRL 17 (1959), S. 11–52.

Hesse, Konrad, Der Rechtsstaat im Verfassungssystem des Grundgesetzes, in: Konrad Hesse/ Siegfried Reicke/Ulrich Scheuner (Hg.), Staatsverfassung und Kirchenordnung. Festgabe für Rudolf Smend zum 80. Geburtstag am 15. Januar 1962, Tübingen 1962, S. 71–95.

Hesse, Konrad, Rezension. Richard Bäumlin: Staat, Recht und Geschichte. Eine Studie zum Wesen des geschichtlichen Rechts, entwickelt an den Grundproblemen von Verfassung und Verwaltung, in: JZ 1963, S. 485–487.

Hesse, Konrad, Grundzüge des Verfassungsrechts der Bundesrepublik Deutschland, Karlsruhe 1967.

Hesse, Konrad, Grundzüge des Verfassungsrechts der Bundesrepublik Deutschland, 20. Auflage, Heidelberg 1999.

Hocking, William Ernest, Freedom of the Press. A framework of principle, Chicago 1947.

Hofmann, Hasso, Legitimität gegen Legalität. Der Weg der politischen Philosophie Carl Schmitts, 3. Auflage, Berlin 1995.

Hollerbach, Alexander, Auflösung der rechtsstaatlichen Verfassung? Zu Ernst Forsthoffs Abhandlung „Die Umbildung des Verfassungsgesetzes" in der Festschrift für Carl Schmitt, in: AöR 85 (1960), S. 241–270.

Hollerbach, Alexander (Hg.), Jurisprudenz in Freiburg. Beiträge zur Geschichte der Rechtswissenschaftlichen Fakultät der Albert-Ludwigs-Universität, Tübingen 2007.

Hollstein, Thorsten, Um der Freiheit willen – die Konzeption der Grundrechte bei Hans Carl Nipperdey, in: Thomas Henne/Arne Riedlinger (Hg.), Das Lüth-Urteil aus (rechts-) historischer Sicht. Die Konflikte um Veit Harlan und die Grundrechtsjudikatur des Bundesverfassungsgerichts, Berlin 2005, S. 249–269.

Hollstein, Thorsten, Die Verfassung als „Allgemeiner Teil". Privatrechtsmethode und Privatrechtskonzeption bei Hans Carl Nipperdey (1895–1968), Tübingen 2007.

Huber, Ernst Rudolf, Nachrufe auf verstorbene Mitglieder: Rudolf Smend. 15. Januar 1882–5. Juli 1975, in: Jahrbuch der Akademie der Wissenschaften in Göttingen für das Jahr 1976, S. 105–121.

Husserl, Edmund, Ideen zu einer reinen Phänomenologie und phänomenologischen Philosophie. Erstes Buch: Allgemeine Einführung in die reine Phänomenologie, in: Edmund Husserl, Gesammelte Werke. Husserliana, 1. Halbband, Text der 1.–3. Auflage, Den Haag 1976, hrsg. v. Karl Schuhmann.

Ipsen, Hans Peter, Mitbestimmung im Rundfunk. Verfassungsfragen zur Mitbestimmung durch Belegschaftsvertreter in den Aufsichtsgremien, Frankfurt am Main 1972.

Jansen, Bernd/Klönne, Arno (Hg.), Imperium Springer. Macht & Manipulation, Köln 1968.

Jarass, Hans D./Pieroth, Bodo, Grundgesetz für die Bundesrepublik Deutschland, 12. Auflage, München 2012.

Kaienburg, Hermann, Die britischen Militärgerichtsprozesse zu den Verbrechen im Konzentrationslager Neuengamme, in: KZ-Gedenkstätte Neuengamme (Hg.), Die frühen Nachkriegsprozesse. Beiträge zur Geschichte der nationalsozialistischen Verfolgung in Norddeutschland 1997, Heft 3, S. 56–64.

Kain, Florian, Das Privatfernsehen, der Axel Springer Verlag und die deutsche Presse. Die medienpolitische Debatte in den sechziger Jahren, Münster/Hamburg/London 2003.

Kaiser, Joseph H., Presseplanung, Frankfurt am Main 1972.

Karl, Frank D., Die K-Gruppen: Kommunistischer Bund Westdeutschland, Kommunistische Partei Deutschlands, Kommunistische Partei Deutschlands/Marxisten-Leninisten. Entwicklung – Ideologie – Programme, Bonn/Bad-Godesberg 1976.

Kaufmann, Arthur, Kritik der neukantianischen Rechtsphilosophie. Eine Betrachtung über die Beziehungen zwischen Philosophie und Rechtswissenschaft, Neudruck der Ausgabe Tübingen 1921, Darmstadt 1964.

Kaufmann, Arthur, Die Gleichheit vor dem Gesetz im Sinne des Art. 109 der Reichsverfassung. Bericht auf der Tagung der deutschen Staatsrechtslehrer zu Münster i .W. am 29. und 30. März 1926, in: VVdStRL 3 (1927), S. 2–24.

Kelsen, Hans, Hauptprobleme der Staatsrechtslehre, entwickelt aus der Lehre vom Rechtssatze, Tübingen 1911.

Kelsen, Hans, Vom Wesen und Wert der Demokratie (1920), in: Hans Kelsen, Verteidigung der Demokratie. Abhandlungen zur Demokratietheorie, Tübingen 2006, hrsg. v. Matthias Jestaedt/Oliver Lepsius, S. 1–33.

Kelsen, Hans, Allgemeine Staatslehre, unveränderter Nachdruck der ersten Auflage von 1925, Bad Homburg v.H./Berlin/Zürich 1966.

Kelsen, Hans, Wesen und Entwicklung der Staatsgerichtsbarkeit. Mitbericht auf der Tagung der deutschen Staatsrechtslehrer zu Wien am 23. und 24. April 1928, in: VVdStRL 5 (1929), S. 30–88.

Kelsen, Hans, Verteidigung der Demokratie (1932), in: Hans Kelsen, Verteidigung der Demokratie. Abhandlungen zur Demokratietheorie, Tübingen 2006, hrsg. v. Matthias Jestaedt/Oliver Lepsius, S. 229–237.

Kirchheimer, Otto, Politische Justiz. Verwendung juristischer Verfahrensmöglichkeiten zu politischen Zwecken, Neuwied/Berlin 1965.

Klein, Hans H., Öffentliche und private Freiheit. Zur Auslegung des Grundrechts der Meinungsfreiheit, in: Der Staat 1971 (10), S. 145–172.

Kluth, Hans, Die KPD in der Bundesrepublik. Ihre politische Tätigkeit und Organisation 1945–1956, Köln/Opladen 1959.

Köndgen, Johannes, Josef Esser – Grenzgänger zwischen Dogmatik und Methodologie, in: Stefan Grundmann/Karl Riesenhuber (Hg.), Deutschsprachige Zivilrechtslehrer des 20. Jahrhunderts in Berichten ihrer Schüler. Eine Ideengeschichte in Einzeldarstellungen, Bd. 1, Berlin 2007, S. 103–127.

Koenen, Gerd, Das rote Jahrzehnt. Unsere kleine deutsche Kulturrevolution 1967–1977, Köln 2001.

Kommers, Donald P., Judicial Politics in West Germany. A Study of the Federal Constitutional Court, Beverly Hills/London 1976.

Kommission für Pressefreiheit, Chicago (Hg.), Eine freie und verantwortliche Presse. Ein Generalbericht der „Commission on freedom of the Press“, Chicago, über das Massen-Nachrichtenwesen: Zeitungen, Rundfunk, Filme, Zeitschriften und Bücher, Nürnberg 1948.

Korioth, Stefan, Integration und Bundesstaat. Ein Beitrag zur Staats- und Verfassungslehre Rudolf Smends, Berlin 1990.

Koszyk, Kurt, Presse und Pressekonzentration in den 50er Jahren, in: Axel Schildt/Arnold Sywottek (Hg.), Modernisierung im Wiederaufbau. Die westdeutsche Gesellschaft der 50er Jahre, Bonn 1993, S. 439–457.

Krauss, Günther, Mißbrauchte Demokratie. Zur Kritik an einem Rechtsstreit, in: Politische Meinung 1971, Heft 139, November/Dezember, S. 68–73.

Kretschmann, Carsten, Schuld und Sühne – Annährungen an Erich Lüth, in: Thomas Henne/Arne Riedlinger (Hg.), Das Lüth-Urteil aus (rechts-) historischer Sicht. Die Konflikte um Veit Harlan und die Grundrechtsjudikatur des Bundesverfassungsgerichts, Berlin 2005, S. 47–63.

Kroeschell, Karl, Rechtsgeschichte Deutschlands im 20. Jahrhundert, Göttingen 1992.

Krohn, Claus-Dieter, Die westdeutsche Studentenbewegung und das „andere Deutschland“, in: Axel Schildt/Detlef Siegfried/Karl Christian Lammers (Hg.), Dynamische Zeiten. Die 60er Jahre in den beiden deutschen Gesellschaften, Hamburg 2000, S. 695–718.

Kruip, Gudrun, Das „Welt"-„Bild" des Axel Springer Verlags. Journalismus zwischen westlichen Werten und deutschen Denktraditionen, München 1999.

Kübler, Friedrich, Der deutsche Richter und das demokratische Gesetz. Versuch einer Deutung aus richterlichen Selbstzeugnissen, in: AcP 162 (1963), S. 104–128.

Kübler, Friedrich, Wirtschaftsordnung und Meinungsfreiheit, Tübingen 1966.

Kübler, Friedrich, Empfiehlt es sich, zum Schutze der Pressefreiheit gesetzliche Vorschriften über die innere Ordnung von Presseunternehmen zu erlassen? Gutachten für den 49. Deutschen Juristentag, in: Verhandlungen des 49. Deutschen Juristentages zu Düsseldorf am 19. September 1972, Bd. I, D 13–105, Bad Feilnbach Nachdruck 1989, hrsg. v. d. Ständigen Deputation des Deutschen Juristentages.

Kübler, Friedrich, Boykott gegen Presse, in: AfP 1973, S. 405–411.

Kübler, Friedrich, Ludwig Raiser, in: Stefan Grundmann/Karl Riesenhuber (Hg.), Deutschsprachige Zivilrechtslehrer des 20. Jahrhunderts in Berichten ihrer Schüler. Eine Ideengeschichte in Einzeldarstellungen, Bd. 1, Berlin 2007, S. 287–303.

Kübler, Friedrich/Simitis, Spiros, Presse und Wettbewerb, in: JZ 1969, S. 445–454.

Kühn, Andreas, Stalins Enkel, Maos Söhne. Die Lebenswelt der K-Gruppen in der Bundesrepublik der 70er Jahre, Frankfurt am Main/New York 2005.

Kull, Edgar, Verfassung als Parteiprogramm – Zur Expansion der „relevanten Kräfte" –, in: Roman Schnur (Hg.), Festschrift für Ernst Forsthoff zum 70. Geburtstag, München 1972, S. 213–227.

Kunert, Wolfgang, Pressekonzentration und Verfassungsrecht, Berlin 1971.

Laak, Dirk van, Gespräche in der Sicherheit des Schweigens. Carl Schmitt in der politischen Geistesgeschichte der frühen Bundesrepublik, 2. unveränderte Auflage, Berlin 2002.

Laufer, Heinz, Verfassungsgerichtsbarkeit und politischer Prozess. Studien zum Bundesverfassungsgericht der Bundesrepublik Deutschland, Tübingen 1968.

Launhardt, Agnes, Topik und rhetorische Rechtstheorie. Eine Untersuchung zu Rezeption und Relevanz der Rechtstheorie Theodor Viehwegs, Frankfurt am Main 2010.

Lehmann, Lutz, Legal & Opportun. Politische Justiz in der Bundesrepublik, Berlin 1966.

Leibholz, Gerhard, Die Gleichheit vor dem Gesetz, Berlin 1925.

Leibholz, Gerhard, Die Gleichheit vor dem Gesetz. Ein Nachwort zur Auslegung des Art. 109 Abs. 1 RV, in: AöR 51 (1927), S. 1–36.

Leibholz, Gerhard, Höchstrichterliche Rechtsprechung und Gleichheitssatz, in: AöR 58 (1930), S. 428–442.

Leibholz, Gerhard, Der Strukturwandel der modernen Demokratie, in: Gerhard Leibholz, Strukturprobleme der modernen Demokratie, Karlsruhe 1958, S. 78–131.

Lepsius, Oliver, Die gegensatzaufhebende Begriffsbildung. Methodenentwicklungen in der Weimarer Republik und ihr Verhältnis zur Ideologisierung der Rechtwissenschaft unter dem Nationalsozialismus, München 1994.

Lepsius, Oliver, Die Wiederentdeckung Weimars durch die bundesdeutsche Staatsrechtslehre, in: Christoph Gusy (Hg.), Weimars lange Schatten – „Weimar" als Argument nach 1945, Baden-Baden 2003, S. 354–394.

Lerche, Peter, Zur verfassungsgerichtlichen Deutung der Meinungsfreiheit (insbesondere im Bereiche des Boykotts), in: Theodor Ritterspach/Willi Geiger (Hg.), Festschrift für Gebhard Müller. Zum 70. Geburtstag des Präsidenten des Bundesverfassungsgerichts, Tübingen 1970, S. 97–215.

Lerche, Peter, Verfassungsrechtliche Fragen zur Pressekonzentration. Rechtsgutachten auf Anregung des Bundesverbandes Deutscher Zeitungsverleger e.V., Berlin 1971.

Lerche, Peter, Diskussionsbeitrag zum Referat Kübler – „Boykott gegen Presse", in: AfP 1973, S. 411–413.

Lhotta, Roland, Rudolf Smend und die Weimarer Demokratiediskussion. Integration als Philosophie des „Als-ob", in: Christoph Gusy (Hg.), Demokratisches Denken in der Weimarer Republik, Baden-Baden 2000, S. 86–325.

Liehr, Dorothee, Von der Aktion gegen den Spiegel zur Spiegel-Affäre. Zur gesellschaftspolitischen Rolle der Intellektuellen, Frankfurt am Main 2002.

Lilge, Herbert, Die Entwicklung in der Bundesrepublik, in: Herbert Lilge (Hg.), Deutschland 1945–1963, 11. uflage, Hannover 1979, S. 03–329.

Limbach, Jutta, Politische Justiz im Kalten Krieg, in: NJ 48 (1994), S. 49–52.

Litt, Theodor, Erkenntnis und Leben. Untersuchungen über Gliederung, Methoden und Beruf der Wissenschaft, Leipzig/Berlin 1923.

Lobe, Adolf, Welche zivilrechtlichen Folgen knüpfen sich an die im modernen Lohnkampf üblichen Verrufserklärungen, insbesondere an das Verbot des Einkaufs und Verkaufs, des Arbeitgebens und Arbeitnehmens? Referat vor dem 29. Deutschen Juristentag zu Karlsruhe am 10. September 1908, in: Verhandlungen des 29. Deutschen Juristentages, Bd. V, Berlin 1909, hrsg. v. d. Ständigen Deputation des Deutschen Juristentages, S. 173–195.

Löffler, Martin, Der Verfassungsauftrag der Presse. Modellfall SPIEGEL, Karlsruhe 1963.

Löffler, Martin, Die Pressekonzentration bedroht die Pressefreiheit, in: ZRP 1 (1968), S. 12–17.

Lohmeyer, Henno, Springer. Ein deutsches Imperium, Berlin 1992.

Maier, Irene, In memoriam Dr. h.c. Wiltraut Rupp-von Brünneck, in: JZ 1977, S. 812–813.

Maschke, Richard, Boykott, Sperre und Aussperrung, Jena 1911.

Maunz, Theodor/Dürig, Günter, Grundgesetz. Kommentar, Lieferung 1, München/Berlin 1958.

Maurer, Harmut, (Rezension zu) Herbert Bernstein/Konrad Zweigert, Die Rehabilitierung einer aufgelösten Partei. Recht und Staat, Heft 408/409, in: AöR 100 (1975), S. 173–181.

Mehring, Reinhard, „Auf der gefahrenvollen Straße des öffentlichen Rechts". Briefwechsel Carl Schmitt – Rudolf Smend 1921–1961, Berlin 2010.

Meinel, Florian, Der Jurist in der industriellen Gesellschaft. Ernst Forsthoff und seine Zeit, Berlin 2011.

Mellenthin, Knut, Zum Tod von Ernst Aust, in: Arbeiterkampf Nr. 262 vom 23.9.1985, S. 39.

Menger, Christian-Friedrich/Erichsen, Hans-Uwe, Aus der Praxis der Verwaltung und Verwaltungsgerichtsbarkeit. Höchstrichterliche Rechtsprechung zum Verwaltungsrecht, in: Verw.Arch. 1970, S. 82–93.

Mensing, Wilhelm, Nehmen oder Annehmen. Die verbotene KPD auf der Suche nach politischer Teilhabe, Zürich/Osnabrück 1989.

Mensing, Wilhelm, Wir wollen unsere Kommunisten wieder haben… Demokratische Starthilfen für die Gründung der DKP, Zürich/Osnabrück 1989.

Menzel, Jörg, Hundert Bände Verfassungsrechtsprechung. Einführende Überlegungen zur Verfassungsgerichtsbarkeit, zum Bundesverfassungsgericht und zur Bedeutung seiner Judikate, in: Jörg Menzel (Hg.), Verfassungsrechtsprechung. Hundert Entscheidungen des Bundesverfassungsgerichts in Retrospektive, Tübingen 2000, S. 1–42.

Menzel, Jörg (Hg.), Verfassungsrechtsprechung. Hundert Entscheidungen des Bundesverfassungsgerichts in der Retrospektive, Tübingen 2000.

Menzel, Jörg/Müller-Terpitz, Ralf (Hg.), Verfassungsrechtsprechung. Ausgewählte Entscheidungen des Bundesverfassungsgerichts in der Retrospektive, 2. Auflage, Tübingen 2011.

Metzler, Gabriele, Stabilisierung, Normalisierung, Modernisierung: Die Bundesrepublik in den 1950er Jahren, in: Thomas Henne/Arne Riedlinger (Hg.), Das Lüth-Urteil aus (rechts-) historischer Sicht. Die Konflikte um Veit Harlan und die Grundrechtsjudikatur des Bundesverfassungsgerichts, Berlin 2005, S. 25–44.

Meyer, Georg/Anschütz, Gerhard, Lehrbuch des deutschen Staatsrechts, 8. Auflage, unveränderter Nachdruck der 7. Auflage von 1919, Berlin 2005.

Morlock, Martin, Nobile Officium, in: Der Spiegel Nr. 13 vom 24.3.1965, S. 137.

Moses, Dirk, Die 45er. Eine Generation zwischen Faschismus und Demokratie, in: Die Neue Sammlung 40 (2000), S. 233–263.

Müller, Christoph, Hermann Heller (1891–1933). Vom liberalen zum sozialistischen Rechtsstaat, in: Kritische Justiz (Hg.), Streitbare Juristen. Eine andere Tradition, Baden-Baden 1988, S. 268–281.

Müller, Christoph/Staff, Ilse (Hg.), Der soziale Rechtsstaat. Gedächtnisschrift für Hermann Heller 1891–1933, Baden-Baden 1984.

Müller, Hans Dieter, Der Springer-Konzern. Eine kritische Studie, München 1968.

Müller, Jan-Werner, Ein gefährlicher Geist. Carl Schmitts Wirkung in Europa, Darmstadt 2007.

Nawiasky, Hans, Die Gleichheit vor dem Gesetz im Sinne des Art. 109 der Reichsverfassung. Mitbericht auf der Tagung der deutschen Staatsrechtslehrer zu Münster i.W. am 29. und 30. März 1926, in: VVdStRL 3 (1927), S. 25–43.

Nicolini, Käte, Philipp Möhring, in: Hans Dieter Beck (Hg.), Juristen im Porträt: Verlag und Autoren in 4 Jahrzehnten. Festschrift zum 225jährigen Jubiläum des Verlages C.H. Beck, München 1988, S. 584–591.

Nipperdey, Hans Carl, Boykott und freie Meinungsäußerung, in: DVBl. 1958, S. 445–452.

Nipperdey, Hans Carl, Grundrechte und Privatrecht, Krefeld 1961.

Noack, Frank, Veit Harlan – „Des Teufels Regisseur", München 2000.

Oeter, Stefan, „Drittwirkung" der Grundrechte und die Autonomie des Privatrechts. Ein Beitrag zu den funktionell-rechtlichen Dimensionen der Drittwirkungsdebatte, in: AöR 119 (1994), S. 529–563.

Oppermann, Thomas, Das Bundesverfassungsgericht und die Staatsrechtslehre, in: Peter Badura/Horst Dreier (Hg.), Festschrift 50 Jahre Bundesverfassungsgericht, Erster Band: Verfassungsgerichtsbarkeit, Verfassungsprozess, Tübingen 2001, S. 421–460.

Ossorio-Capella, Carlos, Der Zeitungsmarkt in der Bundesrepublik Deutschland, Frankfurt am Main 1972.

Peterson, Theodore, The Social Responsibility Theory of the Press, in: Fred S. Siebert/ Theodore Peterson/Wilbur Schramm (Hg.), Four Theories of the Press. The Authoritarian, Libertarian, Social Responsibility and Soviet Communist Concepts of What the Press Should Be and Do, Urbana 1956, S. 73–103.

Pfannenschwarz, Karl/Schneider, Theodor, Das System der strafrechtlichen Gesinnungsverfolgung in Westdeutschland, Berlin (DDR) 1965.

Pfeiffer, Gerd/Strickert, Hans-Georg (Hg.), KPD-Prozess. Dokumentarwerk zu dem Verfahren über den Antrag der Bundesregierung auf Feststellung der Verfassungswidrigkeit der Kommunistischen Partei Deutschlands vor dem Ersten Senat des Bundesverfassungsgerichts, Bd. 1, Karlsruhe 1955.

Pfeiffer, Gerd/Strickert, Hans-Georg (Hg.), KPD-Prozess. Dokumentarwerk zu dem Verfahren über den Antrag der Bundesregierung auf Feststellung der Verfassungswidrigkeit der Kommunistischen Partei Deutschlands vor dem Ersten Senat des Bundesverfassungsgerichts, Bd. 2, Karlsruhe 1956.

Pfeiffer, Gerd/Strickert, Hans-Georg (Hg.), KPD-Prozess. Dokumentarwerk zu dem Verfahren über den Antrag der Bundesregierung auf Feststellung der Verfassungswidrigkeit der Kommunistischen Partei Deutschlands vor dem Ersten Senat des Bundesverfassungsgerichts, Bd. 3, Karlsruhe 1956.

Pieroth, Bodo/Schlink, Bernhard, Grundrechte, 28. Auflage, Heidelberg 2012.

Pietzcker, Jost, Drittwirkung – Schutzpflicht – Eingriff, in: Maurer, Hartmut (Hg.), Das akzeptierte Grundgesetz. Festschrift für Günter Dürig zum 70. Geburtstag, München 1990, S. 345–363.

Posser, Diether, Die Rechtsprechung zu den §§ 100 d ff. und strafprozessuale Probleme in politischen Strafsachen, in: Auszüge aus Referaten und Diskussionsbeiträgen des erweiterten Initiativ-Ausschusses für die Amnestie und der Verteidiger in politischen Strafsachen am 17. Januar 1959 in Frankfurt am Main, S. 19–28.

Raberg, Frank, Ausgewählte Daten zum Leben Gebhard Müllers, in: Gerhard Taddey (Hg.), Gebhard Müller. Ein Leben für das Recht und die Politik. Symposium anläßlich seines 100. Geburtstags am 17. April 2000 in Stuttgart, Stuttgart/Berlin/Köln 2000, S. 81–92.

Radbruch, Gustav, Gesetzliches Unrecht und übergesetzliches Recht (1946), in: Gustav Radbruch, Rechtsphilosophie, 5. Auflage, Stuttgart 1956, hrsg. v. Erik Wolf, Anhang Nr. 4, S. 347–357.

Rahden, Till van, Demokratie und väterliche Autorität. Das Karlsruher „Stichentscheid“-Urteil von 1959 in der politischen Kultur der frühen Bundesrepublik, in: Zeithistorische Forschungen, 2. Jg. (2005), Heft 2, S. 160–179.

Rennert, Klaus, Die „geisteswissenschaftliche Richtung“ in der Staatsrechtslehre der Weimarer Republik. Untersuchung zu Erich Kaufmann, Günter Holstein und Rudolf Smend, Berlin 1987.

Repgen, Konrad, Bundesverfassungsgerichts-Prozesse als Problem der Zeitgeschichtsforschung, in: Karl Dietrich Bracher/Paul Mikat/Konrad Repgen/

Martin Schumacher/Hans-Peter Schwarz, Staat und Parteien. Festschrift für Rudolf Morsey zum 65. Geburtstag, Berlin 1992, S. 863–881.

Reuss, Karl-Friedrich, Besprechung von Alexander Hafner, Boykott und Autonomie des Individuums nach schweizerischem Privatrecht (Zürcher Beiträge zur Rechtswissenschaft, herausgegeben von Mitgliedern der Rechts- und Staatswissenschaftlichen Fakultät der Universität Zürich, Neue Folge, Heft 220), in: AcP 159 (1960/1961), S. 175–180.

Rhein, Eduard, Ein Jahrhundertmann. Hans-Ulrich Horster erzählt die Geschichte seines Lebens und seiner Zeit, Frankfurt am Main/Berlin 1992.

Richers, Dominik, Die Verfassung der Verfassung: Rudolf Smend (1882–1975), in: Joachim Lege (Hg.), Greifswald – Spiegel der deutschen Rechtswissenschaft 1815 bis 1945, Tübingen 2009, S. 271–283.

Ridder, Helmut, Meinungsfreiheit, in: Franz L. Neumann/Hans Carl Nipperdey/Ulrich Scheuner (Hg.), Die Grundrechte. Handbuch der Theorie und Praxis der Grundrechte, Zweiter Band, Berlin 1954, S. 243–290.

Ridder, Helmut, Grundgesetz, Notstand und politisches Strafrecht, Frankfurt am Main 1965.

Ridder, Helmut, Aktuelle Rechtsfragen des KPD-Verbots, Neuwied/Berlin 1966.

Ridder, Helmut, Anmerkung zu einer „Orientierungshilfe“, in: JZ 1967, S. 741–742.

Ridder, Helmut, Möglichkeit und Notwendigkeit der Wiederzulassung der KPD, in: Wolfgang Abendroth/Helmut Ridder/Otto Schönfeldt (Hg.), KPD-Verbot oder Mit Kommunisten leben?, Hamburg 1968, S. 59–68.

Ridder, Helmut, Gibt es nach dem geltenden Recht der Bundesrepublik Deutschland Möglichkeiten einer „Legalisierung“ der KPD?, in: Wolfgang Abendroth/Helmut Ridder/Otto Schönfeldt (Hg.), KPD-Verbot oder Mit Kommunisten leben?, Hamburg 1968, S. 108–110.

Riedel, Heide, Hörfunk und Fernsehen in der DDR. Funktion, Struktur und Programm des Rundfunks in der DDR, Köln 1977.

Rinken, Alfred, Die „Grundzüge“ von Konrad Hesse als Lehrbuch, in: JöR NF 57 (2009), S. 527–530.

Roik, Michael, Die DKP und die demokratischen Parteien 1968–1984, Paderborn 2006.

Rosin, Heinrich, Welche zivilrechtlichen Folgen knüpfen sich an die im modernen Lohnkampf üblichen Verrufserklärungen, insbesondere an das Verbot des Einkaufs und Verkaufs, des Arbeitgebens und Arbeitnehmens? Koreferat vor dem 29. Deutschen Juristentag zu Karlsruhe am 10. September 1908, in: Verhandlungen des 29. Deutschen Juristentages, Bd. V, Berlin 1909, hrsg. v. d. Ständigen Deputation des Deutschen Juristentages, S. 195–209.

Rothenbücher, Karl, Das Recht der freien Meinungsäußerung. Bericht auf der Tagung der deutschen Staatsrechtslehrer zu München am 24. und 25. März 1927, in: VVdStRL 4 (1928), S. 6–43.

Rückert, Joachim, Formalismus und vergleichbare Konzepte im 19. Jahrhundert, in: Reiner Schulze (Hg.), Deutsche Rechtswissenschaft und Staatslehre im Spiegel der italienischen Rechtskultur während der zweiten Hälfte des 19. Jahrhunderts, Berlin 1990, S. 169–174.

Rückert, Joachim, Zu Kontinuitäten und Diskontinuitäten in der juristischen Methodendiskussion nach 1945, in: Karl Acham/Knut Wolfgang Nörr/Bertram Schefold (Hg.), Erkenntnisgewinne, Erkenntnisverluste. Kontinuitäten und Diskontinuitäten in den Wirtschafts-, Rechts- und Sozialwissenschaften zwischen den 20er und 50er Jahren, Stuttgart 1998, S. 113–165.

Rüthers, Bernd, Die unbegrenzte Auslegung. Zum Wandel der Privatrechtsordnung im Nationalsozialismus, Tübingen 1968.

Rüthers, Bernd, Prof. Dr. Hans Brox zum 75. Geburtstag, in: NJW 1995, S. 2086–2087.

Rüthers, Bernd, Geschönte Geschichten – geschonte Biographien. Sozialisationskohorten in Wendeliteraturen, Tübingen 2001.

Ruppert, Stefan, Geschlossene Wertordnung? Zur Grundrechtstheorie Rudolf Smends, in: Thomas Henne/Arne Riedlinger (Hg.), Das Lüth-Urteil aus (rechts-) historischer Sicht. Die Konflikte um Veit Harlan und die Grundrechtsjudikatur des Bundesverfassungsgerichts, Berlin 2005, S. 327–348.

Rupp-von Brünneck, Wiltraut, Verfassungsgerichtsbarkeit und gesetzgebende Gewalt. Wechselseitiges Verhältnis zwischen Verfassungsgericht und Parlament, in: AöR 102 (1977), S. 1–26.

Sachs, Michael (Hg.), Grundgesetz, Kommentar, 6. Auflage, München 2011.

Sandford, John, The mass media of the German-speaking countries, London 1976.

Schefold, Dian, Geisteswissenschaften und Staatsrechtslehre zwischen Weimar und Bonn, in: Karl Acham/Knut Wolfgang Nörr/Betram Schefold (Hg.), Erkenntnisgewinne, Erkenntnisverluste. Kontinuitäten und Diskontinuitäten in den Wirtschafts-, Rechts- und Sozialwissenschaften zwischen den 20er und 50er Jahren, Stuttgart 1998, S. 567–599.

Scheler, Max Ferdinand, Der Formalismus in der Ethik und die materiale Wertethik, Halle 1913.

Scherer, Alfred, Der Boykott im Meinungskampf, Würzburg 1971.

Scheuner, Ulrich, Grundfragen des modernen Staates, in: Hermann Wandersleb (Hg.), Recht – Staat – Wirtschaft, Bd. 3, Düsseldorf 1951, S. 126–165.

Scheuner, Ulrich, Rudolf Smend. Leben und Werk, in: Rechts- und Staatswissenschaftliche Fakultät der Universität Göttingen (Hg.), Rechtsprobleme in Staat und Kirche. Festschrift für Rudolf Smend zum 70. Geburtstag am 15. Januar 1952, Göttingen 1952, S. 433–443.

Scheuner, Ulrich, Die institutionellen Garantien des Grundgesetzes, in: Hermann Wandersleb (Hg.), Recht – Staat – Wirtschaft, Bd. 4, Düsseldorf 1953, S. 88–119.

Scheuner, Ulrich, Pressefreiheit. Bericht auf der Tagung der deutschen Staatsrechtslehrer zu Saarbrücken vom 9. bis 12. Oktober 1963, in: VVdStRL 22 (1965), S. 1–100.

Scheuner, Ulrich, Privatwirtschaftliche Struktur und öffentliche Aufgabe der Presse, in: ZV + ZV 1968, S. 31–36.

Scheuner, Ulrich, 50 Jahre Vereinigung der Deutschen Staatsrechtslehrer. Zum 50. Jahrestag der Gründung der Deutschen Staatsrechtslehrer, in: AöR 97 (1972), S. 345–374.

Schildt, Axel, Materieller Wohlstand – pragmatische Politik – kulturelle Umbrüche. Die 60er Jahre in der Bundesrepublik, in: Axel Schildt/Detlef Siegfried/Karl Christian Lammers (Hg.), Dynamische Zeiten. Die 60er Jahre in den beiden deutschen Gesellschaften, Hamburg 2000, S. 21–53.

Schlaich, Klaus/Korioth, Stefan, Das Bundesverfassungsgericht. Stellung, Verfahren, Entscheidungen, 9. Auflage, München 2012.

Schlak, Stephan, Wilhelm Hennis. Szenen einer Ideengeschichte der Bundesrepublik, München 2008.

Schlomann, Friedrich-Wilhelm/Friedlingstein, Paulette, Die Maoisten. Pekings Filialen in Westeuropa, Frankfurt am Main 1970.

Schlüter, Wilfried, Bundesverfassungsrichter a. D. Prof. Dr. Brox, in: Stefan Grundmann/ Karl Riesenhuber (Hg.), Deutschsprachige Zivilrechtslehrer des 20. Jahrhunderts in Berichten ihrer Schüler. Eine Ideengeschichte in Einzeldarstellungen, Bd. 1, Berlin 2007, S. 341–353.

Schmitt, Carl, Der Wert des Staates und die Bedeutung des Einzelnen, Tübingen 1914.

Schmitt, Carl, Die geistesgeschichtliche Lage des heutigen Parlamentarismus, in: Juristische Fakultät der Rheinischen Friedrich-Wilhelms-Universität zu Bonn (Hg.), Bonner Festgabe für Ernst Zitelmann zum fünfzigjährigen Doktorjubiläum, München/Leipzig 1923, S. 413–473.

Schmitt, Carl, Verfassungslehre, München 1928.

Schmitt, Carl, Freiheitsrechte und institutionelle Garantien der Reichsverfassung (1931), in: Carl Schmitt, Verfassungsrechtliche Aufsätze aus den Jahren 1924–1954. Materialien zu einer Verfassungslehre, Berlin 1958, S. 140–173.

Schmitt, Carl, Legalität und Legitimität (1932), in: Carl Schmitt, Verfassungsrechtliche Aufsätze aus den Jahren 1924–1954. Materialien zu einer Verfassungslehre, Berlin 1958, S. 263–350.

Schmitt, Carl, Die Tyrannei der Werte (1960), in: Carl Schmitt, Die Tyrannei der Werte, 3. korrigierte Auflage, Berlin 2011.

Schneider, Hans, Verfassungsrechtliche Grenzen einer gesetzlichen Regelung des Pressewesens. Rechtsgutachten auf Anregung des Bundesverbandes Deutscher Zeitungsverleger e.V., Berlin 1971.

Schneider, Peter, Ausnahmezustand und Norm. Eine Studie zur Rechtslehre von Carl Schmitt, Stuttgart 1957.

Schnur, Roman, Pressefreiheit. Mitbericht auf der Tagung der deutschen Staatsrechtslehrer zu Saarbrücken vom 9. bis 12. Oktober 1963, in: VVdStRL 22 (1965), S. 101–159.

Schönberger, Christoph, Anmerkungen zu Karlsruhe, in: Matthias Jestaedt/Oliver Lepsius/ Christoph Möllers/Christoph Schönberger (Hg.), Das entgrenzte Gericht. Eine kritische Bilanz nach sechzig Jahren, Berlin 2011, S. 9–76.

Schönberger, Christoph, Werte als Gefahr für das Recht? Carl Schmitt und die Karlsruher Republik, in: Carl Schmitt, Die Tyrannei der Werte, 3. korrigierte Auflage, Berlin 2011, S. 57–91.

Scholler, Heinrich/Birk, Dieter, Verfassungsrecht und Verfassungsgerichtsbarkeit, 5. Neubearbeitete und erweiterte Auflage, Heidelberg 1985.

Schramm, Wilbur, The Soviet Communist Theory of the Press, in: Fred S. Siebert/ Theodore Peterson/Wilbur Schramm (Hg.), Four Theories of the Press. The Authoritarian, Libertarian, Social Responsibility and Soviet Communist Concepts of What the Press Should Be and Do, Urbana 1956, S. 105–146.

Schroeder, Friedrich-Christian, Der Schutz von Staat und Verfassung im Strafrecht, München 1970.

Schütz, Walter J., Wettbewerbsbedingungen und Konzentrationstendenzen der deutschen Tageszeitungen. Ergebnisse pressestatistischer Strukturuntersuchungen, in: Publizistik 1963, S. 363–379.

Schütz, Walter J., Die redaktionelle und verlegerische Struktur der deutschen Tagespresse. Ergebnisse pressestatistischer Untersuchungen (1), in: Publizistik 1966, S. 13–44.

Schütz, Walter J., Statistik zum Marktzutritt von Tageszeitungen in der Bundesrepublik Deutschland seit 1954, in: Gerd Kopper (Hg.), Marktzutritt bei Tageszeitungen – zur Sicherung von Meinungsvielfalt durch Wettbewerb, München/New York/London/Paris 1984, S. 64–74.

Schumann, Eva, Die Göttinger Rechts- und Staatswissenschaftliche Fakultät 1933–1955, in: Eva Schumann (Hg.), Kontinuitäten und Zäsuren. Rechtswissenschaft und Justiz im „Dritten Reich“ und in der Nachkriegszeit, Göttingen 2008, S. 65–121.

Schuster, Rudolf, Über die Grenzen der „abwehrbereiten Demokratie“. Ein Beitrag zur Diskussion über eine Wiederbeteiligung der KPD, in: JZ 1968, S. 152–159.

Schwabe, Jürgen, Bundesverfassungsgericht und „Drittwirkung“ der Grundrechte, in: AöR 100 (1975), S. 442–470.

Schwabe, Jürgen, Grundrechte und Privatrecht, in: AcP 184 (1985), S. 1–8.

Schwarz, Hans-Peter, Axel Springer. Die Biographie, Berlin 2009.

Seegers, Lu, Hör zu! Eduard Rhein und die Rundfunkprogrammzeitschriften (1931–1965), 2. Auflage, Potsdam 2003.

Serke, Jürgen, Heinrich Hannover oder Linker Mann, was nun? in: Jürgen Serke (Hg.), Strafverteidiger in Deutschland. Acht Porträts, Darmstadt/Neuwied 1976, S. 1–71.

Siebert, Fred S., The Authoritarian Theory of the Press, in: Fred S. Siebert/Theodore Peterson/Wilbur Schramm (Hg.), Four Theories of the Press. The Authoritarian, Libertarian, Social Responsibility and Soviet Communist Concepts of What the Press Should Be and Do, Urbana 1956, S. 9–37.

Siebert, Fred S., The Libertarian Theory of the Press, in: Fred S. Siebert/Theodore Peterson/Wilbur Schramm (Hg.), Four Theories of the Press. The Authoritarian, Libertarian, Social Responsibility and Soviet Communist Concepts of What the Press Should Be and Do, Urbana 1956, S. 9–71.

Siegfried, Detlef, Time is on my side. Konsum und Politik in der westdeutschen Jugendkultur der 60er Jahre, Göttingen 2006.

Singelnstein, Tobias, Diskurs und Kriminalität. Außergesetzliche Anwendungsregeln als diskursive Praktiken im Wechselverhältnis zwischen Kriminalisierungsdiskursen und Strafrechtsanwendung, Berlin 2009.

Singelnstein, Tobias/Stolle, Peer, Die Sicherheitsgesellschaft. Soziale Kontrolle im 21. Jahrhundert, 2. Auflage, Wiesbaden 2008.

Smend, Rudolf, Staatsrechtliche Abhandlungen und andere Aufsätze, 4. Auflage (unveränderter Nachdruck der 3. Auflage), Berlin 2010.

Smend, Rudolf, Ungeschriebenes Verfassungsrecht im monarchischen Bundesstaat (1916), in: Rudolf Smend, Staatsrechtliche Abhandlungen und andere Aufsätze, 4. Auflage (unveränderter Nachdruck der 3. Auflage), Berlin 2010, S. 39–59.

Smend, Rudolf, Das Recht der freien Meinungsäußerung. Mitbericht auf der Tagung der deutschen Staatsrechtslehrer zu München am 24. und 25. März 1927, in: VVdStRL 4 (1928), S. 44–74.

Smend, Rudolf, Verfassung und Verfassungsrecht (1928), in: Rudolf Smend, Staatsrechtliche Abhandlungen und andere Aufsätze, 4. Auflage (unveränderter Nachdruck der 3. Auflage), Berlin 2010, S. 119–276.

Smend, Rudolf, Staat und Politik. Ein Vortrag, gehalten als Einführung einer historisch-politischen Vortragsreihe der Universität Göttingen im Wintersemester 1945/1946 (1945), in: Rudolf Smend, Staatsrechtliche Abhandlungen und andere Aufsätze, 4. Auflage (unveränderter Nachdruck der 3. Auflage), Berlin 2010, S. 363–379.

Smend, Rudolf, Gutachliche Äußerung zur Frage einer Änderung des Grundgesetzes für die Bundesrepublik Deutschland als Voraussetzung des deutschen Wehrbeitrages zur Europäischen Verteidigungsgemeinschaft, in: Institut für Staatslehre und Politik e.V. (Hg.), Der Kampf um den Wehrbeitrag, 2. Halbband: Das Gutachtenverfahren (30.7.–15.12.1952), München 1953, S. 559–566.

Smend, Rudolf, Ergänzende gutachliche Äußerung zur Frage der Erforderlichkeit einer Änderung des Grundgesetzes für die Bundesrepublik Deutschland als Voraussetzung des deutschen Wehrbeitrages zur Europäischen Verteidigungsgemeinschaft, in: Institut für Staatslehre und Politik e.V. (Hg.), Der Kampf um den Wehrbeitrag, 2. Halbband: Das Gutachtenverfahren (30.7.–15.12.1952), München 1953, S. 567–576.

Sontheimer, Kurt, Antidemokratisches Denken in der Weimarer Republik. Die politischen Ideen des deutschen Nationalismus zwischen 1918 und 1933, München 1962.

Spranger, Eduard, Lebensformen. Ein Entwurf, Halle 1914.

Springer, Axel Cäsar, Deutsche Presse zwischen Konzentration und Subvention, Kiel 1967.

Springer, Axel Cäsar, Eine freie Presse in einem geteilten Land (1967), in: Hans Wallenberg (Hg.), Axel Springer. Von Berlin aus gesehen, Stuttgart 1971, S. 206–214.

Staadt, Jochen/Voigt, Tobias/Wolle, Stefan, Feind-Bild Springer. Ein Verlag und seine Gegner, Göttingen 2009.

Stäcker, Dieter, Mit einem Scheck die Niederlage bezahlt. Springer überwies dem ehemaligen „Blinkfüer“-Herausgeber 50 000 Mark, in: Frankfurter Rundschau vom 18.3.1971, S. 3.

Stäcker, Dieter, Teurer Boykott. DKP erhält 50 000 Mark, in: Die Zeit vom 26.3.1971, S. 11.

Staff, Ilse, Das Lüth-Urteil. Zur demokratietheoretischen Problematik materialer Grundrechtstheorie, in: Thomas Henne/Arne Riedlinger (Hg.), Das Lüth-Urteil aus (rechts-) historischer Sicht. Die Konflikte um Veit Harlan und die Grundrechtsjudikatur des Bundesverfassungsgerichts, Berlin 2005, S. 315–326.

Steffen, Erich, Bundesverfassungsrichter Erwin Stein. Eine Erinnerung, in: JöR NF 46 (1998), S. 95–104.

Stein, Ekkehart/Faber, Heiko, Zueignung, in: Ekkehart Stein/Heiko Faber (Hg.), Auf einem dritten Weg. Festschrift für Helmut Ridder zum siebzigsten Geburtstag, Neuwied/Frankfurt am Main 1989, S. IX–X.

Stein, Erwin, Der Beitrag des Bundesverfassungsgerichts zur Bewusstseinsbildung, in: Gesellschaft, Staat, Erziehung 1968, Heft 4, S. 221–251.

Stein, Erwin, Wie viel Freiheit steht dem Bürger zu? Über das Verhältnis zwischen dem Einzelnen und der Gemeinschaft, in: Staatsanzeiger für Baden-Württemberg 1968, S. 1–3.

Stein, Erwin, 20 Jahre Grundgesetz. Vortrag von Staatsminister a. D. Bundesverfassungsrichter Professor Dr. Erwin Stein, gehalten am 22. Mai 1969 in der öffentlichen Plenarversammlung der Stadt Frankfurt am Main, in: Presse- und Informationsamt der Stadt Frankfurt am Main (Hg.), Mitteilungen der Stadtverwaltung Frankfurt am Main Nr. 22/1969, S. 3–12.

Steinmayr, Jochen/Moses, Stefan, Erlaubt – verboten – umgetauft. DKP – die zahmste Kommunistenpartei, die es je gab, in: Stern Magazin Nr. 17 vom 27.4.1969, S. 28–34, 196 f.

Stern, Klaus, Das Staatsrecht der Bundesrepublik Deutschland, Bd. V: Die geschichtlichen Grundlagen des Deutschen Staatsrechts, München 2000.

Sterzel, Dieter, Wolfgang Abendroth (1906–1985). Revolutionär und Verfassungsjurist der Arbeiterbewegung, in: Kritische Justiz (Hg.), Streitbare Juristen. Eine andere Tradition, Baden-Baden 1988, S. 476–485.

Stöber, Rudolf, Axel Springer. Ein Medienunternehmer mit Fortune, in: Günther Schulz (Hg.), Geschäft mit Wort und Meinung. Medienunternehmer seit dem. Jahrhundert, München 1999, S. 291–310.

Stolleis, Michael, Gemeinwohlformeln im nationalsozialistischen Recht, Berlin 1974.

Stolleis, Michael, Geschichte des öffentlichen Rechts in Deutschland, Bd. 2: Staatsrechtslehre und Verwaltungswissenschaft 1800–1914, München 1992.

Stolleis, Michael, Juristen. Ein biographisches Lexikon. Von der Antike bis zum 20. Jahrhundert, München 1995.

Stolleis, Michael, Geschichte des öffentlichen Rechts in Deutschland, Bd. 3: Staats- und Verwaltungsrechtswissenschaft in Republik und Diktatur 1914–1945, München 1999.

Stolleis, Michael, Der Methodenstreit der Weimarer Staatsrechtslehre – ein abgeschlossenes Kapitel der Wissenschaftsgeschichte?, Stuttgart 2001.

Stolleis, Michael, Die Staatsrechtslehre der fünfziger Jahre, in: Thomas Henne/ Arne Riedlinger (Hg.), Das Lüth-Urteil aus (rechts-) historischer Sicht. Die Konflikte um Veit Harlan und die Grundrechtsjudikatur des Bundesverfassungsgerichts, Berlin 2005, S. 293–300.

Stolleis, Michael, Das Zögern beim Blick in den Spiegel. Die deutsche Rechtswissenschaft nach 1933 und nach 1945, in: Michael Stolleis. Ausgewählte Aufsätze und Beiträge, Bd. 2, Frankfurt am Main 2011, hrsg. v. Stefan Ruppert/Miloš Vec, S. 615–634.

Stolleis, Michael, Die Vereinigung der Deutschen Staatsrechtslehrer. Bemerkungen zu ihrer Geschichte, in: Michael Stolleis. Ausgewählte Aufsätze und Beiträge, Bd. 2, Frankfurt am Main 2011, hrsg. v. Stefan Ruppert/Miloš Vec, S. 591–613.

Stolleis, Michael, Staatsbild und Staatswirklichkeit in Westdeutschland (1945–1960), in: Michael Stolleis. Ausgewählte Aufsätze und Beiträge, Bd. 2, Frankfurt am Main 2011, hrsg. v. Stefan Ruppert/Miloš Vec, S. 679–700.

Stolleis, Michael, Geschichte des öffentlichen Rechts in Deutschland, Bd. 4: Staats- und Verwaltungsrechtswissenschaft in West und Ost 1945–1990, München 2012.

Storost, Ulrich, Staat und Verfassung bei Ernst Forsthoff, Frankfurt am Main 1979.

Sywottek, Arnold, Wege in die 50er Jahre, in: Axel Schildt/Arnold Sywottek (Hg.), Modernisierung im Wiederaufbau. Die westdeutsche Gesellschaft der 50er Jahre, Bonn 1993, S. 13–39.

Triepel, Heinrich, Wesen und Entwicklung der Staatsgerichtsbarkeit. Bericht auf der Tagung der deutschen Staatsrechtslehrer zu Wien am 23. und 24. April 1928, in: VVdStRL 5 (1929), S. 2–29.

Unruh, Peter, Weimarer Staatsrechtslehre und Grundgesetz. Ein verfassungstheoretischer Vergleich, Berlin 2004.

Vater, Karlheinz/Schöps, Hans Joachim, „Im nächsten Bundestag sind Kommunisten". Spiegel-Gespräch mit dem Mitbegründer der neuen „Deutschen Kommunistischen Partei" (DKP) Kurt Erlebach, in: Der Spiegel Nr. 43 vom 21.10.1968, S. 38–49.

Verlagshaus Axel Springer/Abteilung Information (Hg.), Marktanteilbegrenzung? Stellungnahme des Verlegers Axel Springer zum Schlußbericht der „Pressekommission". Kommission zur Untersuchung der Gefährdung der wirtschaftlichen Existenz von Presseunternehmen und den Folgen der Konzentration für die Meinungsfreiheit in der Bundesrepublik, Berlin 1967.

Verlagshaus Axel Springer/Abteilung Information (Hg.), Studenten und Presse in Berlin. Eine Untersuchung der Berichterstattung in Zeitungen und Zeitschriften über die Unruhen in Berlin am 2. Juni 1967, Berlin 1967.

Verlagshaus Axel Springer/Abteilung Information (Hg.), Das „Springer-Monopol“. Eine Klarstellung, Berlin 1967/1968.

Viehweg, Theodor, Topik und Jurisprudenz, München 1953.

Wahl, Rainer, Lüth und die Folgen. Ein Urteil als Weichenstellung für die Rechtsentwicklung, in: Thomas Henne/Arne Riedlinger (Hg.), Das Lüth-Urteil aus (rechts-) historischer Sicht. Die Konflikte um Veit Harlan und die Grundrechtsjudikatur des Bundesverfassungsgerichts, Berlin 2005, S. 371–397.

Wallerath, Maximilian, „…Verwaltungsrecht besteht“: Arnold Köttgen (1902–1967), in: Joachim Lege (Hg.), Greifswald – Spiegel der deutschen Rechtswissenschaft 1815 bis 1945, Tübingen 2009, S. 355–372.

Walther, Manfred, Hat der juristische Positivismus die Juristen wehrlos gemacht?, in: Redaktion Kritische Justiz (Hg.), Die juristische Aufarbeitung des Unrechts-Staats, Baden-Baden 1998, S. 299–322.

Wassermann, Rudolf, Streitbare Demokratie, in: Die Welt vom 21.8.1996, S. 4.

Weber, Werner, Weimarer Verfassung und Bonner Grundgesetz, Göttingen 1949.

Weber, Werner, Spannungen und Kräfte im westdeutschen Verfassungssystem, Stuttgart 1951.

Weber, Werner, Innere Pressefreiheit als Verfassungsproblem, Berlin 1973.

Wegerich, Christine, Die Flucht in die Grenzenlosigkeit. Justus Wilhelm Hedemann (1878–1963), Tübingen 2004.

Weick, Günter, Der Boykott zur Verfolgung nichtwirtschaftlicher Interessen, Frankfurt am Main 1971.

Weinkauff, Hermann, Naturrecht und Justiz. Positivistisches Gesetzesdenken gefährdet die Freiheit, in: Die politische Meinung 1962, Heft 71, April, S. 21–34.

Wesel, Uwe, Die Hüter der Verfassung. Das Bundesverfassungsgericht: Seine Geschichte, seine Leistungen und seine Krisen, Frankfurt am Main 1996.

Wesel, Uwe, Der Gang nach Karlsruhe. Das Bundesverfassungsgericht in der Geschichte der Bundesrepublik, München 2004.

Wieczorek, Bernhard, Zivilprozeßordnung und Gerichtsverfassungsgesetz. Handausgabe auf Grund der Rechtsprechung, erläutert von Bernhard Wieczorek, Rechtsanwalt beim Bundesgerichtshof, Berlin/New York 1960.

Wilfert, Otto (Hg.), Es geht nicht nur um Springer. Material und Meinungen zur inneren Pressefreiheit, Mainz 1968.

Wilke, Jürgen, Einleitung, in: Jürgen Wilke (Hg.), Pressefreiheit, Darmstadt 1984, S. 1–55.

Willoweit, Dietmar, Deutsche Verfassungsgeschichte. Vom Frankenreich bis zur Wiedervereinigung Deutschlands, 7. Auflage, München 2013.

Winkler, Heinrich August, Der lange Weg nach Westen. Deutsche Geschichte vom „Dritten Reich“ bis zur Wiedervereinigung, Bd. 2, 7. Auflage, München 2010.

Zeidler, Wolfgang, Auswirkungen der westdeutschen Landesverfassungen auf das Bonner Grundgesetz, Hamburg 1950.

Zeidler, Wolfgang, Außerparlamentarische Bewegungen, Demonstrationsrecht und Widerstand, in: APuZ B 10/69, S. 3–13.

Zezschwitz, Friedrich von, Vom Zusammenbruch 1945 zum Verfassungskompromiß 1946, in: Peter Döring (Hg.), Der Neubeginn im Wandel der Zeit. In memoriam Erwin Stein (1903–1992), Frankfurt am Main 1995, S. 37–45.

III. Online-Dokument

Rojahn, Gunther, Elfes – Mehr als ein Urteil. Aufladung und Entladung eines Politikums, 2009 (Online veröffentlichte Dissertation:

[www.diss.fu-berlin.de/diss/servlets/MCRFileNodeServlet/FUDISS_derivate_000000008674/

Dissertation_-_ohne_Lebenslauf.pdf], letzter Zugriff: 18.11.2013).

IV. Zeitungs- und Zeitschriftenartikel ohne Autorenangabe

Blinkfüer Nr. 6 vom November 1952, Keine Bomben auf Knechtsand, S. 1.

Blinkfüer Nr. 6 vom November 1952, Ost-Westhandel – Absatzsteigerung, S. 3.

Blinkfüer Nr. 8 vom Dezember 1952, Cuxhavener Gespräche, S. 4.

Blinkfüer Nr. 9 vom Dezember 1952, Fischgesetz für Berlin unzureichend, S. 2, 5.

Blinkfüer Nr. 9 vom Dezember 1952, Impressum, S. 3.

Blinkfüer Nr. 9 vom Dezember 1952, Alle gegen alle, S. 4.

Blinkfüer Nr. 18 vom Mai 1953, Impressum, S. 4.

Blinkfüer Nr. 19 vom Juni 1953, Briten kündigen Zerstörung des Knechtsands an – Fischer wollen mit geflaggten Booten vor dem Zielgebiet vor Anker gehen, S. 4.

Blinkfüer Nr. 19 vom Juni 1953, Eine Zeitschrift, S. 7.

Blinkfüer Nr. 15 vom Dezember 1954, 100 000 Millionen für die Aufrüstung – 1 Million für den Küstenschutz, S. 4 f.

Blinkfüer Nr. 15 vom Dezember 1954, Zur Knechtsanddebatte im Bundestag, S. 8.

Blinkfüer Nr. 15 vom Dezember 1954, Ein Prozeß gegen das deutsche Volk, S. 3.

Blinkfüer Nr. 7 vom Mai 1955, Herzlichen Dank, S. 8.

Blinkfüer Nr. 7 vom Mai 1955, Zur Generalversammlung der Fischer, S. 2.
Blinkfüer Nr. 8 vom Juni 1955, Eine Insel beginnt sich zu wehren, S. 6 f.
Blinkfüer Nr. 15 vom Dezember 1955, Wer politisiert den innerdeutschen Handel?, S. 7.
Blinkfüer Nr. 7 vom April 1956, 4 Jahre Kampf um den Knechtsand, S. 2–4.
Blinkfüer Nr. 14 vom November 1956, Naturschutzgebiet statt Bombenziel – „Schutz- und Forschungsgemeinschaft Knechtsand“ gegründet, S. 7.
Blinkfüer Nr. 14 vom November 1956, (Werbeanzeigen des Seefischgroßhandels), S. 11 f.
Blinkfüer (Werbeexemplar) vom 1.8.1958, S. 1.
Blinkfüer Nr. 29 vom 21.7.1961, DDR anerkennen!, S. 1.
Blinkfüer Nr. 1/2 vom 10.1.1964, Blinkfüer“-Prozeß: Ein Sieg für die Pressefreiheit, S. 1.
Blinkfüer Nr. 5 vom 31.1.1964, Schluß mit Hexenjagd, S. 2.
Blinkfüer Nr. 5 vom 31.1.1964, Höherer Schichtlohn ist fällig, S. 5.
Blinkfüer Nr. 5 vom 31.1.1964, Anerkennung, S. 2.
Blinkfüer Nr. 6 vom 7.2.1964, Gesamthafenarbeiter zogen Bilanz, S. 5.
Blinkfüer Nr. 7 vom 14.2.1964, KPD-Verbot aufheben, S. 4.
Blinkfüer Nr. 16/17 vom 17.4.1964, Für Aufhebung des KPD-Verbots, S. 4.
Blinkfüer Nr. 16/17 vom 17.4.1964, 70 Jahre N.S. Chrutschow. Ein Freund der Menschheit, S. 4.
Blinkfüer Nr. 21 vom 22.5.1964, Politische Justiz rechtswidrig, S. 2.
Blinkfüer Nr. 25 vom 19.6.1964, Realität Rechnung tragen. Auszüge aus der Rede Nikita Chrutschows auf der Friedenskundgebung im Kreml, S. 5–7.
Blinkfüer Nr. 35 vom 28.8.1964, Springerpleite, S. 2.
Blinkfüer Nr. 2 vom 14.1.1965, Aller Freiheit bedroht, S. 4.
Blinkfüer Nr. 1 vom 5.1.1967, Impressum, S. 2.
Blinkfüer Nr. 13 vom 27.3.1969, Danke schön und auf Wiedersehen, S. 2.
Frankfurter Allgemeine Zeitung vom 7.1.1964, Gefängnisstrafe im „Blinkfüer“-Prozeß, S. 4.
Frankfurter Allgemeine Zeitung vom 11.9.1967, Die Presse-Kommission beschließt ein Sofortprogramm. Steuervergünstigungen und Begrenzung der Auflagen vorgeschlagen/Das Ausscheiden Springers, S. 3.
Frankfurter Allgemeine Zeitung vom 28.10.1968, Keine Spur von Selbständigkeit gegenüber Moskau, S. 1.

FUNK-Korrespondenz Nr. 44 vom 4.11.1959, Rundfunkzeitschriften weiterhin mit Ostprogrammen?, S. 3.

FUNK-Korrespondenz Nr. 27 vom 29.6.1960, Um den Abdruck der Ostprogramme, S. 5.

FUNK-Korrespondenz Nr. 22 vom 25.5.1960, Der Eiertanz der westdeutschen Programmzeitschriften, S. 1 f.

FUNK-Korrespondenz Nr. 29 vom 13.7.1960, Die Meinungsverschiedenheiten in der Fachgruppe Rundfunk-Programmzeitschriften über Ostprogramm-Abdruck, S. 7 f.

FUNK-Korrespondenz Nr. 43 vom 19.10.1960, Auch die Zeitschrift „Bravo", S. 6.

FUNK-Korrespondenz Nr. 31 vom 3.8.1961, Die Zuschauer in der Bundesrepublik haben kein politisches Interesse am ostzonalen Fernsehprogramm, S. 1–3.

Hamburger Abendblatt Nr. 5 vom 7.1.1964, Ein Jahr Gefängnis für „Blinkfüer"-Herausgeber, S. 4.

Hör Zu Nr. 20 vom 15.–21.5.1960, Programmvorschau des Sowjetzonen-Fernsehens, S. 55.

Hör Zu Nr. 24 vom 12.–18.6.1960, „Für diesen Dreck...", S. 2.

Hör Zu Nr. 9 vom 26.2.–4.3.1961, Bitte Gegenseitigkeit!, S. 2.

Hör Zu Nr. 37 vom 10.–16.9.1961, Schwerhörig, S. 2.

Hör Zu Nr. 10 vom 8.–14.3.1964, Betrogene Zuschauer, S. 2.

Hör Zu Nr. 33 vom 6.–22.8.1964, Vormittags auch ZDF!, S. 2.

Hör Zu Nr. 37 vom 13.–19.9.1964, Kurz und bündig, S. 2.

Neue Zürcher Zeitung (Fernausgabe Nr. 106) vom 21.4.1968, Der Springer-Konzern – Großmacht im deutschen Pressewesen, S. 6.

Roter Morgen Nr. 1 vom Juli 1967, Erklärung der Marxisten-Leninisten der Kommunistischen Partei Deutschlands, S. 1–3.

Roter Morgen Nr. 3/4 vom September/Oktober 1967, Die Größten Spalter der Geschichte, S. 1.

Roter Morgen Nr. 3/4 vom September/Oktober 1967, Der Revisionist Breschnjew und seine Komplizen. Nackte Angst um die Herrschaft der Clique, S. 3 f.

Roter Morgen Nr. 3/4 vom September/Oktober 1967, Begrabt den sklavischen Gehorsam in der Partei (zur Auseinandersetzung in der KPD), S. 6 f.

Roter Morgen vom November 1967, Impressum, S. 2.

Der Spiegel Nr. 25 vom 15.6.1960, Ohne Programm, S. 59, 61.

Der Spiegel Nr. 50 vom 7.12.1960, Müllers Unlust, S. 92.

Der Spiegel Nr. 21 vom 17.5.1961, Bauer schlägt Springer, S. 86–88.

Der Spiegel Nr. 38 vom 13.9.1961, Dolchstoß aus Berlin, S. 57 f.

Der Spiegel Nr. 37 vom 9.9.1964, Leichtere Auswahl, S. 37.

Der Spiegel Nr. 40 vom 25.9.1967, Stimmen verstummt, S. 36–57.

Der Spiegel Nr. 27 vom 1.7.1968, Springer-Verkauf: Um Gottes Willen, S. 52–59.

Der Spiegel Nr. 20 vom 19.5.1969, Der Freiheit zuwider, S. 99.

Stuttgarter Zeitung vom 15.1.1970, Vor einem Vergleich im „Blinkfüer"-Prozeß. Andernfalls müßte der BGH gegen ein früheres Urteil entscheiden, S. 2.

Vorgänge Nr. 4 von 1964, Ein Prozeß für die Pressefreiheit/Der Fall „Blinkfüer" vor dem Hamburger Landgericht, S. 128–134.

Die Zeit Nr. 16 vom 19.4.1963, Propaganda für Ostberlin auf der Reeperbahn. Vor dem Prozeß gegen die prokommunistische Zeitschrift „Blinkfüer", S. 9.

V. Zeitzeugengespräche

Günther Ackermann (Juli 2007).

Mechthild Gersdorf-Wessig (Juni 2012).

RECHTSHISTORISCHE REIHE

Die nachfolgende Liste führt die Titel der "Rechtshistorischen Reihe" ab Band 300 auf.
Eine vollständige Übersicht aller bisher in der Reihe erschienenen Bücher
finden Sie auf www.peterlang.com

Band 300 Jan Kohlmann: Der Marsch zu den Gräbern von Karl und Rosa. Geschichte eines Gedenktages. 2004.

Band 301 Christian Rainer Schlicht: Die kumulative Schuldübernahme in der Rechtsprechung des Reichsgerichts und in der zeitgenössischen Literatur. 2004.

Band 302 Hans Peter Glöckner: Positive Vertragsverletzung. Die Geburt eines Rechtsinstituts. 2006.

Band 303 João Manuel Azevedo Alexandrino Fernandes: Die Theorie der Interpretation des Gesetzes bei Francisco Suárez. 2005.

Band 304 René Funk: Die Wahlprüfung der volksgewählten Abgeordneten der Volksvertretungen im Frühkonstitutionalismus. Eine Untersuchung der Wahlprüfung in den Kammern der Abgeordneten des Großherzogtums Baden, des Königreichs Württemberg und des Großherzogtums Hessen. 2005.

Band 305 Carolin O'Sullivan. Die Ahndung von Rechtsbrüchen der Seeleute im mittelalterlichen hamburgischen und hansischen Seerecht (1301-1482). 2005.

Band 306 Martin Jürgens: Staat und Reich bei Ernst Rudolf Huber. Sein Leben und Werk bis 1945 aus rechtsgeschichtlicher Sicht. 2005.

Band 307 Florian G. Dürselen: Franz Beyerle (1885-1977). Leben, Ära und Werk eines Rechtshistorikers. 2005.

Band 308 Kai Bandilla: Urheberrecht im Kaiserreich. Der Weg zum Gesetz betreffend das Urheberrecht an Werken der Literatur und Tonkunst vom 19. Juni 1901. 2005.

Band 309 Stefan Mieth: Die Entwicklung des Denkmalrechts in Preußen 1701-1947. 2005.

Band 310 Catharina Lodemann: Die Geschichte des französischen *acte de gouvernement*. 2005.

Band 311 Christina Wicke: Kodifikationsbestrebungen und Wissenschaft in Hessen-Darmstadt im vorkonstitutionellen Zeitalter. Zu der Beteiligung der Gießener Rechtsprofessoren an den Gesetzgebungsarbeiten in Hessen-Darmstadt in der Zeit zwischen 1769 und 1820. 2005.

Band 312 Christiane Chlosta: Nur dem Gesetz unterworfen? Eine rechtsgeschichtliche Untersuchung zu Idee und Wirklichkeit richterlicher Gesetzestreue unter besonderer Berücksichtigung der Aufwertungsrechtsprechung und des richterlichen Prüfungsrechts. 2005.

Band 313 Kathrin Dirr: Hoheitsrechtliche Streitigkeiten zwischen den Kölner Erzbischöfen und der Stadt Köln auf Grundlage reichskammergerichtlicher Verfahren des 16. und 17. Jahrhunderts. 2005.

Band 314 Michael Racky: Die Diskussion über Gewaltenteilung und Gewaltentrennung im Vormärz. 2005.

Band 315 Petra Thiemrodt: Die Entstehung des Staatshaftungsgesetzes der DDR. Eine Untersuchung auf der Grundlage von Materialien der DDR-Gesetzgebungsorgane mit zeitgeschichtlichen Bezügen. 2005.

Band 316 Julius F. Reiter: Entstehung und staatsrechtliche Theorie der italienischen *Carta del Lavoro*. 2005.

Band 317 André Book: Die Justizreform in der Frühzeit der Bundesrepublik. Die Beratungen der Kommission zur Vorbereitung einer Reform der Zivilgerichtsbarkeit in den Jahren 1955 bis 1961. 2005.

Band 318 Frank Zentz: Das amerikanische Strafverfahren als Element der Besatzungspolitik in Deutschland. Erziehung zur Demokratie durch den *Court of Appeals* 1948-1955. 2005.

Band 319 Friederike Quaisser: Mietrecht im 19. Jahrhundert. Ein Vergleich der mietrechtlichen Konzeptionen im Allgemeinen Landrecht für die Preußischen Staaten von 1794 und dem gemeinen Recht. 2005.

Band 320 Stefan Burghard: Professor Dr. Wilhelm Kahl – Leben zwischen Wissenschaft und Politik. 2005.

Band 321 Günter Baranowski: Die *Russkaja Pravda* – ein mittelalterliches Rechtsdenkmal. 2005.

Band 322 Christina Schneider: Die SS und das „Recht". Eine Untersuchung anhand ausgewählter Beispiele. 2005.

Band 323 Werner Schubert (Hrsg.): Zivilprozessreform in der Weimarer Zeit. Quellen zur Emminger-Zivilprozessverordnung vom 13.2.1924 und zu den Arbeiten der Zivilprozesskommission des Reichsjustizministeriums (1922-1930). Eingeleitet und herausgegeben von Werner Schubert. 2005.

Band 324 Felix Gaul: Der Jurist Rudolf Isay (1886-1956). Ein verantwortungsbewusster Vermittler im Spannungsfeld zwischen dynamischer Rechtsschöpfung, ökonomischem Wandel und technischem Fortschritt. 2005.

Band 325 Konstanze Braun: Dr. Otto Georg Thierack (1889-1946). 2005.

Band 326 Eckart Klein / Stefan Chr. Saar / Carola Schulze (Hrsg.): Zwischen Rechtsstaat und Diktatur. Deutsche Juristen im 20. Jahrhundert. 2006.

Band 327 Stefan Botor: Das *Berliner Sühneverfahren* – Die letzte Phase der Entnazifizierung. 2006.

Band 328 Andreas Köhler: Die Sorgerechtsregelungen bei Ehescheidung seit 1945. Scheidungsstrafe und verordnete Gemeinsamkeit. 2006

Band 329 Lars Düwel: Die Nichtigkeit und Anfechtbarkeit der Ehe in der Rechtsprechung des Reichsgerichts zwischen 1900 und 1945. 2006.

Band 330 Katalin Polgar: Das Oberappellationsgericht der vier freien Städte Deutschlands (1820-1879) und seine Richterpersönlichkeiten. 2007.

Band 331 Julia Schweitzer: Schiffer und Schiffsmann in den Rôles d'Oléron und im Llibre del Consolat de Mar. Ein Vergleich zweier mittelalterlicher Seerechtsquellen. 2007.

Band 332 Diana-Catharina Kurtz: Das Institut der Adoption im preußischen Allgemeinen Landrecht und im französischen Code civil zwischen Rezeption römisch-rechtlicher Prinzipien und verändertem Familienverständnis. 2006.

Band 333 Dino Joakim Duderstadt: Spiel, Wette und Differenzgeschäft (§§ 762-764 BGB) in der Rechtsprechung des Reichsgerichts und in der zeitgenössischen Literatur. 2007.

Band 334 Ronald Hoffmann: Die Domänenfrage in Thüringen. Über die vermögensrechtlichen Auseinandersetzungen mit den ehemaligen Landesherren in Thüringen nach dem Ersten Weltkrieg. 2006.

Band 335 Joachim Windmüller: *Ohne Zwang kann der Humanismus nicht existieren...* – „Asoziale" in der DDR. 2006.

Band 336 Sven Christian Gläser: Die Mediatisierung der Grafschaft Wertheim. Der juristische Kampf eines kleinen Reichsstandes gegen den Verlust der Landesherrschaft und seine Folgen. 2006.

Band 337 Benjamin Schleyer: Friedrich Wilhelm Bornemann (1798-1864). Eine Juristenkarriere im Preußen des 19. Jahrhunderts. 2006.

Band 338 Die Reform des Ehescheidungsrechts von 1976. Quellen zum Ersten Gesetz vom 14.6.1976 zur Reform des Ehe- und Familienrechts (Parlamentarische Ausschussprotokolle – Anglikanische Denkschrift von 1966 zur Scheidungsrechtsreform – Schlussabstimmung 1969 in der Eherechtskommission des Bundesministeriums der Justiz). Eingeleitet und herausgegeben von Werner Schubert. 2006.

Band 339 Andreas Feld: Das Bayerische Gesetz zum Schutz des Eigentums an Erzeugnissen der Literatur und Kunst gegen Nachdruck vom 15.04.1840. Vorgeschichte und Zustandekommen. 2007.

Band 340 Bernd Wörner: Adelbert Düringers Einfluß als Richter am Reichsgericht in Leipzig auf dem Gebiet des Personengesellschaftsrechts. 2007.

Band 341 Jan Jelle Kähler: Französisches Zivilrecht und französische Justizverfassung in den Hansestädten Hamburg, Lübeck und Bremen (1806-1815). 2007.

Band 342 Jörn Eckert / Pia Letto-Vanamo / Kjell Modéer (Hrsg.): Juristen im Ostseeraum. Dritter Rechtshistorikertag im Ostseeraum 20.-22. Mai 2004. 2007.

Band 343 Ferdinand von Weyhe: A.E. Wassermann. Eine rechtshistorische Fallstudie zur „Arisierung" zweier Privatbanken. 2007.

Band 344 Martin Klaus Römermann: Kündigungen und Kündigungsschutz im Franquismus. 2007.

Band 345 Thomas Hoffmann: Der Landrechtsentwurf David Hilchens von 1599. Ein livländisches Rechtszeugnis polnischer Herrschaft. 2007.

Band 346 Ingo Ullmann: Die rechtliche Behandlung holsteinischer Leibeigener um die Mitte des 18. Jahrhunderts. Dargestellt unter besonderer Berücksichtigung der Schmoeler Leibeigenschaftsprozesse von 1738 bis 1743 sowie von 1767 bis 1777. 2007.

Band 347 Petra Fischer-Langosch: Die Entstehungsgeschichte des Familiengesetzbuches der DDR von 1965. 2007.

Band 348 Lasse O. Johannsen: Die rechtliche Behandlung ausreisewilliger Staatsbürger in der DDR. 2007.

Band 349 Ralf Schlottau: Deutsche Kolonialrechtspflege. Strafrecht und Strafmacht in den deutschen Schutzgebieten 1884 bis 1914. 2007.

Band 350 Hartwig Brandt / Ewald Grothe (Hrsg.): Rheinbündischer Konstitutionalismus. 2007.

Band 351 Nora Lutze: Der Verwandtenunterhalt nach den §§ 1601 bis 1603 und §§ 1610 bis 1612 BGB in der Rechtsprechung des Reichsgerichts. Unter Berücksichtigung der Entstehung des BGB. 2007.

Band 352 Frank Thiäner: Das Verhältnis von Aufsichtsrat und Abschlussprüfern in der rechtshistorischen Entwicklung bis 1937. 2007.

Band 353 Britta Heymann: Ernst Melsheimer (1897-1960). Eine juristische Karriere in verschiedenen staatlichen Systemen. Mitarbeiter im Preußischen Justizministerium in der Weimarer Republik, im Justizministerium Preußens und des Reiches sowie Richter am Kammergericht in der NS-Zeit und Erster Generalstaatsanwalt der Deutschen Demokratischen Republik. 2007.

Band 354 Susanne Adlberger: Wilhelm Kisch – Leben und Wirken (1874-1952). Von der Kaiser-Wilhelms-Universität Straßburg bis zur nationalsozialistischen Akademie für Deutsches Recht. 2007.

Band 355 Moritz Waibel: Josef Berchtold (1833-1894). Ein Leben gegen den Ultramontanismus. 2007.

Band 356 Aline Levin: Erinnerung? Verantwortung? Zukunft? Die Beweggründe für die gemeinsame Entschädigung durch den deutschen Staat und die deutsche Industrie für historisches Unrecht. 2007.

Band 357 Ferdinand Krause: Die hergebrachten Grundsätze des Berufsbeamtentums. Eine rechtshistorische Analyse. 2008.

Band 358 André Tiebel: Die Entstehung der Schutztruppengesetze für die deutschen Schutzgebiete Deutsch-Ostafrika, Deutsch-Südwestafrika und Kamerun (1884-1898). 2008.

Band 359 Holger Ruff: Sittenwidrige Rechtsgeschäfte in der späten Kaiserzeit. Die Entwicklung der reichsgerichtlichen Rechtsprechung zu § 138 BGB von 1900 bis 1914. 2007.

Band 360 Frank Rohrer: Strafjustiz im Dritten Reich und in der SBZ/DDR. Die personelle und organisatorische Neuordnung des Justizapparates in den totalitären Diktaturen (1933-1955) mit ihren Auswirkungen auf die Rechtsprechung zum politischen Strafrecht. 2007.

Band 361 Hans-Georg Knothe / Marc Liebmann (Hrsg.): Gerichtskultur im Ostseeraum. Vierter Rechtshistorikertag im Ostseeraum. 18.-20. Mai 2006 in Greifswald. 2007.

Band 362 Christina Meß: Das Vertragsrecht bei Adam Smith. 2008.

Band 363 Quellen zur dänischen Rechts- und Verfassungsgeschichte (12.-20. Jahrhundert). Herausgegeben von Ditlev Tamm, Werner Schubert und Jens Ulf Jørgensen. 2008.

Band 364 Günter Baranowski: Die Gerichtsurkunde von Pskov. 2008.

Band 365 Mark Spengler: Die Entstehung des Scheckgesetzes vom 11. März 1908. 2008.

Band 366 Ivan Biliarsky / Radu G. Păun (eds./éds.): The Biblical Models of Power and Law. Les modèles bibliques du pouvoir et du droit. Papers of the International Conference, Bucharest, New Europe College 2005. Actes du colloque international, Bucarest, New Europe College 2005. 2008.

Band 367 Thomas A. Roth: Ausgestaltungen der Rechtsfähigkeit im 19. und 20. Jahrhundert. Zur Rechtspersönlichkeit natürlicher Personen in den bedeutenden deutschen Zivilrechtsordnungen. 2008.

Band 368 Björn Alexander Rautenberg: Der Fiskal am Reichskammergericht. Überblick und exemplarische Untersuchungen vorwiegend zum 16. Jahrhundert. 2008.

Band 369 Thorsten Miederhoff: *Man erspare es mir, mein Juristenherz auszuschütten*. Dr. iur. Kurt Tucholsky (1890-1935). Sein juristischer Werdegang und seine Auseinandersetzung mit der Weimarer Strafrechtsreformdebatte am Beispiel der Rechtsprechung durch Laienrichter. 2008.

Band 370 Philipp Nordloh: Kölner Zunftprozesse vor dem Reichskammergericht. 2008.

Band 371 Judith Freund: Die Wechselverpflichtung im 19. Jahrhundert. 2008.

Band 372 Hans-Michael Empell: Gutenberg vor Gericht. Der Mainzer Prozess um die erste gedruckte Bibel. 2008.

Band 373 Rainer Schröder: Die DDR-Ziviljustiz im Gespräch – 26 Zeitzeugeninterviews. 2008.

Band 374 Christian Neschwara: Ein österreichischer Jurist im Vormärz. „Selbstbiographische Skizzen" des Freiherrn Karl Josef Pratobevera (1769-1853). 2009.

Band 375 Stefan Ullrich: Untersuchungen zum Einfluss des lübischen Rechts auf die Rechte von Bergen, Stockholm und Visby. 2008.

Band 376 Johanna Gertrude Schmitzberger: Das nationalsozialistische Nebenstrafrecht 1933 bis 1945. 2008.

Band 377 Christian Brom: Urteilsbegründungen im „Hoge Raad van Holland, Zeeland en West-Friesland" am Beispiel des Kaufrechts im Zeitraum 1704-1787. 2008.

Band 378 Christian Böse: Die Entstehung und Fortbildung des Reichserbhofgesetzes. 2008.

Band 379 Tobias Röhnelt: Timm Kröger. Leben und Werk. 2009.

Band 380 Andrea Elisabeth Sebald: Der Kriminalbiologe Franz Exner (1881-1947). Gratwanderung eines Wissenschaftlers durch die Zeit des Nationalsozialismus. 2008.

Band 381 Angela Kriebisch: Die Spruchkörper Juristenfakultät und Schöppenstuhl zu Jena. Strukturen, Tätigkeit, Bedeutung und eine Analyse ausgewählter Spruchakten. 2008.

Band 382 Nana Ozawa: Louis Adolphe Bridel – Ein Schweizer Professor an der juristischen Fakultät der Tokyo Imperial University. Die geschichtliche Bedeutung der Yatoi zur späten Meijizeit. 2010.

Band 383 Christian Weißhuhn: Alfred Hueck 1889-1975. Sein Leben, sein Wirken, seine Zeit. 2009.

Band 384 Andreas Hunkel: Eduard Dietz (1866-1940) – Richter, Rechtsanwalt und Verfassungsschöpfer. 2009.

Band 385 Meike Guskow: Entstehung und Geschichte der Europäischen Charta der Regional- oder Minderheitensprachen. 2009.

Band 386 Markus J. Jahnel: Das Bodenrecht in „Neudeutschland über See". Erwerb, Vergabe und Nutzung von Land in der Kolonie Deutsch-Südwestafrika 1884-1915. 2009.

Band 387 Matthias Günter Steiner: Die Klöster und ihr Wirken – eine der Wurzeln des Stiftungswesens? 2009.

Band 388 Cornelia Staats: Die Entstehung des Bundes-Immissionsschutzgesetzes vom 15. März 1974. 2009.

Band 389 Cai Niklaas E. Harders: Das Bundesjagdgesetz von 1952 sowie die Novellen von 1961 und 1976. Vorgeschichte, Entstehung des Gesetzes sowie Problemfelder. 2009.

Band 390 Matthias Pohlkamp: Die Entstehung des modernen Wucherrechts und die Wucherrechtsprechung des Reichsgerichts zwischen 1880 und 1933. 2009.

Band 391 Sebastian Baur: *Vor vier Höllenrichtern...* Die Lizentiats- und Doktorpromotionen an der Juristischen Fakultät der Universität Heidelberg. 2009.

Band 392 Christoph Salmen-Everinghoff: Zur *cautio damni infecti*: Die Rückkehr eines römischrechtlichen Rechtsinstituts in das moderne Zivilrecht. 2009.

Band 393 Till Meno Sellschopp: Der Weg zum Revokationsrecht der Ehegatten nach § 1368 BGB. Zugleich ein Beitrag zur Geschichte des ehelichen Güterrechts. 2009.

Band 394 Marc Biermann: Das Staatseigentum an öffentlichen Sachen im Gemeingebrauch in der ersten Hälfte des 19. Jahrhunderts. Die Theorie des reinen Hoheitsrechts an den öffentlichen Sachen von Rudolph von Jhering und Friedrich Ludwig Keller im Zusammenhang mit dem Baseler Schanzenstreit von 1859/62. 2009.

Band 395 Markus Tüxen: Kollegialprinzip oder Einzelrichter. Die Entwicklung des zivilrechtlichen Spruchkörpers bei den Landgerichten sowie den Oberlandesgerichten seit 1879 unter besonderer Berücksichtigung der Reformen von 1974 und 1976. 2009.

Band 396 Adam Polkowski: Die polnische Zivilprozessordnung von 1930/33. Unter Berücksichtigung des deutschen, österreichischen, russischen und französischen Rechts. 2009.

Band 397 Barbara Riedi: Die Porten der Unteren Strasse, ihr Ladungsrecht und der Strassenunterhalt. Rechtshistorische Betrachtungen zur Verkehrs- und Wirtschaftsgeschichte Graubündens. 2009.

Band 398 Stefanie Jessica Loroch: Zeitungsrubrik: Gerichtssaal. Strafprozessberichterstattung in Münster im 19. Jahrhundert (1848-1890). 2009.

Band 399 Dirk Henning Hofer: Karl Konrad Werner Wedemeyer (1870-1934). Ein Juristen- und Gelehrtenleben in drei Reichen. Eine Biographie. 2010.

Band 400 Thomas Simon (Hrsg.): Hundert Jahre allgemeines und gleiches Wahlrecht in Österreich. Modernes Wahlrecht unter den Bedingungen eines Vielvölkerstaates. 2010.

Band 401 Dörte Mentz: Die Beweislastumkehr in der Rechtsprechung des Reichsgerichts. 2010.

Band 402 Werner Schubert (Hrsg.): Oberster Gerichtshof für die Britische Zone (1948-1950). Nachschlagewerk Strafsachen – Nachschlagewerk Zivilsachen. Präjudizienbuch der Zivilsenate. Eingeleitet und herausgegeben von Werner Schubert. 2010.

Band 403 Yong Lei: Auf der Suche nach dem modernen Staat. Die Einflüsse der allgemeinen Staatslehre Johann Caspar Bluntschlis auf das Staatsdenken Liang Qichaos. 2010.

Band 404 Andreas Schwenk: Die Formbestimmung des § 313 BGB a. F. (§ 311 b Abs. 1 BGB n. F.) bei Verträgen über Grundstücke in der Rechtsprechung des Reichsgerichts. 2010

Band 405 René Schorsch: Eberhard Georg Otto Freiherr von Künßberg (1881-1941). Vom Wirken eines Rechtshistorikers. 2010.

Band 406 Ulrike Köbler: Werden, Wandel und Wesen des deutschen Privatrechtswortschatzes. 2010.

Band 407 Björn Florian Faulenbach: Rolle und Bedeutung der Lehre in der Rechtsprechung der Internationalen Gerichtshöfe im zwanzigsten Jahrhundert. 2010.

Band 408 Guangyu Fu: Das Causaproblem im deutschen Bereicherungsrecht. Eine rechtshistorische Untersuchung. 2010.

Band 409 Andreas Kimmelmann: Die Folter im Beweisverfahren der Leges Visigothorum. Chindasvinths Gesetzgebung im Spiegel der westgotischen Rechtsentwicklung. 2010.

Band 410 Jacqueline Schmaltz: Die Entwicklung der Industrie- und Handelskammern. Zwischen Pflicht und Kür. 2010.

Band 411 Hermann Nehlsen: Bayerische Rechtsgeschichte vom frühen Mittelalter bis zum 20. Jahrhundert. 2011.

Band 412 Kathrin Spoerr: Recht und Revolution. Deutsche Ökonomen und ihr Einfluss auf das Recht der Weimarer Republik – eine Zeitschriftenschau 1917-1920. 2011.

Band 413 Moritz von Köckritz: Die deutschen Oberlandesgerichtspräsidenten im Nationalsozialismus (1933-1945). 2011.

Band 414 Annika Lillemor Lara Rabaa: Die Ehe als Rechtsinstitut im Badischen Landrecht von 1810. Unter besonderer Berücksichtigung der gesellschaftlichen Entwicklungen im 19. Jahrhundert. 2011.

Band 415 Christian Hattenhauer / Klaus-Peter Schroeder (Hrsg.): 200 Jahre Badisches Landrecht von 1809/1810. Jubiläumssymposium des Instituts für geschichtliche Rechtswissenschaft der Ruprechts-Karls-Universität Heidelberg und der Heidelberger Rechtshistorischen Gesellschaft vom 23. bis 26. September 2009. 2011.

Band 416 Tobias Alexander Krammerbauer: Die Ministerverantwortlichkeit und die Vorformen sonstiger Verfassungsgerichtsbarkeit in Württemberg zwischen 1815 und 1918. 2011.

Band 417 Werner Schubert (Hrsg.): Quellen zur GmbH-Reform von 1958 bis zum GmbH-Änderungsgesetz von 1980. Eingeleitet und herausgegeben von Werner Schubert. 2011.

Band 418 Gisela Emling: Johannes Heckel. Leben und Wirken (1889-1963). 2011.

Band 419 Jochen Kirschbaum: Die Etablierung der Historischen Rechtsschule an der Ludoviciana (1814-1824). 2011.

Band 420 Sören Koch: Unaufgeforderte Hilfeleistung in Notsituationen. Eine rechtshistorische und rechtsvergleichende Studie zu den zivilrechtlichen Aspekten der Nothilfe mit besonderer Berücksichtigung des Rechts der Geschäftsführung ohne Auftrag. 2011.

Band 421 Friedrich Carl von Savigny: Die Prinzipienfragen in Beziehung auf eine neue Strafprozeß-Ordnung. Ausgearbeitet im Justizministerium für die Gesetzrevision. Eingeleitet und herausgeben von Werner Schubert. 2011.

Band 422 Stephan Faulwetter: Von der Zunft zur Handelskammer. Zur Entwicklung des Gewerberechts in thüringischen Staaten. 2011.

Band 423 Moritz Eisenhardt: Sanierung statt Liquidation. Die Geschichte des Vergleichs zur Abwendung des Konkurses unter besonderer Berücksichtigung der Vergleichsordnung von 1927 und 1935. 2011.

Band 424 Gerd Kleinheyer: Beiträge zur Strafrechtsgeschichte. Herausgeben von Franz Dorn, Mathias Schmoeckel und Jan Schröder. 2011.

Band 425 Ralf Maertens: Das Landgericht Altona (1879-1937) und die Anfänge des Landgerichts Itzehoe (1937-1945). Unter besonderer Berücksichtigung ihrer Tätigkeitsberichte und rechtspolitischen Stellungnahmen. 2011.

Band 426 Mark Friedrich: Ferdinand von Martitz (1839-1921). Rechtshistoriker, Staatsrechtler und Völkerrechtler zwischen dem Ende des Deutschen Bundes und dem Beginn der Weimarer Republik. 2012.

Band 427 Sebastian Krusche: Die Bundesrechtsanwaltsordnung vom 1. August 1959. Vorgeschichte und Entstehung. 2012.

Band 428 Marju Luts-Sootak / Sanita Osipova / Frank L. Schäfer (Hrsg./eds.): Einheit und Vielfalt in der Rechtsgeschichte im Ostseeraum. Unity and Plurality in the Legal History of the Baltic Sea Area. Sechster Rechtshistorikertag im Ostseeraum, 3.-5. Juni 2010 in Tartu (Estland) / Riga (Lettland). 6th Conference in Legal History in the Baltic Sea Area, 3rd-5rd June 2010 Tartu (Estonia) / Riga (Latvia). 2012.

Band 429 Margret R. I. Bootz: Die Hamburger Rechtsprechung zum Arbeitsrecht im Nationalsozialismus bis zum Beginn des 2. Weltkriegs. 2012.

Band 430 Heiko Zech: Die soziale Frage im Konkursrecht 1879-1900. 2012.

Band 431 Jan C. Lorenzen: Das Bundesnaturschutzgesetz vom 20. Dezember 1976. Die Entwicklung des Naturschutzrechtes in Deutschland von den Anfängen bis zur Neukodifikation des Bundesnaturschutzgesetzes von 1976. 2012.

Band 432 Ulrike Ingrid Bernhardt: Geschichte des Weinrechts im Deutschen Kaiserreich (1871-1918). Mit einem Überblick zur Vorgeschichte und Weiterentwicklung bis zur Gegenwart. 2012.

Band 433 Elisabeth Otto: Das Verwaltungsrecht in der SBZ / DDR bis zur Verwaltungsneugliederung im Jahr 1952. 2012.

Band 434 Werner Schubert: Zur Geschichte der Justizverfassung in Schleswig-Holstein im 19. und 20. Jahrhundert. Quellen und Studien. 2012.

Band 435 Stefan Ellenberg: Herrschaft und Reform. Zur Diskussion um die Aktienrechtsreform und den Konzern in der Weimarer Zeit. 2012.

Band 436 Jasmin Sonntag: Gesetzgebung und Verwaltung im Dalbergstaat 1802-1810. 2012.

Band 437 Martin Komusiewicz: Die Diskussion um das Verhältnis von Rechtsanwaltschaft und Notariat seit dem Ende des 18. Jahrhunderts bis zum Erlass der Bundesnotarordnung. 2012.

Band 438 Henriette von Breitenbuch: Karl Neumeyer – Leben und Werk (1869-1941). 2013.

Band 439 Günter Baranowski: Russische Rechtsgeschichte: Texte und Erläuterungen. Teil 1: Von den Anfängen bis 1612/13. 2013.

Band 440 Werner Schubert (Hrsg.): Staatsanwaltschaftsrecht (1934-1982). Quellen zu den Reformprojekten (Organisation – Innerer Dienstbetrieb – Ermittlungsverfahren – Verhältnis der Staatsanwaltschaft zur Polizei) und zur Anordnung über Organisation und Dienstbetrieb der Staatsanwaltschaft (OrgStA). Eingeleitet und herausgegeben von Werner Schubert. 2013.

Band 462 Tunay Sürek: Die Verfassungsbestrebungen der Tanzimât-Periode. Das *Kanun-i Esasî* – Die osmanische Verfassung von 1876. 2016.

Band 463 Takashi Izumo: Die Gesetzgebungslehre im Bereich des Privatrechts bei Christian Thomasius. 2016.

Band 464 Werner Schubert (Hrsg.): Quellen zum Bau- und Enteignungsrecht (1940-1958). Entwürfe zu einem Reichsbaugesetz (1940/41) – Vorentwurf zu einem Deutschen Baugesetzbuch von 1942 – Entwürfe zu einem Baugesetzbuch (1949/50) – Baulandbeschaffungsgesetz vom 3.8.1953 – Entwurf zu einem Bundesenteignungsgesetz von 1958. Eingeleitet und herausgegeben von Werner Schubert. 2016.

Band 465 Daniel Bischof: Geschichte der Wald- und Forstgesetzgebung im Bundesland Schleswig-Holstein. Unter Einbeziehung der Entwürfe zu einem Reichsforstgesetz von 1940/42 und der Entstehung des Bundeswaldgesetzes von 1975. 2016.

Band 466 Lena Darabeygi: Die Causa „Blinkfüer“ und die Grundrechtsdogmatik zur Pressefreiheit in Weimar und Bonn. 2017.

www.peterlang.com

www.ingramcontent.com/pod-product-compliance
Ingram Content Group UK Ltd.
Pitfield, Milton Keynes, MK11 3LW, UK
UKHW022101051026
15623UKWH00003B/617

9 783631 714522